KB264177

101개 이야기로 익히는 중국어 학습법

101 文
중국어
글쓰기

101개 이야기로 익히는 중국어 학습법

101 文 중국어 글쓰기

제1판 제1쇄 인쇄   2017년 9월 10일
제1판 제1쇄 발행   2017년 9월 20일

지 은 이   이종구   발 행 인   조헌성   발 행 처   (주)미래와경영
I S B N   978-89-6287-178-4 13720   정   가   18,000원
출판등록   2000년 03월 24일 제25100-2006-000040호
주   소   (08590) 서울특별시 금천구 가산디지털1로 84, 에이스하이엔드타워8차 1106호
전화번호   02) 837-1107   팩스번호   02) 837-1108
홈페이지   www.fmbook.com   이 메 일   fmbook@naver.com

■좋은 책은 독자와 함께합니다.
  책을 펴내고 싶은 소중한 경험이나 지식, 아이디어를 이메일 fmbook@naver.com로 보내주세요.
  (주)미래와경영은 언제나 여러분께 열려 있습니다.

101개   이야기로 익히는 중국어 학습법

이종구 지음

● 저자 약력

이종구   문학박사, 중국어 전공
한국외국어대학교 중국어과를 졸업하고 臺灣國立高雄師範大學
國文硏究所에서 수학하였다. 中國 復旦大學 中國語語文學系
漢語史 전공 박사 학위를 취하였으며, 현재 백석대학교 어문학부
교수로 재직하고 있다. 주요 저서로는 '중국어를 말하다(2012)',
'101文 중국어 글쓰기(2017)'가 있으며, '元代 北京音과 明代
北京音의 비교(2001)' 외 다수의 연구 논문이 있다.

본 교재는 중국어를 공부하는 데 있어 이상적인 방법이라 여겨지는, 저자가 개발한 방식을 적극 적용한 책이다. 중국어에 입문한 사람들의 공통된 관심사는 어떻게 해서라도 하루 빨리 중국어 실력을 늘리는 것이다. 하지만, 외국어를 공부해본 사람들은 외국어가 생각처럼 빨리 늘지 않는다는 것을 잘 알 터이다. 중국어 또한 마찬가지이다.

필자가 대학에서 개설한 과목 중 수강생이 가장 몰리는 수업은 문법 수업이다. 이는 아마도 초급과정을 공부한 학습자가 가장 필요하다고 여기기 때문일 것이다. 문법은 구문을 설명하는 수업이다. 즉, 학생들은 구문을 알기 위해 문법 수업을 듣는다고 해도 과언이 아니다. 그럼, 문법 수업을 듣는다고 중국어 구문에 익숙해질까? 물론 다소간의 도움을 주는 것은 사실이다. 하지만 각 구문과 관련된 토막 상식과 얄팍한 예문으로 중국어 구문을 마스터하기는 쉽지 않다. 만약에 중국어 문법 수업에서 성공적으로 실력을 끌어올렸다면, 그것은 그간 쌓아온 내공이 그 수업의 설명을 통해 한층 업그레이드가 되었기 때문이다. 중국어 실력을 늘리려면, 중국어 문장을 많이 접하는 것이 무엇보다 중요하다. 그렇다면 어떤 문장들을 접해야 할까?

중국어를 처음 공부한 사람들의 수준은 중국의 초등학교 저학년 학생이나 유치원 수준에 불과하다. 그래서 그들의 실력에 적합한 교재를 선택하려면 초등학교 저학년 학생이나 유치원생들이 보는 책이 적당하다. 하지만 그들이 보는 책들의 내용은 해당 연령층 독자에게 맞도록 꾸며진 것들이라 큰 흥미를 유발시키지 못한다. 여기에 중국어를 전공하는 대학생들의 딜레마가 발생하는 것이다.

공부는 흥미를 느끼면서 해야만 효과를 볼 수 있는 것은 두말할 필요도 없는 사실이다. 여기에 착안하여 본인은 시간 날 때마다 대학생 입장에서 흥미를 느낄 수 있는 이야기를 찾고자 했고, 그 결과 본 교재가 햇빛을 보게 된 것이다.

외국어 공부는 눈으로만 해서는 효과를 보기 어려운 분야이다. 손과 눈과 입이 함께 해야만, 좀 더 빠르게, 좀 더 단단하게 실력이 늘게 되는 것이다. 그런데 성적이 잘 오르지 않는 학생들을 보면, 공통적으로 손을 아끼는 경향이 있다. 그래서 본 교재는 자신의 손을 적극 활용하도록 고안되어졌다.

이 책의 특징은 이야기와 그에 해당하는 병음을 먼저 제시하고, 거기에 맞는 중국어를 찾아서 채우게 하는 방식이다. 이야기를 통해 흥미를 유발하게 되고, 중국어를 채워나가면서 어휘를 늘려나감은 물론, 중국어다운 표현도 자연스럽게 습득할 수가 있다. 중국어를 어떻게 채울까? 선생님이나 선배한테 물을까? 아니다. 수업료가 전혀 들지 않고, 선배보다도 더 가까이 있는 사전을 이용하면 된다.

끝으로, 본 교재는 본문 맨 뒤에 수록한 참고문헌에 열거하는 책들에서 유수한 문장을 가져와, 거기에 다소간의 수정을 통해 완성되어졌으며, 소수의 문장은 필자가 학생들에게 제출하도록 한 리포트에 첨삭을 거쳐 완성된 것을 활용한 것이다. 모쪼록 이 책을 접하는 모든 학습자들이 끝까지 따라해 봄으로써 자신의 실력이 일취월장하기를 바란다.

해답 편은 없는 것이 가장 이상적이나, 혼자 공부하는 사람을 위해 문장을 주었으되, 퍼즐처럼 섞어놓아 쉽게 베끼지 못하도록 장치를 해두었다. 재삼 부탁하는데, 스스로의 힘으로 해보자. 스스로 할 때 실력이 느는 것이다.

2017년 여름방학 중에

이 종 구 씀

Contents

PART II　불친절한 해답

Preview

한글로 이야기 읽기

동서양의 101가지 이야기를
읽어 보세요.

중국어 문장 병음 제시

이야기를 중국어 문장에 해당하는
병음을 제시

한자로 원문 따라 쓰기

사전을 찾아보며 병음에 맞춰
빈 공간에 중국어다운 표현으로 써 보세요.

핵심 키워드 보기

제시문에 핵심적인 중요 키워드를
해시태그 모양으로 제시

TIP을 통해 Level up!

중국어 어법과 어휘를 통해
실력을 높일 수 있어요.

불친절한 해답

이야기 원문에 해당하는 중국어로
표현된 정답으로서 단어 순서가 뒤바뀌어 있지만
참조하면서 글쓰기를 하면 쉬워요.

101 文

중국어 글쓰기

파리 암수 감별사
Cāngying de gōngmǔ

갑 〉 1분 만에 난 파리 열 마리를 때려잡았는데, 5마리는 수컷이고, 5마리는 암 컷이더라고.

을 〉 뻥치지 마, 네가 파리 암수를 구별할 수 있다고?

갑 〉 그거 너무 간단한 일이야. 술잔에서 때려잡은 것은 수컷이고, 거울에서 때 려잡은 것은 암컷이지.

Jiǎ 〉 Yì fēn zhōng zhī nèi wǒ dǎ sǐ le shí zhǐ cāngying, yǒu wǔ zhī gōng de, wǔ zhī mǔ de.

Yǐ 〉 Bié chuī niú, nǐ néng fēnbiàn cāngying de gōngmǔ?

Jiǎ 〉 Nà tài jiǎndān le. Zài jiǔbēi shàng dǎ sǐ de shì gōng de, zài jìngzishàng dǎ sǐ de shì mǔ de.

핵심 키워드

#分钟　#之内　#公的　#母的　#苍蝇　#分辨　#打　#死

TIP　之内 : ~~(범위, 시간)안에　公母 : 암수, 수컷과 암컷

수업시간에

Shàngkè shí

어느 학생이, 수업시간에 계속 공놀이를 생각하며, 눈은 끊임없이 운동장으로 향하고 있는 것이었다. 선생님은 그를 꾸짖으며 말했다: "자네! 사람은 교실에 있고 마음은 운동장에 가 있으면 되겠나?" 학생은 듣고 대답하였다: "선생님, 사람을 운동장에 내보내고 마음을 교실에 있게 해주세요. 네?"

Yǒu gè xuésheng, shàngkè shí lǎo xiǎng zhe dǎ qiú, yǎnjing búzhù de wǎng cāochǎng shàng qiáo. Lǎoshī pīpíng tā shuō: "Nǐ yā, rén zài Jiàoshì, xīn zài cāochǎng, zhè zěnme xíng ne?" Xuésheng tīng le shuōdào: "Lǎoshī, ràng rén qù cāochǎng, bǎ xīn liú zài Jiàoshì hǎo ma?"

🔑 핵심 키워드

#上课　#老想　#打球　#操场　#教室　#让　#留

TIP 老 : 여기서는 '늘상' 의 뜻

어쩌라고?

Bùdéyàolǐng

"불이 났어요! 불을 꺼주세요!"
전화기 속에서 긴급하고 당황하는 구조요청이 들렸다.
"어디십니까?"
소방대 응급처치부처의 전화담당 직원이 전화로 물었다.
"우리 집이요!"
"제 말 뜻은 불이 난 지점이 어디냐구요?"
"주방이요!"
"알고 있습니다. 하지만 우리가 당신 집엘 어떻게 가야하죠?"
"당신들 소방차 있잖아요?"

"Jiùhuǒ! Jiùhuǒ!"
diànhuà lǐ chuán lái le jǐnjí ér kǒnghuāng de hūjiùshēng.
"Zài nǎli?"
xiāofángduì jíjiù bùmén de diànhuàyuán wèn.
"Zài wǒ jiā!"
"Wǒ shì shuō shīhuǒ de dìdiǎn zài nǎlǐ?"
"Zài chúfáng!"
"Wǒ zhīdao, kěshì wǒmen gāi zěnyàng qù nǐ jiā ma?"
"Nǐmen búshì yǒu jiùhuǒchē ma?"

#救火   #电话   #呼救声   #消防队   #急救   #地点   #怎样   #救火车

TIP 而 : 접속사로 앞뒤를 이어주는 역할을 한다. ~~면서

부부 금실의 비결

Gàosu nǐ mìjué

　　장인장모는 결혼한 지 30년 서로 공경하고 서로 사랑하고 지금까지 다툰 적이 없다. 나는 결혼 후 특별히 장인어른께 가르침을 구했다. 장인어른이 말씀하셨다. "내가 결혼할 때 내 장인어른이 나에게 알려 주셨네. '자네 아내의 결점이나 그녀의 잘못을 지적하지 말게. 왜냐하면 그녀가 결점이 있고 어떤 때는 잘못을 저지르는 사람이다 보니, 보다 더 이상적인 남편을 찾지 못한 것이라는 사실을 알아야 하네.'라고. 자네는 이 말을 기억해야 하네."

　　Yuèfùmǔ jiéhūn sān shí nián, hù jìng hù ài, cóng bù chǎojià. Wǒ jiéhūn hòu tèdì qǐng jiào yuèfù. Yuèfù shūo: "Wǒ jiéhūnshí wǒ yuèfù gàosu wǒ: 'Bú yào pīpíng nǐ tàitai de quēdiǎn huò guài tā zuò cuò shì. Yào zhīdào, jiùshì yīnwèi tā yǒu quēdiǎn, yǒushí zuò cuò shì, cái méiyǒu zhǎo dào gèng lǐxiǎng de zhàngfu.' Nǐ yào jìzhu zhè jù huà."

🔑 핵심 키워드

#我　#岳父　#请教　#不要　#批评　#怪　#缺点　#做错　#才　#记住

TIP 从不~~ : '从来不~~'의 축약형으로 '지금까지 ~~한 적이 없다'의 뜻
就是因为~~, 才~~~ : 바로 ~~이기 때문에 그래서 ~~~인 것이다.

당신은 누굴 먼저 구할 거요?

Nǐ yào xiān jiù shéi?

한 젊은 남자가 약혼녀와 약혼녀의 엄마를 대동하고 호수에서 배를 젓고 있었다. 약혼녀의 엄마가 한순간 '분위기에 휩싸여', 질문을 던졌다: "만약에 나랑 내 딸이 부주의해서 같이 물에 빠진다면 자네는 먼저 누구를 구할 건가?" 이것은 어려운 문제이다. 그러나 남자는 잠시 깊은 생각을 하더니, 웃으면서 대답했다: "그럼 미래의 엄마를 구해야죠." 둘은 이 말을 듣고 모두 만족스러운 듯 웃는 얼굴을 나타냈다.

Yǒu yí gè niánqīng de nánrén dài wèihūnqī hé wèihūnqī de mǔqīn zài hú shàng huá chuán. Nà ge nánrrén wèihūnqī de mǔqīn yìshí 'chújǐngshēngqíng', wèn dào: "Rúguó wǒ hé wǒ nǚér bù xiǎoxīn yìqǐ luò dào shuǐ li, nǐ dǎsuan xiān jiù shéi ne?" Zhè shì ge nántí, kě nánzǐ chénsī le yíxià, yōumó de yí xiào, shuō: "Nà xiān jiù wèilái de māma." Liǎng ge rén tīng le dōu lūchū le mǎnyì de xiàoróng.

🔑 핵심 키워드

#未婚妻　#母亲　#划船　#问　#一起　#落到　#先　#救　#谁　#未来　#妈妈

TIP **触景生情** : 어떤 광경을 목격하고 어떠한 감정이 생겨나다.

未来的妈妈 : 여기서는 장차 자신의 아이의 엄마가 될 사람, 즉 약혼녀와 자신의 미래의 장모를 함께 아우른 표현이다.

보복

Bàofù

옛날에, 어떤 아라비아 사람이, 그녀의 남편에게 따귀를 한 대 맞았다. 그녀는 친정으로 돌아가 그녀의 부친에게 고자질했다: "아버지, 제 남편이 저를 때리고 당신을 모욕했어요. 당신은 복수해주셔야 해요."

그녀의 아버지가 물었다: "그가 네 어느 쪽 뺨을 때렸지?" "왼쪽이요."

그녀의 부친은 곧장 그녀의 오른쪽 얼굴을 한 대 때리고는, 말했다. "이제 너는 만족하겠구나. 너는 너의 남편에게 가서 말해라. 그가 감히 내 딸을 때리고 나를 모욕했으니, 나는 그의 아내를 때려 그에게 보복했노라고 말이다."

Cóngqián, yǒu gè Ālābórén, bèi tā de zhàngfu dǎ le yí jì ěrguāng. Tā huí niángjia xiàng tā fùqīn gàozhuàng shuō: "Bàba, wǒ de zhàngfu dǎ wǒ jiù wǔrǔ le nǐ, nǐ yīnggāi bàofù cái duì."

Tā de fùqīn wèndào: "Tā dǎ de nǐ nǎ yìbiān liǎn?" "Zuǒbian."

Tā fùqīn biàn zài tā yòubian de liǎn shàng dǎ le yì bāzhang, shuō: "Xiànzài, nǐ gāi mǎnyì le. Nǐ kěyǐ qù duì nǐ zhàngfu shuō, tā gǎn dǎ wǒ nǚér wǔrǔ wǒ, wǒ biàn dǎ tā de lǎopo bàofù tā."

🔑 핵심 키워드

#被　#耳光　#丈夫　#打　#娘家　#爸爸　#侮辱　#应该　#报复　#哪　#一巴掌
#他　#老婆

TIP **耳光** : 원래는 귀의 뒷부분을 이르는 말로, '打耳光'(뺨을 때리다)란 표현으로 많이 쓰인다.
'吃耳光'은 '뺨을 맞다' 이다. 이때 양사는 '记'를 사용한다.

계산서
Hàngdān

어떤 남자가 발을 쩔뚝거리며, 힘겹게 병원으로 걸어 들어와서는, 입원수속처의 간호사에게 말했다: "저를 3등 입원실로 배정해 주세요, 저는 빈털터리입니다." "아무도 당신을 도와줄 사람이 없습니까?" 간호사가 물었다.

"없습니다! 나는 단 한 명의 누나가 있지만, 그녀는 수녀이고, 그녀 또한 가난합니다."

간호사는 이 말을 들은 후에 화를 내며 말했다: "수녀는 부자예요. 왜냐하면 그녀는 하느님과 결혼했기 때문이죠." "좋아요, 그럼 나를 1등 입원실로 배정해 주세요. 앞으로 계산서는 우리 매형 앞으로 보내면 되겠네요.

Yǒu gè nánrén bǒ zhe jiǎo, jiānnán de zǒujìn yīyuàn, duì zhùyuànchù de hùshi shuō: "Qǐng nǐ bǎ wǒ ānpái zài sāndǔng bìngfáng, wǒ shì qióngguāngdàn." "Méi yǒu rén bāng nǐn de máng ma?" Hùshi wèn.

"Méiyǒu! Wǒ zhǐ yǒu yí gè jiějie, tā shì xiūnǚ, tā yě hěn qióng."

Hùshi tīng hòu shēngqì de shuō: "Xiūnǚ fù de hěn, yīnwèi tā hé shàngdì jiéhūn." "Hǎo, nín jiù bǎ wǒ ānpái zài yìděng bìngfáng ba, yǐhòu bǎ zhàngdān jì gěi wǒ jiěfu jiù xíng le."

핵심 키워드

#男人　#进　#医院　#住院处　#护士　#穷光蛋　#姐姐　#修女　#富　#上帝
#结婚　#一等　#我姐夫　#寄给　#帐单

TIP **富得很** : 여기서 得는 정도보어 很을 이끄는 구조조사다.

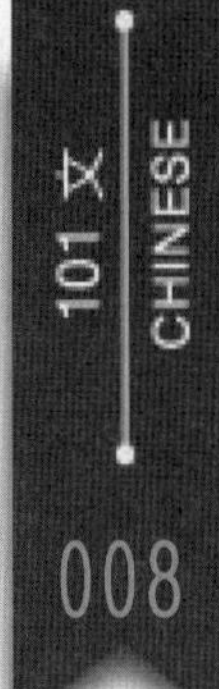

양쪽 다 만족시키다

Liǎng quán qí měi

옛날에 한 아름다운 아가씨가 있었는데, 동쪽과 서쪽의 두 집안이 동시에 구혼을
하였다. 동쪽 집의 아들은 못생겼으나 집안이 아주 부유했고, 서쪽 집의 아들은 오
히려 잘생겼으나 집안이 아주 가난했다. 이번엔 부모님도 의견을 내지 못하고 있었
다. 그래서 딸에게 가 함께 누이 좋고 매부 좋은 방법을 상의했다.

Cóngqián yǒu ge gūniang, zhǎng de hěn piàoliang, yǒu dōng xī liǎng jiā tóng
qù qiúhūn. Dōng jiā de érzi zhǎng de hěn chǒu, dànshì jiālǐ fēicháng fùyù: xī jiā
de érzi dàoshì xiàngmào tángtáng, dànshì jiālǐ shífēn pínqióng. Zhè yí xià, fùmǔqīn
yě ná búdìng zhǔyi le. Biàn qù gēn nǚer shāngliang ge liǎngquánqíměi de fǎzi.

딸이 말했다: "그럼 양쪽 모두 허락을 해주세요!" 아버지는 이 말을 듣고 어리
둥절해했다. 그러자 딸이 설명했다: "동쪽 집안에서 밥을 먹고, 서쪽 집안에서 자
면, 이게 바로 양쪽 다 만족시키는 것 아니겠어요?"

Nǚer shuō: "Nà liǎngbiān dōu dāyìng xiàlái ba!" Fùqīn tīng le mòmíngqímiào.
Nǚer jiěshì dào: "Dào dōng jiā chī fàn, dào xījiā qù zhù, zhè búshì liǎngquánqíměi
ma?"

#姑娘　#漂亮　#两家　#求婚　#丑　#富裕　#相貌　#堂堂　#贫穷　#商量
#答应　#莫名其妙　#吃饭　#住

TIP　相貌堂堂 : 용모가 훌륭하다.
　　　拿不定 : 결정을 내리지 못하다.

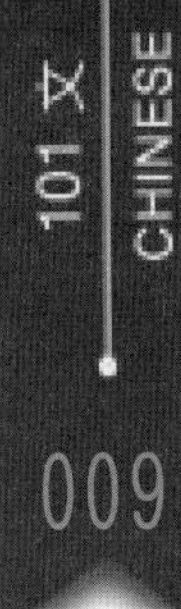

그림의 생명은 제목
Zéi háishì císhànjiā

한 부자가 화가에게 부탁해 그의 초상화를 그리게 하였는데, 그림이 다 그려진 후에는, 서로 상의해서 결정한 5000元의 수당을 지불하기를 거부했는데, 이유인즉 슨: "전혀 나 같지 않게 그렸기 때문이었다."

얼마 지나지 않아, 화가는 이 초상화를 공개적으로 전람하게 하고, 제목을 '도둑' 으로 정했다. 부자는 이 사실을 알고는, 엄청 화가 나서, 화가에게 전화를 걸어 항의를 했다.

"이 일이 당신과 무슨 관계가 있나요?" 화가가 차분하게 말했다. "그 그림은 전혀 당신이 아닙니다!"

부자는 하는 수 없이 이 그림을 사서, 이름을 '자선가' 로 바꿨다.

Yí ge fùwēng qǐng huàjiā wèi tā huà xiàoxiàng, huà hǎo hòu, tā jùjué zhīfù yídìng de 5000 yuán bàochou, lǐyóu shì: "Huà de gēnběn búshì wǒ."

Bùjiǔ, huàjiā bǎ zhè fú xiàoxiàng gōngkāi zhǎnlǎn, tímíng wéi 'zéi'. Fùwēng zhīdào hòu, wànfēn nǎonù, dǎ diànhuà xiàng huàjiā kàngyì.

"Zhè shì yǔ nǐ yǒu shénme guānxi?" Huàjiā píngjìng de shuō. "Nà fú huà gēnběn búshì nǐ!"

Fùwēng bùdébù mǎixia zhè fú huà, gǎimíng wéi 'císhànjiā'.

🔑 핵심 키워드

#富翁　#肖像　#拒绝　#报酬　#议定　#公开　#贼　#买　#改名　#慈善家

TIP 　议定 : 의논을 거쳐 정하다.
　不得不 : 하는 수 없이, 어쩔 수 없이.

기지로 예방한 모기의 습격

Miào yú jiě chū le wénzi de kùnrǎo

한번은, 마크 트웨인Mark Twain이 타지에서 잠을 자게 되었다. 안내 데스크에서 방을 등록하고 있을 때, 모기 한 마리가 윙윙거리면서 다가왔다. 마크 트웨인이 직원에게 말했다: "일찌감치 이 동네에 사는 모기가 아주 똑똑하다고 소문을 들었는데, 과연 듣던 대로, 모기가 밤에 찾아와서 포식하기 위해 나의 객실번호를 먼저 확인하러 왔네요."

이 말에 직원은 박장대소했고, 결과적으로는 그는 이날 밤을 편안하게 잘 수 있었다: 왜냐하면 직원이 그의 말의 의미를 알아차리고, 방을 수차례 청소했기 때문이었다.

Yǒu yícì, Mǎkè·tǔwēn qù wàidì tóusù. Zài fúwùtái dēngjì fángjiān shí, yì zhī wénzi wēngwēng de fēi le guò lái. Mǎkè·tǔwēn duì fúwùyuán shuō: "Zǎo tīngshuō guìdì de wénzi shífēn cōngming, guǒrúqírán, tā jìng huì yùxiān lái kàn hǎo wǒ de fángjiān hàomǎ, yǐbiàn yèwǎn guānglín, bǎo cān yídùn."

Zhè jù huà jiāng fúwùyuán shuō de hāhādàxiào, jiéguǒ zhè tiān wǎnshàng tā shūshufúfú de shuì le yí yè: Yīnwèi fúwùyuán tīngchū le tā de huà zhōng zhī huà, jiāng tā de fángjiān dǎsǎo le zài dǎosǎo.

🔑 핵심 키워드

#马克·吐温　#外地　#登记　#蚊子　#聪明　#听说　#预先　#号码　#看好
#以便　#饱餐　#打扫

TIP

登记 : (숙박시설에) 체크인하다.

贵 : '您贵姓?', '贵干(직업)', '贵庚(나이)' 등 상대방을 높일 때 쓰는 표현

以便~~ : ~~하게 하도록 하다.

话中之话 : 말의 의도

화목의 비결

Mìjué

한 가정이 항상 말다툼을 하느라 시끄러웠는데, 이웃집은 매우 화목해서, 너무 부러웠다. 그래서 찾아가 가르침을 청했다. 이웃집의 남자주인은 대답했다: "우리 집 식구들은 모두가 나쁜 사람들이에요. 그래서 말다툼을 할 일이 없답니다." 물어본 사람은 영문을 알지 못해 화를 내고, 씩씩대며 가버렸다.

하루는, 이웃집에 있는 자전거가 도둑을 맞았는데, 그들의 대화가 말다툼을 잘하는 집에까지 들렸다.

"대문을 닫지 않은 것은 내 잘못이야."

"아니야, 내가 자물쇠를 잠그는 것을 잊었어. 내가 잘못한 거야."

"사실 내가 자전거를 정원에 세워 두어서는 안 되는 것이었어."

그 집(말다툼을 하는 집)의 사람은 갑자기 크게 깨달았다.

Yí hù rénjiā jīngcháng chǎojià, kànjiàn gélín de yì jiā fēicháng hélè, shífēn xiànmù, biàn qiánwǎng qǐngjiào. Línjiā de nán zhǔrén huídá shuō: "Wǒmen jiā měi gè dōu shì huàirén, suǒyǐ búhuì chǎojià." Wèn de rén bùmíng suǒyǐ, xìngxìng rán lí qù.

Yìtiān, línjiā yǒu yí liàng zìxíngchē bèi qiè, tāmen de duìhuà wúyì jiàn ràng chǎojià de nà hù rénjiā tīngdào:

"Méi yǒu guān hǎo dàmén shì wǒ de cuò."

"Bù, wǒ wàng le shàngsuǒ, shì wǒ bùhǎo."

"Qíshí wǒ bù yīnggāi bǎ chēzi fàng zài yuànzi li."

Nà hù rén huǎngrán dàwù.

핵심 키워드

\#吵架　\#隔邻　\#和乐　\#羡慕　\#请教　\#坏人　\#无意间　\#错　\#应该

TIP　**吵架** : 말로 다투다.

외모와 지혜

Wàimào yǔ zhìhuì

어떤 한 유명한 무용가가 빅토르 위고Victor-Marie Hugo에게 열정적이고 친절함이 충만한 편지를 썼다. 편지에서 제안을 했다: 만약 그들 둘이 결혼한다면, 그것은 후대와 우생학적으로 모두 좋은 일이라고. 그녀는 특히 강조하여 지적하기를: "장차, 당신과 같은 지혜와 나와 같은 외모를 지닌 아이를 낳는다면, 얼마나 훌륭하고 절묘한 일이겠어요!"

빅토르 위고는 회신 중에 이번의 호의는 받아들일 수 없음을 나타냈다. 그는 말했다: "그 아이가 만약 단지 나와 같은 외모와 당신과 같은 지혜를 가진다면, 더없이 망한 것이오."

Yǒu yí wèi zhùmíng wǔdǎojiā gěi yǔguǒ xiě le yì fēng rèqíng yángyì de xìn. Xìn zhōng jiànyì: rúguǒ ràng tā liǎ jiéhūn, nà jiāng duì hòudài hé yōushēngxué dōushì jiàn hǎoshì. Tā zhuózhòng zhǐchū: "Jiānglái, shēng gè háizi yǒu nǐ nàyàng de zhìhuì hé wǒ zhèyàng de wàimào, gāi yǒu duōme měimiào!"

Yǔguǒ zài huíxìn zhōng biǎoshì bùnéng jiēshòu zhè fān hǎoyì. Tā shuō: "Nà ge háizi rúguǒ zhǐyǒu wǒ zhèyàng de wàimào hé nǐ nàyàng de zhìhuì, jiù zāotòu le."

🔑 핵심 키워드

#舞蹈家　#雨果　#写　#信　#建议　#后代　#智慧　#外貌　#糟透

TIP 番 : 好意나 心思처럼 심리적 활동의 양사로 쓰인다.
糟透 : 엉망진창이 되다, 끝장이다.

신중해야 할 친구 사귀기

Kěpà de rǎnga1ng

묵자墨子가 학생들을 데리고 한 염색공장을 지나다가, 거기에 서서 참관을 하게 되었다. 노동자가 흰 실타래를 파란색 염료 항아리에 넣자, 이내, 흰색 실이 파란색 실로 바뀌었고, 그가 또 다른 흰색 실을 노란색 염료 항아리에 넣고, 잠시 후 꺼내니 노란색 실로 변했다.

Mòzǐ shuāilǐng xuéshēng cóng yì jiā rǎnsī gōngchǎng jīngguò, jiù zhàn zài nàr cānguān. Gōngrén bǎ yí shù bái sī fàngjìn qīngsè de rǎngāng lǐ, yíhuìr, báisī jiù biànchéng qīngsī le, tā yòu bǎ lìng yí shù báisī fàngjìn huángsè de rǎngāng lǐ, náchūlái jiù biànchéng huángsī le.

묵자는 비록 입으로는 한 마디 말도 안했으나, 그의 얼굴 표정은 여러 가지 느낌이 있는 모양이었다. 갑자기 그는 한숨을 내쉬더니, 중얼거리며 말했다: "무서운 염료 항아리네!" 그의 옆에 서 있던 한 학생이 그 이유를 묻자, 그가 대꾸했다: "저 흰색 실들이 염료 항아리에 들어가면 이내 색이 변하는 것을 봐라. 파란색 염료 항아리에 들어가면 파란색으로 변하고, 노란색 염료 항아리에 들어가면 노란색 실로 변해, 원래 모습으로 돌아오기가 쉽지 않다. 사람도 마찬가지이다. 아이들은 순진무구하여 흰색 실과 같아서, 늘 좋은 사람을 접하면 덩달아서 좋은 것을 배우게 되고, 늘 나쁜 사람을 접하면 덩달아서 나쁜 것을 배우게 된다: 환경이 사람에게 미치는 영향이 너무나 큰 것이다. 그러니 너희들도 친구를 사귈 때는 신중을 기해야 할 것이야!"

Mòzǐ suīrán zuǐ lǐ yí jù huà yě méi shuō, dàn tā liǎn shàng de biǎoqíng, què yǒu hěn duō gǎnxiǎng de yàngzi. Hūrán tā tàn le yì kǒu qì, zìyánzìyǔ de shuō: "Hǎo kěpà de rǎngāng le!" Zhàn zài tā pángbiān de yí ge xuéshēng wèn tā lǐyóu, tā jiù huídá shuō: "Nǐ kàn nà xiē jiébái de sī, yí fàngjìn rǎngāng lǐ, lìkè jiù biàn le. Fàngjìn qīngsè rǎngāng lǐ de, jiù rǎnchéng qīngsī: fàngjìn huángsè rǎngāng lǐ de, jiù rǎnchéng huángsī, bùróngyì huīfù běnlái de miànmù le. Rén yě shì zhèyàng. Xiǎoháizi tiānzhēn chúnjié, xiàng báisī yíyàng, tā cháng jiēchù hǎorén, jiù huì gēnzhe xué hǎo: cháng jiēchù huàirén, jiù huì gēnzhe xué huài. Huánjìng duì rén de yǐngxiǎng shízài tài dà le, nǐmen jiāo péngyǒu yīnggāi děi jǐnshèn ne!"

핵심 키워드

#率领　#墨子　#学生　#染丝　#参观　#变成　#自言自语　#可怕　#不容易

#面目　#恢复　#好人　#坏人　#交　#朋友　#谨慎

TIP　却 : 앞과 상반되는 상황전개를 이끄는 부사. 오히려　　　一 ~~, 就 : ~~하자마자 곧

눈이 내려야 공부를 하지

Děng zhe xià xué

오래 전, 한 사람이 아들이 열심히 공부하지 않는 것을 보고, 옛사람이 공부를 좋아한 이야기를 이용해 그를 일깨워주었다. 그가 말하길: "옛날 쑨캉이라는 사람이 있었는데, 집이 가난해서, 등을 켤 기름을 살 돈이 없어, 눈이 반사하는 빛을 빌려 책을 읽어, 나중에 대학자가 되었단다. 너는 마땅히 옛사람을 배워야 한다." 아들은 그 말을 듣고, 고개를 끄덕이며 말을 했다. "잘 기억하겠습니다."

Hěn jiǔ yǐqián, yǒu ge rén kàndào érzi bùkěn yònggōng dúshū, jiù yòng gǔrén hàoxué de gùshi kāidǎo tā. Tā shuō: "Gǔshíhòu yǒu ge jiào Sūnkāng de rén, jiālǐ hěn qióng, méiyǒu qián mǎi yóu diǎn dēng, jiù jièzhe xuěyìng de guāng dúshū, hòulái chéng le dà xuéwènjiā. Nǐ yīnggāi xiàng gǔrén xuéxí." Érzi tīng hòu, diǎn le diǎntóu shuō: "Wǒ jìzhù le."

며칠이 지난 후, 그가 서재에 와보니, 아들은 두 눈을 크게 뜨고 창밖을 응시하고만 있는 것이었다. 그는 크게 화를 내며 물었다. "넌 어째서 아직도 공부하고 있지 않느냐?" 아들이 대답했다. "저는 눈이 내리길 기다리고 있는 중이에요."

Guò le yìxiē rìzi, tā lái dào shūfáng, zhǐ jiàn érzi dèng zhe liǎngyǎn wàng zhe chuāngwài. Tā shífēn shēngqì de wèn tā. "Nǐ zěnme hái bù dúshū?" Érzi huídá shuō. "Wǒ zài děng zhe xiàxuě ne."

🔑 핵심 키워드

#用功 #儿子 #不 #开导 #用 #故事 #孙康 #灯 #钱 #借 #雪映 #学习
#记住 #只见 #窗外 #望着 #生气 #等 #雪

TIP 在~~呢 : ~~하고 있다.

매실의 위력

Wàng méi zhǐ kě

삼국시대 때, 한번은 조조曹操가 군대를 이끌고 전쟁을 하던 중, 황량한 사막지대를 지나게 되어, 마실 물을 한 모금도 찾을 수 없었다. 병사들은 정말 견디기 힘들어하여, 어떤 자는 아예 땅에 누워버리는 자도 있었다. 조조는 그 광경을 보자, 마음속으로 너무나 조급해졌는데, 갑자기 그는 좋은 생각이 떠올랐는지, 병사들에게 말을 했다.

Sānguó shí, yī cì Cáo Cāo shuài bīng dǎzhàng, lù guò yípiàn huāngmò, zhǎobudào yì dī shuǐ hē. Shìbīngmen shízài shòubùliǎo le, yǒude gāncuì jiù tǎng zài le dì shàng. Cáo Cāo yí jiàn, xīn lǐ fēicháng zháojí, hūrán tā xīn shēng yí jì, duì shìbīngmen shuō.

"저 앞에 넓은 매실나무 밭이 보이는데, 저곳의 매실이 시큼하게 익은 것 같구나! 모두들 어서 가서, 매실을 먹자꾸나!" 병사들은 이 말을 듣자, 즉각 잘 익은 매실이 떠올라, 입 속에 마치 매실을 먹은 것처럼, 침이 이내 흘러나와, 그다지 목마름을 느끼지 않게 되었다. 그들은 급히 정신을 차려서 계속 길을 가, 마침내는 물이 있는 곳에 이르렀다.

"Qiánmiàn yǒu yí dà piàn méilín, nàli de méizi kě suān le! Dàjiā kuài zǒu, qù chī méizi!" Shìbīngmen yì tīng, dùnshí xiǎngdào le suānméi, zuǐ li hǎoxiàng chī dào méizi yíyàng, kǒushuǐ yíxiàzi jiù liú le chūlái, yě mǎshàng jiù bù juéde tài kě le. Tāmen jímáng zhènzuò jīngshen jìxù gǎnlù, zhōngyú lái dào le yǒu shuǐ de dìfāng.

핵심 키워드

#三国　#找不到　#水　#路　#荒漠　#率兵　#曹操　#着急　#一计　#前面　#梅林
#酸　#想到　#酸梅　#吃到　#一样　#口水　#流　#振作　#精神

TIP　心生一计 : 마음속으로 좋은 생각이 떠오르다.
好像~~一样 : 마치 ~~인 것 같다.
振作精神 : 정신을 가다듬다.

링컨의 소박한 일화

Línkěn qùshì

1860년, 링컨Abraham Lincoln이 공화당의 입후보자로 대통령 선거에 참가했을 때, 그는 이러한 경선 연설을 발표했다: "어떤 사람이 편지로 나에게 어느 정도의 재산이 있는지 물었습니다. 저는 한 명의 아내와 한 명의 아들이 있습니다. 그들은 모두 값을 매길 수 없는 보물입니다. 그 밖에 하나의 사무실을 임대하고 있습니다. 실내에는 책상 하나와 의자 세 개, 벽 모퉁이에 커다란 책장이 있습니다. 책장에 있는 책들은 모든 사람들이 한번쯤 읽을 만한 가치가 있습니다. 저는 가난할 뿐만 아니라 말랐고 얼굴은 매우 길어, 돈을 벌 관상이 아닙니다. 저는 정말이지 의지할 만한 것이 아무것도 없습니다. 유일하게 의지할 수 있는 것은 여러분뿐입니다.

1860nián, Línkěn zuòwéi gònghédǎng de hòuxuǎnrén cānjiā zǒngtǒng xuǎn shí, tā fābiǎo de shì zhèyàng de jìngxuǎn yǎnshuō: "Yǒu rén xiě xìn wèn wǒ yǒu duōshǎo cáichǎn. Wǒ yǒu yí wèi qīzi hé yí gè érzi. Dōushì wú jià zhī bǎo. Cǐwài, hái zū yǒu yí gè bàngōngshì, shìnèi yǒu zhuōzi yì zhāng, yǐzi sān bǎ. Qiángjiǎo hái yǒu dà shūjià yí gè, shūjià shàng de shū zhídé měirén yìdú. Wǒ běnrén jì qióng yòu shòu, liǎndàn hěn cháng, búhuì fāfú. Wǒ shízai méi yǒu shénme kě yīkào de. Wéiyī kě yīkào de jiùshì nǐmen."

#林肯 #候选人 #参加 #演说 #财产 #问 #妻子 #儿子 #宝 #读 #书
#值得 #穷 #依靠 #唯一 #你们

TIP

值得~~ : ~~할만하다, ~~할 가치가 있다.

既~~又~~ : ~~하고, 또 ~~하다.

发福 : 적당히 살찐 사람을 형용하는 좋은 표현으로, 경제적 여유까지도 나타낼 수 있다.

마크 트웨인의 성명

Mǎkè tǔwēn de shēngmíng

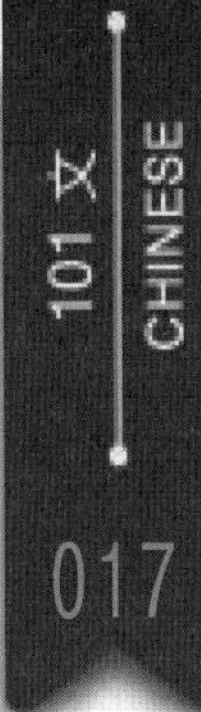

마크 트웨인(Mark Twain; 필명, Samuel Langhorne Clemens; 본명)은 한 파티(연회)에서 기자가 물어볼 때 대답했다. "미국 국회 내에서 어떤 의원들은 개자식들이야." 기자가 그의 말을 대중에게 공개하자, 워싱턴의 위원들은 반드시 마크 트웨인이 신문에 사과하고 용서를 비는 공고를 올려야 한다고 했다.

Mǎkè·tǔwēn zài yícì jiǔhuì shàng dá jìzhě wèn shí shuō: "Měiguó guóhuì zhōng yǒu xiē yìyuán shì gǒubiǎozi yǎng de." Jìzhě jiāng tā de huà gōngzhū yǔ zhòng, huáshèngdùn de yìyuán men yídìng yào mǎkè·tǔwēn zài bào shang dēng ge qǐshì, péiqíng dàoqiàn.

마크 트웨인은 이렇게 공고 한 장을 썼다. "예전에 제가 술자리에서 많은 수의 국회의원들을 개자식이라고 발언했었는데, 재차 고려해보니 이 말이 타당하지도 않고 게다가 사실과 맞지도 않는다고 느꼈습니다. 특별히 신문에 밝히노니, 제 말을 아래와 같이 수정하는 바입니다. 미국 국회 안의 어떤 의원들은 개자식이 아닙니다."

Mǎkè·tǔwēn xiě le zhèyàng yì zhāng qǐshì: "Yǐqián bìrén zài jiǔxís hang fāyán, shuō yǒu xiē guóhuì yìyuán shì gǒubiǎozi yǎng de, wǒ zàisān kǎolü, juéde cǐ yán bù tuǒdang, érqiě bù hé shìshí. Tè dēngbào shēnmíng, bǎ wǒ de huà xiūgǎi rú xià

: Měiguó guóhuì zhōng yǒu xiē yìyuán bú shì gǒubiǎozi yǎng de.”

TIP 鄙人 : 자신을 낮추는 표현

정곡을 찌르는 한마디

Yì zhēn jiàn xiě

미국의 한 백만장자가 왼쪽 눈이 멀어 많은 돈을 주고 가짜 눈을 해 박았다. 이 가짜 눈은 그럴듯하게 잘 시술이 된지라, 얼핏 보아서는, 누구도 가짜인 것을 눈치 채지 못할 지경이었다. 그래서, 이 백만장자는 매우 만족해하여 늘 사람들 앞에서 자기를 뽐내곤 했다.

Měiguó yǒu yí wèi bǎiwànfùwēng. Tā de zuǒ yǎn huài le, huā hǎoduō qián qǐng rén gěi zhuāng le yì zhī jiǎ de. Zhè zhī jiǎyǎn zhuāng de zhēn hǎo, zhà yí kàn, shuí yě bú huì rènwéi shì jiǎde. Yúshì, zhè bǎiwànfùwēng shífēn déyì, chángcháng zài rénmen miànqián kuāyào zìjǐ.

한번은, 그가 마크 트웨인을 만나서 물었다. "당신 알아맞힐 수 있겠소? 내 어느 쪽 눈이 가짜인지?" 마크 트웨인은 그의 왼쪽 눈을 가리키면서 "이쪽이 가짜입니다." 백만장자는 놀라워하면서 "어떻게 알았소?" 라고 말했다. 마크 트웨인이 대답하길 "제가 보기에, 당신의 이쪽 눈에는 아직 약간의 자비심이 느껴지기 때문이오."

Yǒu yí cì, tā pèngdào Mǎkè·tǔwēn, jiù wèndào: "Nǐ cāi de chūlai ma? Wǒ nǎ zhī yǎnjing shì jiǎ de?" Mǎkè·tǔwēn zhǐ zhe tā de zuǒyǎn shuō: "Zhè zhī shì jiǎ de." Bǎiwànfùwēng shífēn jīngyì, shuō: "Nǐ zěnme zhīdao de?" Mǎkè·tǔwēn huídá shuō: "Wǒ kàn, yīnwèi nǐ zhè zhī yǎnjing lǐ háiyǒu yìdiǎn diǎn cíbēi."

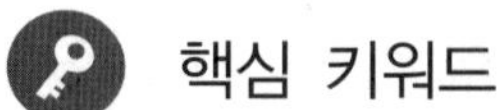

핵심 키워드

#富翁　#左眼　#坏　#装　#假眼　#得意　#夸耀　#马克·吐温　#问　#猜　#出来
#惊异　#慈悲　#一点

TIP 猜得出来 : 맞추어낼 수 있다.

이제 시기가 되었소!

Xiànzài kěyǐ zhòng tǔdòu le!

"감자 심을 밭을 갈아야겠는데, 일꾼 둘은 있어야 할 것 같아 걱정이에요." 아내가 전쟁터에 있는 남편에게 보낸 편지의 내용이다. 남편으로부터 곧 회답이 왔다. "여보, 절대 밭을 갈아서는 안 돼요. 그 속에 무기가 들어있으니까 말이요. 알겠소?"

"Wǒ xiǎng zài tiándì lǐ zhòng tǔdòu, búguò qǐmǎ yào xūyào liǎng ge bàngshǒu, wǒ zhèngzài wèi cǐ ěr dānxīn." Zhè shì huái zhe yùn de qīzi gěi zài zhànchǎng de zhàngfu de xìn zhōng sùshuō de. Zhàngfu mǎshàng huí le xìn. "Lǎopo, juéduì bù néng fāngēng tiándì, yīnwèi lǐmiàn máicáng le wǔqì, zhīdào le ma?"

머칠이 지난 후, 관계당국에서 헌병 네 사람을 보내와, 밭을 구석구석 파헤쳐놓더니 돌아갔다. 아내는 남편에게 편지를 썼다. "무슨 까닭인지 헌병들이 와서 밭을 구석구석 파헤쳐놓았어요." 그러자 남편의 답장이 곧 도착했다. "사랑하는 아내여, 이제 감자를 심도록 하시오."

Jǐ tiān guò hòu, dāngjú pàichū sì ge xiànbīng lái, wā biàn le tiándì de měi ge jiǎoluò hòu jiù huíqù le. Qīzi gěi zhàngfu xiě le xìn. "Sì ge xiànbīng bù zhī wèihé

bǎ jiāli de tiándì rènrènzhēnzhēn de fān le ge dīcháotiān." Zhàngfu lìjí huí le xìn.
"Qīnài de lǎopo, nǐ xiànzài kěyǐ jìnqíng de zhòng tǔdòu le."

🔑 핵심 키워드

#土豆 #种 #帮手 #需要 #担心 #妻子 #诉说 #丈夫 #信 #战场 #回
#不能 #翻耕 #武器 #埋藏 #宪兵 #挖 #田地 #角落 #底朝天 #翻
#亲爱 #可以

TIP **不知为何** : 어찌된 일인지
翻底朝天 : 땅을 뒤집어엎다.

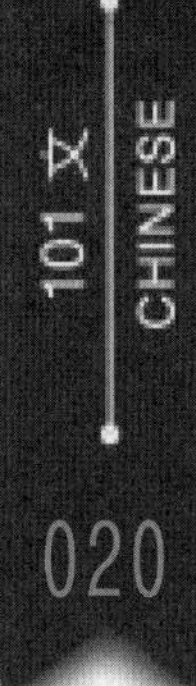

처칠이 무슨 상관이야
Guǎn tā shénme Qiūjí'ěr(丘吉尔)

영국 수상 처칠Sir Winston Leonard Spencer-Churchill이 서둘러 하원의회에서 열리는 회의에 참가하려고, 한 대의 택시를 불렀다. 차가 목적지의 소재지에 도착한 후 그는 차에서 내리면서 기사에게 말을 했다: "내가 여기서 대략 한 시간 정도 지체할 것인데, 당신은 여기서 나를 기다려주시지요."

Yīngguó shǒuxiàng Qiūjí'ěr jíyú gǎn dào xiayìyuàn qù kāihuì, tā jiào le yí liàng chūzū qìchē. Chēzi dàodá suǒzàidì hòu, tā xià chē duì sījī shuō: "Wǒ zài zhèlǐ dàyuē dānge yí gè zhōngtóu, nǐ děng wǒ yíxià ba."

"안 됩니다." 기사가 단호하게 거절했다. "나는 어서 집으로 돌아가서, 라디오로 처칠의 연설을 들어야 합니다."

"Bùxíng." Sījī jiānjué de huíjué le. "Wǒ jiùyào gǎn huíjiā qù, hǎozài shōuyīnjī li shōutīng Qiūjí'ěr yǎnshuō."

수상은 이 말을 듣고, 자기도 모르게 기뻐하며, 원래 지불해야 할 차비 외에 상당한 가치의 팁을 덤으로 주었다. 기사는 이 의외에 수입을 쳐다보고는, 곧바로 생각을 바꾸어 승객에게 말했다. "제가 잠시 생각해보니, 여기서 당신을 기다렸다가 다시 태워다드리는 게 났겠어요, 젠장 처칠이 무슨 상관이야!"

Shǒuxiàng yī tīng zhè huà, bùjīn dàwéi jīngxǐ, yúshì chú zhào fù le chēzī zhī wài, yòu zhòngzhòng de shǎng le tā yìbǐ kěguān de xiǎofèi. Sījī wàng zhe nà bǐ yìwài shōurù, hěn kuài jiù gǎibiàn xīnyì de duì chéngkè shuō: "Wǒ xiǎng le yíxià, háishi zài zhèlǐ děng zhe sòng nǐ huíqù ba, guǎn tā mā de shénme Qiūjí'ěr!"

#丘吉尔 #开会 #汽车 #出租 #下车 #司机 #耽搁 #等 #回绝 #好在
#收听 #演说 #惊喜 #赏 #小费 #意外 #改变 #等 #管 #他 #妈

TIP 好在 : (때마침)운 좋게도
除~~之外 : ~~이외에
管他妈的 : 管他(알게 뭐야)와 他妈的(제기랄)이 합쳐진 표현

대충과 진지

Mǎhu yǔ rènzhēn

루쉰(魯迅)이 상해에 머무를 때, 하루는 이발소에 가서 이발을 하게 되었다. 이발사는 그의 옷차림이 평범하여 볼품이 없는 것을 보고, 대충대충 이발을 해주었다. 루쉰은 마음속으로 그 까닭을 잘 알고 있었지만, 따지지 않고 오히려 몇 배의 수고비를 지불하고는 태연하게 가버렸다. 이발사는 루쉰의 이 행동에 깜짝 놀라고는 이렇게 생각했다. '이 사람은 분명히 신분이 높은 큰 인물임이 틀림없어.'

Lǔxùn zài Shànghǎi shí, yì tiān dào lǐfàguǎn qù lǐfà. Lǐfàshī jiàn tā yīzhuó pǔtōng, méi shénme pàitóu, jiù mǎmahūhū gěi tā lǐ le fà. Lǔxùn xīnlǐ míngbái, dàn yě bù jìjiào, dǎo duō fù le tā jǐ bèi de gōngqián, tǎnrán de zǒu le. Lǐfàshī bèi Lǔxùn de zhè yī jǔdòng chījīng le, zhuǎnniàn yì xiǎng: 'Zhè ge rén yídìng shì ge yǒu shēnfen de dàrénwù le!'

얼마의 시간이 지나서, 루쉰이 또 이발을 하러 오게 되었다. 이번엔 이발사가 아주 정성스럽게 대하는 것이어서, 차를 내오기도 하고, 자리를 권하고 하며 한 시간은 족히 넘게 걸려서야 이발을 끝내는 것이었다.

그렇지만 루쉰은 전혀 아무 말도 없이 묵묵히 정해진 돈만을 지불하고, 한 푼도 더 지불하지 않는 것이었다. 이발사는 불만의 감정을 이기지 못하여 두 팔을 뻗으며 말하는 것이었다. "선생님, 이건……"

루쉰은 그 뜻을 알아차리고 말하는 것이었다. "당신한테 배운 겁니다. 당신이 대충대충 했을 땐 나도 대충대충 대하고, 당신이 진실 되게 대하면 나도 진실 되게 대하는 겁니다."

이발사는 이 말을 듣고 꿀 먹은 벙어리가 되는 수밖에 없었다.

Guò le yíduàn shíjiān, LǔXùn yòu lái lǐfà le. Zhè cì, lǐfàshī kě rèqíng le, yòushì duānchá, yòushì ràngzuò, zúzú huā le yí ge duō xiǎoshí cái lǐ wán fà.

LǔXùn réng bùshēngbùyǔ, àn guīdìng fù le qián, yì fēn qián yě méi duō gěi. Lǐfàshī chénbuzhùqì le, shuāngshǒu yì tān shuō: "Xiānshēng, nǐ kàn……"

LǔXùn huìyì le, tā shuō: "Xuéxí nín, nǐ mǎhu, wǒ yě mǎhu; nǐ rènzhēn, wǒ yě rènzhēn."

Lǐfàshī tīng le zhǐdé yǎrán.

#鲁迅　#理发　#普通　#衣着　#没　#派头　#马马虎虎　#明白　#不　#计较
#几倍　#理发师　#吃惊　#一定　#又　#这次　#热情　#足足　#小时　#一分钱
#沉不住　#气　#认真　#只得　#哑然

TIP
衣着 : 옷차림새
没什么派头 : 볼품이 없다.
会意 : (다른 사람의 의중을)알아차리다.

派头 : 위엄
又是~~又是~~ : ~~도 하고, ~~도 하다.
只得 : 하는 수 없이

어느 공처가의 변명

Pàtàitài de biànjiě

아반티는 집 앞에서 한 젊은 예쁜 처자를 만나게 되어, 그녀와 말을 주고받다 보니 결국은 집에 돌아가는 것을 깜박 잊고 말았다. 아내는 집에서 밥을 다 지어놓고 아무리 기다려도 아반티가 집에 돌아오지 않는지라, 그를 맞이하러 밖으로 나왔다. 그녀는 아반티가 다른 여인에게 추파를 던지는 것을 보고는, 화가 치밀어 올라, 덥석 아반티를 잡아끌고 집으로 돌아와 물었다. "그 요사스러운 년의 어떤 점이 당신을 홀렸소?" "그 요사스런 여자의 생김새가 당신이 화장하기 전의 모습과 너무 똑같아, 나는 당신인줄 알았더니, 당신이 집에 있었구려!"라고 아반티가 대꾸했다.

Afántí zài jiā ménkǒu yùjiàn yí wèi piàoliàng de shàofù, gēn tā yī liáo qǐlái jìng wàngjì le huíjiā. Tā de qīzi zài jiā zuò hǎo fàn zuǒděngyòuděng bú jiàn Afántí huí lái, biàn chūlái yínghòu. Tā fāxiàn Afántí zhèng yǔ bié de nǚrén jǐ méi nòng yǎn, biàn nùhuǒ zhōng shǎo, yì bǎ bǎ Afántí zhuài huí jiā lái, wèn dào: "Nà ge yāojing de nǎ yì diǎn bǎ nǐ mí zhù le?" "Nà ge yāojing de móyàng gēn nǐ méi huàzhuāng dǎbàn qián yìmóyíyàng, wǒ hái yǐwéi shì nǐ, yuánlái nǐ zài jiā ya!" Afántí shuō dào.

한번은 아반티의 아내가 아반티에게 물었다. "내가 노래를 부를 때마다, 당신은 왜 늘 자리를 피하는 거요? 내가 노래 부르는 것이 듣기 싫은 거요?" 아반티가 대답했다. "그대여, 전혀 그렇지 않소. 나는 다만 주위의 이웃들이 내가 마누라를 때리고 있다고 오해하지 않게 하고 싶을 뿐이오!"

Yǒu yí cì, Afántí de qīzi wèn Afántí: "Wǒ měicì chànggē de shíhòu, nǐ wèishénme lǎo pǎodiào? Nǐ bù xǐhuān tīng wǒ chànggē ma?" Afántí huídá shuō: "Qīn'ài de, yìdiǎn yě bú shì. Wǒ zhǐshì bù xiǎng ràng zhōuwéi de línjù wùhuì, yǐwéi wǒ zài dǎ lǎopo ne!"

핵심 키워드

#阿凡提　#少妇　#遇见　#忘记　#回家　#妻子　#不见　#迎候　#发现　#挤眉弄眼
#拽　#迷　#哪　#一点　#住　#一模一样　#跟　#你　#唱歌　#时候　#为什么
#跑掉　#误会　#打　#老婆

TIP **左等右等** : 아무리 기다려도
挤眉弄眼 : 추파를 던지다, 윙크하다.
一把 : 덥석
以为 : ~~라고 (잘못)여기다.

쉽지 않아, 신발 사기

Zhèng rén mǎi xié

옛날, 郑나라에 한 사람이 시장에 나가 신발을 하나 사려고 했다. 그는 집에서 끈을 이용해 자신의 발 사이즈를 쟀다. 그러나 집을 나설 때 그만 끈을 몸에 지니는 걸 잊어버리고 말았다. 시장에 도착해, 마음에 드는 신발을 고르고서는, 손을 호주머니에 집어넣어 아무리 만져보아도 끈이 만져지지가 않았다. 이때서야 그는 끈을 집에 빠뜨리고 온 것을 알게 되었다. 그래서 그는 신발을 신발장수에게 돌려주고, 급히 집에 돌아가 끈을 휴대했다. 그가 얼굴이 땀투성이가 되어 끈을 들고 시장으로 돌아왔을 땐, 날이 이미 어두워져, 신발장수는 일찌감치 집에 돌아가고 없는 상태였다.

Gǔ shíhòu, Zhèngguó yǒu ge rén zhǔnbèi dào shìchǎng shàng qù mǎi xié. Tā zài jiā yòng shéngzi liáng hǎo le zìjǐ jiǎo de chǐmǎ, kě chūmén shí què wàng le bǎ liáng hǎo chǐmǎ de shéngzi dài zài shēnshàng le. Dào le shìchǎng shàng, tā xuǎn hǎo yì shuāng zìjǐ kànzhòng de xié, bǎ shǒu sāi jìn kǒudài lǐ mō yī mō, kě mō le bàntiān yě mōbuzháo shéngzi. zhè shí, tā cái fājué shéngzi wàng zài jiālǐ le. Yúshì tā bǎ xié huán gěi xiéshāng, jímáng gǎn huíjiā qù qǔ. Děng tā mǎntóudàhàn de ná zhe shéngzi pǎo huí shìchǎng de shíhòu, tiān yǐjīng hēi le, xiéshāng yě zǎoyǐ huíjiā ér bú zài le.

그는 집에 돌아가자 이 일을 아내에게 말했다. 그러자 아내는 이해하지 못하겠다는 듯 물었다. "당신은 왜 자신의 발로 신발의 크기를 맞추어보지 않았어요?" 그는 진지하게 대답하는 것이었다. "나는 사이즈를 잰 끈을 믿으면 믿었지, 내 발을 믿지는 않아."

Tā huíjiā hòu, bǎ zhè jiàn shì shuō gěi lǎopó tīng. Lǎopó jiù bùjiě de wèn tā: "Nǐ wèishénme bú yòng zìjǐ de jiǎo qù shì yí shì xié de dàxiǎo ne？" Tā hěn rènzhēn de huídá shuō: "Wǒ nìngkě xiāngxìn liáng hǎo de shéngzi, yě bù xiāngxìn zìjǐ de jiǎo."

핵심 키워드

#郑国 #买 #鞋 #量好 #绳子 #尺码 #忘了 #带 #摸不着 #发觉 #急忙
#回家 #市场 #跑回 #试一试 #宁可 #也不

TIP 塞 : 집어넣다.

满头大汗 : 얼굴이 온통 땀범벅이 되다.

거울아, 거울아! 이게 사실이니?

Jìngzi

옛날, 유리거울이 막 생겨났을 때, 한 사람이 시장에서 거울을 하나 사서 집에 돌아왔다. 그는 달리 급한 일이 있었던지라, 식구들에게 알리지 않고 밖에 나가게 되었다. 그의 아내가 방에 들어가 보니, 번쩍이는 물건이 있는지라, 이상하게 생각 되어졌다.

Cóngqián, gāng yǒu bōlí jìngzi de shíhòu, yǒu ge rén cóng shì shàng mǎi le yí miàn jìngzi huíjiā. Tā yīnwèi lìng yǒu yàojǐn shì, láibují gàosù jiālirén jiù chūqù le. Tā qīzi jìn fáng yǐhòu, kàndào zhège yòu guāng yòu liàng de dōngxi, gǎndào hěn qíguài.

그녀가 들어서 들여다보니, 그 안에 한 여인이 있는지라, 그녀는 화도 나고 원망 스러워, 자세히 들여다보지도 않고 울면서 시어머니에게 가서 자기 남편이 첩을 데 려왔노라고 하소연했다. 시어머니는 반신반의하는 마음으로 가서 보고는, 갑자기 발을 동동 구르며 아들을 욕하기 시작했다. "이 짐승 같은 녀석, 첩을 들이려면 좀 젊은 것을 들일 일이지, 어쩌자고 머리까지 하얗게 쉰 할머니를 데려온 것이 야?" 말을 마치고는 영감에게 이 사실을 알렸다.

Tā ná qǐ yí kàn, yuánlái lǐmiàn shì yí ge nǚrén, tā yòu qì yòu yuàn, yě bú xì kàn, jiù kūkutítí qù gàosù pópo, shuō zìjǐ de zhàngfu tǎo le ge xiǎolǎopó huílái. Pópo bànxìnbànyí, zǒu chū yí kàn, dùnshí dèng zhe jiǎo mà qǐ érzi lái : "Zhè ge chùsheng, yào tǎo xiǎolǎopó yě yào tǎo ge niánqīng yì xiē, zěnme tǎo yí ge tóufà dōu bái liǎo de lǎotàipó ne？" shuō wán, yòu qù gàosù lǎotóuzi.

영감은 아들이 이런 일을 저질렀으리라 믿을 수가 없었다. 그러나 어쨌든 가서 사실을 확인해보아야 했다. 그는 거울을 쳐다보자, 기뻐서 소리쳤다. "며늘아! 너희들이 잘못 보았구나, 사돈이 오신 거야!"

Lǎotóuzi bù xiāngxìn érzi huì zuò zhè zhǒng shì, dàn zǒng děi qù kàn ge míngbái. Tā cháo jìngzi yí wàng, gāoxìng de hǎn qǐ lái："Xífù ya！nǐmen dōu kàn cuò la, shì qīnjiā lái la！"

TIP 来不及 : ～할 틈이 없다.　　　　　原来~是~~ : 알고 보니 ～～이더라.
讨 : 아내를 들이다.　　　　　　　　看个明白 : 눈으로 직접 확인해보다.

내가 언제 너를 낳았지?

Wǒ jǐshí shēng de nǐ?

객실 칸 안은 승객들로 자리가 다 차 있었고, 단지 한 젊은이가 두 사람의 자리를 차지하고 있었다. 나이 지긋한 아주머니가 걸어가더니, 상냥하게 젊은이에게 말을 걸었다. "여기 사람 있어요? 공간을 좁혀, 같이 좀 앉읍시다." 젊은이는 거칠게 큰 소리로 대꾸했다. "사람 있어요!" 아주머니는 하는 수 없이, 젊은이 옆의 통로에 서 있었다.

Chēxiāng lǐ zuò mǎn le lǚkè. Zhǐyǒu yí ge niánqīng xiǎohuǒzi zhān le liǎng ge rén de zuòwèi. Yí wèi lǎodàniáng zǒu guò qù, hěn kè qì de duì xiǎohuǒzi shuō: "Nǐ zhè lǐ yǒu rén ma? Qǐng jǐ yī jǐ, ràng wǒ zuò yī zuò." Niánqīngrén cūshēng dàqì de shuō: "Yǒu rén!" Lǎodàniáng méi bànfǎ, zhǐhǎo zhàn zài niánqīngrén shēn páng de guò dào sháng.

잠시 후, 한 젊고 예쁜 아가씨가 다른 칸에서 이 아주머니 쪽으로 걸어왔다. 젊은이는 보자마자, 곧바로 웃음 띤 얼굴로 허리를 숙여 일어나며 말했다. "여기 앉으시지요, 빈자리입니다." 아주머니는 이 말을 듣자, 화를 내며 젊은이에게 따졌다. "방금 전에 여기 앉을 사람이 있다하지 않았소?" 젊은이는 눈알을 돌리며 희

죽거리며 대꾸했다. "내가 말한 사람이 저 여자예요! 제 여동생예요." 아주머니
는 더욱 화가 나서, 욕을 해댔다. "헛소리하네, 저애는 내 딸이야. 내가 언제 자네
를 낳았지?"

Yíhuìér, yí gè niánqīng piāoliàng de gūniáng cóng bié de chēxiāng cháo zhè
wèi lǎodàniáng zǒu guò lái. Xiǎohuǒzi yí jiàn, lìkè xiàoróng kě jū de zhàn qǐ lái
shuō: "Qǐng zuò bā, zhèr méi rén." Lǎodàniáng yì tīng, shēngqì de zhìwèn
xiǎohuǒzi: "Nǐ gāngcái bú shì shuō zhèr yǒu rén zuò ma?" Xiǎohuǒzi yǎnzhū yì
zhuǎn xiào xīxī de huídá shuō: "Wǒ shuō de rén jiù shì tā ma, tā shì wǒ de
mèimèi." Lǎodàniáng gēngjiā qìfèn le, mà dào: "Nǐ fàng pì, tā shì wǒ de nǚér. Wǒ
jǐshí shēng de nǐ!"

핵심 키워드

#车厢　#满　#年轻　#小伙子　#座位　#占了　#两个　#让　#坐　#老大娘　#只好
#站　#漂亮　#姑娘　#过来　#站起来　#请　#妹妹　#骂　#放屁

TIP 　放屁 : 헛소리하다, 방귀를 꾸다.
　　几时 : 언제

잠꼬대

Shuō mènghuà

먹을 것을 무척 밝히는 아주머니가 있었는데, 딸네 집에 손님이 되어 가게 되었다. 시어머니와 며느리가 그녀와 함께 밥을 먹는데, 밥을 한술도 뜨기 전에, 바람이 한차례 불어와, 등불이 꺼지고 말았다. 시어머니와 며느리는 서로가 불을 붙여 오겠노라며 부엌에 가려 했지만, 끝내 며느리가 가게 되었다.

Yǒu yí ge chándàniáng, dào nǚer jiā qù zuò kè. Póxí liǎ jiù péi tā chī fàn, hái méi chī jǐ kǒu, yízhèn fēng bǎ dēng chuī miè le. Póxí liǎ zhēng zhe qù chúfáng diǎndēng, jiéguǒ háishì xífu qù le.

어두컴컴한 가운데, 먹을 걸 밝히는 아주머니는 딸의 시어머니가 불을 붙이러 간 줄 알고, 급히 작은 소리로 말했다. "딸애야! 너의 시어머니가 불을 붙이러 간 사이에 어서 고기를 몇 점 집어다오." 시어머니는 이 말을 듣고, 웃음을 억지로 참으며, 대꾸를 하지 않았다. 잠시 후, 며느리가 등을 들고 왔고, 먹을 걸 밝히는 아주머니는 이걸 보고는, 얼굴이 화들짝 달아올라, 급히 계면쩍어 하며 말을 했다. "아이쿠 이거 봐! 나이가 들면 잠이 많아져, 깜깜해지기만 하면 잠이 들어, 잠꼬대를 한단 말이야."

Hēiàn zhōng, chándàniáng hái yǐwéi shì nǚer de pópo qù diǎndēng, liánmáng xiǎo shēng shuō: "Nǚer! Nǚer! Chéng nǐ pópo diǎndēng qù bú zài, kuài jiā jǐ kuài ròu gěi wǒ." Pópo tīng le, qiáng rěnzhù xiào, méi kēngshēng. Yíhuìer xífu bǎ dēng duān lái, chándàniáng yí kàn, liǎn sào de tōnghóng, liánmáng bùhǎoyìsī de shuō: "Qiáo! Shàng le suìshù de rén jiù jiào duō, jiàn hēi jiù shuì, yí shuì jiù shuō mènghuà."

그 시어머니는 속으론 우스웠지만, 입으론 이렇게 말을 하는 것이었다. "맞아요! 사부인, 제가 비록 사부인보다 몇 살 어립니다만, 저도 병이 있답니다. 깜깜한 데만 가면 두 귀가 아무것도 듣지 못하게 된답니다."

Nà pópo suīrán xīnli hǎoxiào, zuǐshàng què shuō: "Shì ya! Qīnjiāmǔ, wǒ suīrán bǐ nǐ hái xiǎo jǐ suì, hái yǒu ge máobìng, yí dào hēidì li, liǎng zhī ěrduo jiù shénme dōu tīngbujiàn le."

#馋大娘　#女儿　#客　#做　#吃饭　#灯　#灭　#点灯　#媳妇　#乘　#不　#在
#脸　#通红　#见　#黑　#睡　#梦话　#亲家母　#毛病　#听不见

TIP　乘 : 기회를 틈타　　　　　　　　　臊 : (낯빛으로) 창피해하다.
什么也不 : 아무것도 ~~않다.

총명한 당나귀

Yǒu tóunǎo de lǘ

인도에 사는 한 농부가 암소와 당나귀를 함께 쟁기에 매어 밭을 갈았다. 어느 날 암소가 당나귀에게 말했다. "오늘 내가 병난 체하고 누워 있을 거야. 그러면 오늘 일하러 안 나가도 되겠지!" "그러려무나. 하지만 난 일하러 갈 거야."

Yìndù yǒu yí ge nóngfū tóngshí yòng yì tóu mǔniú hé yì tóu lǘ lái gēngtián. Tā shì bǎ mǔniú hé lǘ xì zài yí ge lí shàng gēngtián de. Yǒu yì tiān mǔniú duì lǘ shuō : "Jīntiān wǒ yào zhuāngbìng tǎng zhe. Zhèyàng yěxǔ jiù búyòng gānhuó le!" "Suí nǐ biàn ba. Fǎnzhèng wǒ yào qù gānhuó le."

다음 날 아침 주인은 암소의 몸이 좋지 않은 것으로 보고, 맛있는 짚을 먹게 하고 마구간에서 편히 쉬도록 했다. 그날 밤, 당나귀가 돌아오자 암소는 당나귀에게 물었다. "주인이 뭐라고 하든?" "아무 말 없었어." "그렇다면 내일도 꾀병을 부려야겠는걸."

Dìèrtiān zǎoshàng, zhǔrén yǐwéi mǔniú shēntǐ bù hǎo, jiù ná shàngděng de jiēgān gěi mǔniú chī, ràng tā zài mǎjiù lǐ xiūxi. Nà tiān wǎnshàng, lǘ yì huílái, mǔniú jiù wèn lǘ. "Zhǔrén shuō le xiē shénme?" "Méi shuō shénme." "Nàme míngtiān yě yào yǎn xì le."

다음 날 저녁 암소는 당나귀에게 또 물었다. "주인이 나에 대해서 아무 말도 없었니?" "응, 나한테는 아무 말도 없었어. 하지만 저 건너 푸줏간 백정 아저씨하고 한참 동안 이야기를 나누던 걸."

Dìèrtiān wǎnshàng mǔniú yòu wèn lǘ. "Zhǔrén méishuō wǒ shénme ma?" "Ng, méi gēn wǒ shuō shénme. Búguò, gēn nàbiān ròupū de túfū liǎo le bàntiān."

다음 날이 되자, 암소는 날이 밝기도 전에 누구보다도 먼저 일어나 일하러 갈 준비를 하는 것이었다.

Dào le dìèrtiān, tiān hái méi liàng, mǔniú jiù bǐ shéi dōu zǎo qǐlǎi, zhǔnbèi gànhuó le.

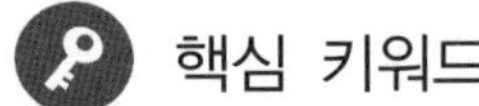

#农夫　#母牛　#驴　#耕田　#犁　#装病　#干活　#不用　#随　#便　#以为
#上等　#让　#休息　#屠夫　#聊　#起来　#早　#准备

TIP　半天 : 한참 동안

나이 든 말의 가치

Lǎomǎshìtú

춘추시대 때엔 나라 사이에 해마다 다양한 전쟁이 있었다. 한번은 제나라가 군사를 일으켜 북방의 고죽국을 치러 갔다. 고죽국은 제나라보다 약해서, 병력이 제나라만큼 강성하지 못해, 고죽국의 선발대가 거짓투항을 꾸며내, 제나라 군사를 한 발짝 한 발짝씩 미로 같은 산골짜기로 유인했다. 이곳은 황량하여 인적도 없으며, 괴상한 바위들이 꽉 들어차 있고, 거기다 바람도 세게 불고, 날씨도 차가웠다. 제나라 군사는 칠흑 같이 어두운 밤에 이리저리 전전하다, 날이 밝았을 때는, 이미 길을 잃어버렸다. 보아하니, 제나라 군사는 분명 이곳에서 절반 이상을 죽음으로 잃게 될 형편이었다.

Chūnqiū shíqī, guójiā zhī jiān liánnián hùnzhàn. Yí cì, Qíguó chūbīng qù dǎ běifāng de Gūzhúguó. Gūzhúguó bǐ Qíguó ruòxiǎo, bīnglì méiyǒu Qíguó qiángdà, Gūzhúguó lǐngbīng shèjì le jiǎ tóuxiáng, bǎ Qíjūn yíbùyíbù de yǐnyòu dào mílù bān de shāngǔ. Zhè dìfang huāngwúrényān, guàishílínlì, fēng yòu dà, tiān yòu lěng, Qíjūn zài hēiyè li zhuànláizhuànqù, dào tiān liàng shí, yǐjīng míshī le fāngxiàng, zhǎobuzháo chūlù. Kànlái, Qíjūn yídìng yào zài zhèlǐ sǐwáng dàbàn.

이때, 제나라 군사를 이끈 관중管仲은 갑자기 말이 원래 살던 곳을 아무리 멀리 떨어져 있더라도, 원래의 길로 되돌아 갈 수 있다는 점을 떠올리고, 사람을 시켜 군대 속에서 몇 마리의 늙은 말을 선발하게 하여, 늙은 말을 풀어 마음대로 앞쪽을 걷게 하고, 군사들은 말의 뒤를 따르게 했다. 이 조치는 예상대로 효과를 발휘해, 늙은 말들은 마침내 제나라 군사를 미로 같은 골짜기에서 빠져나오게 했다.

Zhèshí, shuàilǐng Qíjūn de Guǎn Zhòng hūrán xiǎngqǐ: mǎ líkāi yuánlái zhù de dìfang bùguǎn duō yuǎn, dōu nénggòu cóng yuánlái de tújìng huíqù, yúshì jiào rén cóng jūn zhōng tiāoxuǎn chū jǐ pǐ lǎo mǎ, rènpíng tāmen zài qiánmiàn xíngzǒu, duìwu gēnzài tāmen de hòubiān. Guǒram zhè ge cuòshī jiànxiào, lǎomǎ zhōngyú bǎ Qíjūn dàichū le mígǔ.

🔑 핵심 키워드

#春秋 #孤竹国 #弱小 #假投降 #引诱 #迷路 #迷 #方向 #管仲 #想起
#马 #离开 #多远 #能够 #回去 #老马 #挑选 #见效

TIP A 没有 B + 형용사 : A는 B보다 못하다.
见效 : 효과를 보다.

가! 넌 수염이 났잖아

Qù! nǐ zhǎng húzi le

5세 반인 아들은 꼭 엄마가 밤에 그를 데리고 잠을 자야만 했다. 엄마가 그에게 말했다: "애야 넌 다 컸으니, 이제 스스로 자는 법을 배워야한단다, 어이구 착한 우리 아들 엄마 말 들어야지." 그런데 생각지도 않게, 아들이 갑자기 화를 내는 것이었다. "아빠는 왜 말을 듣지 않는데?! 아빠는 훨씬 더 크게 자랐는데도, 엄마는 날마다 아빠를 데리고 잠을 자잖아."

Wǔ suì bàn de érzi fēiyào māma wǎnshang dài zhe tā shuìjiào bùkě. Māma gàosu tā: "Xiǎoháizi dà le, yào xuéhuì zìjǐ shuìjiào, hǎo háizi yào tīnghuà." Shéi zhī, érzi yíxiàzi nǎonù qǐlai: "Bàba wèishénme bù tīnghuà?! Bàba dōu zhǎng de dàdà de le, kě nǐ tiāntiān hái dài tā shuìjiào de."

또 한번은, 집에 몇 명의 친구가 찾아왔다. 엄마는 아들과 친구들의 자녀들을 작은 탁자에 있게 했다. 아들이 엄마에게, 어른들이 있는 곳에 앉게 해달라고 졸랐다. 그러자 엄마가 말했다. "안 돼! 애야, 넌 아직 어려, 네가 수염이 나면, 그땐 어른들과 같이 먹고 마실 수 있어." 아들은 고개를 숙인 채 정말로 마지못해 아이들 쪽의 탁자에 가 앉았다. 이때, 그 집의 아기 고양이가 음식 냄새에 이끌려 다가와서는, 아들의 발밑을 빙 돌았다. 그러자 아들이 고양이를 발로 차며: "저리 가! 너는 이미 수염이 났잖아, 어른들 쪽으로 가버려 달라고."

Yòu yǒu yícì, jiāli lái le jǐ wèi péngyou. Māma bǎ érzi hé péngyou de zǐnǚ ānpái dào yì zhāng xiǎozhuōzi shang. Érzi yāngqiú māma, ràng tā zuò dào dàren nàr. Māma shuō: "Bù! Érzi, nǐ hái xiǎo, děng nǐ zhǎng húzǐ le, jiù kěyǐ gēn dàren yíkuàir chī hē le." Érzi dāla zhe nǎodai, shíèrfēn bùqíngyuàn de zuò dào le xiǎohái zhuō shang. Zhèshí, jiāli de xiǎomāo bèi càiyáo de xiāngwèi yǐn le guòlái, tā zhuàn dào le érzi de jiǎoxià. Érzi yì tī: "Qù! Nǐ yǐjing zhǎng húzǐ le, gěi wǒ dào dàren nàbiān qù."

#儿子　#妈妈　#非要　#不可　#睡觉　#听话　#朋友　#子女　#安排　#长　#胡子
#大人　#一块儿　#小猫　#转到　#那边　#去

TIP　非要~~不可 : ~~하지 않으면 안 된다.
　　　长 : 자라다

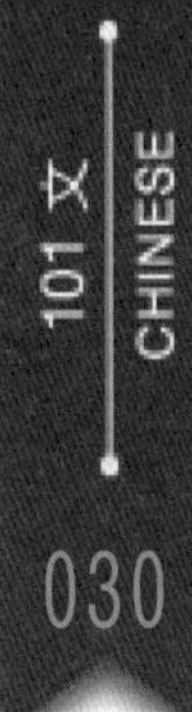

할머니의 부탁
Lǎotàitai de qǐngqiú

우체국 대청에서 한 중년이 엽서를 쥐고 사방을 두리번거리고 있는 노부인을 발견했다. 잠시 후, 노부인은 그의 곁으로 다가와 예의바르게 물었다. "아저씨, 도움 좀 하나 부탁해도 될까요. 엽서 위에 주소를 좀 써주시겠습니까?" "물론이다마다요." 중년인이 확실한 어조로 말을 하고는, 노인이 말하는 대로 적었다. "감사합니다." 노부인은 감격하며 "제가 남에게 부탁하길 아주 싫어하는데, 그렇지만 몇 자 더 적어주실 수 없으시겠어요?" 라고 말했다.

Zài yóujú dàtīng nèi, yígè zhōngniánrén kànjiàn yí wèi lǎotàitai shǒu ná míngxìnpiàn zài sìchùzhāngwàng. Guò le yíhuìr, lǎotàitai zǒu dào tā gēnqián, kèqi de shuō: "Xiānsheng, qǐng bāng gè máng. Bāng wǒ zài zhè míngxìnpiàn shàng xiě shàng dìzhǐ hǎo ma?" "Dāngrán kěyǐ." Zhōngniánrén bǎozhèng dào, bìng àn lǎorén shuō de xiě le. "Xièxie." Lǎotàitai gǎnjī de shuō: "Wǒ bú yuànyì qiú rén, búguò nín zài gěi wǒ xiě shàng yì xiǎo duàn huà, hǎo ma?"

중년은 가볍게 씩 웃고는, 엽서를 뒤집어 그녀의 요구대로 써 주었다. "더 도와 드릴 게 있나요?" "음, 예, 아주 조그만 일이 있어요." 노부인은 엽서를 보면서 말했다. "아랫부분에 한 줄을 다시 써주세요: '글씨를 너무 흘려 썼지만 이해바랍니다.' 라고요."

Zhōngniánrén wēiwēi yí xiào, ránhòu bǎ míngxìnpiàn fān guò lái, zhào tā de yāoqiú xiě hǎo le. "Háiyǒu shénme yào bāngmáng de?" "Èng, háiyǒu yí jiàn xiǎoshì." Lǎotàitai kàn zhe míngxìnpiàn shuō: "Qǐng nín zài xiàmiàn zài jiā yí jù: 'Zì xiě de hěn cǎo, qǐng yuánliàng.' "

핵심 키워드
#邮局 #老太太 #中年人 #明信片 #帮 #忙 #地址 #照 #要求 #写 #字 #草

TIP 四处张望 : 사방을 두리번거리다.
段 : 양사로 쓰여 짧은 길이를 나타낸다.

예술품을 알아보는 개

Dǒng yìshù de gǒu

한 화가가 한 부자에게 초상화를 그려주게 되었다. 두 사람은 사전에 그림 값을 3천 원으로 하기로 합의를 보았다. 그림이 다 그려졌지만, 그 부자는 돈을 주려하지 않았다. 그는 그의 발발이 애완견이 그림 속의 사람이 자기의 주인인지 알아보지 못하는데, 이는 이 초상화가 자기를 닮지 않았음을 증명하는 것이라고 말했다.

Yí ge huàjiā gěi yí ge fùwēng huà le yì fú xiàng. Liǎng ge rén shìqián shuō hǎo huàxiàng fèiyòng wéi sān qiān kuài qián. Xiàng huà hǎo le, dànshì nà fùwēng què bùkěn gěi qián. Tā shuō tā de hābāgǒu rèn bu chū huà shàng de rén jiùshì zìjǐ de zhǔrén, zhè zhèngmíng zhè fú xiàng huà de bú xiàng.

화가는 화가 나서, 변호사를 찾아가, 도움을 구했다. 변호사가 말했다. "내가 당신에게 좋은 방법을 알려 드리지요. 제 말대로 하면 당신이 반드시 돈을 받을 수 있을 것입니다. 당신은 그 부자에게 당신이 이미 그림을 고쳤노라고 하고, 그더러 개를 데리고 당신의 화실로 가게 하십시오. 그와 개가 당신의 화실에 거의 다 도착했을 때, 냄새가 물씬 풍기는 소금에 절인 구운 돼지고기를 가져다 초상화의 얼굴에 쓱 한번 발라주십시오."

Huàjiā hěn shēngqì, jiù qù zhǎo le yí wèi lǜshī, xiàng tā qǐngjiào. Lǜshī shuō : "Wǒ jiāo nǐ yí ge hǎo bànfǎ, ànzhào wǒ de yìsī qù bàn, wǒ bǎozhèng nǐ yídìng ná dào qián. Nǐ duì nà wèi fùwēng shuō, nǐ yǐjīng bǎ xiàng xiūgǎi hǎo le, qǐng tā dài zhe tā de gǒu dào nǐ de huàshì qù kàn. Děng dào tāmen kuài yào dàodá nǐ de huàshì de shíhòu, nǐ jiù ná yí kuài jiān de xiāngpēnpēn de xián zhūròu, zài huàxiàng de liǎn shàng cā yíxià."

화가는 변호사의 말대로 하였다. 그 발발이 애완견은 화실에 온 후 고기 냄새를 맡고는, 한걸음에 달려가 꼬리를 세운 채, 쉬지 않고 초상화를 핥아 대는 것이었다. 그 부자는 이 광경을 보며, 아주 만족해하며 그 자리에서 웃으며 화가에게 돈을 건네며 말했다. "이 초상화는 이제 저와 완전히 똑같게 그려졌군요. 보세요, 우리 개가 저한테 얼마나 반갑게 굽니까!"

Huàjiā zhào zhe lǜshī de huà qù zuò le. Nà tóu hābāgǒu lái dào huàshì yǐhòu, wén dào xiánròuxiāng, jiù yí tiào shàng qián, yáo zhe wěibā, búduànde qù tiǎn huàxiàng. Nà ge fùwēng kàn le hěn mǎnyì, jiù dāngjí xiào zhe bǎ qián jiāo gěi huàjiā shuō: "Zhè fú xiàng xiànzài gēn wǒ yìmóyíyàng le. Nǐ kàn wǒ de gǒu duì wǒ duōme qīnrè ya!"

#富翁 #说好 #画像 #费用 #肯 #不 #哈巴狗 #认不出 #证明 #不像 #找
#律师 #请教 #按照 #办 #保证 #请 #带 #画室 #狗 #快要 #到达 #猪肉
#脸上 #擦 #闻 #舔 #满意

TIP
快要 : 곧 ~~하려 하다.
一模一样 : 완전히 똑같다.

장자일화

Zhuāngzǐ gùshì yì zé

만일 당신이 성공한 사람이 된다면, 명名과 이利는 당신의 몸과 떨어질 수 없는 것이다. 중국 역사상 가장 자유인이라 부를만한 사람은, 아마도 장자莊子가 될 것이다. 그는 어떻게 자유를 누릴 수 있었을까? 그것은 그가 명과 이를 대수롭지 않게 여겼기 때문이다. 아래에 소개할 이야기는 장자가 자신에게 온 名에 대한 태도가 어떠했는지를 우리에게 말해준다.

Rúguǒ nǐ chéngwéi chénggōngrén, míng hé lì shì tuō bu kāi shēn de, Zhōngguó lìshǐ shàng zuì chēngdeqǐ zìyóurén de, mòfēi shǔyú Zhuāngzǐ ba. Tā wèishénme yǒu zìyóu? Yīnwèi tā kěyǐ búzàihu míng hé lì, Xiàmiàn jièshào de gùshì gàosù wǒmen zhuāngzǐ duì sòng shàng mén lái de míng de tàidù shì zěnmeyàng de.

전국시대 때에, 초나라는 큰 나라였다. 하루는, 장자가 한가하게 강가에서 낚시를 하고 있었다. 초나라 왕이 관원 두 명을 장자에게 보내왔다. 그들은 극진히 예의를 갖추어 말했다. "선생님, 우리나라 임금께서 당신을 재상으로 삼고 싶어 하시는데, 당신 생각은 어떠하신가요?" 초왕은 초나라의 재상 자리를 그에게 수여하고 싶었던 것이다.

Zhànguóshíqī, Chǔguó shì gè dàguó. Yǒu yì tiān, Zhuāngzǐ zhèng xiāoxiāo yáoyáo zài hébiān diàoyú ne. Chǔwáng pài le liǎng ge guānyuán qù Zhuāngzǐ nàlǐ. Nà liǎng ge guānyuán bìgōngbìjìng de shuō: "Xiānsheng, wǒ guó guówáng xiǎng qǐng nín zuò ge zǎixiàng, Nín de yìjiàn rúhé?" Chǔwáng xīwàng bǎ Chǔguó de xiàngwèi shòugěi tā.

장자는 낚싯대를 들은 상태로, 고개도 돌아보지 않고 말했다. "내가 듣자하니 초나라에는 신으로 모시는 거북이가 있다던데, 죽은 지 3천 년이 되었고, 초왕은 그것을 포장하여, 상자에 넣어, 사당 위에 놓았다지요? 당신들 말해 보시오. 그 거북이는 죽어서 뼈를 남기어 사람들에게 존중 받기를 원할까요? 아니면, 살아서 꼬리를 끌며 진흙 속에서 기어 다니기를 원할까요?" 두 관원이 대꾸했다. "물론 살아서 진흙 속에서 기어 다니기를 원하겠죠!"

Zhuāngzǐ ná zhe yúgān, tóu yě bù huí, shuō: "Wǒ tīngshuō Chǔguó yǒu yì zhī shén guī, sǐ le dōu sān qiān nián le, Chǔwáng hái bǎ tā bāo shàng, cáng zài hézi lǐ, fàng zài miàotáng zhī shàng. Nǐmen shuō, zhè zhī guī shì yuànyì sǐ le liúxià gǔtou bèi rén zūnzhòng ne, háishì yuànyì huó zhe tuō zhe wěiba zài nídì lǐ pá ne?" Liǎng ge guānyuán shuō: "Dāngrán shì yuànyì huó zhe zài nídì lǐ pá ya!"

장자가 말했다. "그럼 됐소, 당신들은 돌아가시오. 그리하여 나로 하여금 꼬리를 끌며 진흙 속에서 살아가도록 내버려 두시오!"

Zhuāngzǐ shuō: "Nà hǎo ba, nǐmen qǐngbiàn ba. Ràng wǒ tuō zhe wěiba zài nídì lǐ huó zhe ba!"

핵심 키워드

#名　#利　#身　#脱不开　#庄子　#自由人　#称得起　#在乎　#不　#楚王　#派
#官员　#宰相　#意见　#如何　#龟　#骨头　#尊重　#愿意　#留下　#活　#泥地里

TIP

称得起 : 일컬을 수 있다.

莫非 : ~~임에 틀림없다.

不在乎 : 대수롭지 않게 여기다.

送上门 : 문 앞까지 보내어지다.

毕恭毕敬 : 매우 공손한 태도를 보이다.

화룡점정

Huàlóngdiǎnjīng

남북조 시대의 양나라 때, 장승요张僧繇라는 화가가 있었다. 그는 용을 특히 잘 그렸다. 한번은 그가 금릉金陵의 안락사安樂寺의 바람벽에 네 마리의 용을 그렸는데, 용들이 진짜 같았지만, 아쉽게 모두 눈을 그려 넣지 않았다. 사람들은 모두 이상하게 여겨, 장승요에게 가서 물었다. "왜 눈을 그리지 않는 것이오?" 그가 말하길, "눈을 그려 넣으면 안 됩니다! 눈을 그리면 용이 날아갈 겁니다." 모두들 이 말을 듣고, 아무도 믿지 않았으며, 그가 허풍을 떨고 있다고 생각했다.

Nánběicháo shí de Liáng cháo, yǒu ge huàjiā jiào Zhāng Sēngyáo. Tā huà lóng huà de tèbié hǎo. Yǒu yícì, tā zài Jīnlíng Ānlèsì de qiángbì shàng huà sì tiáo lóng, huà de fēicháng bīzhēn, kě dōu méiyǒu huà yǎnjīng. Rénmen dōu juéde qíguài, jiù qù wèn Zhāng Sēngyáo: "Nǐ wèishénme bù bǎ yǎnjīng huà chūlái." Tā shuō: "Yǎnjīng kě bù néng qīngyì huà! Huà shàng yǎnjīng lóng jiù huì fēi zǒu de." Dàjiā tīng le, shéi yě bú xìn, dōu rènwéi tā zài chuīniú.

나중에, 사람들이 자꾸만 재촉하는 것을 못 이겨, 장승요는 하는 수 없이 용에 눈을 그리기로 약속했다. 그는 붓을 들어, 두 마리의 용의 눈에 가볍게 붓을 찍자, 갑자기 큰 바람이 일기 시작하며, 순식간에 벽이 부서지며, 두 마리 용이 하늘로 날아 올라갔다. 눈을 그리지 않은 나머지 두 마리 용은 꼼짝도 않고 벽에 그대로 붙어 있었다. 구경하던 사람들은, 하나같이 토끼 눈을 한 채 벙어리가 되어, 장승요를 더욱더 신뢰하게 되었다.

Hòulái, Zhāng Sēngyáo jīngbuqǐ rénmen yízài de qǐngqiú, tā zhǐhǎo dáyìng bǎ lóng de yǎnjīng huà chūlái. Tā jǔqǐ bǐ, zài yǎnjīng gāi yǒu de liǎng tiáo lóng wèizhì shàng, yì diǎn shàng, hūrán guāqǐ le dàfēng, chànàjiān pòbì, gāng diǎn shàng yǎnjīng de nà liǎng tiáo lóng fēiténgshàngtiān. Lìngwài liǎng tiáo méiyǒu diǎn yǎnjīng de lóng què zài qiáng shàng wénsībúdòng. Wéiguān de rén, gège kàn de mùdèngkǒudāi, duì Zhāng Sēngyáo gèngjiā pèifú le.

성어 ‘화룡점정’ 은 이 재미있는 전설에서 생긴 것으로, 지금은 일반적으로 작품이나 강연 시, 키워드를 주어야할 곳에 한두 마디 적확한 언어를 구사함으로써, 전체적인 내용을 더욱 생동감이 넘치게 하는 것을 비유한다.

Chéngyǔ ‘huàlóngdiǎjīng’ jiùshì cóng zhège chuánshuō bān de yǒuqù de gùshì zhōng lái de. Xiànzài yìbān yònglái bǐyù xiězuò huòzhě jiǎnghuà shí, zài guānjiàn xìng de dìfang yòng shàng yì liǎng jù jīngpì de yǔyán lái, shǐ quánpiān nèiróng gèngjiā shēngdòng yǒulì.

핵심 키워드

#南北朝   #梁朝   #张僧繇   #画   #龙   #安乐寺   #墙壁   #逼真   #金陵   #眼睛
#会   #飞走   #认为   #吹牛   #经不起   #请求   #答应   #点   #飞腾上天   #纹丝不动
#写作   #关键性   #精辟   #语言   #生动

TIP

可 : 강조를 나타냄

经不起 : 견디지 못하다.

一再地 : 거듭해서

点 : 점을 찍다.

纹丝不动 : 꿈쩍도 하지 않다.

영원한 행복의 길

Zěnme néng gǎndào xìngfú

이웃나라의 국왕은 온종일 우울하고 기쁜 일이 없어, 웃는 얼굴을 하는 적이 없었다. 왕후는 어의를 불러다 반드시 국왕의 병을 고치도록 하였다. 어의는 왕후에게 이르길, 고민이 없고 영원히 즐거운 사람을 찾아야만, 그의 병의 고칠 수 있노라고 하였다.

Línguó de guówáng chéngtiān yùyùbúlè, méiyǒu yì diǎn xiàoliǎn. Wánghòu zhǎo lái yùyī yào tā yídìng bǎ guówáng de bìng zhì hǎo. Yùyī gàosù wánghòu, zhǐyǒu zhǎodào yí ge jì méiyǒu fánnǎo yòu yōngyuǎn kuàilè de rén, cái néng bǎ tā de bìng zhì hǎo.

그래서, 왕후는 궁 안의 모든 부처의 고수들을 불러, 그들에게 이러한 사람을 찾아오라고 명령했다. 일찌감치 아반테의 이름을 들어왔던 대신이 천리 멀리 아반테의 고향으로 와서 그를 찾았을 때, 그는 마침 밭에서 땅을 갈고 있었다. 대신은 그에게 예를 갖추어 인사를 한 후 물었다. "듣자하니 당신은 내내 행복해한다는데, 사실인가요?" "물론이죠, 제 머릿속의 모든 신경은 매일 고도의 흥분상태에 처해 있는지라, 하루라도 기쁘지 않은 날이 없습니다."

Yúshì, wánghòu zhàojí gōng lǐ suǒyǒu de gè lù gāoshǒu, mìnglìng tāmen zhǎo lái yí ge zhèyàng de rén. Zǎojiù érwén Afántí dàmíng de yí wèi dàchén, qián lǐ tiáotiáo lái dào Afántí de jiāxiàng, zhǎodào tā shí, tā zhèngzài tián lǐ yòng lí lí dì. Dàchén xiàng tā shí lǐ wènhòu guò hòu wèn dào: "Afántí, tīngshuō nǐ yìzhí dōu kuàilè, shì zhēnde ma?" "Dāngrán, wǒ tóunǎo lǐ de měi yì gēn shénjīng měitiān dōu chù zài gāodù de xìngfèn zhuàngtài zhōng, wǒ méiyǒu yì tiān shì bú kuàilè de."

이 말을 듣자, 대신은 아반테에게 그와 함께 자신의 나라로 가자고 간곡히 부탁하며, 이번 여행의 목적을 아반테에게 말했다. 아반테는 이 말을 들은 후 자신도 모르게 큰소리로 웃으며, "당신은 당신네 국왕 폐하에게 전하세요. 옛날엔 나도 유쾌하지 않았던 적이 있었노라고 말이오. 하지만 어느 날, 내가 신발이 없어 슬퍼할 때, 이슬람 사원 앞에서 양 다리가 없는 사람이 불쌍하게 나에게 손을 벌리는 것을 보고는, 그때부터 나는 영원히 즐거울 수 있게 되었습니다."

Tīng tā zhème shuō, dàchén kěnqiú Afántí gēn tā qù yì tàng tā de guójiā, bìng bǎ cǐ xíng de mùdì gàosù le Afántí. Afántí tīng hòu jīnbuzhù dà xiào qǐlái. "Qǐng géxià zhuǎngào guì guó de guówáng bìxià, cóngqián wǒ yě céng bú kuàilè guò, Dàn yǒu yìtiān, dāng wǒ yīn méi yǒu xiézi ér jǔsàng, ér zài qīngzhēnsì qián kàndào yí wèi méiyǒu shuāng tuǐ de rén kělián de xiàng wǒ shēnshǒu, cóng nà shí qǐ wǒ biàn xuéhuì yǒngyuǎn kuàilè le."

#国王　#成天　#没有　#笑脸　#王后　#御医　#快乐　#永远　#治好　#耳闻
#阿凡提　#大臣　#家乡　#犁　#地　#目的　#笑　#禁不住　#沮丧　#鞋子
#没有　#双腿　#那时　#起　#学会

TIP

迢迢 : 멀리서

犁 : 밭을 갈다.

问候 : 문안드리다.

禁不住 : 참을 수 없다.

清真寺 : 이슬람사원

포청천 일화

Jīzhì de BāoZhěng

포증(포청천)包拯이 양주楊洲 천장현의 현장이었을 때, 한 농민이 그에게 고발을 해와 말하길 소의 혀가 잘려졌다는 것이었다. 송宋나라 때는 농업을 보호하기 위해, 소를 도살하는 것을 엄히 금하고 있었다. "누가 소의 혀를 잘랐단 말인가?" 포증은 양미간을 찡그리며 그 농민을 자기에게 가까이 오게 하고는 물었다. "현에 와서 고발하는 것을 다른 사람이 아느냐?" 농민이 대답했다. "모릅니다." 포증이 다시 물었다. "소의 혀가 잘려나간 사실을 이웃 사람들이 아느냐?" 농민이 대답했다. "저는 발설하지 않고 현으로 왔는지라 주위 사람들이 아직 모르고 있습니다." "음, 알겠네." 포증은 좋은 생각이 들어, 살그머니 그 농민에게 말을 했다. "그대는 돌아가서 남모르게 소를 처치해서 고기를 내다 팔게나. 반드시 비밀로 해야 되네. 그럼 내가 소 혀를 자른 사람을 찾아내겠네."

BāoZhěng dāng Yángzhōu Tiānzhǎng xiàn de xiànlìng shí, yǒu ge nóngmín xiàng tā gàozhuàng, shuō gēngniú de shétou bèi rén gēdiào le. Sòngdài wèi bǎohù nóngyè, yánjǐn túzǎi gēngniú. "Shéi gē le gēngniú de shétóu ne？" BāoZhěng shuāngméijǐnsuǒ, tā bǎ nà ge nóngmín jiào guò lái, wèndào："Nǐ dào xiàn lǐ gàozhuàng, biérén zhīdào ma？" Nóngmín huídá："Bùzhīdào!" BāoZhěng zài wèn："Gēngniú de shétou bèi gēqù de shì, línjù zhīdào ma？" Nóngmín huídá shuō："Wǒ méi rǎng, jiù lái xiàn lǐ. Zhōuwéi de rénjiā hái bùzhīdào ne!" "Hǎo!" BāoZhěng yǒu le zhǔyì, qiāoqiāo duì nà ge nóngmín shuō："Nǐ huíqù tōutōu de bǎ niú shā le, bǎ ròu mài chūqù. Yídìng yào zuò de mìmì. Wǒ zì huì zhǎodào gē niúshé de rén."

농민은 집에 돌아와 포증이 시킨 그대로 했다. 그러자 한 사람이 현으로 달려가 그 농민이 소를 도살했노라고 고발하는 것이었다. 포증은 고발인을 뚫어져라 응시하며 말했다. "너는 왜 다른 사람의 소 혀를 잘랐느냐?" 그 사람은 놀라서 말문이 막혔다. 알고 보니 그는 소 주인의 원수였고, 소 주인을 해하고자 몰래 소의 혀를 잘랐던 것이었다. 그는 소가 풀을 먹지 못하면, 소 주인은 소를 죽일 수밖에 없고, 그렇게 되면 소를 몰래 도살한 죄를 범하게 되리라고 생각한 것이었다. 포증은 이렇게 상대방의 계략을 역이용하여 소 혀를 자른 사람을 찾아낸 것이다.

Nóngmín huíjiā hòu guǒrán àn BāoZhěng de zhǔfù zuò le. Zhè shí yǒu ge rén pǎo dào xiàn lǐ gàofā nà ge nóngmín sīzǎi gēngniú. BāoZhěng dīng zhe gàozhuàngrén shuō: "Nǐ wèishénme gēdiào rénjiā gēngniú de shétou ne？" Nà ge rén jīngdāi le. Yuánlái tā zhèngshì niúzhǔ de chóurén, xiǎng hài niúzhǔ, biàn qiāoqiāo gē le niú de shétou. Tā rènwèi niú bùnéng chī cǎo, niúzhǔ zhǐhǎo jiāng niú shāsǐ, jiù huì fàn sīzǎi gēngniú de zuì. BāoZhěng jiù zhèyàng jiāngjìjiùjì, zhōngyú zhǎodào le gē niúshé de rén.

狐假虎威

Hú jiǎ hǔ wéi

하루는, 호랑이 한 마리가 배가 고파서, 동굴에서 걸어 나와, 무언가를 찾아 먹을 요량이었다. 녀석은 한참을 찾았으나, 다른 동물은 발견하지 못했고, 한 마리 여우만을 찾아냈다. 호랑이는 배가 고파서 뱃속에서 계속 꼬르륵 소리가 나던 참이었는데, 여우를 보자, 냉큼 잡아서 먹어치우려 했다. 여우는 속으론 두려웠지만, 조금도 두렵지 않은 척하며, 입을 크게 벌려 말을 했다. "감히 날 잡아먹겠다고? 너는 알고 있느냐? 나는 하느님이 내려 보내 뭇 짐승들을 관리하게 한 자로, 너도 내 관리를 받아야 되느니라. 만일 네가 나를 먹는다면, 그것은 곧 하느님의 존귀한 뜻을 어기는 것이다."

Yǒu yì tiān, yì zhī lǎohǔ dùzi è le, cóng hǔdòng lǐ zǒu chūlái, xiǎng zhǎo xiē dōngxī chī. Tā zhǎo le bàntiān, méiyǒu fāxiàn qítā de dòngwù, zhǐyǒu zhǎodào yì zhī húlí. Lǎohǔ è de dùzi lǐ jīligūlū de zhíxiǎng, yí jiàndào húlí, mǎshàng zhuāzhù tā, yào bǎ tā chīdiào.

Húlí suīrán xīnlǐ hěn hàipà, dàn zhuāngchū yìdiǎnr dōu bú pà de yàngzi, zhāngdà zuǐ shuō: "Nǐ gǎn chī wǒ? Nǐ zhīdào ma? Wǒ shì shàngdì pài xiàlái guǎnlǐ zhòngshòu de, lián nǐ yě děi guī wǒ guǎn. Rúguǒ nǐ chī le wǒ, nà jiù wéiwǔ le shàngdì de zūnyì."

"무슨 헛소리를 하는 것이냐?" 호랑이는 입으로는 비록 이렇게 말을 했지만, 마음속으론 약간의 의구심이 생겼다. 여우는 호랑이가 의구심을 가진 것을 눈치 채고는, 더욱 대담하게 말을 했다. "만일 믿기지 않는다면, 우리가 함께 수풀 속으로 들어가, 그 야수들이 나를 보고 어떤 반응을 보이는지 한번 봐라, 그러면 내가 너를 속이지 않는다는 것을 알게 될 것이다." 호랑이는 그러마고 답해서, 여우가 앞서고, 호랑이가 뒤서며, 숲속으로 걸어갔다. 뭇 짐승들이 그들을 보자, 너무나 무서워하며, 죄다 도망가는 것이었다. 여우는 득의양양하게 말했다. "어떠냐? 이제 나의 위력을 보았겠지?"

"Nǐ zài húshuō shénme？" Lǎohǔ zuǐlǐ suīrán zhèyàng shuō, nèixīn què yǒuxiē huáiyí. Húlí chájué dào lǎohǔ zài huáiyí, jiù gèngjiā dàdǎn de shuō: "Rúguǒ nǐ búxìn, wǒmen yìqǐ qù sēnlín lǐ zǒu yí tàng, nǐ kàn kàn nà xiē yěshòu jiàndào wǒ yǒu shénme fǎnyìng, jiù zhīdào wǒ bú shì piàn nǐ le." Lǎohǔ dāying le, yúshì húlí zài qián, lǎohǔ zài hòu, xiàng sēnlín zǒuqù. Bǎishòu kànjiàn tāmen, guǒrán hàipà de bùdéliǎo, dōu fēnfēn táomìg. Húlí hěn déyì de shuō, "Zěnmeyàng？ Nǐ xiànzài kànjiàn wǒ de wēifēng le ba？"

호랑이는 비록 완전히 수긍하지는 않았지만, 여우의 말을 믿을 수밖에 없었다.
사실, 녀석이 어찌 알았겠는가, 여우가 호랑이의 위세를 빌렸기 때문에 그 야수들
을 놀래게 해 도망가게 한 것을.

Lǎohǔ suīrán bú shì shífēn kěndìng, yě zhǐhǎo xiāngxìn húlí de huà le. Qíshí,
tā nǎlǐ zhīdào, húlí shì píngjiè lǎohǔ de wēifēng, cái bǎ nà xiē yěshòu xiàzǒu de.

핵심 키워드

#饿　#老虎　#找　#东西　#吃　#狐狸　#抓住　#装出　#怕　#不　#众兽　#上帝
#管理　#派　#怀疑　#不信　#森林　#野兽　#反应　#百兽　#果然　#害怕　#逃命
#只好　#相信　#威风　#凭借

TIP

叽里咕噜 : 꼬르륵
违忤 : 거스르다, 거역하다.
逃命 : 도망치다.
哪里知道 : 어찌 알겠는가?
凭借 : 의지하다.

바위를 심문한 현관 나리

Dǎ shítou de bǎxì

어느 날, 도너츠를 파는 아이가 도너츠 판 돈을 도너츠를 담는 바구니에 담고 집으로 돌아가고 있었다. 중간쯤 다다랐을 때, 그는 바구니를 큰 돌 위에 얹어놓고, 소변을 보러 갔다. 잠시 후, 그가 돌아와서 보니, 바구니 속의 돈이 하나도 보이지 않는 것이었다. 그는 울며 달려가 현관에게 알렸다. 현관은 그의 말을 듣고 나서, 곧바로 사람을 시켜 돌을 들고 오게 하여 심문을 하였다. 그러나 한참을 심문을 해도 물론 돌이 말을 할 리가 없었다. 그런데 생각지도 않게 현관은 사람을 시켜 돌을 때리게 하였다. 몇 대를 때리자 막대기가 부러졌다. 옆에서 그 광경을 본 많은 사람들이 모두 웃기 시작했다.

Yǒu yī tiān, yí ge mài yóutiáo de háizi, bǎ mài de qián fàng zài chéng yóutiáo de lánzi lǐ, yào huí jiā qù. Zǒu dào bànlù, tā bǎ lánzi fàng zài yí kuài dà shítóu shàng, zìjǐ pǎo qù xiǎobiàn. Guò le yíhuìr, tā huílái yí kàn, lánzi li de qián dōu bú jiàn le. Tā jiù kū zhe pǎoqù gàosù xiàngguān. Xiàngguān tīng le tā de huà yǐhòu, mǎshàng jiào rén bǎ shítóu tái lái shěnwèn. Kěshì wèn le bàntiān, dāngrán shítóu yě bùkěnéng shuō huà. Méixiǎngdào xiàngguān jiù jiào rén yòng biānzi dǎ shítóu. Dǎ le jǐ xià, biānzi jiù dǎduàn le. Xǔduō zài pángbiān kàn rènào de rén dōu xiào qǐ lái le.

이것은 현관을 화나게 하여, 그로 하여금 사람들에게 각자 2각씩 꺼내 물이 가득하게 차있는 대야에 넣게 하였다. 그리고는 직접 대야 옆에서 그것을 지켜보았다. 나가는 사람들은 하나하나 돈을 대야에 집어넣었다.

Zhè shǐ xiànguān hěn shēngqì, ràng tā jiù fá tāmen měirén ná liǎng jiǎo qián, fàng dào yí ge chéng mǎn shuǐ de shuǐpén li. Bìngqiě tā zìjǐ qīnzì zài pén biān kàn zhe. Chūqù de rén, yí ge ge bǎ qián rēng dào shuǐpén li.

잠시 후, 현관은 갑자기 한 사람을 가리키면서 말했다. "거기 서라! 돈을 훔친 것은 바로 너다." 그 사람은 수긍하려 하지 않았다. 그러자 현관이 설명을 하는 것이었다. "저 아이는 도넛을 파는 아이이다. 그의 돈에는 모두 기름이 묻어 있다. 다른 사람들의 돈은 물에 넣으면 기름이 떠오르지 않았다. 하지만 네가 돈을 물에 넣자마자 곧바로 기름이 떠올랐다. 그러니 돈은 네가 훔쳤다는 것이지." 그는 속일 수 없음을 알아차리고, 고개를 숙이며 죄를 인정할 수밖에 없었다.

Guò le yíhuìr, xiànguān hūrán zhǐ zhe yí ge rén shuō: "Nǐ zhànzhù! Tōuqián de rén jiùshì nǐ." Nà ge rén bù fúqì. Xiànguān jiù jiěshì shuō: "Nà xiǎohái shì mài yóutiáo de. Tā de qián shàng dōu zhān zhe yóu. Biérén de qián rēng dào shuǐ li,

méiyǒu yóu piāo shàng lái. Búguò nǐ bǎ qián yì rēng dào shuǐ li, hěn kuài jiù yóu
piāo shàng lái. Kějiàn tā de qián shì nǐ tōu de." Nà ge rén jiàn mánbuguò, zhǐhǎo
dītóu rènzuì.

핵심 키워드

#卖　#孩子　#油条　#篮子　#钱　#半路　#放　#石头　#小便　#不见　#告诉
#县官　#审问　#鞭子　#打断　#人　#笑起来　#罚　#两角　#水盆　#亲自
#不服气　#沾　#油　#漂　#只好　#认罪

TIP

走到半路 : 반쯤 가다가
不见 : 보이지 않다.
看热闹 : 구경하다.
不服气 : 수긍하지 않다.
瞒不过 : 속일 수 없다.

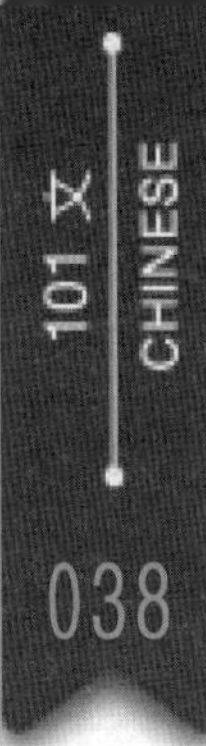

가짜가 진짜를 대신하다

Yǐ jiǎ dài zhēn

오스트리아의 유명한 작곡가 모차르트Wolfgang Amadeus Mozart의 아버지 모차르트 1세는 국립극장 악대의 지휘자였다. 하루는, 모차르트 1세가 국립극장 원장의 딸을 위해 미뉴에트 한 곡을 작곡하여, 모차르트를 시켜 배달하게 했다.

Àodìlì zhùmíng zuòqǔjiā Mòzhātè de fùqīn lǎo Mòzhātè shì guójiā jùyuàn yuèduì de zhǐhuī. Yì tiān, lǎo Mòzhātè wèi guójiā jùyuàn yuànzhǎng de nǚ'ér chuàngzuò le yì shǒu xiǎobùwǔqǔ, jiào Mòzhātè sòng qù.

모차르트는 악보를 받아들고는 이내 집을 나섰는데, 생각지도 않게 도중에 큰 바람이 한 차례 불어와, 냅다 모차르트 손에 있던 악보를 날려 보내고 말았다. 모차르트는 울며불며, 잃어버린 악보를 좇아갔으나, 악보는 이미 바람에 날려 사방으로 흩어져, 수습할 방법이 없어져 버렸다. 온전치 않은 악보를 바라보며, 모차르트는 어찌하는 수가 없었다. 이 실수를 보완하기 위해, 모차르트는 실제 내용은 다르나 겉모습은 그대로인 절묘한 방법을 생각해냈다. 그래서 그는 꼬맹이 친구 집에서 펜과 종이를 빌려, 전혀 다른 악보를 써서, 원장 집으로 배달했다.

Mòzhātè jiē guò yuèpǔ biàn chū le mén, búliào zǒuzài bànlù shàng, yízhèn dàfēng guālái, jìng bǎ Mòzhātè shǒu lǐ de yuèpǔ guā pǎo le. Mòzhātè yìbiān kū, yìbiān zhuī, yuèpǔ yǐ bèi fēng guā de sìsàn fēnlí, wúfǎ shōushi le. Wàng zhe zhè cánquē bùquán de yuèpǔ, Mòzhātè wúkěnàihé. Wèi le míbǔ zhè yí shīwù, Mòzhātè xiǎng le yí ge juémiào de bànfǎ: màomíngdǐngtì. Yúshì tā láidào yí ge xiǎo huǒbàn jiāli jiè le bǐ hé zhǐ, lìng xiě le yì shǒu yuèpǔ, sòng dào le yuànzhǎng jiāli.

다음 날, 딸을 데리고 모차르트 1세를 방문해, 모차르트 1세의 손을 쥐고 기쁘게 말을 했다. "선생님, 너무 멋집니다, 당신의 무용곡이 정말이지 너무 멋집니다." 말을 마치자 딸에게 그 미뉴에트를 한 차례 연주하게 했다.

Dì'èrtiān, yuànzhǎng dài zhe nǚ'ér lái bàixiè lǎo Mòzhātè, tā wò zhe lǎo Mòzhātè de shǒu gāoxìng de shuō: "Xiānsheng, tài miào le, nín de wǔqǔ zhēnshi tài miào le." shuō wán biàn jiào nǚ'ér bǎ nà shǒu xiǎobùwǔqǔ tán yí biàn.

모차르트 1세는 곡을 듣고 나서, 벙어리가 되어버렸다, 이것은 자신이 쓴 것이 아니었던 것이다. 그는 악보를 들고, 모차르트에게 어찌된 영문이지 물었다. 모차르트는 사실대로 말할 수밖에 없었다. 모차르트 1세는 그의 말을 다 듣고는, 다른 사람이 자신의 작품을 칭찬할 때보다 더 기뻐했다.

Lǎo Mòzhātè yì tīng, biàn zhèngzhù le, zhè búshì tā xiě de yuèzhāng. Tā ná guò yuèpǔ, wèn Mòzhātè shì zěnme huíshì. Mòzhātè zhǐdé shíshuō. Lǎo Mòzhātè tīng le yǐhòu, bǐ rénjiā kuāzàn zìjǐ de zuòpǐn hái gāoxìng.

핵심 키워드

#奥地利 #莫扎特 #父亲 #国家剧院 #乐队 #作曲家 #院长 #女儿 #创作 #为 #叫 #送去 #乐谱 #半路上 #刮跑 #无法 #收拾 #冒名顶替 #写 #妙 #乐谱 #舞曲 #小步舞曲 #弹 #高兴

TIP / **冒名顶替** : 남의 이름을 도용하다.
怔住 : 얼이 빠져버리다.
比A还~~ : A보다 더 ~~하다.

징기즈칸과 독수리
ChéngJíSīHàn hé yīng

징기즈칸은 싸웠다하면 이기는, 전 세계에 그 이름이 알려진 몽고족의 영웅이다. 유럽인들은 모두 그를 무서워한다. 하루는 그가 말을 타고, 옆에 독수리를 데리고, 산에서 사냥을 마치고 돌아가는 길이었다. 집에 거의 다 왔을 때, 그는 모든 부하들을 먼저 집에 돌려보냈다.

ChéngJíSīHàn shì ge cháng dǎ shēngzhàng de, wénmíngshìjiè de měnggǔzú yīngxióng. Ōuzhōu rén céngjīng dōu hěn pà tā. Yì tiān, tā qí zhe mǎ, shēnbiān dài zhe yīng, cóng shān li dǎ guò liè wǎng huí zǒu. Kuài dào jiā de shíhòu, tā jiào suǒyǒu de bùxià dōu xiān huí qù le.

그는 갑자기 목이 마려움을 느끼고, 마실 물을 찾고자 했다. 이때, 그는 위쪽에 있는 돌에 아주 높은 곳에서 한 방울 한 방울씩 떨어지는 샘물이 있는 것을 발견했다. 그는 말에서 내려, 독수리를 날려 보냈다. 독수리는 하늘로 날아 올라갔다. 그는 그릇을 들어다 물을 받았다. 물이 가득 차, 그는 물을 입으로 가져가 마시려 했다. 그런데 갑자기 푸드득하는 소리가 나며, 무언가가 그의 그릇을 엎어버리는 것이었다. 그가 쳐다보니, 자기의 독수리였다. 그는 또 물을 받기 시작했다. 물이 차자, 그는 또 마시려고 했다. 그러나 이번에도 또 독수리가 그릇을 엎어버리는 것이었다. 그는 화가 나서, 한 손에 칼을 들고, 한 손에 그릇을 받쳐 들었다. 물이 알

맞게 차자, 독수리가 또 달려들었다. 그는 잽싼 동작으로 단칼에 독수리를 죽여 버렸다. 그가 말했다. "못된 놈의 독수리 같으니, 이건 네가 죽여 달라고 해서 그렇게 된 거야!"

Tā yìshí juéde kǒuli hěn kě, xiǎng zhǎo diǎnr shuǐ hē. Zhè shí, tā fāxiàn shàngbiān de shítóu shàng yǒu quánshuǐ cóng hěn gāo de dìfāng yì dī yì dī de wǎng xià luò xiàlái. Tā xià le mǎ, fàng le yīng. Yīng jiù fēi dào tiānkōng qù le. Tā ná chū wǎn lái qù jiē shuǐ. Shuǐ mǎn le, tā bǎ shuǐ sòng dào zuǐ biān jiù yào hē. Kě hūrán pūlālā yì shēng, yǒu de dōngxi bǎ tā de wǎn dǎfān le. Tā yí kàn, shì zìjǐ de yīng. Tā yòu qù jiē shuǐ. Shuǐ mǎn le, tā yòu yào hē. Kě zhè cì yòu gěi yīng bǎ wǎn dǎ fān le. Tā shēngqì le, yì shǒu ná zhe jiàn, yì shǒu jǔ zhe wǎn. Shuǐ gāng jiē mǎn, yīng yòu lái le. Tā shǒujíyǎnkuài, yí jiàn jiù bǎ yīng shā sǐ le. Tā shuō: "kě hèn de yīng, nà shì nǐ zìjǐ zhǎo sǐ de ya!"

그는 곧바로 그릇을 찾아가려 했지만, 그릇이 보이질 않았다. 그는 하는 수 없이 산 위로 올라가 물을 마셔야만 하게 되었다. 그가 산에 올라 보니, 연못 안에 한 마리 커다란 독사가 죽어있는 것이었다. 이때서야 그는 독수리가 자신의 생명을 구한 것을 알게 되었다. 그는 산 아래로 내려가 독수리를 집어들고 애통해하며 말했다. "내가 교훈을 하나 얻었구나. 화가 날 때는 절대로 가볍게 행동을 해서는 안 된다는 것을!"

Tā jiē zhe yào qù zhǎo wǎn, kěshì wǎn bú jiàn le. Tā zhǐhǎo pá dào shān shàng qù hē shuǐ. Tā dào le shān shàng yíkàn, shuǐchí li sǐ le yì tiáo dà dúshé. Tā zhè cái zhīdào yīng jiù le tā de mìng. Tā zǒu dào shān xià, shí qǐ yīng lái, hěn bēiāi de shuō: "Wǒ dé le yí ge jiàoxùn. Shēngqì de shíhòu, qiānwàn bù kě qīngyì luàndòng a!"

핵심 키워드

#成吉思汗 #胜 #常 #世界 #闻名 #英雄 #欧洲 #带 #鹰 #打 #猎 #渴 #找 #水 #发现 #泉水 #接 #碗 #打翻 #生气 #杀死 #不见 #水池 #毒蛇 #知道 #救 #命 #不可 #乱动

TIP 扑拉拉 : 푸드덕
刚 : 막
一剑 : 단칼에

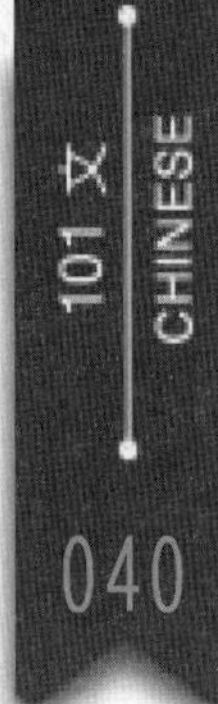

아킬레스건

Ājīlǐsī jiàn

복사뼈 뒤쪽 발뒤꿈치 바로 위에서 장딴지로 이어지는 힘줄이 아킬레스 힘줄인데, 보행에 있어 가장 중요한 부분으로, 갑자기 뛰거나 하면 끊어질 수 있다. 이 아킬레스건은 희랍신화의 영웅 아킬레우스Achilles에서 유래된 것이다.

Cóng huáigǔ hòumiàn de jiǎohòugēn liánjiē dào tuǐdùzi de jiànzi jiàozuò Ājīlǐsī jiàn, zhè duì bùxíng lái shuō shì zuì zhòngyào de bùwèi, rúguǒ jùliè bēnpǎo de huà, huì zàochéng duànliè ér bù néng zǒulù. Zhè ge Ājīlǐsī jiàn de míngchēng láiyuán yú Xīlà shénhuà zhōng de yīngxióng Ājīlǐsī.

아킬레우스는 보통사람과 달라, 그의 아버지는 인간이지만, 그의 어머니 테티스Thetys는 바다의 신 네레우스Nereus의 딸이었다. 테티스는 아킬레우스가 태어나자, 저승과의 경계를 흐르는 스티쿠스강에 자신의 아기를 담가, 창칼이나 화살을 맞아도 몸에 상처를 입지 않게 했다. 그러나 발뒤꿈치 부분은 손으로 잡고 물속에 잠갔기 때문에 그 부분만은 물이 묻지 않아서 보통사람처럼 상처를 입는 곳이 되었다. 즉 그 부위가 아킬레우스의 유일한 약점이었던 것이다.

Ājīlǐsī de shēnshì yǔ zhòng bù tóng, tā de fùqīn suī shì rénlèi, dàn tā de mǔqīn Xīdìsī què shì hǎishén Nièrǒusī de nǚér. Xīdìsī shēng xià Ājīlǐsī zhī hòu, bǎ tā jìnpào zài bēnliú yú xiànshì yǔ yīnjiān zhī jiān de Sītíkèsī jiāng lǐ. Zhèyàng zuò shì wèi le ràng zìjiede háizi yǐhòu dāoqiāng búrù. Dàn, yīnwèi Xīdìsī shì zhuā zhe Ājīlǐsī de jiǎohòugen jiāng tā pào zài shuǐ lǐ ér jiǎohòugen méiyǒu zhàn dào shuǐ, suǒyǐ zhè ge bùwèi gēn pǔtōngrén yíyàng huì shòushāng. Zhè ge bùwèi jiùshì Ājīlǐsī de wéiyī de quēdiǎn.

트로이전쟁에 참가한 아킬레우스는 희랍군에서 가장 뛰어난 장수로 용맹을 떨쳤으나, 그의 약점을 알고 있는 트로이의 왕자 파리스가 독을 묻힌 화살로 아킬레우스의 뒤꿈치를 쏘았기 때문에 아킬레우스는 죽고 말았다. 훗날, 사람들은 이 부위를 아킬레스건이라 일컬었으며, 동시에 '치명적인 약점'이란 뜻의 대명사가 되어, 人口에 膾炙되는 표현이 되었다. 미국의 흑인 폭동이나 일본의 계속되는 화산 활동은 각각 두 나라의 '아킬레스건'이라고 할 수 있다.

Zuò wéi zài Xīlà jūn zuì lìhài de jiàngshuài cānjiā Tèluòyī zhànzhēng de Ājīlǐsī xiǎnde yǒngměng. Dànshì yīnwèi Tèluòyī guó de wángzǐ yǐjīng zhīdào le tā de quēdiǎn, yúshì yòng yǒu dú de jiàn shè xiàng Ājīlǐsī de jiǎohòugen, zuìhòu shāsǐ le Ājīlǐsī. Hòulái, rénmen bǎ zhè ge bùwèi jiàozuò Ājīlǐsī jiàn, tóngshí yě yǐ 'zhìmìng ruòdiǎn' zhī yì de dàimíngcí kuàizhì yú rénkǒu. Měiguó de hēirén bàoluàn hé Rìběn de chíxù fāngshēng de huǒshān huódòng dōu kānchēng zhè liǎng ge guójiā de 'Ājīlǐsī jiàn'.

🔑 핵심 키워드

#脚后跟　#腱子　#阿基里斯腱　#走路　#断裂　#希腊　#海神　#涅柔斯　#西蒂斯
#生　#斯提克斯　#江　#刀枪不入　#抓　#泡　#没有　#沾　#水　#受伤　#缺点
#特洛伊战争　#有毒　#箭射

파바로티의 스승

Pàwǎluódì de lǎoshī

세계적인 바리톤 성악가 파바로티Luciano Pavarotti가 젊었을 때, 막 음악계에 이름을 날리기 시작할 때, 온몸이 내내 긴장되었을 뿐만 아니라, 그가 노래할 때 쓰는 목도 부담을 견뎌내지 못한다고 느끼게 되었다.

Shìjiè zhùmíng de nángāoyīn Pàwǎluódì zài niánqīng de shíhòu, gānggāng kāishǐ zài yīnyuèjiè shēngmíng yuǎnyáng, búdàn zhěngge rén yìzhí fēicháng jǐnzhāng, érqiě tā juéde tā yòng lái chànggē de sǎngzi bùkānzhòngfù.

한번은, 그가 전 세계 순회공연 중이었는데, 너무나 피곤했다. 저녁에 그는 한 호텔에서 몸을 뒤척이며 잠에 들지 못해서, 계속 노래한다면, 목이 견디지 못하지 않을까 걱정이었다. 이때, 옆방의 응접실에서 한 갓난아이가 쉬지 않고 울어대는 것이었다. 분명히, 이 아이는 밤새도록 울어대는 울보로, 울고 또 울고 계속해서 우는 것이었다.

Yǒu yícì, tā zài quán shìjiè xúnhuí yǎnchū, fēicháng píbèi. Wǎnshàng tā zài yí ge jiǔdiàn lǐ fānláifùqù shuìbuzháo, shēngpà zìjǐ zài chàng xiàqù, sǎngzi huì zhīchēngbúzhù. Zhège shíhòu, gébì de kèfáng lǐ yǒu gè xiǎo yīngér zài bùtíng de kūnào. Xiǎnrán, zhè háizi shì gè kūyèláng, yìzhí zài yìshēng jiē yìshēng de kū.

파바로티는 극도로 짜증이 났다. 그는 잠이 들 수가 없어서 더욱 짜증이 났고, 그럴수록 잠은 더욱 오지 않았다. 갑자기, 파바로티는 한 문제를 생각하게 되었다. '이 아이는 몇 시간을 울었는데도, 왜 소리가 그렇게 우렁찬 거지?' 그는 이제 잠들기를 포기하고, 진지하게 듣고, 꼼꼼히 생각했다. 그러다가 마침내 그는 깨달았다, 갓난아이는 모든 신체기관이 발육이 되지 않은지라, 단독으로 목을 사용할 수 없는 것이며, 갓난아이의 울음소리를 낼 때 이용하는 것은 단전의 氣인지라, 목소리가 갈라지지 않는다는 것을.

Pàwǎluódì fánnǎo jíle. Tā yuè shuìbúzháo jiào, jiù yuè fán, jiù yuè shuìbùzháo jiào. Tūrán, Pàwǎluódì xiǎngdào yí ge wèntí: zhège xiǎo yīngér kū le jǐ ge xiǎoshí le, wèishénme shēngyīn hái nàme hóngliàng? Tā yǐjīng bù xiǎng shuì le, rènzhēn de tīng, xìxì d exiǎng. Hòulái tā zhōngyú fāxiàn le, yóuyú xiǎo yīngér yíqiè dōu méiyǒu fāyù, tā shì búhuì dāndú yòng sǎngzi de, yīngér de kūshēng yòng de shì dāntián zhī qì, suǒyǐ sǎngzi búhuì sīyǎ.

파바로티는 명백히 깨달았다. 우리들 어른들의 신체 각 부위는 독립적으로 운용이 가능한 것이며, 노래를 부를 때 단독으로 운용되는 것은 목으로, 몇 시간 되지 않아 목이 쉬게 된다는 것을. 만일 우리가 단전으로 숨을 운용할 수 있다면, 아마도 목을 아낄 수 있을 것이다.

Pàwǎluódì xiǎng míngbái le: wǒmen chéngniánrén de shēntǐ de gè ge bùwèi kěyǐ dúlì yùnyòng, chànggē shí dúlì yùnyòng de shì sǎngzi, chàngbùliǎo duōcháng shíjiān jiù huì sīyǎ. Rúguǒ wǒmen xuéhuì yòng dāntián yùnqì de huà, yěxǔ jiù huì shěng le sǎngzi.

파바로티는 이 힌트를 얻어, 단전의 기를 이용해 노래하는 법을 배우기 시작했고, 이것은 그의 노래기술을 비약적으로 발전하게 하였다. 이번 순회공연은 큰 성공을 거두었을 뿐만 아니라, 세계성악무대에서의 그의 높은 지위를 확고히 할 수 있었다.

Pàwǎluódì dédào zhège qǐfā, jiù kāishǐ xué zhe liànxí yùnyòng dāntián qì chànggē, zhè shǐde tā de gēchàng yìshù dédào le fēiyuè. Bùjǐn zhè yícì xúnhuí yǎnchū dà huò chénggōng, érqiě diàndìng le tā zài shìjiè gējù wǔtái shàng chónggāo de dìwèi.

#帕瓦罗蒂　#男高音　#嗓子　#不堪　#重负　#生怕　#支撑　#婴儿　#不停

#哭闹　#一直　#声音　#洪亮　#哭　#几个小时　#发现　#一切　#没　#发育

#丹田　#运用　#成年人　#独立　#得到　#启发　#飞跃

TIP

男高音 : 테너

不堪 : 견딜 수 없다.

生怕 : ~~할까봐 몹시 두려워하다.

哭夜郎 : 걸핏하면 밤에 우는 아이

丹田 : 단전(배꼽 밑의 기가 모인다는 곳)

嘶哑 : 목소리가 갈라지다.

飞跃 : 비약적인 발전

타인에 순응하기

Fánrén de shǔxìng

한 사람이 있었는데, 그의 친구가 그와 내기를 했다. "만일 오늘 네가 집 안에 빈 새장을 걸어 놓는다면, 며칠 후, 넌 새를 기를 수밖에 없을 거야." 그가 대꾸했다. "그럴 리 없어. 새장을 걸어 놓는 것과 새를 기르는 것은 전혀 별개의 일이야." 그의 친구가 말했다. "그렇다면 우리 내기를 하자, 네가 새장을 걸어 놓아 보는 거야."

Yǒu yí ge rén, tā de péngyǒu gēn tā dǎdǔ, shuō: "Rúguǒ jīntiān nǐ zài nǐ wūzi lǐmiàn guà yí ge kōng niǎo lóngzi, guò xiē tiān zhī hòu, wǒ bǎozhèng nǐ fēi yǎng niǎo bù kě." Tā shuō: "Bù kěnéng. Guà niǎo lóngzi hé yǎngniǎo shì liǎng huí shì." Tā péngyǒu shuō: "Nà wǒmen dǎ gè dǔ ba, nǐ guà yí ge niǎo lóngzi shì shi."

다음 날, 그는 정말로 집 안에 새장을 걸어 놓았다. 그가 새장을 걸어 놓은 후로, 그의 집을 찾은 손님들은 별 생각 없이 새장을 슬쩍 들여다보고는, 그에게 묻는 것이었다. "당신 새는 죽은 건가요, 날아 가버린 건가요? 키우던 새는 어떤 새였죠? 그렇지 않으면 제가 새를 한 마리 선물할까요?" 이 사람은 남들에게 설명하느라 좀 귀찮아졌다.

Dì'èrtiān, tā zhēn de zài wūzi lǐ guà le yí ge niǎo lóngzi. Cóng tā guà shàng niǎo lóngzi qǐ, dào tā jiā lái de kèrén bù zǒu xīnjīng de dōu yào kàn yìyǎn niǎo lóngzi, ránhòu jiù wèn tā: "Nǐ de niǎo shì sǐ le, háishì fēi le? Nǐ yuánlái yǎng de shì shénme niǎo a? Yàobùrán wǒ sòng gěi nǐ yì zhī ba." Zhè ge rén gēn rén jièshì de yǒu diǎnr lèi.

셋째 날, 손님이 또 와서는 말을 했다. "빈 새장이 아직도 여기에 걸려 있는 걸 보세요, 많이 상심되시죠! 당신 새는 죽은 지 얼마나 되었나요? 새 기를 줄 모르시는 것 아닌가요? 제가 새 기르는 책을 사드릴 테니, 봐 보세요."

Dì sān tiān, kèrén yòu lái le, shuō: "Nǐ kàn kan kōng niǎolóngzi hái guà zài zhèr, nǐ yídìng hěn shāngxīn ba! Nǐ nà niǎo sǐ le duōcháng shíjiān le? Nǐ shì bú shì bú huì yǎngniǎo a? Wǒ gěi nǐ mǎi le yì běn yǎngniǎo de shū, kàn kan ba."

넷째 날이 되자, 어떤 이는 새끼 새를 들고 왔고, 이어서 어떤 이는 새 모이를 가져왔고, 어떤 이는 새 기르는 안내서를 가져 오는 등, 오는 사람은 정말이지 그를 참을 수 없을 정도로 귀찮게 했다. 일주일이 채 지나지 않아, 그는 아예 선포해 버렸다. "됐어, 새를 한 마리 기르자고! 이렇게 해야 사람들이 온종일 이 새가 어찌된 일이냐고 물어대지 않겠지." 마침내, 이 새장에는 새를 키우게 되고 말았다.

Dì sì tiān, yǒurén jiù kāishǐ pěng zhe xiǎo niǎo lái le. Jiē zhe, yǒurén ná niǎoshí lái, yǒurén ná yǎngniǎoshū lái, lái de rén shízài ràng zhè ge rén bù kān qí rǎo. Méi guò yí ge xīngqī, tā gāncuì xuānbù le, "Suàn le, wǒ jiù yǎng zhī niǎo ba, zhèyàng cái shěngde biérén chéngtiān wèn zhè ge niǎo dàodǐ shì zěnme huí shì." Jiéguǒ, zhè ge niǎolóngzi lǐ zhēnde yǎng shàng le niǎo.

🔑 핵심 키워드

#打赌　#如果　#屋子　#挂　#鸟笼子　#保证　#养鸟　#客人　#不走心经地
#看　#问　#鸟　#死　#飞　#什么　#累　#解释　#伤心　#书　#捧　#鸟食　#他
#干脆　#宣布　#省得　#真地　#养上

TIP 打赌 : 내기하다.
从~~起 : ~~하면서부터
不走心经地 : 생각 없이
省得 : (좋지 않은 일이)발생하지 않도록 하다.

病入膏肓

Bìng rù gāohuāng

전국시대 때, 晉나라와 秦나라 사이에는 친척관계가 있어, 왕래가 아주 긴밀했다. 한번은, 晉나라 景公이 병이 났는데, 국내의 의사가 치료할 수가 없어, 하는 수 없이 이웃나라에 의사를 수소문했다. 秦나라 恒公이 알고는, 秦나라에서 가장 뛰어난 의사인 秦緩을 그에게 보내 치료하게 하였다. 秦緩이 도착하기 하루 전날 밤, 晉의 경공은 꿈을 하나 꾸었는데, 꿈속에서 두 아이가 자신의 곁에서 대화를 하는 것이었다. 한 아이가 말하길, "秦緩은 秦나라의 유명한 의사로, 의술이 뛰어나다는데, 우린 아무래도 이사하는 게 좋겠어!" 또 다른 아이가 말했다. "걱정하지 마, 내가 보기엔 걱정하지 않아도 될 거야, 너와 나는 각자 膏의 아래와 肓(명치끝)의 위에 살고 있어, 그가 아무리 뛰어나도, 우리를 어떻게 하지 못해!" 여기까지 듣고, 晉경공은 놀라서 잠에서 깨어났다.

Zhànguó shíqī, Jìnguó hé Qínguó zhī jiān yǒu qīnqi guānxi, láiwǎng shífēn mìqiè. Yǒu yí cì, Jìn Jǐnggōng shēngbìng le, guónèi de yīshēng wúfǎ yīzhì, zhǐhǎo xiàng línguó qiúyī. Qín hénggōng zhīdào le, jiù pài Qínguó zuì gāomíng de yīshēng Qínhuǎn gěi tā zhìbìng. Qínhuǎn dàodá de qián yí ge wǎnshàng, Jìn Jǐnggōng zuò le yí ge mèng, mèngjiàn liǎng ge xiǎoháir zài tā shēnbiān tánhuà. Yí ge xiǎoháir shuō: "Qín huǎn shì Qínguó yǒumíng de yīshēng, yīshù hěn lìhài, wǒmen háishì bānjiā wéi miào ba!" Lìng yí ge xiǎoháir shuō: "Bié jí, wǒ kàn wǒmen bú yòng bānjiā, nǐ hé wǒ fēnbié jūzhù zài gāo de xiàmiàn hé huāng de shàngmiàn, tā zài gāomíng, yě bù néng bǎ zánmen zěnmeyàng le!" tīng dào zhèr Jìn Jǐnggōng bèi jīngxǐng le.

얼마 지나지 않아, 秦緩이 晉나라에 도착하여, 서둘러 晉경공에게 진찰을 하러 왔다. 그는 먼저 晉경공의 안색을 살펴보고, 또 그의 맥박을 짚어보더니, 말을 했다. "대왕, 당신의 병은 상태가 심각합니다, 병독이 두 곳에 머물러 있는데, 하나는 膏의 밑에 있고, 하나는 肓의 위에 있습니다, 이 두 곳은 침구를 쓰든 탕약을 복용하든 간에, 약효가 미치지 못하는 곳입니다." 晉경공은 이 말을 듣자마자, 秦緩의 진단과 자기의 꿈속에서 두 아이가 한 말이 일치하는지라, 경탄을 금치 못하며 말했다. "당신은 정말로 뛰어난 의사구려!"

Bù jiǔ, Qín huǎn dǐdá Jìnguó, gǎnjǐn wèi Jìn Jǐnggōng kànbìng。Tā xiān kànkan Jìn Jǐnggōng de liǎnsè, zài mō mō tā de màixiàng, shuō: "Dàwáng, nín de bìng tài yánzhòng le, bìngdú chǔ zài liǎng ge dìfang, yí ge zài gāo de xiàmiàn, yí ge zài huāng de shàngmiàn, zhè liǎng ge dìfang bù guǎn yòng zhēnjiǔ háishì fú tāngyào, yàolì dōu dábudào de." Jìn Jǐnggōng yì tīng, Qínhuǎn de zhěnduàn hé zìjǐ mèng lǐ liǎng ge xiǎoháir de huà xiāngtóng, zàntàn dào: "Nǐ zhēn shì yí wèi shényī ya!"

옛날 사람들은 심장 밑의 기름 부위를 膏라 하고, 심장 밑의 막을 肓이라 하였는데, 이 두 곳은 약효가 미치지 못하는 곳이었다. 成語 '病入膏肓'은 병세가 위독하여, 치료할 수 없음을 묘사하는 말이다. 그것은 또한 일이 되돌릴 수 없는 지경에 도달했음을 비유하기도 한다.

　Gǔrén zhǐ xīn xià zhīfáng jiào gāo, xīn xià gémó jiào huāng, zhè liǎng ge dìfang yàolì wúfǎ dádào. Chéngyǔ 'bìng rù gāo huāng' xíngróng bìngqíng yánzhòng, wúfǎ zhìliáo. Tā yòu bǐyù shìqíng dào le wúfǎ wǎnjiù de dìbù.

핵심 키워드

#晋国　#秦国　#亲戚　#关系　#密切　#晋景公　#生病　#国内　#无法　#向
#邻国　#求医　#秦恒公　#派　#秦缓　#梦见　#两个　#小孩儿　#分别　#居住
#膏　#肓　#不能　#怎么样　#看病　#药力　#达不到　#诊断　#和　#话
#相同　#严重

TIP　梦见 : 꿈에서 보다.

아인슈타인 일화

Àiyīnsītǎn qùshì

저명한 과학자 아인슈타인Albert Einstein이 '상대성 이론' 을 연구하던 기간에, 자주 각 대학으로 가서 '상대성 이론' 을 발표하는 강연을 하였었다. 하루는, 운전기사가 운전 중 그에게 말했다. "당신의 이번 논문의 강연은, 제가 이미 30차례 정도 들어서, 입에서 술술 나올 정도로 외웠습니다. 이젠, 저도 그걸 끝까지 강의할 수 있습니다."

Zhùmíng kēxuéjiā Àiyīnsītǎn zài yánjiū 'xiāngduìlùn' qíjiān, jīngcháng qù gè dàxué jìnxíng lùnshù 'xiāngduìlùn' de yǎnjiǎng. Yì tiān, tā de sījī zài qù yì suǒ dàxué de túzhōng duì tā shuō: "Nǐ de zhè piān yǎnjiǎng, wǒ yǐjīng tīng le sān shí cì zuǒyòu zǎo jìde gǔnguālànshú le. Xiànzài, wǒ yě néng bǎ tā jiǎngshàng yítòng le."

"그렇다면 좋소, 당신한테 한 번 기회를 드리지요." 잠깐을 쉬었다가 아인슈타인이 말을 이었다. "가려고 하는 다음 번 대학은, 사람들이 아직 날 모르니, 거기에 도착한 후, 내가 당신의 모자를 쓰고, 당신이 내 이름으로 자기소개를 한 후, 강연을 해보시오."

"Hǎo ba, wǒ jiù gěi nǐ yí cì jīhuì ba." Tíng le yíhuìr, Àiyīnsītǎn jiēzhe shuō: "Yào qù de xià yì suǒ dàxué, rénmem hái bú rènshi wǒ, dào le nàr zhī hòu, wǒ dàishàng nǐ de màozi, nǐ yòng wǒ de míngzi zuò zìwǒ jièshào, ránhòu nǐ jiù jiǎng ba."

운전기사는 강단에서 아인슈타인이 강연할 때 자주 쓰는 예까지 들며 '상대성 이론'을 설명했다. "만일 당신이 예쁜 아가씨 옆에 한 시간 동안 앉아있으면, 당신은 잠깐 동안 앉은 것으로 느낄 것이오. 그러나, 반대로, 당신이 뜨거운 화로 위에 앉아있으면, 잠깐의 시간이 한 시간 같을 것이오. 이것이 바로 상대적이란 말의 의미지요……." 이렇게, 운전기사는 아주 성공적으로 '상대성 이론'에 대한 강의를 마쳤고, 막 자리를 뜨려고 하는데, 한 교수가 그를 불러 세우며, 그에게 수학 방정식과 공식이 가득한 복잡한 문제를 질문했다. 이 문제는 운전기사가 대답할 수 없었지만, 그는 아주 침착하게, 잠시 생각에 잠기더니, 교수에게 말했다. "이 문제에 대한 답은 실로 너무나 간단한 것이오, 당신이 질문을 해오시다니, 정말 놀라운 일입니다. 이 문제가 얼마나 간단한 것인지를 증명하기 위해, 난 내 운전기사에게 당신의 문제에 답변토록 하겠소." 물론 아인슈타인은 이 질문에 대해 아주 선명하게 설명을 해주어, 그 교수로 하여금 다시 질문하지 못하도록 하였다.

Sījī zài jiǎngtái shàng hái yòng le Àiyīnsītǎn jiǎngyǎn shí jīngcháng yòng de yǒuqù de lìzi lái jiěshì 'xiāngduìlùn: "Rúguǒ nǐ zài yí gè piàoliang de gūniang shēnpáng zuò yí gè xiǎoshí, nǐ zhǐ juéde zuò le piànkè: fǎnzhī, nǐ rúguǒ zuò zài yígè rè huǒlú shang, piànkè jiù xiàng yí gè xiǎoshí. Zhè jiù shì xiāngduì de yìyì……." Zèyàng, sījī fēicháng chénggōng de yǎnjiǎng le guānyú 'xiāngduìlùn' de lùnshù, dāng tā zhèngyào líkāi shí, yí wèi jiàoshòu lánzhù tā, xiàng tā tíchū le chōngmǎn shùxué fāngchéng hé gōngshì de fùzá wèntí. Zhè ge wèntí sījī búhuì huídá, dàn tā shífēn zhènjìng, sīcǔn le yíhuìr, duì jiàoshòu shuō: "Zhè ge wèntí de dá'àn shízài tài jiǎndān le, nǐ jūrán xiàng wǒ tíchū lái, zhēn shǐ wǒ gǎndào jīngyà. Wèi le zhèngshí zhè ge wèntí shì duōme jiǎndān, wǒ kěyǐ jiào wǒ de sījī lái huídá nǐ de wèntí." Dāngrán Àiyīnsītǎn duì zhè ge wèntí jiěshì de qīngqingchǔchǔ, shǐ nà wèi jiàoshòu bùgǎn zài tíwèn le.

#爱因斯坦　#相对论　#经常　#各大学　#演讲　#司机　#记得　#滚瓜烂熟　#讲
#能　#机会　#用　#名字　#例子　#解释　#用了　#有趣的　#姑娘　#身旁　#片刻
#小时　#热火炉　#成功　#教授　#问题　#提出　#简单　#太　#为了　#证实
#多么　#回答　#清清楚楚

TIP　滚瓜烂熟 : (독서나 암기가) 막힘이 없이 유창하다.
片刻 : 촌각(짧은 시간)
思忖 : 생각하다.

못 말리는 뉴턴

Niúdùn qùshì

저명한 물리학자 뉴턴Sir Isaac Newton은 어려서부터 책에만 꽂혀 경계면을 넓혀가려하지 않았던 사람이다. 젊어서, 그는 비록 연애하는 걸 잊지는 않았지만, 충분히 거기에 푹 빠져 집중하지는 않았다.

Zhùmíng wùlǐxuéjiā Niúdùn cóng xiǎo jiùshì yí ge zhǐ zhī míliàn shūběn ér bù xiū biānfú de rén. Zài niánqīng de shíhòu, tā suī méi yǒu wàngjì tánqíng shuōài, dàn què bú gòu 'zhuān xīn zhì zhì'.

한번은, 젊은 뉴턴이 열정이 솟구쳐서 한 아가씨에게 구혼을 했다. 이런 젊은 과학자의 사랑을 고백 받고, 아가씨는 당연히 행운이 찾아왔다고 생각했다. 뉴턴은 가볍게 그녀의 손을 잡고, 은근한 정을 담은 표정으로 이 예쁜 소녀를 바라보고 있었다. 그런데, 갑자기 과학자의 상념이 다른 세계로 뛰어들어 버렸고, 머릿속은 온통 부호와 공식들로 가득 차게 되어, 옆에 있는 애인의 존재는 잊고 말았다. 그의 손은 애인의 한 손가락을 쥐고는, 담뱃대를 쑤시는 쑤시개로 잘못 여겨, 그의 담뱃대 속으로 막무가내로 집어넣어, 아가씨는 아픈 나머지 비명을 질렀다. 뉴턴은 그제야 수학왕국에서 벗어나, 자신이 큰 잘못을 저지른 것을 깨닫고, 급히 아가씨에게 사과하며 말했다. "아, 그대여, 용서해주시오! 난 이러면 아니 된다는 걸 압니다. 보아하니, 저는 평생 독신으로 살 팔자인가 봅니다."

Yícì, niánqīng de Niúdùn rèqíng bēnfàng de xiàng yí wèi gūniang qiúhūn. Néng dédào zhèyàng yí wèi qīngnián kēxuéjiā de zhōngqíng, gūniang zìrán gǎndào xìngyùn. Niúdùn qīng qīng de wò zhe tā de shǒu, hánqíng mòmò de wàng zhe zhè wèi piàoliàng de shàonǚ. Hūrán, kēxuéjiā de sīxiǎng pǎodào lìng yí gè shìjiè qù le, mǎn nǎozi jìng shì xiē fúhào hé gōngshì, wánquán wàngjì le shēnbiān de qíngrén. Tā de shǒu zhuā zhe qíngrén de yí gè shǒuzhǐ, wù wéi tǒng yāndǒu de tōngtiáo, yìng wǎng tā de yāndǒu lǐ sāi, tòng de gūniang dà jiào qǐlái. Niúdùn zhè cái cóng shùxué wángguó lǐ tiào chūlái, míngbai zìjǐ fàn le yí gè dà cuòwù, gǎnjǐn xiàng gūniang dàoqiàn shuō: "Ā, qīnài de, ráoshù wǒ ba! wǒ zhīdào, zhè shì bùxíng le. Kànlái, wǒ zhè ge rén gāi yíbèizi dǎ guānggùn."

또 한번은, 뉴턴이 친구를 초대해 밥을 먹기로 하여, 친구는 약속시간에 맞추어 도착했지만, 뉴턴은 여전히 실험실에서 일을 하고 있었다. 요리가 테이블에 다 차려졌는데도, 그는 여전히 자리로 돌아오지 않았다. 그 친구는 이제나저제나 초조하

게 기다리다, 더 이상 참을 수 없어, 혼자 밥을 먹게 되었고, 식사 후에는 닭 뼈를
버치 속에 남기고, 말없이 가버렸다. 뉴턴은 실험을 끝내고, 식탁에 돌아와 옆에
놓인 버치를 보니, 안에 닭 뼈가 놓여 있는 것이었다. 그는 무언가를 깨달은 듯,
혼잣소리로 말했다. "아, 밥을 안 먹었다고 생각했는데, 이미 먹었군."

Háiyǒu yícì, Niúdùn yuēqǐng yí wèi péngyou lái chī fàn, péngyou ànshí fù yuē,
dàn Niúdùn réngrán zài shíyànshì lǐ gōngzuò. Zhídào fàncài shàng zhuō le, tā réng
méi yǒu huílái. Nà wèi péngyou zuǒ děng yòu děng, shízài búnàifán le, jiù zìjǐ xiān
chī le qǐlái, chī wán hòu, bǎ jī gǔtou liú zài pénzi lǐ, ránhòu bùcí'erbié le. Niúdùn
zuò wán le shíyàn, huí dào fànzhuō páng yí kàn, pén lǐ fàng zhe jī gǔtou. Tā ruò
yǒu suǒ wù, zìyánzìyǔ de shuō: "Ā, wǒ hái yǐwéi méi chī fàn ne, yuánlái yǐjīng
chī guò le."

🔑 핵심 키워드

#牛顿 #不修 #边幅 #求婚 #姑娘 #握着 #手 #忽然 #世界 #思想 #另一个
#符号 #公式 #忘记 #情人 #手指 #误为 #烟斗 #塞 #叫 #道歉 #光棍
#一辈子 #朋友 #按时 #赴约 #实验室 #左等右等 #先 #吃 #不辞而别
#一看 #鸡骨头 #原来 #过

TIP 不修边幅 : 주변머리가 없다.　　　　　　　　钟情 : 사랑
　　　另一个 : 또 다른　　　　　　　　　　　　通条 : 꽃을대
　　　打光棍 : 노총각으로 살다.　　　　　　　　赴约 : 약속시간에 도착하다.
　　　不辞而别 : 간다는 말없이 떠나다.

당신도 내일이 있겠지?

Wǒmen děng zhe míngtiān

　　庞振坤이 몇 명의 선비와 함께 서울로 과거를 보러 가는 중이었는데, 한 여관을 지나게 되었다. 여관 밖의 팻말에는 이렇게 쓰여 있었다. "내일 밥값은 받지 않습니다!" 모두들 신선하게 느껴졌고, 또 걷느라 피곤했던 참이라, 모두 여관에 투숙하며 휴식을 취하게 되었다. 그러나 뜻밖에도 다음 날이 되자, 여관 주인이 어제와 똑같이 밥값을 받으려고 했다. 庞振坤이 물었다. "팻말에는 '내일 밥값은 공짜다'라고 쓰여 있지 않습니까?" 주인은 껄껄 웃으며 대꾸했다. "그렇소! 쓰여 있기를 내일 공짜라 했거늘, 오늘 어찌 돈을 아니 받겠습니까?" 모두 이 말을 듣자, 비로소 여관 주인이 속임수를 부리고 있음을 알아차렸다.

　　Páng Zhènkūn hé jǐ ge xiùcái yìtóng jìn jīng gǎnkǎo, lù guò yì jiā fàndiàn. Fàndiàn mén wài de páizi shàng xiě zhe: "Míngtiān chī fàn bú yào qián！" Dàjiā juéde hěn xīnqí, yòu dōu zǒu lèi le, jiù yìtóng zhù jìn fàndiàn xiēxī. Shéi zhī dì'èrtiān, diàn lǎobǎn zhàoyàng yào shōu fànqián. Páng Zhènkūn wèn: "Páizi shàng bú shì xiě zhe 'míngtiān chī fàn bú yào qián' ma?" Lǎobǎn hēihēi yí xiào shuō: "Shì ya！Xiě de shì míngtiān bú yào qián, jīntiān zěnme néng bú yào ne？" Dàjiā tīng le, cái míngbái guòlái diàn lǎobǎn wán de shì piànrén de bǎxì.

선비들이 시험을 마치고 돌아오는데, 또 이 여관을 지나가게 되었고, 모두가 다시 묵기를 꺼려했다. 庞振坤은 오히려 이렇게 말했다. "며칠 묵는 것도 나쁘지 않네, 밥값은 내가 다 부담하겠네!" 모두들 庞振坤이 대책이 있을 것으로 믿고, 모두 묵게 되었다. 주인은 이렇게 많은 손님이 온 것을 보고, 각별히 정성스럽게 대접했다.

Xiùcái men gănkăo huílái, yòu lù guò zhè jiā fàndiàn, dàjiā dōu bú yuàn zài zhù le. Páng Zhènkūn què shuō: "Bù fáng zhù shàng jǐ tiān le, fànqián yóu wǒ lái bāobàn hǎo le！" Dàjiā xiāngxìn Páng Zhènkūn yǒu zhǔyì, jiù dōu zhù xiàlái le. Lǎobǎn jiàn lái le zhème duō kèrén, biàn géwài yīnqín de zhāodài.

이튿날, 여관 주인이 계산을 하러오자, 庞振坤은 말했다. "뭘 그리 급하세요? 우리는 더 묵을 겁니다, 내일 계산합시다." 하루가 지나, 주인이 또 계산을 하러 왔지만, 庞振坤은 여전히 같은 말뿐이었다. 주인도 지불을 다그칠 수가 없었다. 오늘이 내일로, 내일이 모레로, 연속해서 십여 일 동안, 매일 똑같이 반복되었다.

Dì'èrtiān, diàn lǎobǎn lái jiézhàng, Páng Zhènkūn shuō: "Jí shénme？ Wǒmen hái yào zhù xiàqù, míngtiān zài jié ba！" Guò le yì tiān, lǎobǎn yòu lái jiézhàng. Páng Zhènkūn háishì nà jù huà. Lǎobǎn yě bù gǎn bī zhe yào. Jīntiān děng míngtiān, míngtiān děng hòutiān, yìlián shí duō tiān, tiān tiān rú cǐ.

　여관 주인은 마침내 더 이상 참을 수 없게 되었다. 이날, 그는 조급해져서 庞振坤에게 물었다. "손님, 허구한 날 내일 계산하리라 하시는데, 도대체 언제 끝나는 겁니까?" 庞振坤이 천천히 대답했다. "가게 앞에 '내일 밥값은 공짜'라고 쓰여 있지 않습니까? 우리는 바로 그날을 기다리는 중입니다."

　Fàndiàn de lǎobǎn zhōngyú chén bú zhù qì le. Zhè tiān, tā jiāojí de wèn Páng Zhènkūn: "Kèguān, nǐ zǒng shuō míngtiān jiézhàng, dàodǐ shénme shíhòu cái yǒu jìntóu ne？" Páng Zhènkūn bùjǐnbúmàn de shuō: "Diàn jiā ménkǒu bú shì xiě zhe 'Míngtiān chī fàn bú yào qián' ma？ Wǒmen zhèngzài děng zhe zhè yì tiān ne！"

🔑 핵심 키워드

#庞振坤　#赶考　#路过　#饭店　#牌子　#明天　#不要　#钱　#觉得　#新奇
#照样　#今天　#把戏　#又　#招待　#结帐　#住下去　#尽头　#这一天

TIP　包：모두 지불하다.
殷勤：정성스럽게 대하다.

일거양득

Yìjǔliǎngdé

전국시대 때, 韩나라와 魏나라는 1년 넘게 싸움을 하였으나 승부가 갈리지 않았다. 당시 진혜왕은 韩·魏 두 나라를 공격하여 제후들의 왕 노릇을 하고 싶어 했으나, 대신들은 찬성하는 사람도 있고, 반대하는 사람도 있어, 일시에 결정을 내릴 수가 없었다. 이때, 초나라의 사신 陈轸이 진나라에 오게 되었고, 秦惠王은 대신들의 다른 생각들을 陈轸에게 들려주며 그의 의견을 구했다. 陈轸은 秦의 惠王에게 춘추시대 때 鲁나라의 대부 변장자卞庄子가 호랑이를 죽인 이야기를 해주었다:

Zhànguó shídài, Hán guó hé Wèi guó dǎ le yì nián duō de zhàng ér méi fēnchū shèngfù. Dāngshí Qín Huìwáng hěn xiǎng qù gōngdǎ Hán′ Wèi liǎng guó, chēngbà zhūhóu, dànshì dàchén men yǒurén zànchéng, yǒurén fǎnduì, yìshí juédìngbùliǎo. Zhèshí, Chǔ guó de shǐzhě Chén Zhěn láidào Qín guó, Qín Huìwáng jiù bǎ dàchén men de bùtóng kànfǎ gàosu Chén Zhěn bìng zhēngqiú tā de yìjiàn. Chén Zhěn gěi Qín Huìwáng jiǎng le chūnqiū shí Lǔ guó dàifu Biǎn Zhuāngzǐ cì hǔ de gùshi:

옛날, 변장자라 불리는 용사가 하나 있었는데, 그는 두 마리의 호랑이가 한 농가의 외양간에 뛰어들어, 소 한 마리를 물어 죽이는 걸 보고는, 칼을 빼어들어 호랑이를 찌르려 했다. 그러자 누군가가 그를 저지하며 말했다. "이 두 호랑이는 소를 차지하기 위해 반드시 싸움을 하게 될 것이니, 한 마리가 죽고 다른 한 마리가 상처를 입었을 때, 손을 쓰시오." 과연, 작은 호랑이가 큰 호랑이에게 물려죽고, 큰 호랑이도 상처를 입자, 변장자는 그때를 놓치지 않고 상처 입은 호랑이를 죽이니, 일거에 호랑이 두 마리를 얻게 되었다.

Cóngqián´ yǒu gè jiào Biǎn Zhuāngzǐ de yǒngshì, tā kànjiàn liǎng zhī lǎohǔ chuǎngjìn yì jiā niúlán, yǎosǐ le yì tóu niú, tā bá jiàn yào qù cìshā lǎohǔ. Yǒurén quànzǔ tā shuō: "Zhè liǎng zhī hǔ zhēng chī niú, bìrán huì dǎqǐlái, děng yì zhī bèi yǎosǐ, lìng yì zhī bèi yǎoshāng shí, nǐ zài dòngshǒu yě bù wǎn." Guǒrán, xiǎo de yì zhī hǔ bèi dà de yǎosǐ, dà de yì zhī hǔ yě bèi yǎoshāng, Biǎn Zhuāngzǐ chénjī shāsǐ dǎshāng de lǎohǔ, yì jǔ dédào liǎng zhī hǔ.

이야기를 마치자, 陈轸이 秦惠王에게 말했다: "지금 韩과 魏 두 나라가 싸움을 한 지 이미 1년을 넘겼습니다, 그 결과는 분명 큰 나라가 상처를 입게 되고, 작은 나라는 망할 것입니다. 그때가 되어 진나라가 그 상처를 입은 대국을 무찌른다면, 두 나라를 정복한 셈이 되어, 일거양득으로 마치 변장자가 호랑이를 무찌른 것과 같은 것이지요." 秦惠王은 그 말을 듣고, 그의 말이 일리가 있다고 여겼다. 마침내 魏나라가 韩나라를 쓰러뜨려, 魏나라 자신도 손실이 막대해졌을 때, 진나라는 때를 놓치지 않고 출정하여, 魏나라를 정복했다.

Gùshi jiǎng wán le, Chén Zhěn duì Qín Huìwáng shuō: "Xiànzài Hán Wèi liǎng guó xiāng zhēng yǐjīng yì nián duō le, qí jiéguǒ bìrán shì dà guó shòushāng, xiǎo

guó mièwáng, dào nàshí Qín guó zài qù zhēngfá nàge shòushāng de dàguó, jiù
děngyú zhēngfú le liǎng guó, yìjǔliǎngdé, rútóng Biǎn Zhuāngzǐ cì hǔ yíyàng." Qín
Huìwáng tīng le, rènwéi tā shuō de hěn yǒu dàolǐ. Děngdào Wèi guó dǎbài le Hán
guó, Wèi guó zìjǐ yě sǔnshī cǎnzhòng shí, Qín guó bù shī shíjī de chūbīng,
zhēngfú le Wèi guó.

핵심 키워드

#战国时代　#韩国　#魏国　#打　#仗　#一年多　#秦惠王　#攻打　#两国　#楚国
#陈轸　#征求　#意见　#春秋　#鲁国　#卞庄子　#刺虎　#故事　#老虎　#两只　#吃
#牛　#等　#动手　#小的　#被　#大的　#咬死　#等于　#一举两得　#出兵

TIP　打仗 : 전쟁하다.
称霸 : 패권을 잡다.
如同~~一样 : ~~와 같다.

제 꾀에 넘어간 노새

Tuó yán de lǘ

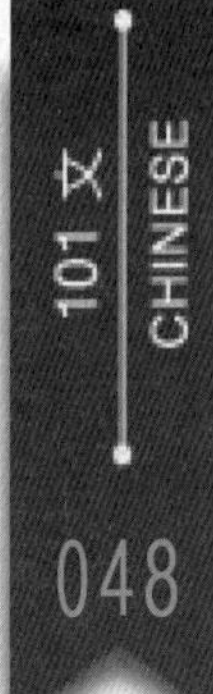

　한 상인이 있었는데, 매일 노새를 이용해, 각종 물건을 A지역에서 사서 B지역으로 운반하여, 그것을 팔아, 그 과정 속에서 이익을 추구해, 많은 돈을 벌었다. 하루는 상인이 노새를 데리고 해변으로 가서 소금을 샀다. 매일 같이 많은 물건을 등에 지고 운반하는 노새지만, 이날은 어찌된 일인지, 소금 한 포대를 지자, 너무나 무겁게 느껴져, 길을 걷자니, 정말이지 너무 피곤해서, 일을 그만두고 싶을 지경이었다. 하지만 노새는 물건을 운반하는 것이 자신이 해야 될 일이라고 여겨, 힘을 내어, 한발 한발씩 앞으로 걸어갔다.

　Yǒu yí ge shāngrén, měitiān yòng yì tóu lǘ, bǎ gèzhǒng dōngxi cóng jiǎ dì mǎi le bìng bānyùn dào yǐ dì, ránhòu bǎ tāmen màidiào, cóngzhōng huòqǔ lìyì, tā zhèyàng zhuàn dào le hěn duō qián. Yǒu yì tiān, shāngrén gǎn zhe lǘ, dào hǎibiān qù mǎi yán. Měitiān tuó zhe hěn duō dōngxi bānyùn de lǘ, zhè tiān zěnme gǎo de, tuó qǐ yí dà bǎo de yán, juéde géwài bènzhòng, zǒu qǐ lù lái, shízài shì tài lèi le, jiǎnzhí shì bù xiǎng zuòhuór le. Dàn tā bǎ bānyùn dōngxi dāngzuò zìjǐ gāi zuò de shì, gǔ qǐ yòngqì, yí bù yí bù de xiàng qián zǒu.

그들이 길을 가는 중에 조그만 강을 하나 건너게 되었다. 노새는 걸으면서 이런 저런 생각들을 하느라, 생각 없이 길을 걷다가, 강 속으로 발을 내딛는 순간, 이끼를 밟아 미끄러져, 온몸이 강물 속으로 미끄러졌다. 그가 일어났을 땐, 그가 등에 진 소금이 물에 침수되어 고체성분이 많이 빠져나가, 그의 짐은 가벼워졌고, 그의 마음도 훨씬 가뿐해졌다.

Tāmen zài gǎn lù de shíhòu, yào jīngguò yì tiáo xiǎo hé. Lú biān zǒu, biān xiǎng zhe yìxiē shìqíng, yīnwèi zǒu lù zǒu de bù liúshén, yúshì tā jìn hé lǐ de shíhòu, cǎi dào qīngtái, huá le yì jiāo, zhěngge shēnzi dōu dié jìn hé lǐ qù. Děng tā pá qǐlái shí, tā suǒ zài de yán bāo, yīnwèi jìn dào shuǐ ér rónghuà duō le, jiéguǒ tā de dànzi jiǎn qīng le, tā de xīnqíng yě qīngsōng duō le.

나중에, 상인은 또 노새를 데리고 해변으로 가게 되었는데, 이번에는 소금을 산 것이 아니라, 해면을 구입했다. 노새는 물건을 지고 한참을 걷다보니, 또 강가에 다다른지라, 마음속으로 생각했다. "이끼를 밟아 강물 속으로 넘어진 척 하자꾸나! 이렇게 하면 지난번처럼 분명 짐이 가벼워질 거야." 그리고는 강물 속으로 쓰러져, 물속으로 자빠졌다. 그 결과, 해면이 물을 머금어, 짐의 중량이 엄청나게 무거워져서, 노새는 더 이상 일어날 수 없게 되어, 물속에 빠져 죽고 말았다.

Hòulái yǒu yí cì, shāngrén yòu bǎ lú dài dào hǎibiān qù, dàn zhè cì mǎi de bú shì yán, érshì hǎimián. Lǘzi tuó zhe dōngxi zǒu zhe zǒu zhe, yòu zǒu dào hébiān, tā xīnxiǎng: "Wǒ jiù jiǎzhuāng cǎi qīngtái diérù hé lǐ qù ba! zhè yì lái hé shàngcì yíyàng, dōngxi yídìng huì jiǎnqīng le." Yúshì lǘ dié dào hé lǐ, dào zài shuǐ lǐ. Jiéguǒ, hǎimián xī le shuǐ, shǐ tā de zhòngliàng dàdà de zēngjiā le, lú zài yě zhàn bu qǐlái, zài shuǐ zhōng yān sǐ le.

이 노새는 무슨 잘못을 저지른 것인가? 그것은 자기 멋대로 소금을 지었던 경험을 해면을 지는 데 적용하여, 자신의 목숨을 잃게 만든 것이다. 어떤 사람들도 이와 같아, 자신의 꾀 때문에, 자기도 모르게 자신을 불행으로 빠트리는 경우가 있다.

Zhè tóu lǘ jiūjìng fàn de shì shénme cuòwù ne? Tā zì yǐwéi shì de bǎ tuó yán de jīngyàn bān dào tuó hǎimián shàng qù, cóngér ràng zìjǐ diū le xìngmìng. Yǒu xiē rén yě shì zhèyàng, tāmen yóuyú zìjǐ de xīnjì, zài bùzhībùjué zhī zhōng shǐ zìjǐ xiànrù le búxìng.

🔑 핵심 키워드

#商人 #驴 #获取 #利益 #盐 #驮 #笨重 #实在 #太累 #经过 #小河 #踩 #青苔
#身子 #跌进 #盐包 #溶化 #担子 #减轻 #后来 #海绵 #重量 #增加 #淹死

TIP 留神 : 집중하다.　　　　　青苔 : 이끼　　　　　自以为是地 : 독선적으로

杯弓蛇影

Bēi gōng shé yǐng

　　옛날, 한 사람이 외지에서 벼슬을 했는데, 온종일 공무에 바빠서, 옛 친구들과 교류할 시간이 없었다. 하루는 고향에서 옛 친구 한 명이 일부러 그를 찾아왔다. 그는 너무나 기뻐, 모든 업무를 뒤로 미루고, 오로지 집에서 술상을 준비해 친구를 대접했다. 그들은 동시에 술잔을 들어 술을 마시기 시작했다. 그 친구가 술잔을 들어 막 술을 입에 붙는 순간, 술 속에 뱀이 나타났다 사라졌다 하는 것이었다. 그는 한차례 토하고 싶은 생각이 들었다. 하지만 분위기를 깨고 싶지 않아, 억지로 술을 넘겼다. 집에 돌아와서는 그 친구는 병이 들어 누웠다.

　　Cóngqián, yǒu ge rén zài wàidì zuò guān, chéngtiān máng zhe bàn gōngwù, hěn shǎo yǒu shíjiān gēn lǎopéngyou jiāoliú. Yǒu yì tiān cóng jiāxiāng yí wèi lǎopéngyou zhuānchéng zhǎo tā lái le. Tā géwài gāoxìng, tuīcí le yíqiè gōngwù, zhuānmén zài jiāli bèihǎo yì zhuō jiǔxí kuǎndài lǎopéngyou. Tāmen tóngshí jǔ qǐ jiǔbēi hē qǐ jiǔ lái le. Nà péngyou ná zhe jiǔbēi zhèngzài bǎ jiǔ qīngdào zài zuǐ lǐ shí, hūméihūxiàn de kànjiàn jiǔ zhōng yǒu shé. Tā yǒu le yízhèn èxīn, dàn wèile bìmiǎn sànfēng, háishì miǎnqiǎng bǎ jiǔ hē xiàqù。Huí dào jiāli zhè wèi péngyou jiù bìngdǎo le.

벼슬하는 친구는 이 소식을 듣고, 도대체 왜 그랬는지 따져보니, 벽에 걸린 칠을 한 그 활에 생각이 미쳤고, 술잔 속의 뱀이란 분명 이 활의 그림자일 것이라고 추정했다. 그래서 공무원 친구는 그 시골 친구를 다시 집으로 초대해 술을 마셨다.

Zuò guān de péngyou tīngdào zhè ge xiāoxi, tàn le ge jiūjìng, zhōngyú xiǎngdào jiāli de qiángbì shàng guà zhe de nà zhāng túqī de jiǎogōng, tā gūjì suǒwèi bēi zhōng de shé, yídìng shì zhè zhāng jiǎogōng de yǐngzi. Yúshì, guānrén péngyou zài qǐng nà wèi jiāxiāng péngyou dào zìjǐ jiā lái hē jiǔ.

관원은 술잔을 원래대로 배치하고, 친구에게 말했다. "술잔 속에 뭐가 보이느냐?" 친구가 답했다. "아! 지금 보이는 게 지난번하고 똑같네."

Guānrén bǎ jiǔbēi fàng zài yuánlái de dìfàng, duì tā de péngyou shuō: "jiǔbēi lǐ hái kànjiàn shénme dōngxi le ma?" Péngyou dádào: "a! Xiànzài suǒ kànjiàn de hé shàngcì kànjiàn de yíyàng."

관원은 활을 가리키며, 술잔 속에 뱀의 그림자가 보인 연유를 말해주었다. 친구는 설명을 듣고, 벽에 걸려 있는 활을 바라보고, 다시 술잔을 들어 술잔 속에 뱀의 그림자가 있는 것을 발견하고는, 그제야 마음이 후련해졌다, 그는 술잔 속의 뱀이 자신의 뱃속으로 들어갔다고 여겨 병에 걸렸었던 것이다. 이번에는 의구심이 모두 사라져, 오랫동안 앓던 병이 단숨에 나아버렸다.

Guānrén zhǐ zhe jiǎogōng bǎ jiǔbēi lǐ yǒu shéyǐng de yuányīn gàosu le tā. Nà wèi péngyou tīng wán jiěshì, zài kànkan qiángbì shàng guà zhe de gōng, duān qǐ jiǔbēi yòu kànkan jiǔbēi lǐ yǒu shéyǐng, zhè cái huòrán kāilǎng, yuánlái tā yǐwéi bǎ jiǔbēi zhōng de shé hē dào dùzi lǐ qù le, huíjiā hòu shēng le yì chǎng dàbìng de. Zhè cì yílǜ quán xiāo, shēng le yǐ hěnjiǔ de bìng yíxiàzi jiù zhìyù hǎo le.

이 이야기는 우리에게, 생활 속에서 어떠한 문제를 만나더라도, 당장 혼자 추측하고, 혼자 소설을 써, 스스로에게 불필요한 심리적 부담을 주지 말고, 왜 그런지를 더 추궁하고, 조사 연구를 통해, 사실의 진상을 확실히 파악할 필요가 있다.

Zhè ge gùshì gàosù wǒmen, zài shēnghuó zhōng wúlùn yùdào shénme wèntí, wǒmen bù yīnggāi zài nàr zìwǒ cāicè, zìwǒ jiǎshè, gěi zìjǐ zēngtiān yìxiē mòxūyǒu de xīnlǐ fùdān, ér yīnggāi duō wèn jǐ ge wèishénme, yào tōngguò diàochá yánjiū qù nòngqīng shìshí de zhēnxiàng.

#外地　#做官　#家乡　#老朋友　#来　#备好　#酒席　#喝　#酒　#倾倒
#忽没忽现地　#看见　#蛇　#恶心　#勉强　#病倒　#角弓　#影子　#官人
#原因　#告诉　#治愈好

TIP
专程 : 일부러
格外 : 각별히, 유달리
忽没忽现 : 언뜻언뜻
散风 : 분위기를 깨다.
莫须有 : 근거가 없다.

장기 상대의 묘수

Qíshǒu de miàocè

明나라 嘉靖시대에는, 세금을 무겁게 부과하여, 백성들은 생계를 꾸리기 어려워, 중소형의 지주계급조차도 나날이 힘든 생활을 호소했을 정도로 원성이 자자했다. 嘉靖황제는 도교道敎에 빠져, 조정을 돌보지 않았고, 간언하는 것도 극도로 싫어하여, 보고 듣는 것이 너무 제한적이었다. 조정의 대신들은 자신에게 위험을 초래할 일은 되도록 하지 않으려 하여, 감히 황제에게 간언을 하려 하지 않았다. 하지만 청렴하고 정직한 海瑞는, 오히려 간언거리를 마음에 담아두고, 황제에게 간언할 기회를 엿보고 있었다.

Míng cháo Jiājìng niánjiān, fùshuì fánzhòng, mín bù liáo shēng, lián zhōngxiǎo dìzhǔ yě jiào kǔ liántiān, lǎobǎixìng yuànshēng zài dào. Jiājìng huángdì míxìn dàojiào, bù lǐ cháozhèng, yòu jídù tǎoyàn jìnjiàn, suǒyǐ gūlòu guǎwén. Cháo zhōng dàchén dàduō míngzhé bǎoshēn, bù gǎn xiàng huángdì jìnjiàn. Dàn wēiguān qīngzhèng de Hǎiruì, què wèi cǐ gěnggěngyúhuái, xúnzhǎo shíjī quànjiàn huángdì.

하루는, 嘉靖황제가 海瑞더러 자신과 장기를 두도록 명령하였다. 海瑞는 마음속에 백성들의 고통을 담아두고 있던 터라, 성의 없게 장기에 임했고, 몇 수를 채 두지 않아, 곧 열세에 처하게 되었다.

Yìtiān, Jiājìng huángdì mìng Hǎiruì péi zìjǐ xiàqí. Yóuyú Hǎiruì xīn lǐ zhuāngmǎn zhe mínjiān jíkǔ, wúxīn xiàqí, méi zǒu jǐ bù, jiù chǔyú lièshì.

"장군!" 嘉靖황제가 자신만만하여 외쳤다. 海瑞는 그제 서야 정신이 버쩍 들어, 힘껏 전세를 역전시키고자 노력했고, 곧 열세를 우세로 바꾸게 되었다. 마침내 海瑞가 '장군!'을 외칠 기회가 되자, 그는 기지를 발휘하여 소리쳤다. "장군! 농지세를 30% 감면이요." 말을 마치자 그는 고개를 들어 황제의 눈치를 봤다.

"Jiāngjūn!" Jiājìng huángdì déyì de hǎndào. Hǎiruì zhè cái cóng chénsī zhōng jīngxǐng, lì wǎn bèidòng, hěn kuài zhuǎn lièshì wéi yōushì. Lúndào Hǎiruì "Jiāngjūn!", tā língjīyídòng jiàozuò: "Jiāngjūn! Tiānxià qiánliáng jiǎn sān fēn." Shuō wán, tā táitóu kàn zhe huángdì.

嘉靖황제는 자신의 수를 살피기에 바빠, 海瑞의 의중을 알아차리지 못했다. 잠시 후, 海瑞는 또 '장군' 칠 기회를 잡았다. 그는 이번에는 절대 기회를 놓칠 수 없다 생각하여, 한 글자씩 또박또박 리듬을 타며 말했다. "장군! 농지세를 30% 감면이요." 이번에는 황제가 똑똑히 들었으나, 여전히 海瑞가 이 말을 하는 의도를 알아채지는 못했지만, 재미있다고 여겼고, 그가 '장군' 을 칠 기회가 되자, "장군! 농지세를 30% 감면이요." 라고 크게 외쳤다.

Jiājìng huángdì zhǐ zhùyì zìjǐ de qí, bù míngbái Hǎiruì de yòngyì. Guò le yíhuìr, Hǎiruì yòu zhǎodào le "jiāngjūn" de jīhuì. Tā xiǎng, zhè ge jīhuì jué bù néng fàng guò, yúshì, tā yí zì yì bǎn de chàng dào: "jiāngjūn! Tiānxià qiánliáng jiǎn sān fēn." Zhè yícì, huángdì tīng qīngchu le, dàn réngrán méi yìshí dào Hǎiruì zhè jù huà de yòngyì, zhǐshì juéde yǒuqù. Dài lúndào tā "Jiāngjūn" shí, yě suíkǒu gāoshēng jiàodào: "Jiāngjūn! Tiānxià qiánliáng jiǎn sān fēn."

嘉靖황제의 말이 떨어지기가 무섭게, 海瑞는 황급히 장기를 포기하고, 땅에 엎드리며 말했다. "신 분부 받잡아 모시겠습니다!"

Jiājìng huángdì de huàyīn wèi luò, Hǎiruì liánmáng qì qí líwèi, pā zài dìshàng shuō: "Wēichén lǐng shèngzhǐ!"

嘉靖황제는 海瑞의 이 행동으로 어리둥절해져, 급히 어찌된 일인지를 물었다. 海瑞가 아뢰었다. "만세께서 '농지세를 30% 감면하라.' 하지 않으셨습니까? 신은 반드시 분부대로 거행하겠습니다!" 嘉靖황제는 어찌할 수가 없었다. 그의 말은 곧 임금의 명령인지라, 일단 입 밖으로 나가면, 실행에 옮겨야 하는 것이므로, 끝내는 전국의 세를 감면하도록 명령을 내렸다. 海瑞가 백성들의 고통을 해결한 것이다.

Jiājìng huángdì bèi Hǎiruì zhè yī jǔdòng nào hútu le, máng wèn Hǎiruì shì zěnme huí shì? Hǎiruì huídá shuō: "Wànsuì bú shì shuō 'Tiānxià qiánliáng jiǎn sān fēn' ma? Chén yídìng zhàobàn!" Jiājìng huángdì wúkěnàihé, yīnwèi tā de huà jiùshì shèngzhǐ, yídàn chūkǒu jiù děi zhàobàn, zuìhòu zhǐhǎo xiàlìng jiǎnqīng quánguó de fùshuì. Hǎiruì wèi mín jiě le jíkǔ.

핵심 키워드

#嘉靖 #老百姓 #怨声 #海瑞 #嘉靖皇帝 #下棋 #减 #三分 #一字一板地 #觉得 #有趣 #轮到 #随口 #叫道 #趴在 #地上 #领 #圣旨 #照办 #解 #疾苦

TIP

聊生 : 안심하고 살다.
清正 : 청렴하고 공정하다.
耿耿于怀 : 늘 마음에 두고 있다.
转 A 为 B : A가 B로 바뀌다. 转怒为喜(분노가 기쁨으로 바뀌다.)
轮到 : 차례가 되다.
用意 : 의도, 속셈

扁鵲네 삼형제

BiǎnQuè lùn yī

모두가 알고 있듯, 扁鵲은 중국의 옛날 유명한 의사로, 중국 名醫의 대명사가 된 사람이다.

Dàjiā dōu zhīdào BiǎnQuè de míngzi, shì Zhōngguó gǔdài zhùmíng de yīshēng, chéngwéi Zhōngguó míngyī de dàichēng.

편작이 魏왕을 보러 갔다. 魏왕이 말하길, "듣자하니 당신 형제 세 명이 모두 의술이 뛰어나다고 하던데, 당신네 3형제 중 누구의 의술이 가장 훌륭하오?" 편작이 성실하게 답변했다. "우리 큰 형의 의술이 가장 뛰어나고, 둘째 형이 그 다음이며, 제 의술이 가장 뒤떨어집니다."

BiǎnQuè qù jiàn Wèiwáng. Wèiwáng shuō: "Wǒ tīngshuō nǐmen jiā xiōngdì sān ge rén dōu shàncháng yīshù, nǐ gēn wǒ shuō, nǐmen sān ge rén zhōng, shéi de yīshù zuì gāomíng a?" BiǎnQuè lǎolǎoshíshí de huídá: "Wǒ dàgē de yīshù zuì gāo, wǒ èrgē qí cì, wǒ de yīshù zuì chà."

위왕이 놀라며 물었다. "그렇다면 어째서 당신은 천하에 이름이 다 알려져 있고, 그들 둘은 전혀 이름이 나질 않았소?"

Wèiwáng jīngyà de wèndào: "Nà wèishénme nǐ tiānxià wénmíng, ér tāmen liǎng ge rén què mòmòwúwén ne?"

편작이 말했다. "우리 큰 형은 병을 치료할 때, 병이 발생하기 전에 예방할 수가 있지요. 사람이 병이 들긴 하였으나, 아직 증세가 나타나지 않은 상태에서, 그의 손은 병의 뿌리를 제거해버리지요. 이 환자는 마치 병이 없었던 것처럼 되어, 아무도 모르게 됩니다. 그는 다른 사람에게 아직 나타나지 않은 병의 뿌리를 제거해버리는 것이죠.

BiǎnQuè shuō: "Yīnwèi wǒ dàgē gěi rén zhìbìng, zǒng nénggòu zuòdào fánghuàn yú wèirán. Zhè ge rén débìng, dàn hái méiyǒu xiǎnchū zhēngzhào, tā de shǒu bǎ bìnggēn gěi xiāochú le. Zhè ge bìngrén jiù xiàng méi débìng yíyàng, suǒyǐ suǒyǒu de rén dōu bùzhīdào. Tā shì zài gěi biérén qùchú hái méi chéngxiàn chūlái de bìnggēn.

우리 둘째 형의 치료법은, 증세가 나타난 초기에, 약을 써서 병을 제거한답니다.

사람들은 그가 고치는 것은 작은 병이라고 생각하고, 이 병이 커지면, 생명을 위협할 큰 병이란 걸 모르지요.

Wǒ èrgē zhìbìng, shì zài bìngzhào chū qǐ zhī shí, tā yí yòngyào jiù bǎ bìng gěi chúqù le. Dàjiā zǒng rènwéi tā néng zhì de shì xiǎo bìng, bùzhīdào zhè ge bìng rúguǒ fāzhǎn xiàqù, nà jiùshì yàomìng de dà bìng a.

제 의술이 가장 뒤떨어져 있고, 저는 생명이 위험한 지경에 이르렀을 때야 손을 써서 치료하는지라, 종종 기사회생하는 수가 있습니다, 그래서 제 이름이 천하에 알려지게 된 것이지요.

Wǒ de jìshù zuì chà, yīnwèi wǒ zhǐnéng zài rén yǐjīng shēngmìng chuíwēi de shíhòu cái chūshǒu zhìbìng, wǎngwǎng nénggòu qǐsǐhuíshēng, suǒyǐ wǒ de míngshēng jiù chuánbiàn tiānxià.

의술을 행해 병을 다스리는 데 있어서, 미연에 예방하는 것이 가장 뛰어난 방법이나, 천하에 이름이 알려지지 않으며, 병이 처음 발생했을 때 손을 써 병을 제거하는 것이 그 다음이지만, 사람들한테는 조그만 병을 고친 것으로만 여겨져, 이름이 동네에만 알려집니다. 환자가 위급한 상황이 되어서야 구해내어, 생명을 보전케 하더라도, 원기가 크게 손상되어, 후유증이 남게 되고, 이 환자는 손해를 입게 됩니다만, 저는 오히려 이름을 천하에 알리게 되는 것이죠."

Xíngyī zhìbìng, fánghuàn yú wèirán zhě zuì gāo, dàn tiānxià wúmíng: Bìng chū qǐ ér shǒu dào bìng chú cìzhī, dàn bèi rén rènwéi shì zhì xiǎo bìng, zhǐnéng míng chuán xiānglǐ: Bìngrén chuísǐ shí cái wǎnjiù, bǎozhù le shēngmìng, dàn zǎoyǐ yuánqì dà shāng, hái huì liú yǒu hòuyízhèng, zhè ge rén yǐjīng shòusǔn le, dànshì wǒ què néng míng chuán tiānxià."

이 이야기는 우리에게 무엇을 말해주는가? 세속적인 평판의 기준들은 한 사람의 진정한 능력을 제대로 평가한다고 볼 수 없다는 것이다. 우리 자신의 내면만이 정확한 대답을 내릴 수 있는 것이다.

Zhè ge gùshi gàosu wǒmen shénme? Shìsú de píngpàn biāozhǔn, wèibì zhēnde néng píngjià yí ge rén de zhēnzhèng zhìliàng. Zhǐyǒu wǒmen de nèixīn néng zuòchū zhǔnquè de huídá.

🔑 핵심 키워드
#扁鹊　#名医　#代称　#魏王　#兄弟　#你们　#医术　#擅长　#谁　#最　#高明

#大哥 #防患 #征兆 #病根 #消除 #不知道 #二哥 #初起 #用药 #我
#垂危 #起死回生 #元气 #大伤 #后遗症

사이렌

Sàirén

트로이전쟁에서 승리를 거둔 오디세우스Odysseus의 배는 희랍으로 돌아오는 도중, 폭풍을 만나 본대와 떨어져서 외톨이가 되고 말았다. 천신만고 끝에 그는 지중해 연안까지 이르렀는데, 당시 그곳에는 갖가지 괴물이 도사리고 있었다.

Tèluòyī zhànzhēng zhōng qǔdé shènglì de Āodéxiūsī de chuán, huílái xīlà de túzhōng yīn yùdào bàofēng ér diàoduì. Lìjìn qiānxīnwànkǔ, zhōngyú dào le dìzhōnghǎi yán'àn, dāngshí nà ge dìfāng bèi gèzhǒnggèyàng de guàiwù pánjù zhe.

특히 얼굴은 사람이고 몸은 새인 괴물 사이렌Seirēn 세 자매는 사람들에게 엄청난 피해를 초래했는데, 가까이로 배가 지나가면 아름다운 노래를 불러 선원들의 마음을 홀렸다. 일단 사이렌의 노랫소리를 듣게 되면, 자신도 모르게 정신을 빼앗겨 바닷가 암초로 배를 몰고 가서 끝내는 난파하여, 사이렌의 밥이 되고 마는 것이었다.

Yóuqí shì yǒu yì zhǒng jiào Sàirén de yóu sān ge jiěmèi zhǔchéng de rén shǒu niǎo shēn de guàiwù. Tāmen de xíngdòng gěi rénmén zàochéng yánzhòng de hòuguǒ, rúguǒ yǒu chuánzhī jīngguò nà fùjìn de huà, tāmen huì chàng hǎotīng de gēshēng gǔhuò chuányuán. Yídàn tīng tāmen de gēshēng, wúlùn shì shéi, bùjīn de shíshén ér bǎ zìjǐ de chuánzhī kāixiàng hǎi lǐ chù jiāo ér chén, chuányuán zuìhòu chéngwéi tāmen de fù zhōng cān.

다행히도 오디세우스는 미녀 사이렌이 있는 곳을 알고 있었다. 그래서 그는 배가 사이렌의 소굴 가까이에 이르자, 먼저 선원들로 하여금 자신은 중앙 돛대에 묶어두게 하고 선원들에게 단단히 일러두었다. "내가 아무리 몸부림을 치거나 아우성을 쳐도, 절대로 나를 풀어놓아서는 안 된다. 너희들은 힘껏 노를 젓기만 해라." 그리고는 선원들의 귀를 초로 단단히 틀어막게 했다.

Xìngkuī Āodéxiūsī zhīdào tāmen jūzhù de dìqū. Suǒyǐ zìjǐ de chuán kàojìn tāmen de cháoxué shí, tā xiān ràng chuányuán bǎ zìjǐ de shēntǐ jǐnjǐn de bǎng zài wèizhì yú chuán zhōngyāng de wéigān shàng, ránhòu yánlìng tāmen shuō: "Bùguǎn wǒ zěnme zhēngzhá zěnme hǎnjiào, nǐmen juéduì bù néng jiěkāi wǒ. Nǐmen zhǐgù jìnlì ér huà jiǎng jiù xíng le." Jiē zhe yào tāmen yòng lā dǔzhù tāmen de ěrduo.

이윽고 사이렌의 노랫소리가 들려오기 시작하자, 오디세우스는 미친 듯이 몸부림
치며 배를 그곳으로 몰고 가라고 아우성쳤다. 그러나 귀를 틀어막아 아무것도 들리
지 않는 선원들은 어이없어 할 뿐이었다. 마침내 배는 사이렌이 머무는 지역을 지
나, 무사히 위기를 모면할 수 있었고, 눈앞에서 먹이를 놓친 사이렌은 약이 오른
나머지 자살해 버렸다.

Bùjiǔ tīng qǐ Sàirén de gēshēng lái, Āodéxiūsī fēngkuāng de zhēngzhá zhe yào
jiěchú shùfù bìng bùtíng de jiàohǎn ràng tāmen bǎ chuán kāixiàng Sàirén tāmen
nàr. Dàn yīnwèi chuányuán men dōu dǔzhù zhe ěrduo, suǒyǐ shéi dōu tīngbujiàn
rènhé shēngyīn, kàn tā de móyàng, zhǐnéng xiǎnlù chū yí fù bù kě lǐjiě de
biǎoqíng. Chuán zhèyàng yuèguò le Sàirén tāmen nàr, zhōngyú píngpíngānān de
dùguò le wēijī. Yǎnqián fàng pǎo lièwù de Sàirén qì de rěnnàibuzhù ér zìshā le.

큰 길에서 자주 접하는 때론 한가롭고, 때론 다급하게 들리는 사이렌 소리도 그
근원을 살피면, 아득한 옛 희랍 신화 속의 마녀에서 유래된 것이다.

Mǎlù shàng wǒmwn jīngcháng tīngdào de jíjiùchē de hū yōuxián hū jícù de
Sàirén shì yóu zhèyàng yí ge gǔdài Xīlà shénhuà zhōng de mónǚ ér lái de.

핵심 키워드

#特洛伊战争 #奥德修斯 #暴风 #希腊 #遇到 #地中海 #塞壬 #人首鸟身
#后果 #造成 #唱 #歌 #失神 #船只 #触礁 #堵住 #耳朵 #严令
#只顾 #划桨 #越过 #度过 #危机 #急救车

TIP　**盘踞** : 점령하다, 도사리다.
　　　划桨 : 노를 젓다.

[Ulysses and the Sirens, John William Waterhouse 1891, National Gallery of Victoria, Melbourne]

상대방을 자극하지 않는 대화법

Néng shǐ rén bìmiǎn jiāngjú de wěiwǎn de shuōfǎ

루즈벨트Franklin Delano Roosevelt가 해군에 복무할 때, 한번은 기자를 하는 한 친구가 그에게 미국이 새로 짓는 잠수함 기지에 대한 자료를 물어왔다. 루즈벨트는 기밀을 누설하고 싶지 않았고, 또 친구에게도 미운털이 박히게 하고 싶지 않아서, 완곡하게 물었다. "자네는 비밀을 지킬 수 있나?" 기자는 서둘러 답했다. "지킬 수 있지." 루즈벨트는 그의 말이 떨어지기 무섭게 말을 받았다. "나도 비밀을 지킬 수 있다네." 루즈벨트는 군대의 비밀은 발설해서는 안 되는 것이라고 생각했다. 하지만 그는 직접적으로 거절을 표시하여, 너무 딱딱한 말로 친구에게 상처를 주어, 난감하게 하지 않고, 친구로 하여금 먼저 '비밀을 보장'할 수 있게 하고, 그 분위기를 타고 상대방이 '비밀을 보장할 수 있음'을 칭찬한 후, 그로부터 자신 또한 상대방처럼 '비밀을 보장할 수 있음'을 나타냄으로써, 상대의 긍정적인 면을 배운다는 뜻을 내포하는 것으로, 결과적으로는 양쪽이 마음을 드러냈으나 발설은 하지 않으면서, 반감을 불러일으키지 않았는데, 이것이 곧 완곡한 언어의 교묘한 쓰임새이다.

Luósīfū zài hǎijūn bù rènzhí shí, yǒu yícì yǒu yí wèi dàng jìzhě de lǎopéngyǒu xiàng tā dǎtīng měiguó xīn jiàn qiántǐng jīdì de zīliào. Luósīfū bù xiǎng xièmì, yòu bù xiǎng dézuì péngyóu, biàn wěiwǎn de wèn: "Nǐ néng bǎomì ma?" Jìzhě liánmáng dá dào: "Néng." Luósīfū jǐnjiē tā de huà shuō dào: "Wǒ yě néng." Luósīfū rènwéi, jūnduì de mìmì shì bù néng jiǎng chūqù de, dàn tā méiyǒu zhíjiē biǎoshì jùjué, tài shēngyìng de yáncí huì shānghài péngyǒu, ràng rén nánkān, érshì chūqíbúyì de ràng péngyǒu xiān zuò chū 'néng bǎomì' de xǔnuò, tā shūnshì zànxǔ duìfāng 'néng bǎomì' de jīngshén, cóngér biǎoshì zìjǐ néng gēn duìfāng yíyàng 'néng bǎomì', bāohán yǒu xiàng nǐ de jīngshén xuéxí zhè céng yìsi, jiélùn shì shuāngfāng xīnzhàobùxuān, bú zhìyú fǎngǎn, zhè jiùshì wěiwǎnyǔ de miàoyòng.

완곡한 표현은 상대방을 자극하는 것을 피해갈 수 있다. 宋나라 때 吳지역 사람 孫山은, 어느 해인가 과거를 보러 성소재지로 향하게 되었는데, 동향 사람이 그에게 자신의 아들을 같이 데리고 가서 시험을 보게 해 달라고 부탁을 했다. 孫山은 그러마하고, 두 사람이 같이 시험에 참가했다. 시험이 끝나고, 방을 부쳤는데, 孫山은 꼴찌로 합격을 하였지만, 동향 사람의 아들은 불합격되었다.

Wěiwǎn de biǎodá kěyǐ bìmiǎn cìjī duìfāng. Sòngcháo Wú dì rén Sūnshān, yǒu yì nián dòngshēn dào shěngchéng qù gǎn kǎo, tóngxiāng de rén tuō tā bǎ zìjǐ de érzi dài qù yíkuài cānjiā kǎoshì. Sūnshān jiù dāyìng le, liǎng ge rén yìtóng qù cānjiā kǎoshì. Kǎoshì wánbì, fā le bǎng, jiéguǒ Sūnshān yǐ zuìhòu yì míng bèi kǎoqǔ le, kěshì tóngxiāngrén de érzi què méiyǒu kǎozhòng.

孫山은 먼저 고향에 돌아왔고, 동향인이 그에게 아들이 합격했는지를 묻자, 孫山
이 대답하기를 "명단 맨 끝에 孫山이 있었고, 댁의 아드님은 손산 뒤에 있었습니
다." 라 한즉, 그 뜻은, '합격자 명단의 마지막에 제 이름이 있었고, 당신 아들의
이름은 제 뒤에 있었습니다.' 라는 뜻이다. 말 밖의 뜻은 당신 아드님은 불합격이란
것이다. 孫山은 완곡한 표현을 써서 대답했으므로 예의가 느껴진다. 만일 "당신의
아들은 떨어졌습니다." 라고 직언했다면, 너무 상대방을 자극했을 것이다. '名落孫
山' 은 현재 이미 '낙방' 의 대용어휘가 되어 버려, 오늘날 '名落孙山' 이란 성어를
쓴다는 것은 이미 완곡한 표현이라 여기기 어렵게 되었다.

Sūnshān xiān huídào jiāxiāng, tóngxiāngrén xiàng tā dǎtīng zìjǐ de érzi
kǎozhòng méiyǒu, Sūnshān huídá shuō: "Jiěmíng jìnchù shì Sūnshān, xiánláng gèng
zài Sūnshān wài." Yìsi shì shuō, kǎoqǔ míngdān de zuìhòu yì míng shì wǒ
Sūnshān, nín érzi de míngzì hái zài wǒ Sūnshān de hòumiàn. Yánwài zhī yì shì nín
de érzi méi kǎozhòng. Sūnshān yòng wǎnzhuǎn qūzhé de yáncí huídá xiǎnde yǒu
lǐmào, rúguǒ zhíyán "Nín de érzi luòbǎng le", jiù tài cìjī duìfāng. 'Míng luò
Sūnshān' xiànzài yǐjīng chéngwéi 'luòbǎng' de dàiyòngyǔ, jīntiān yòng 'Míng luò
Sūnshān' zhè ge chéngyǔ, jiù suànbushàng wǎnyánfǎ le.

#羅斯福　#老朋友　#打听　#潜艇基地　#不想　#泄密　#得罪　#保密　#双方
#心照不宣　#宋朝　#孙山　#赶考　#托　#儿子　#考取　#同乡人　#名单
#最后一名　#后面　#有礼貌

TIP　**生硬** : 서투르다, 어색하다. 딱딱하다.
难堪 : 난감하다, 난처하다.
以 : ~~로
贤郎 : 상대방의 아들을 높여 부르는 말
显得 : 분명히 ~~하다.

무서운 유언비어

ZēngShēn shā rén

증삼曾參,曾子은 공자의 학생이자, 이름난 효자여서, 평소 말과 행동 모두 신중하여, 그의 어머니는 그를 무척 신뢰했다.

ZēngShēn jìshì Kōngzǐ de xuéshēng, yòushì chūmíng de xiàozǐ, píngshí shuōhuà hé zuòshì dōu hěn jǐnshèn, tā de mǔqīn hěn xìnrén tā.

하루는, 증삼의 어머니가 여느 때처럼 집에서 베를 짜고 있었는데, 한 이웃이 황급히 달려와 그녀에게 말하는 것이었다. "소문에, 증삼이 살인을 했다네요!" 그녀는 그 말을 듣고, 눈길도 주지 않고, 여전히 고개를 숙여 일을 하며, 아무 일도 없었다는 듯이 말을 했다. "분명히 잘못 들었을 것입니다. 우리 집 증삼은 사람을 죽일 사람이 아니에요." 그 이웃은 증삼 모친의 태연한 태도를 보고, 조용히 자리를 떠버렸다.

Yǒu yì tiān, Zēngshēn de mǔqīn wǎngcháng yíyàng zhèngzài jiālǐ zhībù, yí wèi línjū cōngcōngmángmáng de pǎo dào tā jiā, bàogào tā shuō: "Tīng rénjiā shuō Zēngshēn shā rén le!" Tā tīng le hòu, yìyǎn yě bù shǐ, réngrán dītóu gōngzuò, ruòwúqíshì de shuō: "Nǐ yídìng tīng cuò le. Wǒ jiā Zēngshēn shì bú huì shārén de." Nà wèi línjū kàndào Zēngshēn mǔqīn cóngróng ānxiáng de tàidù, zhǐhǎo mòmò de zǒukāi le.

잠시 후, 또 한 사람이 달려와, 그녀에게 증삼이 사람을 죽인 소식을 말해주었다. 이 사람은 사회적으로 높은 지위에 있는 사람으로, 그가 하는 말은 대개 믿을 만한 것들이다. 하지만 증삼의 어머니는 자신의 아들에 대해 믿음이 두터워, 여전히 믿지 않고, 계속 베를 짜나갔다.

Guò le yíhuìr, yòu yǒu yí ge rén pǎo dào zēng jiā, bàogào tā Zēngshēn shārén de xiāoxi. Zhè ge rén shèhuì shàng hěn yǒu dìwèi, tā shuō de huà dàgài dōu kàodezhù. Dànshì Zēngshēn de mǔqīn duìyú zìjǐ de érzi hěn yǒu xìnxīn, réngrán bù xiāngxìn, háishì jìxù zhībù.

얼마가 지났을까, 또 한 사람이 와서 똑같은 말을 하자, 증삼의 어머니는 진짜라고 믿고, 놀라서 얼굴이 하얗게 질려, 베를 짜던 실 틀을 내팽개치고, 담을 넘어 달아났다. 그녀가 도망한 지 몇 발짝 안 가서, 길에서 증삼과 마주쳤고, 그녀가 증삼에게 어찌된 일이냐고 묻자, 증삼이 해명했다. "방금 수업 끝나고, 길에서 사람들 하는 말을 들었는데, 그 살인범이 나와 성과 이름이 같다 하네요. 옆에 있는 사람은 내가 사람을 죽였다고 여기던데요." 증삼의 어머니가 대꾸했다. "엄마는 네가 살인할 리 없다는 것을 알았지만, 모두들 그렇게 말을 하니, 엄마조차도 믿었구나. 소문은 정말 무서운 것이구나!"

Guò le yíhuìr, yòu yǒurén lái zhèyàng jiǎng, Zēngshēn de mǔqīn xìnyǐwéizhēn, xià de liǎnsè dōu fābái, pāo xià zhībù de suōzi, guò qiáng ér táopǎo le. Tā gāng pǎo méi duō yuǎn, lùshàng pèngdào Zēngshēn, tā wèn Zēngshēn zěnme yìhuíshì, Zēngshēn jiù jiěshì shuō: "Nà ge shārénfàn hé wǒ tóngmìng tóngxìng. Pángrén hái yǐwéi wǒ bǎ rén shā le." Zēngshēn de mǔqīn shuō: "Māma zhīdào nǐ bú huì shārén de, dànshì dàjiā dōu nàme shuō, lián māma yě xiāngxìn le. Yáoyán zhēn shì tài kěpà le!"

이 이야기가 나타내고자 하는 것은 소문은 일정한 조건 하에서는 분명 효력이 있다는 것이다. 그렇기 때문에, 역대로 나쁜 사람과 간신들은 이 수법을 써서 착한 사람이나 충신을 해코지했던 것이다. 우리는 이 이야기로부터 터득하는 바가 있으니, 자신이 믿는 사람이나 일에 대해, 확실한 사실이 증명되기 전에는, 절대 누군가의 모함이나 거짓 때문에 태도를 바꾸어서는 안 된다는 것이다.

Zhè ge gùshì de yùyì zàiyú shuōmíng yáoyán zài yídìng de tiáojiàn xià, quèshí pō yǒu lìliang. Zhèng yīnwèi rú cǐ, suǒyǐ lìdài yìxiē huàirén huò jiānchén wǎngwǎng cǎiyòng zhè zhǒng shǒufǎ lái xiànhài hǎorén huò zhōngchén. Wǒmen yīnggāi cóng zhè ge gùshì zhōng xīqǔ jiàoyì, duìyú zìjǐ suǒ xiāngxìn de rén hé shì, zài méiyǒu quèzáo de shìshí zhèngmíng yǐqián, juē búyào yīn mǒuxiē rén de wūxiàn zàoyáo ér gǎibiàn tàidù.

#曾参　#谨慎　#母亲　#信任　#邻居　#告诉　#杀人　#一眼　#不使　#又　#报告
#消息　#继续　#逃跑　#信以为真　#碰到　#杀人犯　#同名同姓　#旁人　#谣言
#可怕

TIP

一眼也不使 : 눈길도 주지 않다.
信以为真 : 정말이라고 믿다.
梭子 : (베틀의)북
确凿 : 확실하다.
诬陷造谣 : 없는 사실을 날조한 유언비어

토끼와 거북이의 경주
Tùzi he wūguī de sàipǎo

토끼는 거북이 놀리는 것을 가장 좋아했다. 토끼는 거북이를 만날 때마다 거북이를 놀려대기를 "넌 좀 걸음을 빨리 걸을 필요가 있어, 네가 느릿느릿 걷는 걸 보노라면 복장이 터질 지경이야!" 거북이는 그의 말을 들으면, 기분이 썩 좋지 않았다.

Tùzi zuì xǐhuān dòuxiào wūguī. Měi yí cì tùzi yùjiàn wūguī, tā zǒngshì dòu wuguī shuō: "Nǐ zǒu lù gāi kuài yìdiǎner, rénjiā kàn nǐ màntūntūnde yàngzi jiǎnzhí jí sǐ de ya!" Wūguī tīng jiàn tā de huà, dāngrán xīn lǐ bù hěn kāixīn.

하루는 많은 동물들이 함께 있을 때, 토끼가 또 거북이를 놀려댔다. 거북이는 마음속으로 비록 자신은 없었지만, 스트레스를 표출하고자, 감히 토끼에게 도전을 했다. "넌 걸핏하면 내가 느리다고 비웃는데, 속담에 '길고 짧은 건 대 봐야 안다'는 말도 있잖아? 우리 달리기 시합을 해보는 게 어때?" 토끼는 대수롭지 않게 대꾸했다. "웃기고 있네! 나는 너를 빙빙 돌면서 달려도 질 수가 없어." 함께 있던 동물들은 재미있는 광경을 보겠다 싶어, 토끼를 부추겼고, 토끼는 하는 수없이 그러마고 대답했다.

Yǒu yì tiān, dāng xǔduō dòngwù zài cháng de shíhòu, tùzi yòu qǔxiào wūguī le. Wūguī xīn lǐ suīrán méiyǒu bǎwò, wèi le tù qì, gǎn xiàng tùzi tiǎozhàn: "Nǐ dòng bú dòng jiù dòuxiào wǒ màn. Súyǔ shuō 'chǐ yǒu suǒ duǎn, cùn yǒu suǒ cháng', wǒmen gāncuì jìnxíng yì cháng sàipǎo bǐsài ba!" Tùzi hěn búzàihū de shuō:

"Xiàohuà! Wǒ shì huánrǎo zhe nǐ pǎo yě shū bù liǎo de." Zài cháng de dòngwù men yuànyì kàn rènào, jiù cuānduo tùzi, tùzi zhǐhǎo miǎnqiǎng de dāying le.

그들은 먼저 경주할 노선을 정하고, 그리고는 여우를 심판을 보게 했다. 잠시 후, 여우의 "시작!"이란 구호와 함께, 거북이와 토끼의 경주는 시작이 되었다. 경주가 시작되자마자 토끼는 멀찌감치 앞서 나갔고, 거북이는 그 무거운 발걸음으로 한 걸음 한 걸음씩 경주를 해나갔다.

Tāmen xiān dìng sàichéng, ránhòu xuǎn húlí dāng cáipàn. Yíhuìer, zhǐ tīng húlí de yì shēng "Kāishǐ!" Wūguī hé tùzi de sàipǎo kāishǐ le. Bǐsài yì kāishǐ, tùzi hěn kuài yáoyáo lǐngxiān, ér wūguī nà chénzhòng de jiǎobù yíbù yíbù de tà shàng bǐsài de lù.

얼마인가의 시간이 흘러, 토끼는 아주 멀리 앞서가게 되자, 멈춰 서서 거북이를 기다렸다. 하지만 한참을 기다려도 거북이는 그림자도 보이지 않았다. 토끼는 한참을 기다리다, 피곤해지기 시작하여, 한편으론 하품을 하고, 한편으론 혼자말로 중얼거렸다. "상대는 그림자도 안 보이는데, 나는 저 나무 밑에 가서 잠 좀 자, 체력을 보충해 남은 거리를 완주해야겠다."

Guò le yíduàn shíjiān, tùzi lǐngxiān le hǎo yuǎn, jiù tíng xiàlái děng wūguī, dàn děng le hǎojiǔ yě kànbujiàn wūguī de yǐngzi. Tùzi děng le jiǔ le, jiù kùn le qǐlái le, yìbiān dǎ hāqian, yìbiān zìyánzìyǔ de shuō: "Rénjiā yǐngzi dōu bú jiàn, wǒ xiān dào nà kē shù xià shuì yìdiǎner, chōngpèi tǐlì, zài pǎo wán shèngxià de lùchéng ba."

토끼는 나무 밑의 잔디밭에 누워, 눈을 감고, 깊은 숨소리를 내며 잠들기 시작했다. 토끼가 대자로 누워 잠을 자고 있을 때, 거북이는 무거운 발걸음을 내디디며 추격하더니, 잠들어 있는 토끼를 추월하더니, 끝내는 결승점까지 도달했다.

Tùzi tǎng zài shù xià de cǎodì shàng, bì shàng yǎnjīng, hūhū de shuì qǐlái le. Jiù zàitùzi sì jiǎo cháo tiān de shuìzháo de shíhòu, wūguī jǔ zhe chénzhòng de jiǎobù gǎndào le, tā hái chāoguò le zhèngzài shúshuì de tùzi, bìngqiě dádào le zhōngdiǎn.

토끼는 잠을 깨자, 열심히 달려 나갔지만, 너무 늦게 일어난지라, 잠으로 인해 벌어진 거리와 시간을 따라잡을 수는 없었다. 토끼가 헐레벌떡 결승점에 도달했을 때는, 모든 동물들이 거북이를 향해 환호하는 소리만을 들을 수 있었다. 이 우화 속에서 우리는 거북이의 포기하지 않는 꾸준함을 배워야 하겠다.

Tùzi yí jiàoxǐng lái, jiù kāishǐ gǎnlù, dàn qǐlái de tài wǎn, yǐjīng wúfǎ wǎnjiù zhè yí jiào suǒ dānwu de lùchéng hé shíjiān. Tùzi qìxūxū de pǎo dào zhōngdiǎn shí, zhǐnéng tīngdào suǒyǒu de dòngwù wèi wūguī fā chūlái de huānhūshēng. Cóng zhè zé yùyán zhōng, wǒmen yīnggāi yào xuéxí wūguī chí zhī yǐ héng de jīngshén.

🔑 핵심 키워드

#兔子　#乌龟　#逗笑　#挑战　#尺有所短　#寸有所长　#赛跑　#撺掇　#比赛
#开始　#遥遥　#领先　#一段　#时间　#影子　#看不见　#睡　#树下　#超过
#终点　#起来　#晚　#只　#听到　#欢呼声

TIP
慢吞吞 : 느릿느릿
开心 : 유쾌하다.
有把握 : 자신이 있다.
动不动 : 걸핏하면
逗笑 : 놀리다.
尺有所短, 寸有所长 : 길고 짧은 건 대봐야 안다.
撺掇 : 부추기다.
打哈欠 : 하품을 하다.
充沛 : 충전하다.
耽误 : 허비하거나 그르치다.
气喘吁吁地 : 헐레벌떡
持之以恒 : 끈기 있게 지속하다.

나폴레옹과 한 용병의 일화

Nápòlún hé yòngbīng

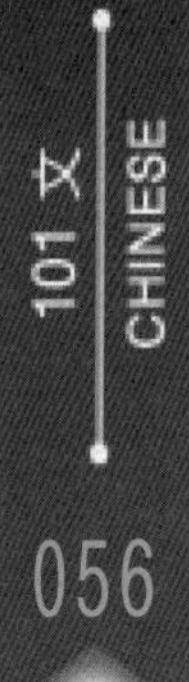

나폴레옹Nabulione di Buonaparte의 군대 안에, 스웨덴 인이 한 명 있었는데, 그는 불어를 한마디도 알아듣지 못했고, 다만 나폴레옹을 우러러보았기 때문에, 나폴레옹의 부대에 들어온 자였다. 그는 전쟁 중 용맹하고 완강하여, 전우들도 그를 존경했다.

Zài Nápòlún de jūnduì lǐ, yǒu yí ge ruìdiǎn rén, tā yí jù fǎyǔ yě tīngbudǒng, zhǐshì yīnwèi tā fēicháng qīnpèi nápòlún, cái jiārù le Nápòlún de bùduì. Tā zài zhàndòu zhōng yīngyǒng wánqiáng, zhànyǒu men yě hěn zūnjìng tā.

한번은, 사병들이 나폴레옹이 그들의 부대를 열병하러 온다는 말을 듣고, 이 나폴레옹의 숭배자로 하여금 나폴레옹과 몇 마디 나눌 기회를 만들어주기 위해, 전우들은 적잖이 머리를 써서, 스웨덴 전우에게 알려주었다. "나폴레옹은 늘 똑같은 순서로 세 가지의 질문을 한다네. 첫 번째 질문은 '몇 살이냐?' 이고, 두 번째 질문은 '우리 부대에 얼마나 있었느냐?' 이고, 세 번째 질문은 '내가 치른 두 번의 전쟁 중 한 번이라도 참가했느냐?' 가 그것이지." 더불어 스웨덴 전우에게 말하길, 이 질문들을 못 알아들어도 상관없고, 순서대로 이 세 개의 질문의 답인 "23세입니다." "3년입니다." "모두 다입니다." 만 외우면 된다고 말했다.

Yí cì, shìbīngmen tīngshuō Nápòlún lái jiǎnyuè tāmen de duìwǔ, wèi le néng ràng zhè wèi Nápòlún de chóngbàizhě yǒu jīhuì tóng Nápòlún shuōshàng jǐ jù huà, zhànyǒu men kě fèi le bùshǎo xīnsī, tāmen gāosù nà ge ruìdiǎn zhànyǒu, shuō: "Nápòlún zǒngshì àn tóngyàng de shùnxù wèn sān ge wèntí. Dì yí ge wèntí shì : 'Nǐ duō dà le?' Dì èr ge wèntí shì: 'Nǐ zài wǒ de bùduì duōjiǔ le?' Dì sān ge wèntí shì: 'Nǐ shìfǒu cānjiā guò wǒ liǎng cì dàzhàn zhōng de yí gè?'" Bìng gàosù ruìdiǎn zhànyǒu shuō, nǐ tīngbudǒng zhè xiē tí wèn yě méiyǒu guānxì, zhǐyào àn shùnxù bèixià le zhè sān ge wèntí de dáàn: "Èr shí sān suì, xiānshēng." "Sān nián le, xiānshēng." "Dōu shì de, xiānshēng." jiù xíng le.

열병식을 하는 날, 나폴레옹은 사병들의 곁으로 다가가, 만족스런 눈빛으로 사병들을 바라보았다. 미소를 띤 채 이쪽을 보았다가, 저쪽의 사병에게 몇 마디를 하곤 했다. 그 스웨덴 인은 꼼짝도 하지 않은 채, 입술만 가볍게 움직이고 있었다. 나폴레옹은 그런 그를 포착하고는, 그의 앞으로 걸어가, 그에게 물었다. "나의 부대에 얼마나 있었는가?" "23년입니다." 스웨덴 인은 훌륭하고도 똑똑한 목소리로 답했다. 나폴레옹은 놀라며 물었다. "그렇다면 올해 나이가 어떻게 되는가?" "3년입니다." 나폴레옹은 놀랍기도 하지만 짜증이 나서 물었다. "자네가 미친 건가, 내가 미친 건가?" "둘 다입니다." 스웨덴 인은 자랑스럽게 대답했다.

Jiǎnyuè nà tiān, Nápòlún zǒu dào shìbīngmen de shēnpáng, yòng mǎnyì de mùguāng wàng zhe shìbīngmen. Wēixiào zhe yíhuìr kàn kàn zhèr, yíhuìr duì nà jǐ wèi shìbīng shuō jù huà. Nà gè ruìdiǎnrén yí dòng bú dòng de zhàn zhe, zhǐyǒu zuǐchún zài qīngqīng de dòng zhe. Nápòlún yìyǎn kànjiàn le tā, bìng zǒu dào tā miànqián, wèn tā: "Nǐ zài wǒ de bùduì duō jiǔ le?" "Èr shí sān suì, xiānshēng ." Ruìdiǎnrén huídá de yòu hǎo yòu qīngchǔ. Nápòlún chījīng de wèn dào: "Nà nǐ jīnnián duōdà le?" "Sān nián le, xiānshēng." Ruìdiǎn rén huídá. Nápòlún jì chījīng yòu shēngqì de shuō dào: "Shì nǐ fèng le, hái shì wǒ fèng le?" "Dōu shì de, xiānshēng." Ruìdiǎnrén zìháo de dádào.

정말 유감스러운 것은, 나폴레옹의 질문의 순서가 바뀌어, 그 스웨덴 전우는 모든 대답을 틀리게 말해, 웃음거리가 되었다는 것이다.

Zhēn lìng rén yíhàn de shì, yóuyú Nápòlún tíwèn de shùnxù biàn le, nà ge ruìdiǎn zhànyǒu quán dá cuò le, chū le ge xiàohuà.

#拿破仑　#军队　#瑞典人　#不　#懂　#法语　#钦佩　#加入　#检阅　#让
#机会　#同样　#顺序　#三个　#问题　#答案　#背下　#变了　#答错　#笑话

TIP　检阅 : 열병하다.
　　费心思 : 배려하여 머리를 짜내다.

[Napoleon Crossing the Alps, Jacques Louis David 1801-1805, Château de Malmaison]

길 좀 비켜주세요

Jièguāng

'助長' 이란 말이 成語 '拔苗助長' 에서 왔듯이, '借光' 이란 이 말도 '鑿壁借光' 이란 成語에서 비롯되었으며, 이 成語는 옛사람의 한 고사에서 유래했다.

'Zhùzhǎng' yì cí lái zì yú chéngyǔ 'bá miáo zhù zhǎng' yíyàng, 'jièguāng' zhè tiáo súyú yě lái zì yǔ 'záo bì jiè guāng' zhè tiáo chéngyǔ, ér zhè tiáo chéngyǔ zé láiyuán yú gǔrén de yí ge gùshì.

이 故事가 일컫는 것은 한나라 때의 인물 匡衡이다. 匡衡은 가난한 집 아들이었으나, 생활에 희망을 가득 품고, 미래에 꿈을 가득 가지고 있었을 뿐만 아니라, 공부하길 좋아하고 적극적인 사람이었다. 집에 돈이 없어 책을 살 수 없었던지라, 匡衡은 한 장서가의 집에 가 일을 도와주며, 한 푼도 안 받아도 된다고 공언하며, 유일한 조건이 주인의 책을 빌려다 보는 것이었다.

Zhè ge gùshì shuō de shì Hàndài(汉代) rén Kuānghéng(匡衡). Kuānghéng shì yí ge qióngrén jiā de háizi, dàn què shì yí ge duì shēnghuó chōngmǎn le xīwàng, duì wèilái chōngmǎn le huànxiǎng, érqiě hàoxué shàngjìn de rén. Jiālǐ méi qián mǎi shū, Kuānghéng jiù dào yì jiā zàngshū hěn fēngfù de rénjiā dǎgōng, shēngmíng búyào yì fēn qián gōngqián, wéiyī de tiáojiàn jiùshì jiè zhǔrén jiā de shū lái kàn.

주인은 동정심이 있는 사람으로, 그는 匡衡의 책을 사랑하는 열정에 감동받아, 많은 책을 匡衡에게 빌려주어 보게 했다. 책의 문제는 해결했지만, 더욱 중요한 문제는 아직 해결이 되지 않았다. 그것은 빛의 문제였다. 匡衡은 낮에는 일을 했으므로, 밤에만 책을 볼 수 있었는데, 집이 가난한지라, 밤에 밝힐 촛불이 없었던 것이다.

Zhǔrén shì yí ge yǒu tóngqíngxīn de rén, tā bèi Kuānghéng nà zhǒng ài shū de rèqíng suǒ gǎndòng, jiè le bù shǎo shū gěi Kuānghéng dú. Shū de wèntí dào shì jiějué le, dàn gēng zhōngyào de wèntí hái méi jiějué le. Nà jiùshì guāngyuán de wèntí. Yīnwèi Kuānghéng báitiān yào gōngzuò, suǒyǐ zhǐ yǒu wǎnshàng cái yǒu shíjiān kàn shū, kěshì jiā lǐ hěn qióng, wǎnshàng méiyǒu làzhú zhào míng.

총명한 匡衡은 갖가지 방법을 생각해내어, 우선 달빛을 이용해 책을 보았으나, 빛이 약한 데다가, 자주 며칠씩 구름 속에 숨어 얼굴 한번 내비치지 않는 것이 문제였다. 어떤 때는 이웃집에 가서 책을 보았으나, 자신의 집이 아닌지라, 내내 남에게 피해를 주는 것도 옳은 방법이 아니었다. 匡衡은 이리저리 궁리를 하다가, 마침내 빛을 공급하는 문제를 해결했다. 그는 몰래 벽에 눈에 잘 띄지 않는 구멍을 뚫어, 매일 밤 이웃집에서 구멍을 통해 흘러나오는 빛을 이용해 쉼 없이 책을 보곤했다. 이렇게 하여, 그는 하루하루 지식을 쌓아갔고, 마침내 박식한 인사가 되었으며, 漢나라 元帝 때에는 재상을 역임하기도 했다.

Cōngmíng de Kuānghéng xiǎng le zhǒngzhǒng bànfǎ, xiān shì jiè zhe yuèguāng kàn shū, dàn yuèguāng bìjìng hěn wēiruò, érqiě chángcháng duǒ zài yúncéng zhōng jǐ tiān yě bù kěn lù yíxià miàn. Yǒushí tā pǎo dào línjū jiā zhōng qù kàn shū, dàn bìjìng búshì zìjǐ de jiā, lǎoshì dǎrǎo rénjiā yě búshì bànfǎ. Kuānghéng zuǒsīyòuxiǎng, zhōngyú jiějué le gōngjǐ guāngyuán de wèntí. Tā tōutōu de zài qiángbì shàng záo le yí ge bù qǐyǎn de xiǎo dòng, měitiān yèlǐ jiù jiè zhe línjū jiā tòu guòlái de yī kǒng zhī guāng bùjiě de dú shū. Zhèyàng, tā yìtiān bǐ yìtiān zēngzhǎng le zhīshì, zhōngyú chéng le yí wèi bǎoxué zhī shì, zài hàn yuándì shí dāng shàng le zǎixiàng.

훗날 사람들은 이야기 속에서 '借光' 이란 말을 걸러내었고, 더욱 더 훗날에는,

이 속어가 다른 사람으로 하여금 자신에게 편리함을 제공해달라고 부탁하는 뜻이
되었다. 만일 당신이 사람들로 북적이는 버스나 지하철을 탔다면, 누군가 내뱉는
'借光'이란 말을 들을 수 있을 것인 즉, 그것이 바로 이 속어인 것이다.

Hòurén cóngzhōng tíliàn chū le 'jièguāng' zhè yì súyǔ, zài hōulái, zhè yì súyǔ
jiù chéng le qǐngqiú biérén wèi zìjǐ tígòng fāngbiàn de yìsī. Rúguǒ nǐ zuò rénmen
jǐmǎn de gōnggòngqìchē huòzhě dìtiě, yěxǔ huì tīngdào yǒurén fā chū 'jièguāng'
zhèyàng de huàyīn, nà jiùshì zhè tiáo súyú le.

핵심 키워드

#助长 #借光 #来自 #成语 #匡衡 #穷人家 #孩子 #藏书 #打工 #不要
#工钱 #光源 #晚上 #时间 #才 #没 #蜡烛 #种种 #月光 #微弱 #有时
#邻居家 #小洞 #起眼 #凿 #一孔之光 #饱学 #请求 #方便

TIP 好学上进 : 배우기를 좋아하고 진취적이다.
好学上进 : 배우기를 좋아하고 진취적이다.
露面 : 모습을 드러내다.
打扰 : 귀찮게 하다.
不起眼 : 눈에 띄지 않다.
不解地 : 쉼 없이

扁鵲이 말하는 병의 단계

Biǎnquè shuō bìng

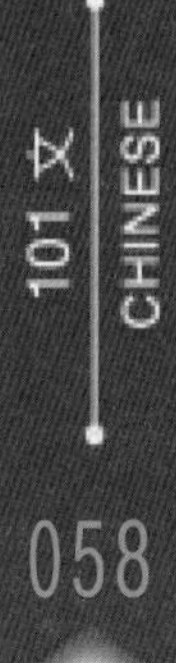

하루는, 전국시대 때의 명의 扁鵲이 蔡나라 桓公을 알현하러 갔다. 편작은 蔡桓公의 곁에 잠시 서 있다가 말했다. "대왕, 당신은 이미 병을 가지고 있고, 피부 속에 있어서, 고치지 않으면, 심각해질지도 모르겠습니다." 채환공이 대꾸했다. "내 몸은 옛날부터 내내 좋았소, 아무런 병도 없소." 편작이 간 후, 채환공은 주변의 사람들에게 말했다. "의사 짓하는 사람들은, 병 없는 사람들에게 치료하길 좋아하지, 그래놓고는 그걸로 자신의 뛰어남을 과시한다니까!"

Yǒu yì tiān, Zhànguóshíqī de míngyī Biǎnquè qù bàijiàn Cài Huángōng. Biǎnquè zài Cài Huángōng pángbiān zhàn le yíhuìr, shuō: "Dàwáng, nín yǐjīng yǒu bìng le, zhè bìng zài pífū lǐ, yàoshì bú zhì, kǒngpà huì yánzhòng qǐlái." Cài Huángōng shuō: "Wǒ de shēntǐ yíxiàng hěn hǎo, shénme bìng yě méiyǒu." Biǎnquè zǒu hòu, Cài Huángōng duì zuǒyòu de rén shuō: "Zhè xiē zuò yīshēng de, zǒng xǐhuān gěi méiyǒu bìng de rén zhì bìng, yǐ cǐ lái xiǎnshì zìjǐ de gāomíng!"

10여 일이 지난 후, 편작은 또 채환공을 알현하여 말하길, "당신의 병은 이미 근육 속으로 번졌습니다, 만일 서둘러 치료하지 않으면, 훨씬 더 심각해질 것입니

다." 채환공은 그 말을 듣고 기분이 나빠져, 그를 거들떠보지도 않았다. 편작은
또 돌아갈 수밖에 없었다.

Guò le shí lái tiān, Biǎnquè yòu lái bàijiàn Cài Huángōng, shuō dào: "Nín de bìng yǐjīng fāzhǎn dào jīròu lǐ le, rúguǒ bù zhuājǐn yīzhì, jiāng huì gèngjiā yánzhòng." Cài Huángōng tīng le hěn bù gāoxìng, méiyǒu lǐcǎi tā. Biǎnquè yòu zhǐnéng huíqù le.

또 다시 10여 일이 지나, 편작이 알현하러 와, 채환공에게 말했다. "당신의 병은
내장으로까지 번졌습니다, 더 이상 방치하면 더욱 심각해질 것입니다." 채환공은
다시 거들떠보지도 않았으나, 마음은 지난번보다 훨씬 기분이 나빠졌다.

Shí lái tiān hòu, Biǎnquè zài yícì lái bàiijiàn, duì Cài Huángōng shuō: "Nin de bìng yǐjīng fāzhǎn dào chángwèi lǐ lái le, zài bú zhì huì gèngjiā yánzhòng." Cài Huángōng yòu bù lǐcǎi, dàn xīn lǐ bǐ shàngcì gèngjiā bù gāoxìng le.

또 다시 10일이 지나서, 편작은 멀리서 채환공을 바라보았는데, 몇 차례 바라본
후로는, 한마디도 없이, 몸을 돌려 달아났다. 채환공은 이상하게 여겨져, 사람을
시켜 무슨 일인지 그 연유를 알아보게 하였고, 편작은 답하길, "병이 피부 안에

있을 때는, 따듯한 물로 문질러주면 다스릴 수 있으며, 병이 근육 안에 있을 때는 침으로 다스릴 수 있고, 병이 내장 안으로 번지더라도 탕약을 몇 첩 먹으면 치료할 수 있으나, 병이 골수에 침입하면, 그것은 생사를 관리하는 신이 관리하는 바가 되어, 의사는 어쩔 도리가 없게 됩니다. 지금 대왕의 병은 이미 골수를 파고들은 지라, 그래서 저는 더 이상 치료를 권하지 않은 것입니다.”

    Yòu guò le shí tiān, Biǎnquè lǎoyuǎn wàngjiàn Cài Huángōng, zhǐ kàn le jǐ yǎn, yí jù huà yě méi shuō, jiù zhuǎnshēn pǎo le. Cài Huángōng juéde qíguài, pài rén qù wèn tā zhè shì shénme yuángù, Biǎnquè huídá shuō: “Bìng zài pífū lǐ, yòng rèshuǐ fūtàng jiù nénggòu zhìhǎo: Bìng zài jīròu lǐ, yòng zāzhēn de fāngfǎ kěyǐ zhìhǎo: Jíshǐ bìng fāzhǎn dào chángwèi lǐ, fú jǐ jì tāngyào yě hái néng zhìhǎo: Yídàn bìng shēnrù gǔsuǐ, nà shì guǎn shēngsǐ de shén suǒ guǎnlǐ de shìqíng, yīshēng shì wúnéngwéilì de le. Xiànzài dàwáng de bìng yǐjīng shēnrù gǔsuǐ, suǒyǐ wǒ bú zài qǐngqiú gěi tā yīzhì!”

    5일이 지나, 채환공은 온몸이 아파져서, 사람을 시켜 편작을 찾아 그에게 치료를 하게 하려 했다. 편작은 일찌감치 채환공이 그를 청하러 올 것을 알고, 며칠 전에 秦나라로 도망가 버렸다. 얼마 안가, 채환공은 병으로 죽고 말았다.

    Guò le wǔ tiān, Cài Huángōng quánshēn tòng qǐlái le, biàn pài rén xúnzhǎo

Biǎnquè wèi tā zhìbìng. Biǎnquè zǎoyǐ zhīdào Cài Huángōng yào lái qǐng tā, jǐ tiān qián jiù pǎodào Qínguó qù le. Bùjiǔ, Cài Huángōng bìngsǐ le.

#扁鹊　#蔡桓公　#病　#皮肤　#会　#严重　#肌肉　#理睬　#肠胃　#老远
#望见　#转身　#跑　#敷烫　#扎针　#汤药　#一旦　#骨髓　#医生　#无能为力

TIP

一向：줄곧, 내내
肌肉：근육
理睬：관심의 눈길을 주다.
无能为力：어찌해볼 도리가 없다.

수학자의 머리는 수학에만 쓰이지 않아

Shùxuéjiā de tóunǎo bù zhǐ yòng yú shùxué

프랑스의 천재 수학자 갈루아Évariste Galois 格洛阿는 사상이 혁신적이어서 옥살이를 했다. 출감 후, 그는 투숙을 해결하고자 옛 친구 로보鲁柏를 찾아갔다. 여자 수위가 그에게 말하길, 로보는 2주 전에 살해되었고, 집에 모아두었던 거액의 돈도 하나도 남김없이 털렸다고 했다. 비통한 가운데, 갈루아는 여자 수위에게 살인범은 잡았는지? 현장에 어떤 증거물은 남겼는지? 등을 물었다. 여자 수위는 그에게 알려주길, 경찰이 현장을 검사했을 때, 범인은 아무런 흔적도 남기지 않았으며, 로보의 손에 먹다 만 애플파이 한 조각만 남아 있었다는 것이었다. 애플파이는 그녀가 로보에게 맛보라고 보낸 것이었다.

Fǎguó tiāncái shùxuéjiā Géluòā yīn sīxiǎng jījìn ér zuòláo. Chūyù hòu, tā qù zhǎo lǎopéngyǒu Lǔbó jièsù. Nǚ kānménrén gàosu tā, Lǔbó zài liǎng zhōu qián yǐ bèi rén cì sǐ, jiāli huílái de jùkuǎn yě bèi xǐjié yìkōng. Bēitòng zhī yú, Géluòā xiàng nǚ kānménrén liǎojiě xiōngshǒu zhuā dào le méiyǒu? Xiànchǎng yǒu méi yǒu liúxià shénme xiànsuǒ? Nǚ kānménrén gàosu tā, jǐngchá kānchá xiànchǎng shí, zuìfàn shénme hénjì yě méi liúxià, zhǐ kàndào Lǔbó shǒuli ná zhe yí kuài méiyǒu chī wán de píngguǒ xiànbǐng. Xiànbǐng shì tā sòng gěi Lǔbó pǐncháng de.

그녀는 살인자가 아파트 거주자일 가능성이 큰 것이, 사건 발생 전후로 그녀가
당번이었는데, 밖에서 들어온 사람이 없었다는 것이었다. 이곳은 4층짜리 아파트
로, 각 층마다 15개의 방이 있고, 백여 명의 주민이 살고 있다 했다.

Tā rènwéi zuò'àn rén hěn kěnéng jiù zài běn gōngyù nèi, yīnwèi ànfā qiánhòu tā
zài zhíbānshì, méi fāxiàn yǒu rén jìn gōngyù lái. Zhè shì yí zuò sì céng lóufáng
gōngyù, měi céng shí wǔ jiān, zhù yǒu yì bǎi duō rén.

갈루아는 골똘히 생각하다가, 여성 수위에게 자신을 3층으로 안내해달라고 부탁
했다. 갈루아는 314호실의 문 앞에 멈추고는 물었다. "이 방에 누가 살았었죠?"
"미셸米塞尔입니다." "어떤 사람인가요?" "그는 도박을 좋아했고, 술을 좋아했습
니다, 그런데 어제 이사해버렸습니다." "아깝네, 이 사람이 범인인데!" 갈루아는
확신에 차서 말을 했다.

Géluòā sīsuǒ zhe, bìng qǐng nǚ kānménrén dài tā dào sān lóu. Géluòā zài 314
hào fángmén qián tíngxià wèn: "Zhè fángjiān shéi zhù guo?" "Shì Mǐsài'ěr."
"Zhè ge rén zěnmeyàng?" "Tā ài dǔqián, hào hē jiǔ, zuótiān yǐjīng bānzǒu le."
"Zhēn kěxī, zhè ge rén jiùshì shārén xiōngshǒu!" Géluòā kěndìng de shuō.

"무슨 근거라도 있는 것인가요?" 수위가 놀라면서 물었다. 갈루아는 분석을 곁들여 말했다. "로보의 손에 있던 과자가 사건의 열쇠입니다. 과자를 영어로 '파이'라 그러죠, 그런데 그리스어 '파이'는 원주율을 나타냅니다. 사람들은 계산할 때, 일반적으로 3.14의 값을 취하죠. 로보는 수학을 좋아하고, 사고를 즐기는 사람입니다, 죽기 전에 그는 '애플파이'를 이용해 범인이 사는 방을 암시할 생각을 한 것입니다. 그래서 그는 그 애플파이를 죽어라 놓지 않고 붙들고 있었던 거구요……"

"Yǒu shénme gēnjù?" Nǚ kānménrén jīng'è de wèndào. Géluòā fēnxī shuō: "Lǔbó shǒuli de xiànbǐng jiùshì yì tiáo xiànsuǒ. Xiànbǐng, yīngyǔ jiào 'pie', ér xīlàyǔ 'pie' zé shì 'π', jí tōngcháng suǒ shuō de yuánzhōulǜ. Rénmen zài jìsuàn shí, yìbān qǔ 3.14 de zhí. Lǔbó shì yí wèi xǐhuan shùxué, shànyú sīkǎo de rén, línsǐ qián tā zhōngyú xiǎngdào le lìyòng xiànbǐng lái ànshì xiōngshǒu suǒ zhù de fángjiān. Suǒyǐ tā cái sǐsǐ niē zhe nà kuài xiànbǐng bú fàng……"

갈루아가 분석한 실마리를 따라, 경찰은 곧바로 수색을 하고 미셸을 체포했다. 예상한 대로, 미셸은 도박에서 돈을 잃고, 게다가 로보의 집에 거액의 돈이 있는 것을 보고, 갑자기 살인할 마음이 생겼던 것이었다. 하지만 범인은 전혀 생각지도 않게, 경찰도 풀지 못한 사건을, 오히려 한 수학자에 의해 단번에 발각되고 말았다.

Gēnjù Géluòā fēnxī de xiànsuǒ, jǐngfāng lìjí sōuchá zhuāzhù le Mǐsài'ěr. Guǒrán, Mǐsài'ěr yīn dǔ shū le qián, yòu kàndào Lǔbó jiā zhōng huìlái jùkuǎn, dùn qǐ shārén zhī xīn. Zuìfàn wànwàn méi néng xiǎngdào, lián jǐngfāng dōu méi pò de ànzi, què bèi shùxuéjiā yìyǎn shípò.

※ 갈루아(1811~1832) : 훗날 핵물리학 유전공학의 토대가 된 기하학 대수학의 획기적 발전을 가져온 '群이론'을
　　창안한 프랑스의 천재 수학자로, 프랑스 대혁명 격변기에 혁명가로 살다 요절함.

🔑 핵심 키워드

#坐牢　#格洛阿　#数学家　#出狱　#老朋友　#鲁柏　#借宿　#刺死　#洗劫
#女看门人　#痕迹　#留下　#馅饼　#三楼　#米塞尔　#赌钱　#喝酒　#凶手
#希腊语　#圆周率　#计算　#警方　#抓住　#赌输　#识破

TIP　坐牢 : 감옥살이하다.
　　　罪犯 : 범인
　　　死死 : 죽어라 하고

자신의 예로 시작하는 설득력

Yǐ jǐ jí rén de shuōfúlì

제齐나라의 대신 추기邹忌는 나라의 부강은 언론을 개방하여 각 방면의 의견을 수렴해야만 한다고 여겼다. 하지만, 군왕은 지고무상의 지위에 놓여있는지라, 독단적으로 일을 처리하고, 눈과 귀를 막고 그렇지 아니하다고 여긴다. 그래서 군왕으로 하여금 간언을 듣게 하려면, 정면으로 설득해서는 효과를 보기 어려운 일이다. 추기는 자신의 예로 시작해 상대방에게 다가가는 방법을 채택하여, 먼저 나랏일을 말하지 아니하고, 제나라 왕을 문제 삼지도 않으면서, 오히려 자신이 듣기 좋은 말을 들음으로써 판단력이 흐려졌던 예를 들어 한층 더 자신을 탓하면서 말했다.

Qíguó de dàchén Zōu Jì, rènwéi guójiā qiángshèng bìxū guǎngkāi yánlù, tīngqǔ gè fāngmiàn de yìjiàn. Dànshì, jūnwáng cónglái shì zhìgāowúshàng, xíguàn yú dúduàn zhuānxíng, bìmùsètīng ér bù yǐwéirán. Yào ràng jūnwáng jiēshòu quànjiàn, zhíjiē cóng zhèngmiàn chénshuō, shì hěn nán huòdé chéngxiào de. Zōu Jì cǎiyòng le yǐjǐjírén de fāngfǎ, bù xiān shuō guóshì, bù shuō qí wáng, érshì jiù zìyǐ tīng hǎohuà shòu méngbì de shìqing jiāyǐ zìzé, tā shuō:

"저는 아침에 일어나 의관을 정리한 후 아내에게 물었습니다. '나와 성북에 사는 서공(徐公) 중 누가 잘 생겼소?' 그러자 아내는 제가 서공보다 훨씬 미남자라고 했습니다. 다시 첩에게 물으니, 첩 또한 서공이 어디 나를 따라오겠느냐고 했습니다. 다음 날 손님이 찾아 왔길래 물었습죠. '나와 서공 중 누가 잘 생겼나요?' 손님이 대답하기를 '서공이 비록 미남자이지만, 당신과 비교하면, 한참 부족합니다.'라 하는 것이었습니다.

"Wǒ zǎochén qǐlái zhěnglǐ hǎo yīguān zhīhòu wèn qīzi, 'Wǒ hé chéng běi Xú gōng nǎgè měi?' Qīzi shuō wǒ bǐ Xú gōng měi de duō. Zài qù wèn qiè, qiè yě shuō Xú gōng nǎlǐ gǎndeshàng wǒ ne. Dì'èrtiān, yígè kèrén láifǎng, wǒ wèn zhè wèi kèrén 'Wǒ hé Xú gōng nǎgè měi?' Kèrén huídá: 'Xú gōng suīrán shì měinánzi, dànshì gēn nǐ bǐ qǐlái, hái chà de yuǎn ne.'

하루는, 서공이 저희 집에 오게 되어, 제가 서공을 찬찬히 뜯어보니, 그는 고상한 기품을 지니고 있어, 저 자신이 사실상 비교가 되지 않았습니다. 다시 거울을 들여다보았더니, 비교가 되지 않을 뿐만 아니라, 거의 엄청난 차이가 있었습니다. 밤에 저는 잠자리에 누어, 이리저리 뒤척이며 도대체 무슨 까닭인가하고 곰곰이 생각한 결과, 그 이유를 찾아낼 수 있었습니다. 아내가 저더러 잘 생겼다고 하는 것은 저를 편애하기 때문이고, 첩이 제가 잘 생겼다고 하는 것은 저를 두려워하기 때문이며, 손님이 저를 잘 생겼다 하는 것은 그가 제 도움을 필요로 하기 때문이었지요."

Yǒu yìtiān, Xú gōng dào wǒ jiālǐ lái le, wǒ zǐxì de duānxiáng Xú gōng, juéde tā jùyǒu yìzhǒng gāoyǎ de qìzhì, zìjǐ shízài bǐbúshàng, zài zhào zhào jìngzi kàn, búdàn bǐbúshàng, jiǎn zhí chà yuǎn le. Wǎnshang wǒ shuì zài chuáng shàng, fānláifùqù de sīkǎo jiūjìng, wùchū le yí gè dàolǐ: qīzi shuō wǒ měi, shì yīnwèi

piānsī yú wǒ: qiè shuō wǒ měi, shì yīnwèi pà wǒ: kèrén shuō wǒ měi, shì yīnwèi
tā yǒu shìqing qǐngqiú wǒ bāngmáng."

추기는 이 깨달음을 제나라 왕을 향해 자책하는 태도로 밝힌 후, 비로소 군왕이
나라를 다스리는 데 있어 언로 개방의 중요성을 말했다. "제나라는 땅이 넓고 사
람이 많습니다. 궁중의 여인들이 이기적이며 군왕을 편애하지 않는 자가 없고, 조
정의 신하가 군왕을 두려워하지 않는 자가 없으며, 국경의 사방 안에는 곳곳마다
군왕에게 도움을 요청하지 않는 곳이 없습니다. 그렇기 때문에 군왕은 쉽게 판단력
을 잃게 되는 것이죠."

Zōujì jiù zhège jiàoxùn xiàng Qí wáng yǐ zìzé de tàidù chénshù, ránhòu cái shuō
dào jūnwáng zhìlǐ guójiā guǎngkāiyánlù de zhòngyào: "Qí guó dìguǎngrénduō,
gōngtíng lǐ de nǚrén, mòbú zìsī ér piān'ài jūnwáng: cháotíng zhī chén, mòbú wèi
wáng, sì jìng zhī nèi, chùchù méi yǒu qiúyú wáng de, yīn'ér jūnwáng hěn róngyì
shòudào méngbì."

제나라 왕은 추기의 이야기를 듣고, 의견수렴을 기꺼이 받아들여, 간언하는 자들에게 상을 내리도록 명하였다. 추기의 간언이 커다란 성공을 거둔 것은, 그가 자신의 일로부터 출발해 상대방의 일에 접근하는 방법과 관계가 있다. 상대방을 가르치려 하거나 질책하지 않고, 자신이 먼저 반성하고, 자신의 예로 출발하여 상대방의 예로 접근하는 방식을 취하니, 이렇게 함으로써 듣는 사람은 반감을 느끼지 않고, 즐겁게 듣고 그것을 받아들이게 되는 것이다.

Qíwáng tīng le Zōujì de zhè fān huà, hěn lèyú tīngcóng, yúshì xiàlìng shǎngcì jìnjiàn de rén. Zōujì jìnjiàn suǒyǐ huòdé jídà chénggōng, yǔ tā shànyú yòng yǐjǐjírén de fāngfǎ yǒu guānxì de. Búshì jiàoxùn huòzhě zhǐzé duìfāng, érshì xiān zuò zìwǒfǎnxǐng, yǐjǐjírén, zhèyàng, tīng de rén búzhì fǎngǎn, érshì lèyú tīngqǔ hé jiēshòu.

핵심 키워드

#齐国　#邹忌　#言路　#广开　#劝谏　#正面　#很难　#成效　#以己及人　#妻子
#我　#徐公　#哪个　#美　#妾　#客人　#仔细　#端详　#比不上　#偏私　#怕
#帮忙　#重要　#君王　#容易　#蒙蔽

TIP 　**以己及人** : 자신의 얘기로 시작해 상대방에게 다가가다.
　自责 : 자책
　端详 : 자세히 뜯어보다.
　偏私 : 편애하다.
　乐于 : 기꺼이

난제

Nántí

어느 날, 이웃나라에서 세 명의 상인이 왔다. 이 세 명의 상인은 각자 국왕에게 어려운 문제 하나씩을 냈으나, 국왕과 왕궁 안의 누구도 답을 내놓지 못했다. 누군가 아반티를 불러다 대답하게 하자고 제의했다. 국왕은 곧바로 아반티를 불러왔다. 아반티는 나귀를 타고 가장 빠른 길로 국왕 앞에 도착하여, 가슴에 손을 얹어 예의를 표하며 말했다. "존경하는 국왕폐하, 소인 문안드립니다. 하실 말씀이 있으시면 분부만 내려주십시오."

Yìtiān, cóng línguó lái le sān wèi shāngrén. Zhè sān wèi shāngrén měirén gěi guówáng tíchū le yì ge nántí, kě guówáng hé wánggōng lǐ de suǒyǒu rén dōu wèi néng dá shànglái. Yǒurén tíyì ràng Āfántí lái huílái, guówáng lìjí zhào lái le Āfántí. Āfántí qí zhe lǘ jìngzhí láidào guówáng miànqián, fǔ xiōng shīlǐ dào: "Zūnjìng de guówáng bìxià, bìrén qiánlái bàijiàn, yǒu hé guì gàn qǐng fēnfù."

"아반티, 어서 이 세 손님이 내는 세 문제에 답을 해보게나." 국왕이 아반티에게 말했다. 아반티는 이 세 상인을 둘러보고는, 말했다. "소인은 공손히 듣겠습니다. 귀빈들께서는 질문해주십시오." 첫 번째 상인이 물었다. "아반티, 지구의 중심은 어디인가?" 아반티는 전혀 흔들림 없이 손에 든 지팡이로 그의 나귀의 오른쪽 앞발을 가리키며 말했다. "바로 내 나귀의 오른쪽 다리 밑이오."

"Āfántí, qǐng nǐ gǎnkuài huídá zhè sān wèi guìkè tíchū de wèntí." Guówáng duì Āfántí shuō. Āfántí, wàng le wàng zhè sān wèi shāngrén, shuōdaò: "Bìrén xǐ'ěrgōngtīng, qǐng guìkè tíwèn." Dì yí wèi shāngrén wèndaò: "Āfántí, dìqiú de zhōngxīn zài nǎr?" Āfántí bùhuāngbùmáng de yòng shǒu lǐ de guǎizhàng zhǐ zhe tā nà máolǘ de yòu qián tuǐ shuō: "Jiù zài wǒ nà máolǘ de yòu qián tuǐ xià!"

"무슨 증거라도 있소?" 그 상인이 또 물었다. "당신이 먼저 측량을 해보시오. 만일 한 자라도 차이가 나면, 제가 책임지겠소." 아반티가 대답했다. 그 상인은 아무런 대꾸도 하지 못했다. "그렇다면, 하늘에는 별이 얼마나 되오?" 두 번째 상인이 물었다. "제 이 나귀의 몸에 있는 털의 수만큼 많소. 만일 믿기지 않는다면, 한번 세어보시오. 많거나 적으면 날 찾아오시오." 아반티가 대답했다.

"Nǐ yǒu shénme zhèngjù?" Nàwèi shāngrén yòu wèn. "Xiān qǐng nín liàng yíxià, rúguǒ duō yì chǐ huò shǎo yì chǐ, yóu wǒ lái fùzé!" Āfántí shuōdào. Nà wèi shāngrén tīng le wúyányǐduì. "Nàme tiānshàng yǒu duōshǎo kē xīngxing?" Dì èr ge shāngrén wèndaò. "Wǒ zhè tóu lǘ shēnshàng yǒu duōshǎo gēn máo, tiānshàng jiù yǒu duōshǎo kē xīngxing. Rúguǒ bù xiāngxìn, jiù qǐng nín shǔ yi shǔ, duō le huò shì shǎo le qǐng nín zhǎo wǒ." Āfántí huídá shuō.

　　두 번째 상인도 말없이 침묵할 수밖에 없었다. 아반티는 세 번째 상인에게 눈짓으로 질문하라는 표시를 했다. 세 번째 상인이 물었다. "내 구레나룻 털이 얼마나 되는지 대답하시오." "제 나귀의 꼬리털의 수와 같습니다." "어째서죠?" 세 번째 상인이 화를 내며 말했다. "만일 믿지 않으신다면, 당신의 수염을 한 올씩 뽑아보시오. 저도 제 나귀의 꼬리털을 하나하나씩 뽑아서, 우리 같이 세어봅시다. 우선 당신의 털을 뽑아봅시다." 아반티가 대답했다. 세 번째 상인은 턱수염을 만지며, 벙어리처럼 말을 있지 못했다.

　　Dì èr ge shāngrén tīng le āfántí de huà yě zhǐhǎo chénmò bù yǔ. Āfántí xiàng dì sān wèi shāngrén ànshì qǐng tí wèntí. Dì sān ge wèndaò: "Wǒ de zhè bǎ húzi yoǔ duōshǎo gēn? Qǐng nǐ huídá!" "Wǒ zhè tóu lǘ de wěiba yǒu duōshǎo gēn máo, nín de húzi jiù yoǔ duōshǎo gēn." "Héyǐ jiàndé?" Dì sān wèi shāngrén tīng le fānù dào. "Rúguǒ bù xiāngxìn, qǐng nín bǎ húzi yì gēn yì gēn de bá xiàlái, wǒ yě bǎ máolǘ de wěiba yì gēn yì gēn de bá xiàlái, zánmen yìqǐ lái shǔ yi shǔ, xiànzài, xiān qǐng bǎ nín de húzi bá xiàlái ba." Āfántí huídá shuō. Dì sān wèi shāngrén tīng le, mó yi mó húxū, yǎkǒuwúyán.

#邻国　#三位　#商人　#国王　#提出　#难题　#阿凡提　#地球　#中心　#毛驴
#右前腿　#下　#量　#多少　#星星　#毛　#数　#胡子　#根　#尾巴　#一根一根地
#拨

TIP

径直：곧장
贵干：상대방의 일을 높인 말
洗耳恭听：경청하다.

게으른 고양이

Lǎnmāo

옛날에 한 게으름뱅이가 있었는데, 하루 종일 집에 누워만 있고, 어떤 일도 하려고 하지 않고, 세 끼 식사조차 귀찮아하여 결국 굶어죽고 말았다. 염라대왕은 그의 이런 게으름을 보고 그를 고양이로 변하게 하여 쥐를 잡게 하였다.

Cóngqián yǒu ge lǎnhàn, yìtiān dào wǎn tǎng zài jiāli, shénme shì yě bù xiǎng gàn, lián sān cān fàn yě lǎn de dòngkǒu, hòulái zhōngyú è sǐ le. Yánwáng kàn tā zhème lǎn, biàn bǎ tā biàn māo qù zhuō shǔ.

게으름뱅이는 하는 수 없이 명령을 따라야만 했다. 그러나 그는 염라대왕에게 조건을 제시하며 말했다. "고양이로 변하는 것은 아무렇지도 않아요, 그러나 몸의 털은 전부 검은색으로, 코는 흰색으로 해주세요. 만약 이렇게 해주신다면 은혜를 잊지 않겠습니다."

Lǎnhàn wúnài, zhǐhǎo cóngmìng, búguò tā xiàng yánwáng tíchū ge tiáojiàn, shuō: "Biàn māo dào méi shénme, búguò shēn shàng de máo quán yào hēi sè, bízi yào bái sè. Rúnéng zhèyàng, jiù gǎn'ēn bújìn le."

염라대왕은 도무지 이해할 수 없어서 그에게 무슨 이유 때문인지 물었다. 게으름뱅이가 대답했다. "제가 고양이로 변해 어두운 곳에 숨어 있으면, 쥐가 흰 코를 보고 떡인 줄 알고 훔쳐 먹으러 올 거예요. 그 녀석이 제 입 근처로 오면, 제가 한입에 덥석 물을 수 있으니, 얼마나 제 힘을 아낄 수 있겠어요."

Yánwáng dàhuòbùjiě, wèn tā shì shénme yuángù. Lánhàn huídá shuō: "Wǒ biàn zuò máo duǒ zài ànchù, lǎoshǔ jiàndào bái bízi. Yǐwéi shì gāo, xiǎng lái tōuchī, dāng tā kàojìn wǒ de zuǐbiān shí, wǒ yìkǒu yǎozhù, qǐ bù shěng wǒ lìqi."

🔑 핵심 키워드

#一天到晚　#动口　#只好　#向　#不过　#如能　#阎王　#以为　#当　#时　#省　#岂不

TIP
一天到晚 : 아침부터 저녁까지
连~~也 : ~~조차도
当~~时 : ~~할 때
岂不 : 어찌 ~~하지 않겠소.

아첨하다

Dài gāomào

俗語로 다른 사람 면전에서 띄어주는 것을 '戴高帽(고깔모자를 씌우다)'라고 한다. 한 중앙관리가 지방으로 좌천을 당하게 된 사람이 있었는데, 떠나기 전에 스승에게 작별인사를 하러 갔다. 선생님이 말했다. "외지에 나가 관리 노릇하는 것이 쉬운 일이 아니니, 마땅히 조심하고 신중하여야 하느니라."

Súhuà bǎ xǐhuan biérén dāngmiàn fèngchéng, jiào 'dài gāomào', yǒu gè jīng guān bèi pàichū wài rèn, línxíng qù xiàng lǎoshī cíxíng. Lǎoshī shuō: "Chū wài zuò guān hěn bùróngyì, yīngdāng xiǎoxīn jǐnshèn cái shì."

그 사람이 말을 받았다. "저는 백 개의 고깔모자를 준비해 둔 상태로, 사람을 만날 때마다 하나씩 선물하려고 합니다, 그러면 말대꾸로 부딪치는 일이 생겨, 관계가 껄끄러워지는 일은 발생하지 않을 것 입니다."

Nà ge rén shuō: "Wǒ bèiyǒu yì bǎi dǐng gāomàozi, féng rén jiù sòng tā yì dǐng, zhèyàng jiù búzhìyú fāshēng dǐngzhuàng, nòng chéng jiāngjú le."

선생님이 화를 내며 말했다. "우리 같은 사람들은 마땅히 성실하고 정직한 태도로 사람을 대해야만 하네. 어찌 아첨 따위를 하려고 하는가?" 그 사람은 곧바로 대꾸했다. "세상에 선생님처럼 아첨받기 싫어하는 사람이 얼마나 있겠습니까?"

Lǎoshī shēngqì de shuō: "Wǒmen zhè xiē rén yīngdāng yòng chéngshí zhèngzhí de tàidù dài rén, hébì yào gěi rén dài gāomàozǐ ne?" Nà ge rén mǎshàng jiēkǒu shuō: "Tiānxià bù xǐhuan dài gāomàozǐ de xiàng lǎoshī zhèyàng zhèngzhí de rén, rújīn háiyǒu jǐ ge ne?"

선생님은 이 말을 듣고 살짝 미소를 띠며, 고개를 끄덕이며 말했다. "자네 말이 전혀 틀린 말은 아니지." 그 사람은 이별을 고하며 나오면서 다른 사람에게 말하는 것이었다. "나의 100개의 고깔모자는, 이제 99개만 남게 되었소."

Lǎoshī tīng hòu xiàomīmī, diǎntóu shuō: "Nǐ shuō de huà yě búshì wánquán méiyǒu dàolǐ." Nà ge rén gàocí chūlái duì rén shuō: "Wǒ de yì bǎi dǐng gāomàozi, xiànzài zhǐ shèngxià jiǔ shí jiǔ dǐng le."

🔑 핵심 키워드

#戴高帽 #辞行 #临行 #京官 #老师 #不至于 #待人 #接口 #告辞 #剩下 #顶

TIP 何必要 : 굳이 ~~할 필요가 있나?　　　　接口 : 말을 받다.

생화장 당한 아버지

Huóhuó shāosǐ de fùqīn

멍텅구리 아들에게 집을 잘 보라고 일러 놓고, 아버지가 여행을 떠났다. "내가 없을 때 손님이 오시거든, 여행을 가셨다고 말하는 거다, 알겠니?" "문제없어요." 라고 대답한 아들은 잊어버리면 안 된다 생각하여, 종이에 "아버지는 여행을 떠나셨습니다." 라고 적어서 호주머니에 잘 간직하고 집을 보는데, 하루가 지나고 이틀이 지나도, 손님은 하나도 찾아오지 않았다.

Ràng bànhānzi érzi kàn jiā, bāba qù lǚxíng le. "Wǒ bú zài de shíhòu huì lái kèrén, nǐ yīnggāi shuō 'bāba qù lǚxíng le.', míngbái le ma?" "Méi wèntí." Érzi yìbiān huídá, yìbiān wèi le bùnéng wàngjì, xiān zài zhǐ shàng xiě le "Bāba qù lǚxíng le.", ránhòu bǎ tā fàngzài kǒudài lǐ bǎoguǎn, kàn qǐ jiā lái le. Guò le yì tiān, yòu guò le yì tiān, yí ge kèrén dōu méi lái.

아들은 기다리다 지쳐서 종이를 꺼내어 불태워버리고 말았는데, 바로 그 다음 날 손님이 찾아왔다. "아버지 계시니?" 아들은 당황했다. 그도 그럴 것이, 무어라고 대답을 해야 할 터인데, 종이가 없었다. 종이가 없으니, 읽을 수가 없었다. 하는 수 없이 사실대로 대꾸했다. "간밤에 잃어버렸어요."

Érzi děng de bú nàifán le, cóng kǒudài lǐ bǎ nà zhāng zhǐ tāo chūlái jiù shāodiào le. Qiǎohǎo, bǎ nà zhāng zhǐ shāodiào de nà yì tiān, jiù kèrén lái le. "Nǐ bāba zài jiā ma?" Kèrén yí jìnlái, érzi jiù xīn lǐ fā le huāng. Tā gāi huídá, dànshì méiyǒu zhǐ. Méiyǒu zhǐ, jiù bùnéng dú. Tā zhǐhǎo zhàoshí huíjìng shuō: "Zuówǎn diū le."

손님이 깜짝 놀라 대꾸했다. "참 안됐구나! 지난번 봤을 때만해도 멀쩡하셨는데, 어쩌다 그러셨지?" 아들은 더욱 당황하여 말했다. "태워버렸어요." "아니! 벌써 화장을 했다고?"

Kèrén xià le yítiào shuō: "Tài yíhàn le! Shàngcì jiànmiàn de shíhòu, tā háishì tǐng yǒu jīngshén de, zěnme huì nòngchéng zhè ge yàngzi?" Érzi gēngjiā fā le huāng, shuō: "Bǎ tā shāohuǒ le." "Zěnme? Yǐjīng huǒhuà le?"

#戴高帽　#辞行　#临行　#京官　#老师　#不至于　#待人　#接口　#告辞　#剩下　#顶

TIP
看家 : 집을 보다.　　回敬 : 대꾸하다.
火化 : 화장(하다).

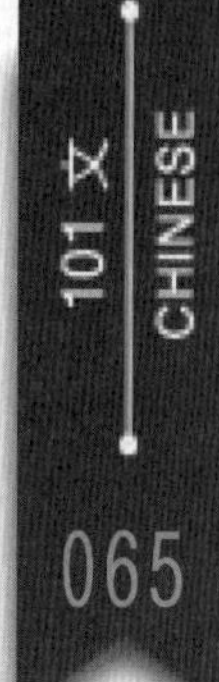

코끼리의 몸무게

Dàxiàng de tǐzhòng

曹冲은 삼국시대 때의 유명인물 조조曹操의 아들이다. 그는 어려서 남달리 총명하여, 대여섯 살 때 보인 지혜가 어른처럼 총명했다. 그 당시 손권이 코끼리 한 마리를 보내왔다. 조조는 코끼리의 무게를 알고 싶어, 수하에 있는 많은 문무대관들에게 무슨 좋은 방법이 없겠느냐고 물어보았다. 하지만, 문관이든 장수이든 누구도 여기에 대해 방법을 생각해내지 못하는 것이었다.

CáoChōng shì Sānguóshíqī zhùmíng rénwù CáoCāo de érzi. Tā xiǎoshíhòu cōngmíng guòrén, wǔ liù suì shí biǎoxiàn chūlái de zhìhuì, jiù xiàng chéngniánrén nàyàng cōngmíng. Dāngshí SūnQuán céng sòng lái yì tóu dàxiàng. CáoCāo xiǎng zhīdào dàxiàng de zhòngliàng, xúnwèn shǒuxià zhòngduō wénwǔ guānyuán yǒu shénme hǎo zhǔyì. Búguò bùguǎn wénguān hé wújiàng duì zhè jiàn shì shéi dōu xiǎng bù chū bànfǎ lái.

이때, 이제 겨우 여섯 살인 曹冲이 무리 가운데서 나오며 말했다. "제게 방법이 있습니다. 먼저 코끼리를 배 위로 끌고 올라가서, 뱃전의 물이 닿는 부위에 표시를 해 놓는 것입니다. 그런 후 코끼리를 다시 뭍으로 몬 다음, 다른 물건들의 중량을 재어 차례차례 배 위에 쌓는 것입니다. 이렇게 하다가 배가 뱃전에 표시한 부분이 수면과 만나는 지점까지 물에 잠기게 되면 그치게 하고, 그런 후 물건들의 중량을 계산하면 곧 코끼리의 중량을 알게 됩니다." 조조는 曹衝의 말을 듣고 무척 기뻐하며, 그 방법대로 하였다.

Zhè shíhòu, cái liù suì de CáoChōng chūlái shuō: "Wǒ yǒu bànfǎ. Xiān bǎ dàxiàng qiān dào chuán shàng, zài chuánxián āi zhe shuǐmiàn de dìfāng huà yí ge jìhào, ránhòu bǎ dàxiàng gǎn shàngān, zài chēng chū qítā dōngxī de zhòngliàng, yì pīpī zhuàng dào chuán shàng, zhí dào dàchuán xiàchén dào chuánxián zuò jìhào de dìfāng hé shuǐmiàn wēnhé wéi zhǐ, érhòu jìsuàn dōngxi de zhòngliàng, dàxiàng de zhòngliàng jiù zhīdào le." CáoCāo tīng le CáoChōng de bànfǎ tèbié gāoxìng, jiù ànzhào tā de bànfǎ qù zuò le.

핵심 키워드

#曹冲 #曹操 #聪明 #孙权 #大象 #好主意 #手下 #船舷 #牵 #划 #秤出 #一批批 #吻合 #为止 #按照 #办法

TIP 挨 : 딱 맞닿다.
直到~~为止 : ~~한 상태에서 멈춘다.
吻合 : 맞물리다.
按照 : ~~에 따라

여전히 안보여

Háishì kànbujiàn

옛날에 한 할머니가 있었다. 그의 눈은 멀어 있어서, 의사를 불러 눈을 치료하게 되었다. 할머니는 눈을 치료하면 재산의 반을 나누어주겠노라고 의사와 약속을 하였다.

Cóngqián yǒu yí ge lǎotàipó. Tā de yǎnjīng xiā le, jiù qǐng le yí ge yīshēng lái gěi tā zhì yǎnjīng. Lǎotàipó hé yīshēng yuē hǎo: Yǎnjīng zhì hǎo le, lǎotàipó yuànyì bǎ zìjǐ de cáichǎn fēn gěi yīshēng yíbàn.

의사는 할머니가 장님이라 사물을 볼 수 없는 것을 아는지라, 할머니를 속일 생각을 했다. 그는 매번 할머니 집에 치료를 하러 갈 때마다, 손 가는 대로 할머니 집에 있는 물건을 몇 개씩 가져가곤 했다. 이렇게 하여 몇 개월이 흘렀고, 할머니의 눈은 치료가 되었지만, 그의 집의 물건도 의사가 하나도 남김없이 다 가져갔다. 그러나 이 의사는 여기에 만족하지 않고, 할머니에게 재산의 반을 줄 것을 요구했다. 하지만 할머니는 그에게 주려하지 않았다. 그래서 마침내 의사는 할머니를 법원에 고발하게 되었다.

Yīshēng zhīdào lǎotàipó shì ge xiāzi, kànbújiàn dōngxi, jiù xiǎng qīfù lǎotàipó. Tā měi cì dào lǎotàipó jiā gěi lǎotàipó zhìbìng de shíhòu, jiù shùnshǒu bǎ lǎotàipó jiā li de dōngxi ná zǒu jǐ jiàn. Zhèyàng guò le gebǎyuè, lǎotàipó de yǎnjīng shì zhì hǎo le, kěshì tā jiāli de dōngxi yě jiào yīshēng ná guāng le. Dàn zhè yīshēng hái bù mǎnyì, gēn lǎotàipó yào yíbàn de cáichǎn. Kěshì lǎotàipó bùkěn gěi tā.

Jiéguǒ yīshēng bǎ lǎotàipó gào dào fǎyuàn qù le.

재판할 때 법관이 할머니에게 물었다. "당신은 어째서 원래의 약속대로 그에게 재산의 반을 주지 않는 것입니까?" 할머니가 대답했다. "제 눈이 다 치료된 것이 아니기 때문이지요. 저 사람이 제 눈을 고쳐주기 전에 저는 제 집안의 물건들을 볼 수가 없었습니다. 그런데 저 사람은 이미 제 눈을 다 고쳤노라 말하지만, 저는 아직도 제 집안의 물건들을 볼 수가 없습니다."

Kāitíng de shíhòu, fǎguān wèn lǎotàipó shuō: "Nǐ wèishénme bú zhào yuánlái de yuēdìng gěi tā yíbàn de cáichǎn ne?" Lǎotàipó huídá shuō: "Wǒ de yǎnjīng méiyǒu zhì hǎo. Yīnwèi tā gěi wǒ zhì yǎnjīng zhī qián, wǒ shì kànbujiàn wǒ jiālǐ de dōngxi de; Tā shuō tā yǐjīng gěi wǒ zhì hǎo wǒ de yǎnjīng, kěshì wǒ xiànzài háishì kànbujiàn wǒ jiāli de dōngxi ya!"

🔑 핵심 키워드

#老太婆　#医生　#约好　#一半　#瞎子　#顺手　#个把月　#拿光　#不肯　#照
#看不见

TIP 　**顺手**：내친김에, 겸사겸사해서
　个把月：한두 달
　开庭：법정을 열다.

투철한 작가정신

Zhíde jìngpèi de zuòzhe jīngshén

프랑스 작가 모파상Guy de Maupassant이 새로 구상하는 한 작품 속의 줄거리에는 한 사람이 매 맞은 후의 느낌을 자세히 묘사해야 하는 부분이 있었는데, 자신은 실제로 겪은 경험이 없는지라, 아무리 해도 써내려갈 수가 없었다.

Fǎguó zuòjiā mòpōsāng xīn gòusī de yí bù zuòpǐn zhōng, yǒu yí gè xìjié shì yào xìnì de miáoxiě yí gè rén bèi tī yǐhòu de gǎnjué, kě tā zìjǐ méiyǒu zhè zhǒng qièshēn tǐyàn, zěnme yě xiě bu chūlái. Yúshì, tā juédìng qīnzì gǎnshòu yíxià.

이날, 그는 거리에 도착해, 이리저리 지나가는 행인들을 살펴보며, 누군가가 자신에게 발길질해주기를 바랐다. 이리저리 궁리하다, 그는 거지를 찾는 게 가장 적당하겠다고 생각했다. 그러던 차에, 옷을 남루하게 입은 걸인이 그를 향해 걸어오는 것이었다. 그는 눈이 번쩍 뜨이며, 잰걸음으로 그를 맞이하며, 자신의 의도를 걸인에게 들려주었다.

Zhè tiān, tā láidào jiē shàng, dōngzhāngxīwàng de dǎliang zhe guòwǎng de xíngrén, xīwàng yǒu shénme rén néng tī tā yíxià. Xiǎng lái xiǎng qù, tā rènwéi zhǎo qǐgài zuì héshì. Qià zài zhèshí, yǒu yí ge yīshān lánlǚ de yào fàn rén cháo tā zǒu lái. Tā yǎnjīng yí liàng, kuàibù yíng shàngqù, bǎ zìjǐ de yìtú gěi yào fàn rén jiǎng le.

거지는 자신더러 발길질해달라는 말을 듣고, 너무나 놀라, 무슨 말을 해도 하려 하지 않았다. 모파상은 그가 주저하는 것을 보고, 그가 힘쓰길 아까워한다고 여겨, 격앙된 어조로 말을 했다. "내가 돈을 줄 거요!" 하며 이내 잔돈을 한주먹 꺼냈다.

Qǐgài tīngshuō yào tā tī rén, shífēn jīngyà, shuō shénme yě bù kěn. Mòpōsāng jiàn tā chóuchú, yǐwéi tā shěbude huā lìqì, jiù kāngkǎi de shuō: "Wǒ gěi nǐ qián!" bìng mǎshàng tāo chū le yìbǎ língqián.

거지는 돈을 보자, 이내 믿는 표정이 되었다. 그는 먼저 돈을 건네받고는, 죽어라 모파상에게 발길질을 몇 차례 해댔다. 모파상의 바람은 실현이 되었고, 그는 아픔을 참으며, 집으로 달려 돌아가, 자신이 방금 전에 받은 느낌을 기록해 내려갔다.

Qǐgài yí jiàn qián, mǎshàng xiāngxìn le. Tā xiān zhuā guò qián, ránhòu hěnhěn de tī le Mòpōsāng jǐ jiǎo. Mòpōsāng de yuànwàng shíxiàn le, tā rěn zhe tòng, gǎnmáng pǎo huí jiā, bǎ zìjǐ gānggāng dédào de gǎnshòu jìlù le xiàlái.

#莫泊桑 #细节 #体验 #亲自 #一下 #乞丐 #意图 #舍不得 #踢 #感受
#记录

TIP
切身：몸소 겪은
花力气：힘을 낭비하다.

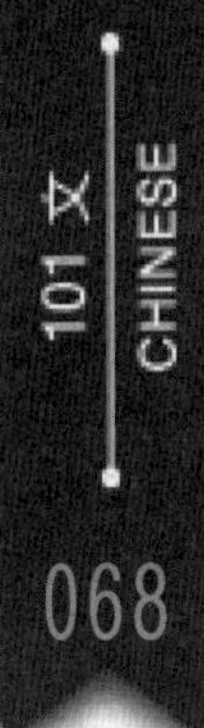

존경스런 마누라의 묘책
Tàitài yǒu zhēnběnshì

요 며칠 동안 장씨는 내내 화가 나 있었다. 왜냐하면 이웃집 그 아주머니가 게으르고 또 사리에 맞지 않게 행동하기 때문이었다. 그녀가 닭을 기르는 닭장은 부서진 지 이미 여러 날이 되었지만, 그녀는 여전히 고칠 생각을 하지 않는 것이었다. 매일같이 많은 암탉들이 장씨네 쪽으로 달려 나와 장씨네 꽃밭을 정신없이 어질러 놓는 것이었다. 장씨는 이미 수차례 그 아주머니에게 닭장을 빨리 수리해달라고 부탁한 바였다. 그러나, 어떻게 된 것인지 그 아주머니는 언제나 들은 체 만 체 하는 것이었다. 장씨는 어떻게 해 볼 도리가 없었다.

Zhè jǐ tiān Zhāng xiānshēng lǎoshì hěn shēngqì. Yīnwèi línjū de nà wèi tàitài, jì lǎnduò, yòu bù jiǎnglǐ. Tā yǎng jī de lóngzi, yǐjīng huài le hǎo xiē rìzi le, kěshì tā lǎoshì bù kěn xiūlǐ. Měitiān yǒu hěn duō mǔjī pǎo dào Zhāng xiāngshēng zhèbiān lái, bǎ Zhāng xiānshēng de huāyuán gǎo de luànqībāzào. Zhāng xiānshēng zàisān de yāngqiú nà wèi tàitài qǐng kuài bǎ jī lóngzi xiū hǎo. Kěshì nà wèi tàitài zǒngshì bù lǐ. Zhāng xiānshēng yě yì diǎn bànfǎ dōu méiyǒu.

하루는, 장씨가 퇴근하여 집에 돌아와 보니, 이웃집 아주머니가 이미 닭장을 깨끗

이 수리해 놓은 것을 발견하게 되었다. 그는 이상하게 여겨져 아내에게 물어보았다. "이웃집 닭장이 왜 갑자기 수리가 되었는지 아시오?" 장씨의 아내가 대답했다. "제가 꾀를 하나 내어 썼더니 당장 닭장을 수리하더군요. 오늘 새벽에 날이 밝기 전에 제가 일어났지요. 그리곤 일부러 계란 네 개를 잔디 위에다 놓았답니다. 그리고는 그녀가 나오길 기다려, 그녀가 보는 앞에서 계란을 주웠지요. 그녀는 이 광경을 보더니, 곧바로 닭장을 수리하더군요."

Yǒu yì tiān, Zhāng xiānshēng xiàbān huíjiā, tūrán fāxiàn línjū de nà wèi tàitài yǐjīng bǎ jī lóngzi wánquán xiū hǎo. Tā juéde fēicháng qíguài, jiù wèn tā de tàitài: "Nǐ zhīdào gébì de jī lóngzi zěnme hūrán gěi xiū hǎo le ne?" Tā de tàitài shuō: "Shì wǒ yòng le yí ge miàojì, tā jiù mǎshàng bǎ jī lóngzi xiū hǎo le. Jīntiān zǎochén tiān hái méi liàng, wǒ jiù qǐ lái le. Ránhòu wǒ gùyì bǎ sì ge jīdàn fàng zài cǎodì shàng. Děng tā cóng wūlǐ chūlái, wǒ dāng zhe tā de miànqián bǎ zhè xiē jīdàn shí qǐ lái. Tā kànjiàn yǐhòu, jiù mǎshàng qù xiūlǐ lóngzi le."

핵심 키워드

#生气 #邻居 #懒惰 #不讲理 #乱七八糟 #搞 #鸡笼子 #不理 #妙计
#故意 #当着 #拾

TIP 老是 : 언제나
当~~的面前 : ~~이 보는 앞에서

치료비나 내시오

Qǐng jiāo zhìliáofèi

보기 싫을 정도로 살이 찐 한 부인이 한 병원으로 의사를 찾아갔다. "의사 선생님, 난 뚱뚱해지는 병에 걸렸나 봐요. 어찌된 일인지 요즘 갈수록 살이 찐단 말예요. 나한테 약 처방을 좀 써주세요." 의사는 부인을 위아래로 쭉 훑어보고 나서 처방전 종이에 '보름 후 죽을 것임' 이라고 쓴 후, 그것을 그녀에게 건네주었다.

Yí ge pàng de nánkàn de fùrén dào yì jiā yīyuàn qù zhǎo yīshēng. "Yīshēng, wǒ hǎoxiàng dé le shénme fā pàng de bìng. Bù zhī zěnme gǎo de, zuìjìn yuè lái yuè pàng. Qǐng gěi wǒ xiě zhāng yàofāng." Yīshēng cóngtóudàojiǎo dǎliáng tā yǐhòu, ná le yàofāngzhǐ, xiě le zhèyàng jǐ ge zì 'bàn ge yuè hòu huì sǐ', ránhòu bǎ tā dìgěi tā.

약 처방을 받아 본 부인은 너무 놀라서 돌아오는 동안 내내 식은땀을 흘려댔다. 집에 돌아오자 그녀는 곧바로 침대에 쓰러져 누웠다. 그 후, 그는 온종일 수심에 푹 잠겨 아무것도 하려 하지 않았다. 심지어 물 한 모금, 빵 한 조각조차도 떼어 먹을 생각을 하지 않았다. 이렇게 어느덧 보름이 지나가자, 피둥피둥 살이 쪘던 부자가 마른 명태처럼 바싹 여위어졌다.

Jiē dào yàofāng de fùrén kàn le yàofāng zhī hòu, chījīng de huíjiā de lùshàng yìzhí chū le xūhàn. Tā yì huíjiā, mǎshàng jiù tǎng zài chuáng shàng le. Cóng nàtiān qǐ, tā yì zhěngtiān zhǐ chóu zhe méi, shénme dōu bú zuò, shénzhì tā lián yì kǒu shuǐ yí kuài miànbāo yě bú dòng le.

그 부인은 의사를 찾아와 고래고래 고함을 질렀다. "이 자식아, 네가 날 속였지! 보름 전에 무어라 말했지? 보름이 지나면 내가 죽게 될 것이라고 하지 않았어? 네 말대로라면 죽었어야 할 내가 어떻게 네 앞에 살아서 올 수 있냐고?" "우선 소란 피우진 마시오." 의사는 불쾌한 표정을 하며 말했다. "내 약 처방이 뚱뚱하던 당신의 살을 빼 주었으니 어서 치료비나 내시오."

Zhèyàng guò le bàn ge yuè. Yuánlái pàng de xiàng zhū yíyàng de tā biàn de xiàng míngtàiyú nàyàng shòuxuē le. Nà ge fùrén zhǎo yīshēng lái dàjiàodàrǎng de mà tā shuō: "Nǐ zhè hùndàn, nǐ gǎn piàn wǒ! Bàn ge yuè qián, nǐ búshì shuō guò, guò le bàn ge yuè, wǒ zhǔn huì sǐ de ma? Zhào nǐ, wǒ zǎoyǐ sǐqù cái duì, kě wǒ zěnme néng huó zhe dào nǐ miàqián lái le?" "Nǐ xiān bié húnào!" Yīshēng fān zhe liǎn duì tā shuō: "Wǒ de chǔfāng ràng nǐ jiǎnféi chénggōng le. Nǐ xiànzài gāi jiāo zhìliáofèi le!"

핵심 키워드

#医院 #胖 #越来越 #药方 #打量 #路上 #什么 #都 #不动 #骗 #准会
#翻着脸 #减肥

药方纸 : 처방전 종이
翻脸 : 불쾌한 표정을 짓다.

冯妇의 죽음

Féng Fù de sǐ

옛날 東甌 지방 사람들은 기와를 굽지 않아서, 그들의 집은 대부분 초가집이었고, 그래서 자주 불이 났다. 백성들은 화재 때문에 골치를 너무 썩였다. 晉나라의 冯妇는 힘이 얼마나 센지, 호랑이를 전문적으로 잡는 일을 할 지경이었고, 그의 고향의 호랑이는 그 때문에 씨가 마를 지경이었다. 冯妇가 호랑이를 잘 잡는다는 소문이 东瓯 지역에도 전해졌다.

Gǔdài DōngŌu zhège dìfang de rén bù shāo zhuānwǎ, tāmen de fángzi dàbùfèn shì máocǎowū, suǒyǐ jīngcháng fāshēng huǒzāi. Lǎobǎixìng dōu wèi huǒzāi shāg tòu le nǎojīn. Jìnguó de FéngFù hěn yǒu lìqi, zhuān néng zhìhǔ. Tā jiāxiāng de lǎohǔ dōu ràng tā zhìmò le. Féngfù shànyú zhì hǔ de xiāoxi chuán dào DōngŌu dìqū.

그런데 东瓯 지역 사람들은 말할 때 '火'와 '虎'가 같아, 즉 다시 말하자면, 발음만을 듣고는 이 두 단어의 뜻을 구별해낼 수가 없어서, 때와 사람에 따라 '불'로 이해하기도 하고, '호랑이'로 이해하기도 했다. 그들은 冯妇가 불을 다스릴 줄 안다고 여겨, 그를 东瓯로 초대해 불을 다스리게 하려 했다. 冯妇는 东瓯 사람들에게 자신이 어떻게 '호랑이'를 잡는지를 소개했으나, 东瓯 사람들이 생각한 것은 어떻게 '불'을 잡느냐로 이해했던 것이다.

DōngŌu de rén shuōhuà shí 'huŏ' 'hŭ' yŭyīn xiāngtóng, jiùshì shuō, zhĭ kào yŭyīn, zhè liăng ge cí de yìyì bùnéng qūbié qĭlái, yŏushí huò yŏurén huì lĭjiě wéi 'huŏ', yŏushí huò yŏurén huì lĭjiě wéi 'hŭ'. Tāmen yĭwéi FéngFù huì zhì huŏ jiù bă tā qĭng dào DōngŌu lái zhì huŏ. Féng Fù xiàng DōngŌu rén jièshào zìjĭ zĕnyàng zhì 'hŭ', kĕ DōngŌu rén xiăng de shì zĕnyàng zhì 'huŏ'.

하루는, 东瓯 지방에 한 차례 큰불이 났다. 사람들은 冯妇더러 어서 가서 불을 끄라고 했다. 冯妇는 호랑이가 온 것으로 알고, 급히 현장에 가보니, 화염과 짙은 연기만이 보였다. 东瓯 사람들은 冯妇가 얼이 나간 채로 꼼작도 하지 않는 것을 보고, 그를 불 속으로 떠밀었다. 冯妇는 이렇게 멍청하게 불에 타 죽고 말았다.

Yŏu yì tiān DōngŌu yòu qĭ le yìcháng dàhuŏ. Rénmen ràng Féng Fù gănkuài qù jiùhuŏ. Féng Fù yĭwéi lăohŭ dào le, găndào xiàncháng yí kàn, zhĭyŏu huŏyàn hé nóngyān. DōngŌu rén kànjiàn Féng Fù lèng de dòng dōu bú dòng, jiù bă tā tuì dào huŏ lĭ. Féng Fù jiù zhèyàng húlĭhútú de shāosĭ le.

#东瓯　#砖瓦　#茅草屋　#火灾　#晋国　#冯妇　#治虎　#消息　#语音　#相同

#有　#一天　#起　#大火　#救火　#烧死

TIP　善于 : ～～을 잘 한다.
　　愣 : 어리둥절해하다.

국왕과 도사

Guówáng hé shùshì

　어느 한 국왕이 다스리던 때에, 한 유명한 도사가 불행하게도 국왕이 총애하는 신하의 죽을 날을 예언하였다. 이 예언은 정확히 들어맞아서, 국왕이 총애하는 신하는 도사가 예언한 바로 그날에 죽었다. 국왕은 매우 화가 났다. 그는 신하의 죽음을 전적으로 도사의 예언 탓으로 돌렸고, 곧 사람을 보내어 도사를 잡아오도록 하였다.

　Zài mǒu yì guówáng zhízhèng qíjiān,　yǒu yí wèi zhùmíng de shùshì búxìng de yùyán le guówáng de yí gè chǒngchén de sǐqī.　Zhè ge yùyán zhēn de yìngyàn le, guówáng de chǒngchén pèngqiǎo jiù zài shùshì suǒ yùyán de nèi tiān sǐ le. Guówáng fēicháng shēngqì,　tā bǎ chǒngchén de sǐ wánquán guījiù yú shùshì de yùyán,　jiù pài rén bǎ shùshì zhuā lái le.

　국왕이 말하길: "너는 나의 신하의 죽음을 예언하였듯이, 네가 죽을 날도 예언할 수 있느냐?" 불쌍한 도사는 이 말을 듣고 매우 두려웠다. 왜냐하면 그는 왕이 자신을 죽일 것을 알았기 때문이다. 그는 잠시 침묵을 하며, 곧바로 대답을 하지 못했다. 왜냐하면 그는 어떻게 해야 스스로를 구해낼 수 있을지 생각했기 때문이었다. 잠시 후 그는 마침내 한 가지 방법을 생각해 냈다.

Guówáng shuō: "Nǐ néng yùyán wǒ àiqīng de sǐ, nǐ yě néng yùyán nǐ zìjǐ de sǐqī ma?" Kělián de shùshì tīng le zhè huà fēicháng hàipà, yīnwèi tā míngbai guówáng dǎsuan chǔsǐ tā. Tā chénmò le yíhuìr, méi yǒu lìjí huídá. Yīnwèi tā zhèngzài kǎolǜ zěnyàng cái néng wǎnjiù zìjǐ. Hòulái tā zhōngyú xiǎng chū le yí gè zhǔyi.

그는 허리를 굽히며 말했다: "폐하, 저는 제가 죽는 날을 확실하게 알 수는 없습니다. 다만 저는 예언할 수 있습니다, 저는 반드시 폐하가 세상을 떠나시기 하루 전에 죽습니다." 이번에는 국왕이 두려워 할 차례가 되었다. 그가 말했다, "반드시 가장 고명한 의사와 가장 강한 무사가 이 도사를 호위하게 하여, 최대한의 노력을 기울여라, 그가 오래 살면 살수록 좋은 일이니라."

Tā jū zhe gōng shuō: "Bìxià, wǒ bùnéng yùyán wǒ sǐwáng de zhǔnquè rìqī, dàn wǒ néng yùyán, wǒ yídìng huì sǐ zài bìxià jiàbēng de qián yì tiān." Zhè cì lúndào guówáng hàipà le. Tā shuō, "Bìxū yóu zuì gāomíng de yīshēng hé zuì qiánghàn de wǔshì hùwèi zhe zhè wèi shùshì, yào jìn zuìdà nǔlì, shǐ tā huó de yuè jiǔ yuè hǎo."

핵심 키워드

#术士　#国王　#宠臣　#预言　#死期　#碰巧　#归咎　#于　#害怕　#想出　#主意
#陛下　#驾崩　#轮到　#必须

TIP
归咎 : 탓으로 돌리다.
挽救 : (위험에서)구출해내다.

세탁물 중에서 건져낸 명곡

Zài xǐdíwù zhōng lāoqǔ de míngqǔ

'왈츠곡의 왕' 으로 불리는 오스트리아의 작곡가 요한 스트라우스Johann Strauss II 의 아내 제디 트래프츠Henrietta Jetty Chalupetzky Treffz는 당시 사람들로부터 무척 사랑을 받던 성악가였다. 스트라우스는 37세 때 수년 동안 사랑하던 제디와 반려자가 되었다. 여러 해 동안, 스트라우스가 작곡한 아름다운 악곡들은 내내 그녀가 불러왔다.

Bèi chēngwéi 'yuánwǔqǔ zhī wáng' de Àodìlì zuòqǔjiā Yuēhàn·Shītèláosī de qīzi Jiédì·Déléifúzī shì dāngshí pō shòu rénmen huānyíng de gēchàngjiā. Shītèláosī sān shí qī suì shí hé xiāng'ài duō nián de Jiédì jié wéi kànglì. Duō nián lái, Shītèláosī pǔxiě de měimiào yuèqǔ, yìzhí yóu tā yǎnchàng.

하루는, 제디가 스트라우스가 벗어놓은 셔츠의 소매에 오선지와 더불어 음표가 가득한 것을 발견했다. 그녀는 낮은 소리로 이 곡조를 흥얼거려보고는, 예사롭지 않게 미묘하고 감동을 주는 것을 느꼈다. 그녀는 곧바로 이것은 남편의 영혼의 재현이며, 온 정성을 다해 만든 결정체임을 느껴, 이 셔츠를 한 편에 밀어두고, 밖에 나가 일을 본 후, 다시 이 곡을 기록해놓으려 했다.

Yǒu yì tiān Jiédì fāxiàn Shītèláosī huàn xiàlái de chènyī de yīxiù shàng xiě mǎn le wǔxiànpǔ. Tā dīyín zhe zhège qǔdiào, juéde tā yìcháng měimiào dòngrén. Tā mǎshàng xiǎngdào zhè shì zhàngfu xīnlíng de zàixiàn, xīnxuè de jiéjīng, biàn jiāng zhè jiàn chènyī fàngzài yìbiān, xiǎng chūqù bàn wán shì hòu, zài jiāng zhè shǒu yuèpǔ chāolù xiàlái.

그러나 그녀가 밖에 나갔다 몇 분 후에 돌아와서 보니, 이 셔츠가 온데간데 없이 사라져버린 것이었다. 그녀는 여기저기 찾아보았으나, 거의 절망에 빠지는 지경이 되었다. 마음씨 좋은 한 이웃이 그녀에게 말하기를, 그녀가 외출했을 때, 한 세탁 아주머니가 그녀 집의 때탄 옷들을 가져갔다는 것이었다. 그녀는 그 말을 듣자, 황급히 세탁 아주머니네로 달려갔고, 세탁 아주머니는 때마침 이 셔츠를 비눗물이 가득한 대야에 집어넣으려 하던 차였다. 그녀는 그 셔츠를 낚아채어, 악보를 구해내었는데, 이것이 바로 그 음악사에서 불후의 걸작으로 불리는 《푸른 도나우강》 왈츠곡이다.

Kě tā chūqù jǐ fēnzhōng hòu, huílái yí kàn, zhè jiàn chènyī hūrán shīzōng le. Tā dàochù xúnzhǎo, jīhū xiànyú juéwàng. Yí wèi hǎoxīn de línjū gàosu tā, zài tā chūqù de shíhou, yí wèi xǐyīfù ná zǒu le tā jiā de zāng yīfú. Tā tīng le yǐhòu, jímáng gǎndào xǐyīfù jiā lǐ, xǐyīfù zhèngyào bǎ zhè jiàn chènyī diūrù chéngmǎn féizàoshuǐ de xǐyīpén lǐ. Tā qiǎng guò nà jiàn chènyī, jiùchū zhè shǒu yuèpǔ, zhè jiùshì yīnyuèshǐ shàng bùxiǔ de jiézuò 《Lánsè de Duōnǎohé》 yuánwǔqǔ.

🔑 핵심 키워드

#奥地利　#伉俪　#施特劳斯　#五线谱　#衣袖　#觉得　#异常　#动人　#心血
#失踪　#洗衣妇　#抢　#衬衣　#乐谱　#蓝色的多瑙河　#圆舞曲

TIP　**圆舞曲**：왈츠곡
伉俪：부부(문언문 어휘)

과중한 진료비 부담은 이렇게!

Guòduō de zhěnliáofèi

시골에 살고 있는 한 유태인의 아내가 몹시 큰 병에 걸렸다. 그 유태인은 대도시에 살고 있는 의사 선생님께 전보를 쳐서, 진찰비를 물으며 자신의 아내를 진찰해 달라고 부탁했다.

Yǒu yí ge yóutàirén, tā zhùzài nóngcūn, tā de qīzi dé le dàbìng. Yúshì nà yóutàirén xiàng zhùzài dàchéngshì de yí wèi zhùmíng de yīshēng zhìdiàn, wèn: "Wǒ yào fù gěi nín duōshǎo zhěnliáofèi, nín kěyǐ gěi wǒ lǎopo kànbìng ma?"

그 유명한 의사가 유태인이 사는 마을에 도착했고, 전보를 친 유태인은 상복을 입고 의사를 마중 나왔다. 그는 의사를 보자 눈물을 흘리며 하소연했다. "선생님께서 이렇게 찾아와 주셨는데, 제 아내는 복이 없어서 선생님을 뵙지도 못하고 그만 세상을 뜨고 말았네요. 하지만 모처럼 어려운 발걸음을 해주셨으니, 헛걸음을 하시게 해서는 안 되겠다 싶어, 마을회관에 환자들을 모아두었습니다. 부디 진찰해주시면 약속한 진찰비를 틀림없이 드리겠습니다."

Nà wèi zhùmíng de yīshēng dào le yóutàirén zhù de cūnluò, yóutàirén chuān zhe sāngfú qiánlái yíngjiē yīshēng. Tā yí kànjiàn yīshēng jiù kū zhe sùshuō: "Yīshēng nín xīnkǔ láifǎng, wǒ lǎopo méiyǒu fúqì, méi jiàndào nín jiù qùshì le, búguò nín hǎobùróngyì lái, wǒ bùnéng ràng nín báifèi lìqì, suǒyǐ zài xiāngcūn huìguǎn lǐ zhàojí le hěn duō bìngrén. Rúguǒ nín néng kànbìng de huà, wǒ yídìng gěi nín yuèdìng de zhěnliáofèi."

의사는 먼 길을 왔다가 그냥 돌아가기도 섭섭하여, 그 유태인의 부탁대로 마을회관에 모인 환자들을 진찰해주었다.

Yīshēng juéde, yuǎndào ér lái méi zuò shénme jiù huíqù yě bú shì ge bànfǎ, jiù zhào yóutàirén de qǐngqiú wèi xiāngcūn huìguǎn lǐ de bìngrén kàn le bìng.

다음 날, 도시로 돌아가려는 박사를 배웅하러 나온 그 유태인이 기차가 떠나기 전에 말을 했다. "선생님, 사실을 말씀드리면, 저의 아내는 죽지 않았고, 어제 선생님한테 진찰을 받았습니다. 저 혼자 많은 진찰비를 부담할 수 없어서 꾸민 일이었습니다. 양해 부탁드립니다!"

Dì'èrtiān, nà yóutàirén qù wèi huí chéngshì qù de yīshēng sòngxíng, huǒchē chūfā zhī qián shuō: "Yīshēng xiānsheng, wǒ bù mán nín shuō, wǒ lǎopo méi sǐ, tā zuótiān jiēshòu nín zhěnduàn le. Wǒ yí ge rén nábuchū nàme duō de zhěnliáofèi, suǒyǐ zhǐhǎo yòng le zhè zhǒng fāngfǎ. Qǐng duō liàngjiě!"

TIP
致电 : 전보를 치다.
好不容易 : 간신히
白费 : 헛되이 쓰다.
拿不出 : 지불할 능력이 되지 않다.

놀라운 頌壽詩

Jì XiǎoLán de ráoyǒuqùbié de zhùhè

紀曉嵐은 淸나라 때의 한 대신이었다. 그는 농담하기를 무척 좋아하여, 말을 하든, 글씨를 쓰든, 재미있고 코믹했다.

Jì XiǎoLán shì Qīng cháo de yí ge dàguān. Tā hěn xǐhuān kāi wánxiào, shuō qǐ huà lái, xiě chū wénzì lái, hěn yǒu yìsi, hěn yǒu qùwèi.

한 나이가 지긋한 노부인이 네 명의 아들을 두고 있었는데, 그들은 모두 큰 관직을 맡고 있었다. 하루는 노부인의 80세 생일날로, 紀曉嵐도 가게 되었다. 그는 주인에게 말했다. "제가 노부인께 네 마디 축사를 드리고자 하는데, 잔치가 벌어지는 자리에서 써도 되겠습니까?" 주인이 말했다. "물론이지요, 대단히 감사합니다, 대단히 감사합니다." 주인은 말을 마치자, 곧바로 사람을 시켜 큼지막한 붉은 비단을 내오도록 하여 책상 위에 놓도록 했다.

Yǒu yí wèi lǎo tàitai yǒu sì ge érzi, tāmen dōu zuò dàguān. Yì tiān, lǎo tàitai bā shí suì qìngshòu, Jì XiǎoLán yě qù le. Tā gēn zhǔrén shuō: "Wǒ xiǎng fèngsòng lǎo tàitai sì jù huà, jiù zài shòutáng lǐ xiě, kěyǐ ma?" Zhǔrén shuō: "Dāngrán kěyǐ, duō xiè duō xiè!" Zhǔrén yì shuō wán, mǎshàng jiù jiào rén ná le yí dà kuài hóng chóuzi, fàng zài zhuōzi shàng.

紀曉嵐은 붓을 들어 쓰기 시작했다. 첫째 구절은 이렇게 썼다. "노인네가 80이면 사람이 아니네." 이때 친척과 친구들이 많았는데, 모두들 이걸 보고는 놀래는 것이었다. 둘째 구절은 이렇게 썼다. "하늘나라의 서왕모가 세상에 내려온 것일세." 모두들 보고는 말했다. "정말 좋네, 정말 좋아." 셋째 구절은 이렇게 썼다. "네 아들이 다 도둑질을 했다네." 그는 붓을 놓고, 사방을 휙 둘러보니, 네 아들의 얼굴이 화가 나서 새하얗게 질려 있었다. 그는 한바탕 웃고는, 넷째 구절을 썼는데, "신선이 먹는 복숭아를 훔쳐 어머니에게 바쳤다네."라고 썼다. 그러자 모두들 이걸 보고 나서, 여기저기서 잘 썼다는 소리와 함께 박수를 치는 것이었다.

Jì XiǎoLán ná bǐ jiù xiě, dì yī jù xiě de shì : "Lǎoniáng bā shí bú shì rén." Zhè shíhòu qīnyǒumen hěn duō, dàjiā kàn le dōu hěn chījīng. Dì èr jù xiě de shì : "Tiān shàng wángmǔ xià fán chén." Dàjiā yí jiàn, dōu shuō: "Zhēn hǎo, zhēn hǎo!" Tā dì sān jù xiě de shì : "Sì ge érzi dōu zuò zéi." Tā fàng xià bǐ, wǎng sì zhōuwéi kàn le kàn, kàn dào sì ge érzi, liǎn dōu qì bái le. Tā xiào le xiào, ná bǐ yòu xiě dì sì jù, xiě de shì: "Tōu le xiāntáo xiào mǔqīn." Dàjiā kàn wán, lián shēng jiào hǎo, bìngqiě gǔzhǎng.

핵심 키워드
#纪晓岚 #清朝 #大官 #开玩笑 #庆寿   #王母 #贼 #气白 #仙桃 #孝 #叫好

TIP 庆寿 : 생신을 축하하다.

할아버지를 구한 甘羅

Jiù yéye de GānLuó

甘茂는 秦나라의 대신이다. 하루는 秦王이 일부러 그를 난처하게 하였으니, 그더러 3일 안에 수탉이 낳은 알을 세 개 가져오게 하였다. 甘茂는 집에 돌아왔지만 정말이지 방법을 생각해낼 수가 없었다. 甘茂는 걱정이 되어 밥도 먹지 않고, 물도 마시지 않고, 잠도 자지 않았다.

GānMào(甘茂) shì Qín guó de dàchén. Yì tiān, Qín wáng gùyì nánwéi tā, yào tā zài sān tiān yǐnèi, zhǎo sān ge gōngjī shēng de dàn lái. GānMào huí dào jiālǐ, shízài xiǎngbùchū bànfǎ lái. GānMào chóu de fàn yě bù chī, shuǐ yě bù hē, jiào yě bú shuì.

이때, 그의 열 살 된 손자 甘羅는 할아버지가 걱정하는 것을 보고는, 할아버지에게 물었다. "할아버지! 무엇 때문에 그렇게 걱정하시나요? 제가 작긴 하지만, 할아버지의 걱정을 나누어 갖고 싶습니다." 甘茂는 그가 이렇게 말하는 것을 듣고, 秦王이 분부한 일을 그에게 들려주었다. 그러자 甘羅는 이내 할아버지에게 말했다. "내일 제가 가서 秦王을 만나겠습니다." 甘茂가 말했다. "이건 장난이 아니란다. 만일 일을 그르치게 되면, 할아버지는 감당할 수가 없단다." 甘羅가 말했다. "할아버지 걱정하지 마세요." 甘茂는 하는 수없이 그러라고 했다.

Zhè ge shíhòu, tā de shí èr suì de sūnzi GānLuó, kàn dào zǔfù fāchóu, jiù wèn

zǔfù: "Yéye! Nín wèishénme fāchóu? Wǒ suīrán rén xiǎo, dàn wǒ yuànyì tì yéye fēn
yōu." GānMào tīng tā zhème shuō, jiù bǎ Qín wáng fēnfù de shìqing shuō gěi tā le.
GānLuó mǎshàng duì zǔfù shuō: "Míngtiān wǒ qù jiàn guówáng." GānMào shuō:
"Zhè bú shì hǎowán de yā, rúguǒ chuǎng xià huò lái, zǔfù dāndāng bù qǐ."
GānLuó shuō: "Qǐng yéye fàngxīn hǎo le." GānMào zhǐhǎo dāying le tā.

다음 날, 甘羅는 혼자서 秦王을 뵈러 갔다. 秦王이 그에게 누구냐고 물었
다. 그가 말했다. "저는 甘茂의 손자 甘羅입니다." 秦王이 또 물었다. "너
의 할아버지는 어째서 오지 않느냐?" 甘羅는 엎드려서 말했다. "할아버지
가 집에서 애를 낳았습니다." 秦王은 이 말을 듣고 화를 내며 말했다. "남
자가 어떻게 애를 낳는다는 거냐?" 甘羅는 당황하는 기색이 없이 대답했다.
"남자가 애를 낳지 못할진대, 수탉은 알을 낳는다는 것인가요?" 秦王은 이
말을 듣고, 甘羅가 남달리 총명한 것을 알게 되었고, 나중에는 그를 재상으로
봉했다.

Dì èr tiān, GānLuó yí ge rén qù jiàn qín wáng. Qín wáng wèn tā shì shéi? Tā
shuō: "Wǒ shì GānMào de sūnzi GānLuó." Qín wáng yòu wèn tā: "Nǐ zǔfù
zěnme bù lái?" GānLuó guì xià shuō: "Zǔfù zài jiā shēng háizi le." Qín wáng
tīng le hěn shēngqì jiù shuō: "Nánrén zěnme huì shēng háizi?" GānLuó
bùhuāngbùmáng de huídá shuō: "Nánrén bú huì shēng háizi, nándào gōngjī
huì shēng dàn ma?" Qín wáng tīng le, zhīdào GānLuó cōngmíng guò rén,
hòulái jiù fēng tā zuò zǎixiàng.

TIP
难为 : 난처하게 하다.
饭也不吃, 水也不喝, 觉也不睡 : 셋 모두 '连' 이 생략된 형태
闯祸 : 화를 자초하다.

고마워해야 할 매

Gāi xiè de āidǎ

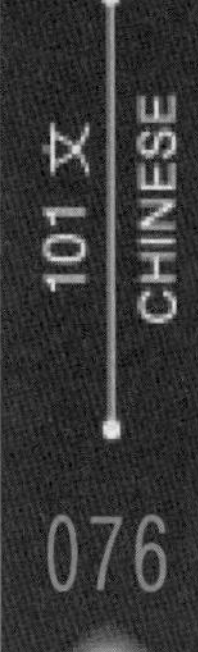

어느 해 겨울, 한 농부가 콩을 한 짐 지고 산골짜기를 지나가고 있었다. 그날은 몹시 추웠고, 그의 호주머니에는 술 한 병을 지니고 있어서, 걸어가면서 술을 마시곤 했다. 이렇게 함으로써 따뜻함을 좀 느낄 수가 있었다.

Yǒu yì nián dōngtiān, yí ge nóngfū tiāo zhe yí dàn dòuzi, zǒu guò yí ge shāngōur. Nà tiān fēicháng lěng, tā zài kǒudài li dài zhe yì píng jiǔ, tā jiù yìbiān zǒu, yìbiān hē jiǔ, zhèyàng cái kěyǐ juéde nuǎnhuo yìdiǎnr.

그가 이렇게 앞으로 걸어가고 있을 때, 길옆에 옷을 엷게 입은 사람이 하나 앉아 있는데, 추워서 계속 떨고 있는 것이었다. 얼핏 보기에 곧 죽을 것 같이 보였다. 이 농부는 생각했다. "내가 이 사람을 반드시 살려야겠다."

Tā zhèng zhèyàng xiàng qián zǒu de shíhòu, kànjiàn yí ge chuān de yīshān dānbó de rén zuò zài lùpáng, dòng de yìzhí fādǒu. Yǎnkàn sìhū kuài yào sǐ de yàngzi. Zhè ge nóngfū xiǎng. "Wǒ yào bǎ zhè ge rén yídìng yào jiù le."

그는 짐을 내려놓고, 짐을 지는 데 썼던 멜대를 내려들고, 그에게 걸어가 불렀다. 그러자 그는 억지로 고개를 들어 쳐다보는 것이었다. 농부는 그에게 술을 한 모금 마시게 하고는 그를 일으켜 세웠다. 그가 일어나자, 농부는 널빤지(멜대)로 그의 엉덩이를 힘껏 두 대 때려주고는 몸을 돌려 달아났다.

Tā bǎ dànzi fàng xià, bǎ biǎndān ná xià lái, zǒu guò qù xiàng nà ge rén zhāohu. Nà ge rén miǎnqiǎng tái tóu kàn le kàn. Nóngfū gěi tā hē le yì kǒu jiǔ, yòu fú tā zhàn qǐ lái. Děng tā yī zhàn qǐ lái, nóngfū jiù yòng biǎndān xiàng tā pìgǔ shàng yòng lì dǎ le liǎng xià, zhuǎnshēn jiù pǎo.

그 사람은 아무런 까닭도 없이 맞게 되자, 속으로 화가 치밀어, 농부를 향해 쫓아갔다. 이렇게 한차례 뜀박질을 하고 난 후, 농부가 갑자기 멈추어 섰고, 그가 농부를 쫓아왔을 때는 그 사람은 이미 얼굴이 온통 땀으로 범벅이 되어 있었다. 이때서야 농부는 씩 웃으며 그에게 말했다. "만일 내가 이렇게 당신에게 몇 대 후려치지 않았더라면, 당신은 벌써 얼어 죽었을 것이오." 그 사람은 이 말을 듣고 퍼뜩 그 깊은 뜻을 깨닫고는 농부에게 감사하다는 말을 하고 또 했다.

Nà ge rén wúyuánwúgù áidǎ, xīnli hěn shēngqì, jiù xiàng nóngfū zhuī qù. Zhèyàng pǎo le yí zhèn zhī hòu, nóngfū hūrán tíng zhù le, děng tā zhuī dào nóngfū de shíhòu, nà ge rén yǐjīng mǎntóudàhàn le. Zhè shí nóngfū cái xiàoxīxīde

duì tā shuō: "Rúguǒ wǒ bù zhèyàng dǎ nǐ liǎng xià, nǐ kěnéng yǐjīng dòng sǐ le."
Nà ge rén tīng le, cái huǎngrándàwù, xiàng nóngfū xiè le yòu xiè.

핵심 키워드

#冬天　#农夫　#山沟儿　#冷　#酒　#单薄　#衣衫　#发抖　#快要　#死　#救
#扁担　#招呼　#扶　#屁股　#挨打　#满头大汗

TIP

扁担 : 멜대
招呼 : 손짓하여 부르다.
两下 : 두어 차례
恍然大悟 : 퍼뜩 깨닫다.

사투리가 만들어낸 웃음

Fāngyán qùshì

나는 어릴 때 廣州에서 자랐으며, 부모님은 1956년에 北京으로 전근을 가셨는데, 당시 나는 너무 어려서, 여전히 廣州의 할머니 댁에 남아 있었다. 1960년, 내가 취학 연령이 되어서야, 아버지는 나를 광주에서 북경으로 데려가셨다. 9월 1일, 어머니는 나를 학교로 입학신청을 하러 보내셨다.

선생님이 물으셨다. "이름이 뭐지?" 나는 북경에서는 마땅히 보통화를 해야 하리라 생각하여, "저는 Xúròu(yù)mǐn(徐玉敏)이라고 합니다."라고 대답했다. 왜냐하면 한번은 어머니와 함께 고기를 사러 갔었는데, 어머니가 나에게 알려주시기를, 북경 사람들은 고기(肉)를 'ròu'라고 발음한다는 것이었고, 廣州 말에서는 '肉'과 '玉'이 同音字인지라, 내 생각엔 북경 사람들이 분명 '玉'도 'ròu'로 발음할 것이라 생각했던 것이다. 그러나 뜻밖에도, 내가 말을 마치자, 선생님은 戶籍상의 내 이름을 보시고, 깔깔 웃으셨고, 나는 창피해서 얼굴이 빨개지고 말았다. 뒤에 안 일이지만 북경 사람들은 '玉'을 'yù'로 발음했다.

Wǒ cóng xiǎo zài Guǎngzhōu zhǎngdà, fùmǔ yī jiǔ wǔ liù nián diào dào běijīng gōngzuò, dāngshí yīnwèi wǒ hěn xiǎo, réng liú zài Guǎngzhōu de nǎinai jiā. Yī jiǔ liù líng nián, wǒ gāi shàngxué le, bàba cái bǎ wǒ cóng guǎngzhōu jiē dào běijīng. Jiǔ yuè yí hào, māma sòng wǒ qù xuéxiào bàomíng.

Lǎoshī wèn wǒ: "Nǐ jiào shénme míngzì?" Wǒ xiǎng dào le Běijīng yīnggāi shuō pǔtōnghuà. Jiù huídá: "Wǒ jiào Xúròu(yù)mǐn." Yīnwèi yǒu yí cì wǒ gēn māma qù mǎi ròu, māma gàosù wǒ, Běijīngrén guǎn ròu(jug) jiào 'ròu', Guǎngzhōuhuà lǐ de ròu hé yù shì tóngyīnzì, suǒyǐ wǒ xiǎng, Běijīngrén guǎn yù(jug) Yīdìng yě jiào 'ròu' le. Méixiǎngdào, wǒ gāng shuō wán, lǎoshī kàn zhe hùkǒubù shàng de wǒ de míngzì, hāhā de xiào le qǐlái, wǒ bèi tā xiào de hóng le liǎn. Hòulái wǒ cái zhīdào běijīngrén bǎ 'yù' dú chéng 'yù'.

또 한번은, 내가 문구점에 노트를 사러 가서, 판매원에게 "난 깍두기노트 lǜ 권을 살 거예요."라고 말하자, 판매원은 "파란색 깍두기노트는 없어."라고 말하는 것이었다. 나는 진열대 안의 깍두기노트를 가리키며 말했다. "저기 저렇게 많은데, 왜 없다고 하죠?" 그러자 판매원이 "이건 파란색이 아니지 않니?"라고 해, 화가 난 나는 울면서 집에 돌아갔다. 어머니가 말해 주셨다. "넌 lǜ개 노트라고 하면 안 되고, 'liù' 개 노트라고 해야 돼. 廣州 말에서는 綠과 六을 모두 'lug' 라고 읽지만, 북경 말에서는 綠은 'lǜ' 로, 六은 'liù' 로 읽어야 옳단다."

Yòu yí cì, wǒ qù wénjùdiàn mǎi běn. Wǒ duì shòuhuòyuán shuō: "Wǒ yào mǎi lǜ(liù) gè fānggéběn." Shòuhuòyuán shuō: "Méiyǒu lǜ fānggéběn." Wǒ zhǐ zhe guìtái lǐ de fānggéběn shuō: "Nàlǐ yǒu nàme duō, nǐ zěnme shuō méiyǒu ne?" Shòuhuòyuán shuō: "Zhè yě bú shì lǜ de ya?" Qì de wǒ kū zhe huíjiā le. Māma gàosù wǒ: "Nǐ bù yīnggāi shuō 'lǜ' gè běn, yīngdāng shuō 'liù' gè běn cái duì le. Guǎngzhōu huà lǐ de 'lǜ' liù dōu dú 'lug', dàn zài běijīnghuà lǐ 'lǜ' dú 'lǜ', 'liù' dú 'liù' cái duì ne."

또 한번은, 한 학급 친구가 나더러 자기네 집에 놀러오라고 하여 갔었는데, 내가 그 애 집 문에 들어서자, 누런 개 한 마리가 나를 향해 계속 짖어대며, 집에 들어가지 못하게 하며, 마치 물 기세였는지라, 나는 놀라서 큰소리로 소리쳤다. "샤오팡, 어서 와 봐. 'jiǔ'가 물려고 해, 'jiǔ'가 물려고 해." 샤오팡은 내 목소리를 듣고, 곧바로 나와 개를 구석으로 몰고 웃으며 말했다. "얼마나 놀랐으면, 개를 '九'라고 부르겠니." 사실 난 결코 무서워서 개를 '九'라고 말한 것이 아니라, 廣州 말에서 '九'와 '狗'를 모두 'gǒu'로 읽는데, '九'를 보통화에서는 'jiǔ'로 읽기 때문에, 나는 '狗'도 'jiǔ'로 읽을 것으로 생각했기 때문이었다.

Hái yǒu yí cì, yí gè tóngxué yuē wǒ qù tā jiā wánr, wǒ gāng jìn tā jiā de yuànmén, yì zhī dà huánggǒu cháo zhe wǒ wāngwāng de zhíjiào, tā bú ràng wǒ jìn wū, hǎoxiàng hái yào lái yǎo wǒ, bǎ wǒ xià de dàshēng jiào qǐlái: "Xiǎo Fāng, nǐ kuài lái, jiǔ(gǒu) yào yǎo wǒ, jiǔ(gǒu) yào yǎo wǒ." Xiǎo Fāng tīngdào wǒ de jiàoshēng, mǎshàng chūlái bǎ gǒu hōng dào yìbiān, xiào zhe shuō: "Kàn bǎ nǐ xià de, dōu bǎ gǒu shuō chéng 'jiǔ' le." Qíshí wǒ bìng bú shì yīnwèi hàipà, cái bǎ gǒu shuō chéng jiǔ de, nà shì yīnwèi guǎngzhōu huà lǐ de 'jiǔ gǒu' dōu dú 'gǒu', ér 'jiǔ(gǒu)' zài pǔtōnghuà lǐ dú 'jiǔ', suǒyǐ wǒ xiǎng gǒu yě jiù dú 'jiǔ' le.

#广州   #调到   #北京   #奶奶   #普通话   #同音字   #名字   #文具店   #方格本
#同学   #汪汪地   #咬

TIP
红 : 원래는 형용사이나 여기서는 동사로 쓰였다.
汪汪 : 멍멍
轰 : 내 다.

일류 서예가가 된 비결

Chéngwéi yìliú huàjiā de mìjué

宋代의 유명한 화가 米芾는 어릴 때 서당에서 글씨 쓰기를 배웠는데, 삼년을 배웠어도, 제대로 배우지를 못했다. 하루는, 한 선비가 서울로 과거를 보러 가다 米芾의 고향을 지나게 되었다. 米芾는 그가 명필이라는 말을 듣고, 그에게 배움을 청하러 갔다.

Sòngdài zhùmíng huàjiā Mǐfú(fèi), xiǎo shíhòu zài sīshú lǐ xué xiězì, xué le sān nián, yě méi xuéchéng. Yì tiān, yí wèi xiùcái jìnjīng gǎnkǎo lù guò Mǐfú jiāxiāng. Mǐfú tīngshuō tā xiě yìbǐ hǎo zì, biàn qián qù qiújiào.

선비는 먼저 米芾가 쓴 글씨를 가져오게 하고, 수차례 보고 난 후, 잠시 생각하는 듯 하더니 말을 했다. "만일 나에게 글씨를 배우려면, 내 종이를 사야 하오. 한 장에 다섯 냥이오, 좀 비싼 편이요."

Xiùcái xiān yào nǎ lái Mǐfú xiě de zì, kàn le yòu kàn hòu, ruòyǒusuǒsì de shuō: "Rúguǒ yào gēn wǒ xué xiězì, děi mǎi wǒ de zhǐ. Wǔ liǎng wényín yì zhāng, yǒudianr guì."

米芾가 듣고 난 후, 깜짝 놀라며 생각하기를, 어디 이렇게 비싼 종이가 있어? 일부러 골탕먹이는 거 아니야? 하지만 그는 배우고자 하는 마음이 간절한지라, 집에 돌아가 다섯 냥의 은자를 빌려다, 종이 한 장을 샀다. "돌아가 열심히 써서, 3일 후에 나에게 가져다 보여주시오." 선비가 말을 했다.

Mǐfú yì tīng, xià le yí tiào, xīnxiǎng, nǎ yǒu zhème guì de zhǐ, zhè bù chéngxīn nánwéi rén ma? Dàn tā xué zì xīnqiè, háishì huíqù jiè le wǔ liǎng yínzi, mǎi le yì zhāng. "Huíqù hǎohǎo xiě ba, sān tiān hòu nǎ gěi wǒ kàn." Xiùcái shuō.

米芾는 집으로 돌아와, 두 손으로 이 종이를 떠받치고 아까워서 쓸 수가 없었다. 그는 종이를 한편에 놓고, 책상 옆으로 되돌아가 자첩을 펴고, 먹물을 찍은 붓을 책상 위에서 이렇게도 그려보고 저렇게도 그려보고 하였다. 연달아 3일 동안 그는 내내 이렇게 하며, 반복해서 궁리하고, 반복해서 그려볼 뿐, 한 자도 종이 위에는 쓰지 않는 것이었다.

Mǐfú huídào jiālǐ, shuāngshǒu pěng zhe zhè zhāng zhǐ, bùshěde yòng. Tā bǎ zhǐ fàng zài yìbiān, huí dào zhuō páng fānkāi zìtiě, zhàn mòzhī de bǐ zài zhuōzi shàng huàláihuàqù. Yìlián sān tiān, tā dōushì zhèyàng, fǎnfù zuómo, fǎnfù huà, què lián yì bǐ yě méi zài zhǐ shàng xiě.

넷째 날, 선비가 찾아오니, 米芾는 손에 붓을 쥐고 자첩을 뚫어져라 쳐다볼 뿐, 한 자도 쓰지 않고 있는지라, 일부러 놀라는 척 하며 물었다. "어째서 한 자도 쓰지 않은 것이오?" 米芾는 말소리를 듣고, 고개를 들어보니, 선비가 와 있는 것을 보고, 약속한 기한이 되었음을 깨닫고, 급히 대꾸했다. "저는 글씨를 잘못 쓰면, 종이를 버리게 될까봐 걱정이 돼서 그럽니다."

Dì sì tiān, xiùcái lái le, fāxiàn Mǐfú shǒu wò bǐ wàng zhe zìtiě chūshén, què yí ge zì dōu méiyǒu xiě, jiù gùzuò jīngyà de wèn: "Nǐ zěnme yí ge zì yě méi xiě le ne?" Mǐfú tīngdào shuōhuàshēng, táitóu yí kàn xiùcái lái le, cái yìshí dào qīxiàn yǐ dào, máng zhēngbiàn shuō: "Wǒ pà xiě bù hǎo, fèi le zhǐ."

선비는 웃으며 말을 했다. "알았소, 3일을 궁리했으니, 이제 글씨를 써서 나에게 보여주시오." 米芾는 붓을 들어 '永' 자 하나를 썼다.

Xiùcái xiào zhe shuō: "Hǎo le, zuómo le sān tiān, xiànzài xiě ge zì gěi wǒ kàn kàn ba." Mǐfú tíbǐ xiě le yí ge '永' zì.

선비가 보니, 글씨가 너무 멋진 것이었다. 그래서 물었다. "왜 3년을 배웠는데도 제대로 배우지 못한 것이, 3일 만에 잘 쓰게 된 것이오?" "종이가 비싸서, 아까워서 쓸 수가 없었습니다. 이 3일 동안 저는 반복해서 자첩을 연구한 결과, 글자를 철저하게 파악하게 되었습니다."

Xiùcái yí kàn, zì piàoliàng jí le. Yúshì wèn: "Wèishénme sān nián xuébuhuì, ér zhè sān tiān jiù néng xiě hǎo ne?" "Yīnwèi zhǐ guì, wǒ bùshěde xiě. Zhè sān tiān, wǒ jiù fǎnfú zuómo zìtiě, bǎ zì zuómo tòu le."

"바로 그거입니다. 서예를 배우기는 붓만 움직이는 것이 아니라, 마음을 움직여야 하는 것입니다. 그 형태만 살피는 것이 아니라, 그 숨은 뜻까지 깨달아, 진심으로 깨우쳐야, 글씨를 잘 쓸 수가 있는 것이지요. 당신은 이미 글씨 쓰기의 비결을 터득했으니, 나는 가봐야 겠소." 말을 마치자, 그는 붓을 들어 "永志不忘紋銀五兩(영원히 잊지 마시오, 은전 다섯냥을)"라 '永'자 뒤에 일곱 글자를 추가하고는, 품안에서 다섯 냥의 은을 꺼내 米芾에게 돌려주고는, 과거 길을 재촉했다.

"Zhè jiù duì le, xué zì búdàn shì dòngbǐ, érshì dòng xīn, búdàn yào guān qí xíng, háiyào wù qí shén, xīnlíng shénhuì, cái néng xiěhǎo. Nǐ yǐjīng lǐnghuì le xiězì de qiàomén, wǒ děi zǒu le." Shuō wán, tā tí bǐ zài 'yǒng' zì hòu tiān le qī ge dàzì: "(yǒng)zhì bú wàng, wén yín wǔ liǎng." Ránhòu tā cóng huái lǐ tāo chū wǔ liǎng yíinzi huángěi mǐfú, biàn shàng lù gǎnkǎo qù le.

米芾는 선비의 가르침을 명심하여, 심혈을 기울여 글씨 쓰기 연습을 하여, 마침내 서예가이자 화가가 되었다.

Mǐfú láojì xiùcái de jiàodào, yòngxīn liàn zì, zhōngyú chéngwéi shūfǎjiā hé huàjiā.

핵심 키워드

#宋代　#画家　#米芾　#路过　#秀才　#买　#纸　#贵　#三天　#蘸　#反复
#琢磨　#划　#出神　#永　#动笔　#动心　#领会　#窍门

TIP

一笔好字 : 관용적인 표현으로, 붓을 들었다하면 멋진 글씨가 써진다는 뜻
求教 : 가르침을 청하다.
成心 : 고의로
心切 : 간절하다.
不舍得 : 아까워하다.
出神 : 일에 집중한 나머지 얼이 빠지다.
故作 : 일부러
窍门 : 비결

高枕无忧

Gāozhěnwúyōu

　　전국시대 때, 齊나라에 孟嘗君이라는 대귀족이 있었는데, 그의 집에는 冯谖이라는 문객이 있었다. 한번은 맹상군이 그에게 자신의 封地인 薛地(山東省에 위치)로 가서 빚을 받아오게 하였다. 떠나기 전에 冯谖이 맹상군에게 물었다. "빚을 다 받으면, 뭘 좀 사가지고 올까요?" 맹상군이 말했다. "알아서 하게나. 우리 집에 부족한 게 있으면, 그걸 사오게나." 冯谖은 薛地에 도착해 채무자를 불러 모아 그들에게 선포했다. "맹상군께서는 여러분들이 생활이 곤란한 걸 아시고, 빚을 갚지 말라 하셨습니다!" 그리고는 그곳에서 빚 문서를 불태워 버렸다. 채무자들은 이만저만 감격해하는 것이 아니었다. 冯谖은 돌아가서 맹상군에게 아뢰었다. "제가 보기에 우리 집엔 부족한 것이 없고, 단지 '義' 자가 부족할 뿐입니다. 그래서 '義' 자를 사왔습니다." 그리고는 사람들 앞에서 빚 문서를 불태운 사실을 들려주었다. 맹상군은 엄청 화가 났지만, 어찌할 방법이 없었다. 그러나 그 후로는 冯谖에게 훨씬 소홀하게 대했다.

　　Zhànguó shí, Qíguó yǒu ge dà guìzú jiào Mèngchángjūn, jiāli yǒu ge ménkè jiào Féngxuān. Yǒu yí cì Mèngchángjūn jiào tā dào zìjǐ de fēngdì Xuēdì(wèi zài jīn Shāndōng shěng) qù tǎozhài, línzǒu de shíhou, Féngxuān wèn Mèngchángjūn: "Shōu wán le zhài, yào mǎi xiē shénme lái ma?" Mèngchángjūn shuō: "Nǐ qiáo zhe bàn ba, zánmen jiā quē xiē shénme, nǐ mǎi xiē shénme lái ba." Féngxuān dào le Xuēdì, zhàojí zhàihù xiàng tāmen xuānbù: "Mèngchángjūn zhīdào dàjiā shēnghuó kùnnán, yīncǐ búyào dàjiā huánzhài la!" Bìng dāngchǎng shāodiào zhàijù, zhàihùmen gǎnjībújìn. Féngxuān huíqù xiàng Mèngchángjūn huìbào: "Wǒ kàn zánmen jiāli shénme yě bù quē, zhǐyǒu yí ge shǎo 'yì' zì, suǒyǐ jiù bǎ 'yì' zì gěi nín mǎilái." Bìng bǎ dāngzhòng shāodiào zhàijù de shì shuō gěi tā tīng le. Mèngchángjūn qì de yàomìng, kě yě méi bànfǎ le, dàn cóngcǐ duì Féngxuān lěngdán le yìxiē.

    나중에 맹상군은 제나라 임금으로부터 相國의 벼슬을 박탈 당해, 어쩔 수 없이 薛地로 가야했는데, 그곳 백성들이 모두 나와서 그를 환영해주었다. 맹상군은 크게 감동받아, 冯谖에게 말했다. "그대가 나에게 사준 '義' 字를 오늘 내가 보았소. 난 설지가 있어서 안전을 도모할 수 있구려." 冯谖이 말했다. "꾀 많은 토끼는 굴을 3개 가지고 있어야 죽음을 면할 수 있다고 합니다. 지금 당신은 굴이 하나뿐으로, 베개를 높게 베고 잠을 잘 처지는 못 됩니다. 제가 당신께 굴을 두 개 더 파드리도록 하겠습니다." 그러고는 그는 양혜왕을 설득해, 만일 맹상군을 불러다 국사를 다스리게 한다면, 반드시 부국강병을 이룰 것이라 말했고, 양혜왕은 설득 당해서 큰돈을 걸고 맹상군을 세 차례나 초빙했으나, 그때마다 冯谖은 그에게 가지 말라고 했다. 이 일이 제나라 왕에게 알려지자, 맹상군이 양나라에 쓰임 받을까 겁이나, 급히 융숭한 예절로 맹상군을 다시 불러다 상국의 자리에 앉혔다. 冯谖은 또 맹상군더러 제나라 왕에게 선왕이 물려준 제기를 하사해 주십사 청하게 하여, 설지에 놓고, 사당을 세워서, 설지의 안전을 확보했다. 종묘가 세워지면서, 맹상군의 제나라에서의 지위는 더욱 단단해서 전혀 흔들리지 않는 상태가 되었다. 그러자 그는 그제야 맹상군에게 말을 했다. "이제 굴 세 개가 세워졌으니, 당신은 베개를 높게 베고 주무셔도 되겠습니다."

Hòulái Mèngchángjūn bèi Qíwáng jiěchú xiàngguó de zhíwèi, zhǐhǎo huídào Xuēdì qù, dāngdì lǎobǎixìng dōu chūlái huānyíng tā. Mèngchángjūn hěn shòu gǎndòng, duì Féngxuān shuō: "Nǐ gěi wǒ mǎi de 'yì' zì, wǒ jīntiān cái kànjiàn, wǒ zǒngsuàn yǒu Xuēdì kě ānshēn!" Féngxuān shuō: "jiǎo tù yǒu sān kū, zhǐnéng miǎnchú yì sǐ. Xiànzài nǐ cái yǒu yì kū, hái bùnéng bǎ zhěntou diàn de gāogāo de shuìjiào, wǒ yào wèi nín záo liǎng kū." Yúshì tā qù quànshuō Liáng Huìwáng, shuō shì ruò qǐng dào Mèngchángjūn zhìlǐ guóshì, yídìng néng guófù bīngqiáng, Liáng Huìwáng gěi shuōdòng le, zhòngjīn qù qǐng Mèngchángjūn, lián qǐng le sān cì, Féngxuān dōu jiào tā búyào qù. Zhè jiàn shì gěi Qíwáng zhīdào le, pà Mèngchángjūn wèi Liángguó suǒ yòng, jímáng yòng gèng lóngzhòng de lǐjié zài qǐng Mèngchángjūn zuò xiàngguó. Féngxuān yòu quàn Mèngchángjūn xiàng Qíwáng qǐngqiú cì gěi xiānwáng chuánxià de jìqì, fàng zài Xuēdì, jiànlì zōngmiào, yǐ bǎozhèng Xuēdì de ānquán. Dāng zōngmiào jiànchéng, shǐ Mèngchángjūn zài Qíguó de dìwèi yòu wěngù de bù kě dòngyáo le, tā cái duì Mèngchángjūn shuō: "Xiànzài sān ge kū yǐjīng jiànchéng, nǐ kěyǐ gāozhěnwúyōu le."

🔑 핵심 키워드

#战国　#齐国　#孟尝君　#门客　#冯谖　#薛地　#讨债　#瞧着办　#烧掉　#债据
#'义'字　#感动　#垫　#梁惠王　#相国　#宗庙　#高枕无忧

TIP
讨债 : 빚을 독촉하다.
高枕无忧 : 마음이 편안하여 근심 걱정이 없다.
A, 以 B : A 함으로써 B가 되게 하다.

도둑을 잡는 데 필요한 달리기

Sàipǎo rèn zéi

东晋 때, 河北省 冀县에 소매치기 사건이 발생했다. 한 늙고 힘없는 할머니가 황혼 무렵에 집에 돌아가다, 길에서 절도를 당해, 두 눈 뜨고 도둑이 그녀의 보따리를 가로채 달아나는 것을 보았지만, 힘이 없어 쫓아갈 수가 없어서, 힘껏 목 놓아 소리 지르는 수밖에 없었다. "도둑 잡아라, 도둑 잡아라, 도둑이 물건을 훔쳐 달아났다!"

Dōngjìn shíhòu, Héběishěng Jìxiàn fāshēng guò yì tiáo qiǎngàn. Yǒu ge niánlǎo tǐruò de lǎotàipó zài huánghūn shí huíjiā, lùshàng bèi rén qiǎngjié, yǎnkàn zhe zéi qiǎng le tā de bāofú pǎo le, què méi lìqì zhuīgǎn, zhǐhǎo shǐjìn dàshēng hūhǎn: "Zhuā zéi ya, zhuā zéi ya, zéi qiǎng dōngxi la!"

운 좋게도, 길을 지나가던 행인 하나가 그 소리를 듣고, 있는 힘껏 쫓아갔다. 이 길가던 행인은 도둑을 쫓아 따라잡은 후, 양쪽이 한데 엉켜, 할머니의 보따리도 땅에 떨어졌다. 순찰대가 왔을 때는, 양쪽이 서로 상대방이 도둑이라고 말하며, 자신은 도둑을 잡은 행인이라고 주장했다. 절도가 일어났던 시점은 날이 어두워졌을 때이고, 할머니의 시력이 좋지 않아, 급한 마음에 또 누가 도둑인지 알아두지를 못한지라 그녀도 누가 나쁜 사람이라고 감히 단언할 수가 없었다. 순라꾼들은 하는 수 없이, 두 사람을 함께 데리고 관아로 가, 상관에게 처리를 맡겼다.

Pèngqiǎo, nàshí yǒu ge guòlùrén tīng dào le, biàn pīnmìng zhuī shàng qù. Zhè wèi guòlùrén zhuī shàng táopǎo de xiǎotōu hòu, shuāngfāng niǔdǎ chéng yìtuán, lǎotàipó de bāofú yě diàoluò zài dìshàng. Děng xúnluó de shìbīng gǎnlái shí, shuāngfāng dōu zhǐ duìfāng shì qiǎngzéi, zìjǐ shì zhuāzéi de guòlùrén. ér yóuyú fāshēng qiǎngjié shí tiān yǐ hēi le xiàlái, lǎotàipó yǎnshén bù hǎo, qíngjí zhī zhōng yòu méi rènqīng shéi shì zéi, tā yě bù gǎn wàngduàn shéi shì huàirén. Shìbīng men méi bànfǎ, zhǐhǎo bǎ liǎngrén yìqǐ dài huí yámén qù, jiāogěi shàngsī chǔlǐ.

당시의 冀州牧은 苻融으로, 그는 곧 前秦의 왕 苻堅의 막내동생이었다. 그는 이 사건을 받은 후, 웃으면서 말을 했다. "누가 도둑이고, 누가 행인인지, 쉽게 가려낼 수 있다. 너희들은 들으라! 이제 너희들은 여기서 봉양문까지 달려간다, 시합은 누가 风阳门에 먼저 다다르나 하는 것이다. 먼저 도착한 사람이 도둑이 아닌 것이다."

Dāngshí de Jìzhōumù shì Fúróng, yě jiùshì Qiánqín wáng Fújiān zuìxiǎo de dìdi. Tā jiē dào zhè ge ànzi hòu, xiào zhe shuō: "Shéi shì zéi rén, shéi shì lùrén, hěn róngyì fēnbiàn chūlái. Nǐmen tīng zhe! Xiànzài nǐmen cóng zhèlǐ pǎo dào Fēngyángmén qù, bǐsài shéi xiān pǎo dào Fēngyángmén. Shéi xiān dào, shéi jiù bú shì zéi."

흑백을 가리는 특수한 시합이 벌어졌다. 그 둘이 앞서거니 뒤서거니 하며 风阳门 앞에 다다랐을 때, 일찌감치 그곳에서 기다리고 있던 苻融은 큰 소리로 뒤에 오는 사람을 가리키며 말했다. "네가 도둑이다! 왜냐고? 어제 저녁 너는 남의 물건을 훔친 후, 비록 멀찌감치 도망가 버렸지만, 남에게 따라잡히고 말았다, 이것은 네가 남보다 달리기가 빠르지 않다는 뜻이다, 그렇지 않다면, 너는 일찌감치 도망쳐서 만세를 불렀을 것이지, 잡혀서 여기까지 오겠느냐? 그래도 죄를 불지 않겠느냐!"

Yì chǎng dìng qīngbái de tèshū bǐsài lā kāi le. Dāng nà liǎng ge rén yìqián yíhòu qìchuǎnxūxū de pǎo dào Fēngyángmén ménkǒu shí, zǎoyǐ děnghòu zài nàlǐ de Fúróng lìshēng zhǐ zhe luòhòu de nà ge rén shuō: "Nǐ jiùshì zéi! Wèi shénme ne? Zuótiān wǎnshàng nǐ qiǎng le rénjiā dōngxi zhī hòu, suīrán yǐjīng pǎo chū lǎo yuǎn, dàn háishì bèi rénjiā zhuīshàng le, zhè shuōmíng nǐ méiyǒu rénjiā pǎo de kuài, bùrán de huà, nǐ zǎojiù liūzhī dàjí le, hái huì bèi niǔsòng dào zhèlǐ lái ma? Hái bú kuàikuài rènzuì!"

　그 사람은 발뺌할 수 없음을 알고, "털썩" 하는 소리와 함께 땅에 무릎을 꿇고, 마늘을 빻듯이 고개를 끄덕이며 용서를 빌었다. 苻融은 법에 따라 소매치기를 조치하고, 보따리는 할머니에게 돌려주고, 또한 의를 보고 용감하게 행동한 행인에겐 상을 수여했다.

　Nà ge rén yí kàn dǐlài búguò, "Pūtōng" yìshēng de guì zài le dìshàng, xiàng dǎosuàn sì de bú zhù de kòutóu qiúráo. Fúróng yīzhào fǎlǜ chǔzhì le qiǎngzéi, bǎ bāofú huán gěi le lǎotàipó, bìng duì nà wèi jiànyìyǒngwéi de guòlùrén jǐyǔ le jiǎngshǎng.

🔑 핵심 키워드

#东晋　#冀县　#抢案　#老太婆　#抢劫　#碰巧　#过路人　#小偷　#眼神　#不好　#衙门　#冀州牧　#苻融　#苻坚　#风阳门　#清白　#气喘吁吁　#大吉　#抵赖　#捣蒜　#见义勇为

TIP
使劲 : 있는 힘껏
过路人 : 지나가던 사람
扭打 : 뒤엉켜 싸우다.
眼神 : 시력
拉开 : 열어젖히다.
大吉 : 아주 순조롭다.
扑通 : 털썩
捣蒜 : 마늘을 찧다.
见义勇为 : 정의를 보고 용감하게 행동하다.

백정의 식견

Túfū de jiànshì

제나라에 소를 죽이는 백정이 있어, 조그만 정육점을 냈는데, 장사가 그런대로 괜찮게 되었다. 그는 비록 평범한 인물이었으나, 품성이 느긋하여, 자신의 생활과 일에 대해 모두 만족하고 있어서, 여태껏 자기 직분을 벗어나는 꿈을 꾸어본 적이 없었다.

Qíguó yǒu ge shā niú de túfū, kāi le yì jiā xiǎo ròudiàn, shēngyì hái suàn búcuò. Tā suīrán shì yí ge píngfán de xiǎo rénwù, dànshì shēngxìng dáguān, duìyú zìjǐ de shēnghuó hé gōngzuò dōu juéde xīnmǎnyìzú, cónglái méi yǒu zuò guò fēifèn de mèngxiǎng.

하루는, 국왕이 한 관원을 보내 백정의 집으로 혼담을 하러 왔다. 그 관원이 그에게 말을 했다. "국왕께서는 공주를 당신의 짝이 되게 할 생각이오. 만일 당신이 이 혼담에 찬성한다면, 당신은 풍성한 혼수와 대량의 금전을 얻는 것은 물론, 관리가 될 수도 있소. 이것은 정말이지 천재일우의 좋은 기회이니, 사절하지는 않으시겠죠?"

Yǒu yì tiān, guówáng pài yí wèi guānyuán dào túfū jiā lǐ shuōqīn. Nà wèi guānyuán duì tā shuō: "Guówáng yǒu yì bǎ gōngzhǔ xǔpèi gěi nǐ, rúguǒ nǐ dāying zhè mén qīnshì, nǐ búdàn kěyǐ dédào fēnghòu de jiàzhuang hé dàliàng de jīnqián, érqiě hái kěyǐ zuòguān. Zhè zhēnshì yí ge qiān zǎi nán féng de hǎo jīhuì, wǒ xiǎng nǐ bú huì tuīcí ba?"

백정은 대답해주었다. "나는 국왕의 호의에 아주 감사하는 바입니다, 하지만 저는 치료를 할 수 없는 불치병을 앓고 있어서, 받아들일 수가 없습니다. 국왕에게 죄송하다고 전해주시고, 저의 사의도 전달해주세요."

Túfū huídá shuō: "Wǒ hěn gǎnxiè guówáng de hǎoyì, dànshì yīnwèi wǒ rǎnhuàn le yì zhǒng wúfǎ zhì hǎo de yínánzǎzhèng, suǒyǐ wǒ bù néng jiēshòu. Qǐng nǐ dài wǒ xiàng guówáng dàoqiàn, bìngqiě zhuǎndá wǒ de xièyì."

그 관원이 간 후, 그의 이웃과 친지들은 모두 그를 책망하며 말했다. "너는 이 피비린내 나는 도살장에서 인생을 마감하기로 작정했니? 왜 이 구해도 얻지 못할 혼사를 거절한 것이냐?"

Nà wèi guānyuán zǒu le yǐhòu, tā de línjū hé qīnyǒu dōu zéguài tā shuō: "Nǐ xià juéxīn sǐ zài zhè xīngchòu de zǎifáng lǐ liǎoshì ma? Wèishénme xièjué zhè mén qiú zhī bù dé de qīnshì ne?"

백정은 그들에게 설명을 했다. "당신들은 이것이 좋은 기회라고 생각하지만, 난 그렇게 생각지 않소. 세상에 그렇게 공짜로 얻는 일은 없습니다. 잘생기고 능력 있는 젊은이들이 제나라에는 널려있는데, 국왕이 딸을 다른 사람에게 시집보내지 않고, 나를 꼭 찍었다는 것은, 공주가 분명히 추녀이기 때문이오. 내가 비록 백정이나, 돈과 지위를 위해서 자기가 싫어하는 여자를 취할 수는 없소."

Túfū xiàng tāmen jiěshì shuō: "Nǐmen yǐwéi zhè shì yǐ ge hǎo jīhuì, wǒ què bù nàme xiǎng. Tiānxià méi yǒu nàme piányì de shì. Yīngjùn yǒuwéi de qīngnián, Qíguó duō de hěn, guówáng bù bǎ nǚér jià gěi biérén, piānpiān kànzhòng le wǒ, yídìng shì gōngzhǔ zhǎng de hěn chòu. Wǒ suīrán shì yí ge túfū, yě bù néng wèi le jīnqián dìwèi ér qǔ yí ge zìjǐ suǒ bù xǐhuān de nǚrén."

모두들 그의 말에 수긍은 하면서도, 완전히 믿을 수는 없었다. 그의 한 친구가 여전히 납득이 가지 않아 물었다. "나는 그래도 이해가 되지 않네, 자네가 왜 이런 생각을 하는지가."

Dàjiā suīrán juéde tā de huà yǒu xiē dàolǐ, kěshì bù gǎn wánquán xiāngxìn. Tā de yí ge péngyou háishì juéde mòmíngqímiào, jiù wèn: "Wǒ háishì bù míngbái, nǐ zěnmehuì yǒu zhè zhǒng xiǎngfǎ ne?"

백정이 말을 했다. "나는 소를 도살해 고기를 판 경험에 근거하여 말하는 것이
다. 나는 백정이라, 다른 일은 모른다, 하지만 고기를 파는 것에 있어서는 전문가
이다. 내 소고기가 신선하면, 손님은 수량대로 사고도, 적게 샀다고 여기지만, 나
의 소고기가 기간을 넘겨 냄새가 나면, 값이 싸고, 덤까지 얹어주어도, 고기를 팔
수가 없다. 지금 국왕이 풍성한 혼수를 준비해, 자기의 딸을 나처럼 평범한 백정에
게 시집보내려 하는 것은 그의 딸이 못생겼기 때문이다."

Túfū shuō: "Wǒ shì píng zǎiniú mài ròu de jīngyàn jiù zhème shuō de. Wǒ shì
ge túfū, biéde shìqíng wǒ bùdǒng, kě mài ròu wǒ shì nèiháng. Wǒ de niúròu rúguǒ
hěn xīnxiàn, gùkè àn shùliàng mǎi qù, hái xián shǎo le: yàoshì wǒ de niúròu guòqī
ér fāchòu, jíshǐ jiàqián piányì, lìngwài zài biéde fùjiàn tiānjiā gěi gùkè, háishì mài bu
chū shǒu. Xiànzài guówáng zhǔnbèifēnghòu de jiàzhuang, bǎ zìjǐ de nǚér yào jià gěi
wǒ zhèyàng yí ge jí qí píngfǎn de túfū, zhèngshì yóuyú tā de nǚér chòu de yuángù
a."

그의 한 친구가 나중에 기회가 있어 실제로 국왕의 그 딸을 직접 확인했는데, 정말로 못생긴 정도가 다시는 보고 싶지 않은 정도였다.

Tā de yí ge péngyou hòulái yǒu jīhuì qīnyǎn kàndào le guówáng de nà wèi qiānjīn, guǒrán chòu de lián kàn dōu bù xiǎng zài kàn de dìbù le.

🔑 핵심 키워드

#齐国　#屠夫　#肉店　#国王　#说亲　#公主　#许配　#门　#嫁妆　#千载　#难逢
#官员　#求之不得　#便宜　#偏偏　#看中　#莫名其妙　#内行　#嫌　#发臭　#卖不出手

TIP

说亲 : 혼담를 꺼내다. 혼사를 제기하다.
许配 : 혼약하다.
门 : 혼사의 양사
千载难逢 : 일생에 한 번 마주치기도 어렵다.
求之不得 : 구한다고 해서 얻어지지 않는다.
了事 : 일을 끝마치다.
偏偏 : 굳이
莫名其妙 : 영문을 모르다.
嫌 : 불만스럽게 생각하다.
极其平凡 : 지극히 평범하다.
千金 : 남의 딸을 지칭할 때의 높임말

왕도 요리하는 중국인의 우회전략

Néng shǐ wáng tīnghuà de shuōhuà jìqiǎo

《晏子春秋》에 기록된 이야기에 따르면, 烛邹라는 자가 조심하지 않아, 경공의 사냥용 매를 도망치게 하였고, 사냥을 좋아하는 齊경공은 烛邹를 끌어내어 참수하도록 명령하였다. 이때 晏子가 제경공을 알현하여 말하길 "烛邹은 세 가지의 큰 죄목이 있거늘, 어찌 이렇게 쉽게 죽이려 하십니까? 저로 하여금 죄목을 하나씩 열거한 후에 처벌해도 늦지 않습니다, 신이 죄목을 말해도 되겠습니까?" 경공이 허락하므로, 晏子는 烛邹의 코를 가리키면서 말을 했다. "烛邹야! 너는 대왕을 위해 새를 키우면서도 새를 도망가게 하였으니, 이것이 너의 첫 번째 죄상이며, 대왕으로 하여금 새 때문에 사람을 죽이게 하니, 이것이 너의 두 번째 죄상이며, 너를 죽여서, 천하의 제후들이 모두 대왕이 새를 중히 여기고 사람을 가볍게 여긴다는 책망을 듣게 하니, 이것이 너의 세 번째 죄상이다." 경공은 이 말을 듣자, 晏子의 의도를 알아차리고, 烛邹를 풀어주었다.

《Yànzǐ Chūnqiū(晏子春秋)》 jìzǎi le yí gè gùshi, shuō ZhúZōu(烛邹) búshèn, ràng Jǐnggōng(景公) de yì zhī lièyīng táozǒu le, ài dǎliè de Qí(齐) Jǐnggōng biàn xiàlìng bǎ ZhúZōu tuīchū qù zhǎnshǒu. Yànzǐ bàijiàn Qí Jǐnggōng, Yànzǐ shuō: "ZhúZōu yǒu sān dà zuìzhuàng, nǎ néng zhème qīngyì shā le tā ne? Qǐng ràng wǒ yìtiáotiáo shǔ chūlái zhīhòu, zài shā tā yě bù wǎn, chén néng bù néng jiǎng xiàqù? Jǐnggōng shuō: Kěyǐ." Yúshì Yànzǐ zhǐzhe ZhúZōu de bízi shuōdào: "ZhúZōu! Nǐ wèi dàwáng yǎng niǎo, què ràng niǎo táozǒu, zhè shì nǐ dì yī tiáo zuìzhuàng: Nǐ shǐde dàwáng wèile yì zhī niǎo ér shārén, zhè shì dì'èr tiáo zuìzhuàng: Bǎ nǐ shā le, tiānxià zhūhóu dōu huì zéguài dàwáng zhòng niǎo qīng rén, zhè shì dì sān tiáo zuìzhuàng." Jǐnggōng tīng le zhè fān huà, lǐnghuì le Yànzǐ de yìtú, jiù fàng le ZhúZōu.

晏子의 말은 표면적으로는 燭鄒를 말했지만, 실제로는 경공에게 들려준 말로, 경공을 꾸짖은 교묘한 방식인 것이다. 이러한 방식이 이 장면에서 쓰여, 긍정적인 효과를 얻은 것으로, 물론 여기에는 제경공의 사람됨이 비교적 깨어있는 편이라서 이러한 효과를 얻은 측면도 있다.

Yànzǐ de zhè fān huà biǎomiàn shàng shì shuō ZhúZōu, shíjìshàng shì shuō gěi Qí Jǐnggōng tīng, shì pīpíng Jǐnggōng de yìzhǒng qiǎomiào de fāngshì. Zhè zhǒng fāngshì yòng zài zhè ge chǎnghé, shōudào le kěndìng de xiàoguǒ, dāngrán, zhè shì yīnwèi Qí Jǐnggōng wéirén bǐjiào kāimíng ér néng shōudào rúcǐ de xiàoguǒ de.

《晏子春秋》 에는 또 다른 이야기가 기록되어 있는데, 여기서도 晏子와 제경공이 주인공이다. 제경공은 술을 몹시 좋아하여, 7일 밤낮을 쉬지 않고 마실 정도였다고 한다. 제나라의 대부 弦章이 간언을 했다. "군왕께선 7일 밤낮을 쉬지 않고 술을 마셨습니다, 부탁드립니다, 이렇게 술을 마시지 마십시오! 그렇지 않다면, 저에게 죽음을 내려주십시오."

《Yànzǐ Chūnqiū》 jìzǎi le lìng yí gè gùshi, háishì Yànzǐ hé Qí Jǐnggōng dāng zhǔjué. Qí Jǐnggōng kù'ài yǐnjiǔ, qī rì qī yè bùzhǐ. Qí dàifū XiánZhāng(弦章) jìnjiàn shuō: "Jūnwáng liánxù yǐnjiǔ qī rì qī yè, wǒ qǐngqiú jūnwáng búyào zhèyàng yǐn xiàqù le! Bùrán, nín jiù cìgěi wǒ sǐ ba."

얼마 지나지 않아, 晏子가 입궁하여 제경공을 알현하게 되자, 경공이 말을 했다. "弦章이 나에게 술을 마시지 말라고 권하며, 그렇지 않을 경우 나더러 그에게 죽음을 내려달라 하는데, 만일 이렇게 그의 간언을 받아들인다면, 신하가 군주를 통제하는 것이 아니겠소? 그렇다고, 그의 의견을 받아들이지 않자니, 그의 죽음이 아깝소." 晏子가 말을 받았다. "행운입니다! 弦章이 당신과 같은 군주를 만났으니 말입니다! 만일 弦章이 夏의 桀왕이나 商의 紂王을 만났다면, 그는 벌써 죽었을 것입니다." 제경공은 晏子의 말을 듣고, 다시는 폭음을 하지 않았다.

Méi děng duō jiǔ, chèn Yànzǐ rù gōng jiàn Qí Jǐnggōng, Jǐnggōng shuō: "XiánZhāng quàn wǒ búyào yǐnjiǔ, bùrán, jiù ràng wǒ cìgěi tā sǐ. Rúguǒ zhèyàng jiēnà tā de jìnjiàn, nà bù děngyú shì dàchén zhìyuē jūnzhǔ le ma? Bù jiēnà tā de yìjiàn ba, wǒ yòu liánxī tā de sǐ." Yànzǐ shuō: "Xìngyùn a! XiánZhāng yùshàng le nín zhèyàng de jūnzhǔ le! Jiǎruò XiánZhāng yùshàng le Xià(夏) Jié(桀) huò Shāng(商) Zhòu(纣) zhèyàng de jūnzhǔ, tā zǎojiù sǐ le." Qí Jǐnggōng tīng le

Yànzǐ de huà, jiù búzài xùjiǔ le.

비록 두 사람이 모두 폭음을 금지하도록 간언하였으나, 룡子의 간언만 경공에게 받아들여진 걸까? 이것은 두 사람이 채택한 방법이 달랐기 때문이다. 弦章이 채택한 것은 직언법으로, 사람을 불쾌하게 만들기가 쉬우나, 룡子가 채택한 방법은 완곡한 표현법으로, 완곡함을 지니고 있어, 사람을 유쾌하게 하는 특징이 있는지라, 룡子의 간언이 제경공에게 아무런 거부감이 없이 받아들여진 것이다.

Suīrán liǎng gè rén dōu wèi jìnzhǐ xùjiǔ ér jìnjiàn, què Yànzǐ de jìnjiàn cái bèi Jǐnggōng jiēshòu le ne? Zhè shì yīnwèi liǎng gè rén cǎiqǔ de fāngshì bù yíyàng de guānxi. XiánZhāng cǎiqǔ de shì zhíyánfǎ, zhè róngyì shǐ rén bù gāoxìng, ér Yànzǐ cǎiqǔ de shì wǎnyánfǎ, tā jùyǒu wěiwǎn ér lìng rén yúkuài de tèdiǎn, suǒyǐ Yànzǐ de jìnjiàn bèi Qí Jǐnggōng háowú cìjī de jiēshòu le.

#晏子春秋　#烛邹　#景公　#猎鹰　#斩首　#下去　#晏子　#逃走　#责怪　#巧妙
#场合　#弦章　#夏桀　#商纣　#酗酒　#直言法　#婉言法　#刺激　#毫无

TIP

为人 : 사람 됨됨이
夏桀, 商纣 : 각각 夏와 商의 마지막 왕으로, 폭군의 대명사로 여겨짐.
酗酒 : 폭음하다.
毫无 : 전혀 ~~없이

종으로 도둑잡기

Mō zhōng biàn dào

陳襄은 宋나라 때의 현령으로, 한번은, 그가 종鐘을 이용해 도둑을 잡았다. 당시, 한 부잣집이 밤에 재물을 잃어버려 관아에 고발을 하였는데, 陳襄은 사건을 접한 후, 곧바로 포졸을 사방으로 파견하여 사건의 실마리를 찾도록 한 결과, 성 안에서 도적의 혐의가 있는 사람들을 여럿 잡아서, 그들을 전부 관아로 데려왔다. 陳襄은 한 명씩 혐의자들을 심문했으나, 그들은 모두 머리를 강하게 좌우로 흔들며, 자신들은 증인이 있어, 자신이 그날 밤 전혀 물건을 훔치지 않았다는 것을 증명할 수 있노라 했다.

ChénXiāng shì Sòngdài de yí wèi xiànlìng, yí cì, tā lìyòng zhōng cháchū le dàozéi. Dāngshí, yǒu yí hù fùyù rénjia yīn yèlǐ cáiwù shǐqiè gào dào xiànyá, ChénXiāng jiēdào ànzi hòu, lìkè pàichū bǔyì sìchù xúnzhǎo xiànsuǒ, jiéguǒ zài xiànchéng nèi bǔzhuō yìxiē xiányí wéi dàozéi de rén, biàn bǎ tāmen quánbù dài huí xiànyá. ChénXiāng yígèyígè de shěnwèn xiányífàn, tāmen dōu bǎ tóu yáo de xiàng bǎlànggǔ sìde, dōu shuō zìjǐ yǒu zhèngrén, kěyǐ zhèngmíng zìjǐ nà tiān wǎnshàng gēnběn méi tōu guò dōngxi.

그러니 어쩌면 좋단 말인가? 陳襄은 잠시 깊이 생각하더니, 자신 있게 말을 했다. "관아 부근에 사당이 하나 있는데, 그곳의 종이 신기하여, 영험함이 있어, 누가 도둑인지 가려낼 수가 있다. 도둑질한 자가 종을 만지면, 종이 소리를 내므로, 종을 만졌는데도 소리가 나지 않으면 즉 도둑이 아닌 것이지. 너희들 중 누가 도둑인지는 거기에 가서 종을 만지면 즉시 가려낼 수가 있다." 그러고는 陳襄은 사람을 시켜 이 혐의자들을 함께 사당으로 호송하게 했다.

Zhè xià kě zěnmebàn ne? ChénXiāng chénsī le piànkè, hěn yǒu bǎwò de shuō: "Xiànyá fùjìn yǒu zuò miào, miào lǐ de zhōng hěn shénqì, yǒu língxìng, néng fēnbiàn chū shéi shì tōu dōngxi de rén. Tōu dōngxi de rén yì mō zhōng, zhōng jiù huì fāchū shēngyīn, mō le zhōng bù fāchū shēngyīn de jiù bú shì zéi. Nǐmen dāngzhōng shéi shì xiǎotōu, dào nàlǐ yì mō biàn fēnbiàn chūlái." Jiēzhe, ChénXiāng pài rén yā zhe zhè xiē xiányífàn yìtóng dào miào lǐ qù.

사당에 도착하자, 陳襄은 먼저 부하들을 데리고 종을 향해 향을 피우고 기도를 드렸는데, 그 모양새가 짐짓 공손하고 또 아주 경건한 것이었다. 그런 다음, 그는 사람을 시켜 두꺼운 휘장으로 종을 빈틈없이 휘두르게 하고, 조그만 빛도 차단시킨 후, 몰래 사람을 시켜 종에 먹물을 바르게 하고서야, 혐의자들을 들어가 종을 만지게 했다. 그들이 한 사람씩 휘장 안에서 나왔을 때는, 모두가 종의 울림을 듣지 못한지라, 모두 대인이 말한 종이 영험하지 않거나, 이 자들 중에 원래 도둑은 없었다고 여겼다.

Dào miào lǐ, ChénXiāng xiān lǐng zhe xiàshǔ xiàng zhōng shāoxiāng qídǎo,

zhuāng chū gōnggōngjìngjìng' shífēn qiánchéng de yàngzi. Ránhòu, tā jiào
rén yòng hòuhòu de zhàngzi bǎ zhōng yányánshíshí de wéi zhù, bú lòu yìsī
guāngxiàn rù nèi, bìng qiāoqiāo pài rén zài zhōng shàng tú le mòzhī, zhè cái
ràng xiányífàn jìnqù mō zhōng. Děng tāmen yígègè cóng zhàngzi lǐ chūlái hòu,
dàjiā yě méi tīngjiàn zhōng xiǎng, dōu rènwéi bú shì dàrén shuō de zhōng bù
líng le, jiùshì zhè xiē rén zhōngjiān gēnběn méiyǒu xiǎotōu.

어찌된 일인지 陳襄이 갑자기 큰소리로 말을 했다. "너희들 손을 펴서 보여
주어라!" 혐의자들은 모두 손을 뻗어, 모두 고개를 내밀어 보자, 그중 한 사람
의 두 손이 깨끗한 것이, 먹물 흔적이 전혀 없는 것이었다. 陳襄은 곧바로 이
자를 체포하게 하였다. 체포된 사람은 시치미를 떼려 했다. "무슨 증거로 나를
범인이라고 하는 것이오? 대인은 저를 억울한 누명을 씌우시면 안 됩니다."
陳襄은 가볍게 웃으며 말했다. "너의 손이 가장 좋은 증거이니라. 도둑놈이 제
발 저리듯이, 너는 종을 만지면, 소리가 날까봐, 감히 손을 대지 못한 것이지,
그래서 너의 손에는 먹물 흔적이 없는 것이지."

Shéi zhī ChénXiāng tūrán dàshēng shuōdào: "Bǎ nǐmen de shǒuzhǎng tān
kāi, ràng dàjiā kàn kàn!" Xiányífàn men dōu shēnchū shǒu lái, dàjiā tàntóu yí
kàn, jìng yǒu yí gè rén shuāngshǒu gāngānjìngjìng, yìdiǎn mòjī yě méiyǒu.
ChénXiāng lìjí xiàlìng bǎ zhè gè rén zhuā qǐlái. Bèi zhuā de rén hái xiǎng dǐlài:
"Nǐ yǒu shénme zhèngjù rèndìng wǒ shì zéi? Dàrén kě bùnéng yuānwang wǒ
ya!" ChénXiāng xiào le xiào, shuō: "Nǐ de shǒu jiùshì zuì hǎo de zhèngjù. Nǐ
zuòzéixīnxū, hàipà yì mō zhōng, zhōng jiù huì xiǎng, bù gǎn qù mō tā, suǒyǐ nǐ
shǒu shàng cái méi zhān shàng mòjī."

원래, 陳襄은 일찌감치 아무리 교활한 도둑일지라도 겁을 먹을 것이라고 예상했던지라, 일부러 덫(올가미)을 설치했던 것으로, 도둑으로 하여금 어쩔 수 없이 죄를 인정하게 만들었다.

Yuánlái, ChénXiāng zǎojiù liàodào zài jīngmíng de dàozéi yě huì dǎnqiè, jiù gùyì shèxià le quāntào, shǐ zéi zhǐdé dītóu rènzuì.

핵심 키워드

#陈襄 #盗贼 #失窃 #线索 #审问 #摇 #拔浪鼓 #沉思 #声音 #发出
#押着 #墨汁 #涂 #摸钟 #墨迹 #抵赖 #做贼心虚 #认罪

TIP 嫌疑 : 의심이 가다.
拔浪鼓 : 땡땡이(일종의 손 장구로 양 옆에 끈에 추가 달려있어, 회전을 주면 추가 장구에 닿아 소리가 나게 하는 소품)
悄悄 : 몰래
不是~~, 就是~ : ~~이 아니면, ~인 것이다.
冤枉 : 억울하게 하다.
做贼心虚 : 도둑이 제 발 저리다.
胆怯 : 겁을 먹다.

孔融 일화

Kǒngróng qùshì

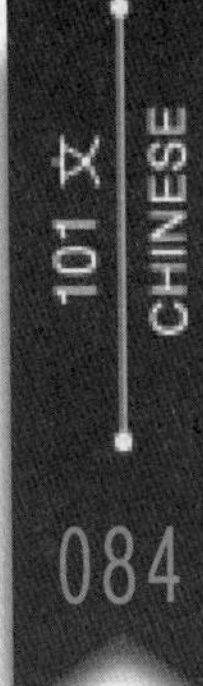

孔融은 漢나라 때의 유명한 대신으로, 어릴 때부터 총명함이 남달라서, 말이나 행동이 다 조리 정연하였다. 孔融이 열 살이 되었을 때, 그의 부친은 볼 일이 있어 수도인 낙양으로 갈 일이 있었다. 그는 孔融에게도 세상물정을 알게 할 심산으로, 그를 데리고 같이 가게 되었다.

Kǒngróng shì hòuhàn shíqī yí wèi hěn yǒumíng de dàchén, cóng xiǎo jiù cōngmíng guòrén, shuōhuà zuòshì, dōu yǒutiáoyǒulǐ. Kǒngróng shí suì de shíhou, tā fùqīn yǒu shì yào dào jīngchéng luòyáng qù yí tàng. Tā xiǎng yě gāi ràng kǒngróng jiànjiàn shìmiàn, jiù dài zhe tā yíkuàir qù le.

孔融은 비록 나이가 어렸으나, 견문이 이미 상당한 풍부한 상태가 되었다. 그는 일찍이 낙양의 李元禮 선생이 도덕과 학문이 모두 걸출하다고 들었다. 당시의 지식인들은 李元禮를 알고 지내는 것을 영광스럽게 생각했는데, 孔融도 한번 그를 만나보고, 그로부터 깨달음을 받고 싶었다. 하지만 어찌되었든 그는 어린아이였는지라, 무턱대고 李元禮의 집으로 찾아간다 한들, 주인을 못 보기 십상이었다. 그는 이 문제를 꼼꼼하게 한 차례 짚어보고는, 마침내 용기를 내어 李氏 댁의 문을 두드렸다.

Kǒng Róng suīrán niánjì hěn xiǎo, jiànwén yǐjīng xiāngdāng guǎngbó le. Tā zǎojiù tīngshuō luòyáng de Lǐ Yuánlǐ xiānshēng, dàodé xuéwèn dōu hěn gāo. Dāngshí de zhīshìfēnzi dōu yǐ rènshì lǐyuánlǐ wéi róng, Kǒng Róng yě hěn xiǎng qù kàn kan tā, xīwàng néng dedào Lǐ xiānshēng de jiàohuì. Dànshì tā dàodǐ háishì ge xiǎo háizi, jíshǐ màomaoshīshī de pǎo dào Lǐyuánlǐ fǔshàng, kǒngpà yě jiànbudào zhǔrén. Tā bǎ zhè ge wèntí zǐxì kǎolǜ yì fān zhī hòu, zhōngyú gǔqǐ yǒngqì qù qiāo Lǐ jiā de mén.

李氏 댁의 하인은 어린아이가 문 앞에 서 있는 것을 보고는, 의아한 생각이 들어, 물어보려 할 때, 孔融이 먼저 입을 떼어 말하는 것이었다. "우리 집과 李선생님은 대대로 교분이 있는 사이이니, 번거롭더라도 보고를 해주십시오. 대대로 교분이 있는 집의 후배가 그를 찾아왔노라고 말입니다." 하인은 世交라는 말을 듣고, 서둘러 들어가 주인에게 보고했다. 잠시 후, 孔融은 이씨네 하인에 이끌려 응접실에 다다랐고, 많은 손님들이 있는 앞에서 李元禮에게 문안인사를 올렸다. 李元禮는 아무리보아도, 이 아이가 어느 집 친구의 아들인지 생각이 나지 않아, 끝내는 그에게 물었다. "너는 너희 집과 우리 집이 대대로 교분이 있다 하였는데, 우리 두 집 사이에 어떤 왕래가 있었던 것이지?"

Lǐ jiā de yòngrén yí kàn shì ge xiǎoháizi zhàn zài ménkǒu, yǒudiǎner mòmíngqímiào, zhèng xiǎng kāikǒu wèn, Kǒng Róng yǐjīng xiān shuōhuà le: "Wǒmen jiā gēn Lǐ xiānshēng shì shìjiāo, máfan nín tōngbào yíxià, jiù shuō yí ge shìjiāo wǎnbèi tèbié lái bàifǎng tā." Yòngrén yì tīngshuō shìjiāo, gǎnjǐn jìnqù bàogào zhǔrén. Bù yíhuìr, Kǒng Róng yǐjīng yóu Lǐ jiā yòngrén lǐng zhe zǒujìn kètīng, zài hěn duō kèrén miànqián xiàng Lǐyuánlǐ wèn'ān. Lǐ Yuánlǐ zuǒkànyòukàn, jiùshì xiǎngbùqǐ zhè ge háizi shì nǎ jiā lǎopéngyou de érzi, zuìhòu bùdébù wèn tā: "Nǐ shuō nǐmen jiā gēn wǒmen shì shìjiāo, wǒmen liǎng jiā yǐqián dōu yǒu guò shénme láiwǎng?"

孔融은 침착하게 대꾸했다. "우리의 조상 孔夫子 仲尼는 일찍이 당신네 老子 선생 李耳에게 가르침을 청한 적이 있습니다. 그렇기 때문에 당신 댁과 우리 집 사이는 실제로 대를 이은 교분이 있다 할 수 있지요." 모두들 어린 孔融이 이치에 맞게 대응하는 것을 보고, 모두 그에게 빠져들게 되어, 그를 손님으로 머물게 하도록 청하였고, 어린아이 취급하여 돌려보내지 않게 했다.

Kǒng Róng hěn zhèndìng de huídá shuō: "Wǒmen de zǔxiān Kǒng fūzǐ Zhòngní, céngjīng xiàng fǔshàng de Lǎozǐ Lǐ Ěr qǐngjiào guò de. Suǒyǐ shuō fǔshàng gēn wǒmen jiā shízài kěyǐ suàn shì shìjiāo le." Dàjiā kàndào xiǎoxiǎo de Kǒng Róng yìngduì de rùqíngrùlǐ, dōu hěn xǐhuān shàng tā, dōu yào liú tā zuòkè, bìng méiyǒu bǎ tā dāngzuò xiǎoháizi dáfā zǒu.

얼마 안 지나, 李元禮의 또 다른 친구 陳韙가 들어 왔고, 누군가가 孔融이 어떻게 손님이 되었는지의 과정을 그에게 알려 주었다. 그랬더니 뜻밖에도 陳韙는 대수롭지 않게 여기며, 차갑게 한 마디 했다. "어릴 때 총명하다고 해서, 나이 들어서도 인재가 되라는 법은 없지." 그러자 孔融이 이 말을 듣고는 곧바로 반박했다. "이런 말씀을 하시는 걸 보니, 陳선생님께서는 어릴 때 뛰어나게 총명했나 봅니다." 孔融의 이 한마디는 陳韙를 얼굴이 빨개지도록 창피하게 만들었다. 李元禮는 껄껄 웃으며, 孔融을 가리키며 말했다. "이 아이는 분명 큰 인재가 될 것이니, 우리들이 지켜봅시다!" 이때부터 孔融은 李元禮 댁을 찾는 고정손님이 되었다.

Bù yíhuìr, Lǐ Yuánlǐ de lìng yíwèi péngyou Chén Wěi jìnlái le, yǒurén jiù bǎ Kǒng Róng zěnme chéngwéi kèrén de jīngguò gàosu le tā. Méi xiǎngdào Chén Wěi bìng bù zěnme xīnshǎng, tā hái lěnglěng de shuō le yí jù: "Yí ge rén xiǎo de shíhou cōngmíng, zhángdà le kě bù yídìng jiù néng chéngcái." Kǒng Róng tīng le, lìkè bóhuí shuō: "Zhème shuō, Wǒ kàn Chén xiānshēng xiǎo de shíhou, yídìng shì cōngmíng guòrén de le." Kǒng Róng zhème yì shuō, xiū de Chén Wěi miànhóngěrchì. Lǐ Yuánlǐ tīng le, hāhā dà xiào, zhǐ zhe Kǒng Róng shuō: "Zhè háizi jiānglái yídìng chéng dàqì, wǒmen děng zhe qiáo ba!" Cóngcǐ Kǒng Róng jiù chéng le Lǐ jiā de chángkè.

🔑 핵심 키워드

#孔融 #洛阳 #李元礼 #得到 #教诲 #通报 #世交 #晚辈 #孔夫子 #仲尼

#李耳 #老子 #府上 #入情入理 #作客 #陈韪 #不欣赏 #耳赤 #面红 #大器

TIP

一趟 : 한 차례(왕복을 나타냄)

见见 : 동사의 중복으로 시도해봄을 나타냄.

以~~为荣 : ~~를 영광으로 여기다.

教诲 : 가르침

府上 : 댁, 댁의 가족

世交 : 대대로 교분이 있는 집안이나 사람

晚辈 : 후배

入情入理 : 이치에 맞다.

上 : 동사 뒤에 쓰여 빠지게 됨을 나타냄.

打发 : 가게 하다, 내쫓다.

等着瞧 : 두고 보다, (기대를 하고)지켜보다.

왼손잡이
Zuǒpiězi

　　맹자가 말했던 "심장이 주관하는 것은 생각이다" 라는 말처럼, 옛날 중국인들은 심장, 간, 쓸개, 비장 등이 심리활동을 지배하는 장기로 여겼다. 그래서 이러한 잘못된 인식이 중국어 속에 흔적을 남겼다. 예를 들면 심사, 심정, 관심, 마음씨 착하다, 마음이 선량하다, 용기, 화를 내다, 성깔 등등이 그렇다.

　　Xiàng mèngzǐ suǒ shuō guò de "xīn zhī guān zé sī" nàyàng, yǐqián de Zhōngguórén wù jiāng xīn´ gān´ dǎn´ pí děng dàngzuò zhīpèi xīnlǐ huódòng de qìguān, suǒyǐ zhè zhǒng cuòwù rènshí zài Hànyǔ zhōng liúxià le hénjì. Rú xīnsi´ xīnqíng´ guānxīn´ xīncháng hǎo´ xīndì shànliáng´ dǎnliàng´ dòng gānhuǒ´ píqi děngděng.

　　이러한 잘못된 관념은 영국의 의사이자 해부학자인 토마스 윌리스Thomas Willis 威利斯가 대뇌로 통하는 신경을 발견한 후에야 점차 고쳐져 왔다.

　　Zhè zhǒng cuòwù guānniàn dào Yīngguó yīshēng hé jiěpōuxuéjiā Wēilìsī(Thomas Willis) fāxiàn tōngxiàng dànǎo de shénjīng yǐhòu cái kāishǐ zhújiàn jiūzhèng guòlái.

모두가 알 듯, 좌뇌는 오른손의 활동을 통제하고, 우뇌는 왼손의 활동을 통제한다. 그래서 왼손잡이는 우뇌가 발달하고, 오른손잡이는 좌뇌가 발달한다.

Dàjiā jiù zhīdào zuǒnǎo kòngzhì yòushǒu de huódòng, yòunǎo kòngzhì zuǒshǒu de huódòng. Suǒyǐ zuǒpiēzi yòunǎo fādá, yòupiēzi zuǒnǎo fādá.

좌뇌는 사고나 추리 등 이성적 활동에 종사하는 언어의 중추신경이 있는 곳이며, 우뇌는 직감이나 감각 등 감성 활동에 종사하여 시각과 공간의 인지에 뛰어나다. 그래서 많은 예술가들이 왼손잡이로, 화가 라파엘, 다빈치, 미켈란젤로, 피카소, 음악가 모차르트, 베토벤, 시인 괴테, 하이네 등등 모두가 그들의 왼손으로 무수히 많은 걸작들을 만들어냈다.

Zuǒnǎo cóngshì sīkǎo' tuīlǐ děng lǐxìng huódòng, shì yǔyán zhōngshū suǒzài: Yòunǎo zé cóngshì zhíjué' gǎnjué děng gǎnxìng huódòng, shàncháng shìjué kōngjiān de rènzhī, suǒyǐ xǔduō yìshùjiā dōushì zuǒpiēzi, rú huàjiā Lāfěi' ěr' Dáwénxī' Mǐkāilǎngjīluó' Bǐkǎsuǒ, yīnyuèjiā Mòzhātè' Bèiduōfēn, shīrén Gēdé' Hǎiniē děngděng, dōushì yòng tāmen de zuǒshǒu chuàngzào chū wúshù de jiézuò lái.

중국에서도 많은 화가들이 왼손잡이로, 송나라 때의 인물안마화가인 조광이 바로 왼손잡이이다. 육유의 《老学庵笔记》에는 조광이 안휘성 합비 사람으로, 어려서 이 공린의 집에서 몸종을 했었다고 말하고 있다.

Zài Zhōngguó, yě yǒu xǔduō huàjiā shì zuǒpiězi, sòngcháo shí de rénwù ānmǎ huàjiā Zhǎo Guǎng(赵广) jiùshì gè zuǒpiězi, Lù Yóu(陆游) 《Lǎo xué yǎn bǐjì(老学庵笔记)》 yì shū shàng shuō: Zhǎo Guǎng shì Ānhuī Héféi rén, niánqīng shí zài Lǐ Gōnglín (李公麟) jiā dàng tóngpú.

이공린은 천하에 널리 알려진 인물안마화의 대가로, 전하는 말에 의하면, 그는 일찍이 황궁의 마굿간을 그렸는데, 명품 말 '만천화'를 마주하고 그림을 그렸는데, 그가 말을 다 그리고, 붓을 놓자마자, 만천화가 쓰러져 죽었다고 하며, 이것은 말의 혼백이 이미 이공린에 의해 종이 위로 투영되었기 때문이라고 한다.

Lǐ Gōnglín shì yùmǎn tiānxià de rénwù ānmǎhuà dàshī, chuánshuō tā céng zài huánggōng mǎpéng xiěshēng, duì zhe yìpǐ míng jū 'Mǎnchuānhuā(满川花)' zuò huà, tā bǎ mǎ huà hǎo le, yí fàngxià bǐ, jiù Mǎnchuānhuā dǎodì ér sǐ le, zhè shì yīnwèi mǎ de húnpò yǐjīng bèi Lǐgōnglín shèrù huàzhǐ shàng le.

이공린이 그림을 그릴 때면, 조광이 항상 곁에서 시중을 들었다고 하는데, 그 기간이 길어지자, 조광도 그림을 그릴 수 있게 되었고, 그가 그린 말은 거의 이공린의 그림과 판박이라서, 眞僞를 가리기 어려웠다고 한다.

Lǐ Gōnglín zuòhuà shí, Zhào Guǎng cháng zài yìpáng shìhòu, jiǔ'érjiǔzhī, Zhào Guǎng yě huì huà le, tā huà de mǎ jīhū hé Lǐ Gōnglín de huà yìmúyíyàng, kěyǐ luànzhēn.

남송시대 고종 초기에, 장군 傅苗와 어영부장 유정언이 반란을 일으켜, 고종을 위협하여 왕위를 넘기게 하고, 많은 대신들을 죽였다. 적장은 조광이 그림을 아주 잘 그린다는 말을 듣고, 그를 위협하여 그들이 포로로 잡아들인 아리따운 여성들을 그리게 하여 기념으로 남기려 했다.

NánSòng Gāozōng(高宗) chūnián, jiàngjūn Fù Miáo(傅苗) hé yùyíng fùjiàng(御营副将) Liú Zhèngyàn(刘正彦) zàofǎn, bī Gāozōng xùn wèi, bìng shā le xǔduō dàchén. Zéijiàng tīngshuō Zhào Guǎng huà de tǐng hǎo, bǎ tā zhuā lái, bī tā huà tāmen suǒ lüè lái de měilì de fùnǚ yǐ zuò jìniàn.

조광은 그림을 그리고 싶지 않아서, 그림을 못 그린다는 이유로 반군의 요구를 거절했다. 그러자 반군의 장수는 칼을 뽑아 조광을 위협했고, 조광은 그래도 그림을 그리지 않았다. 반군 장수는 화가 나서, 조광의 오른손 엄지손가락을 자른 다음에야 그를 놓아주었다.

Zhào Guǎng bùkěn huà, jiù yǐ búhuì huà wéi lǐyóu jùjué le zéirén de yāoqiú. Zéijiàng báchū dāozi lái wēixié Zhào Guǎng, Zhào Guǎng háishì bú huà. Zéijiàng yí nù zhī xià, jiù bǎ Zhào Guǎng de yòushǒu dàmǔzhǐ kǎnduàn le, zhè cái fàng tā zǒu.

사실 조광은 왼손잡이로, 항상 왼손으로 그림을 그렸던 것이다. 傅苗의 난이 평정된 후, 조광은 옛날처럼 여전히 그림을 그려서 생활을 꾸려나갔지만, 그는 단지 관음보살상만 그려, 관음보살이 자신을 보살펴 환난 속에서도 목숨을 건진 데 대해 감사했고, 그 외의 그림은 일체 그리지 않았다고 한다.

Qíshí Zhào Guǎng shì gè zuǒpiězi, jīngcháng yòng zuǒshǒu zuòhuà. Fù Miáo zhī luàn píngdìng yǐhòu, Zhào Guǎng yījiù kào zuòhuà wéichí shēnghuó, dànshì tā zhǐ huà guānyīnpúsà xiàng, yǐ gǎnxiè guānyīn bǎoyòu tā lìjié féngshēng(历劫逢生), qítā de yígài bú huà le.

🔑 핵심 키워드

#孟子 #心理活动 #器官 #支配 #痕迹 #心肠好 #脾气 #威利斯 #感性活动
#艺术家 #左撇子 #拉斐尔 #达文西 #米开朗基罗 #毕卡索 #莫扎特
#贝多芬 #歌德 #海涅 #宋朝 #时 #赵广 #陆游 #老学庵笔记 #李公麟
#合肥 #童仆 #满川花 #倒地 #而 #死 #魂魄 #侍候 #傅苗 #刘正彦造反
#高宗 #观音菩萨 #历劫逢生

TIP

写生 : 사생하다. 사물을 보고 그리다.
侍候 : 시중들다.
乱真 : 진품과 혼동할 지경이다.
造反 : 모반하다.
以~~为理由 : ~~을 이유로
历劫逢生 : 고난을 헤치고 생을 맞이하다.

螳螂捕蝉

Tángláng bǔ chán

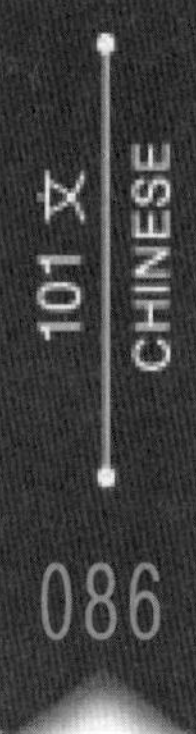

춘추시대에 중국의 남쪽에는 楚, 吳, 越 삼국이 있었다. 그중, 초나라의 국력이 가장 강성했다. 초나라와 비교해 오나라는 국력이 약했으나, 吳王은 자신을 과대평가하여, 병력을 내어 초나라를 쳐들어가 자신이 품어온 통일의 꿈을 실현하기로 결정했다. 조정의 대신들은 그 소식을 듣고 모두 반대의사를 나타내며, 많은 사람들이 이렇게 말을 했다. "우리나라의 현재의 병력으로 초나라를 치는 것은 마치 계란으로 바위를 치는 것과 같아, 실패하기만 할 것이다."

Chūnqiū shíqī, Zhōngguó nánfāng yǒu Chǔ Wú Yuè sān guó. Qízhōng, Chǔguó de guólì zuì qiángshèng. Yǔ Chǔguó xiāngbǐ, Wúguó ruòxiǎo, kěshì Wúwáng búzìliànglì, juédìng chūbīng gōngdǎ Chǔguó, shíxiàn zìjǐ chēngbà de mèngxiǎng. Cháotíng lǐ de dàchén men zhīdào hòu dōu biǎoshì fǎnduì, hěn duō rén jiù zhème shuō: "Yǐ wǒ guó mùqián de bīnglì gōngdǎ Chǔguó, yóurú yǐluǎnjīshí, zhǐ huì shībài."

오왕은 뭇 신하들이 반대하고 있다는 것을 알았지만, 그는 전혀 그들의 의견을 들을 생각이 없을 뿐만 아니라, 오히려 대신들에게 이렇게 말을 했다. "반대의견을 내놓는 자는 누구나 사형에 처할 것이다!" 대신들은 감히 오왕에게 책잡히지 않으려 했다. 왕궁 안에 한 젊은 시종이 저지하는 권고를 하고 싶었으나, 차마 직언할 수는 없어서, 한 꾀를 생각해냈다.

Wúwáng zhīdào qúnchén fǎnduì, dàn tā zěnme yě bù xiǎng tīng tāmen de yìjiàn, fǎnér duì dàchénmen shuō: "Shéi yào tíchū fǎnduì yìjiàn, shéi jiù huì bèi chǔsǐ!" Dàchénmen bù gǎn dézuì Wúwáng. Wánggōng lǐ yǒu yí ge niánqīng de shìcóng hěn xiǎng quànzǔ, què bùgǎn zhíshuō, jiù xiǎngchū le yí gè zhǔyì.

그는 새총을 휴대하고 후원을 아침마다 삼일 동안 여기저기 왔다 갔다 하며, 이슬에 온통 옷을 젖게 하였다. 오왕이 그 모습을 보게 되어 말을 했다. "너는 왜 옷이 이렇게 다 젖었느냐?" 시종은 오왕에게 자신이 후원에서 손수 목격한 사실을 말해주었다.

Tā zàng zhe tánggōng qù yóu hòuyuán, jiēlián sān ge zǎoshàng, zài hòuyuán lǐ zhuànláizhuànqù, ràng lùshuǐ bǎ yīfu dōu zhànshī le. Wúwáng jiàn le, shuo: "Nǐ wèishénme bǎ yīfu nòngshī chéng zhège yàngzi?" Shìcóng xiàng Wúwáng jiǎngshù le zìjǐ zài hòuyuán lǐ qīnyǎn kàndào de qíngxing shuō:

"대왕, 저는 여기서 새를 잡으려 하는데, 재미있는 일을 겪었습니다. 후원 안에 커다란 나무가 하나 있는데, 그 나무 위에 매미 하나가 드높은 나뭇가지에 앉아 여유롭게 이슬을 빨고 있었습니다. 그런데 그 녀석은 전혀 생각도 못한 것이, 그때 그의 뒤쪽에는 사마귀 한 마리가 조용히 몸을 구부리고, 두 눈은 매미를 주시하고, 날카로운 이빨을 지닌 앞발을 들어, 매미를 덮치려 하고 있었습니다. 하지만 흥미진진한 것은 그 뒤에 있었죠. 매미를 잡고자 혈안이 되어 있는 이 사마귀는 자신의 옆에 꾀꼬리가 있는 것을 못 본 것이죠. 그 꾀꼬리는 이미 목을 쭉 내밀어 뾰족한 입으로 사마귀를 조준하고, 그것을 먹어치우려 하고 있었죠. 그 꾀꼬리도 오직 눈앞의 사마귀에만 눈이 팔려, 제가 나무 밑에서 새총을 팽팽히 한 채 녀석을 조준하고 있다는 것을 눈치 채지 못하고 있었습니다. 대왕, 재미있지 않습니까? 매미, 사마귀, 꾀꼬리 이 세 녀석은 오직 자기 눈앞의 먹이만을 보며, 눈앞의 이익만을 생각하고 있을 뿐, 그들 뒤에 잠복해 있는 후환을 감지하지 못하고 있습니다."

"Dàwáng, wǒ zài zhèlǐ yào dǎ niǎo, kànjiàn le yí jiàn yǒuqù de shì. Hòuyuán lǐ yǒu kē gāodà de shù, shù shàng yǒu zhī chán shūshūfúfu de tíng zài gāogāo de shùzhī shàng shǔnxī zhe lùshuǐ. Kě tā yìdiǎnr yě méi xiǎngdào, jiù zài zhè shíhòu, tā de hòumiàn yǒu zhī tángláng ne. Nà tángláng jìngjìng de gōng zhe shēnzi, liǎngyǎn jǐndīng zhe chán, yángqǐ dàiyǒu lìchǐ de qiánzhī, zhǔnbèi bǔ chán. Kěshì qíguài de shì hái zài hòutou ne, zhè zhuànxīn bǔ chán de tángláng què bù zhīdào zìjǐ shēnpáng zhèng dūn zhe yì zhī huángquè. Nà huángquè yǐ shēn cháng bózi, jiānjiān de zǔi duìzhǔn tángláng, zhèng zhǔnbèi chīdiào tà ne. Nà huángquè yě shì yìxīnyíyì zhǐ gù yǎnqián de tángláng, nǎlǐ zhīdào wǒ zài shùxià lākāi le tángōng zhèng miáozhǔn zhe tā ne. Dàwáng, nín kàn zhè búshì hěn yǒuqù ma? Chán' tángláng' huángquè tāmen sān ge dōu yìxīnyíyì zhǐ kànjiàn zìjǐ miànqián de shíwù, xiǎngdào de zhǐshì yǎnqián de lìyì, ér quándōu chájué búdào qiánfú zài tāmen shēnhòu de huòhuàn ne!"

시종은 여기까지 말한 후, 오왕의 얼굴을 살피니, 오왕의 얼굴에 있던 호기심 가득하던 눈빛이 점점 무언가를 생각하는 눈빛으로 바뀌는지라, 이야기를 멈추었다. 오왕은 잠시 깊은 시름에 잠기더니, 말을 했다. "자네의 뜻을 알겠네. 보아하니 출정해서는 안 되겠군." 오왕은 시종의 이야기에 깨달은 바 있어, 마침내 초나라를 치려는 계획을 취소했다.

Shìcóng shuō dào zhèli, kànjiàn Wúwáng liǎn shàng hàoqí de shénsè jiànjiàn biànchéng ruòyǒu suǒ sī de yàngzi, jiù tíngzhù kǒu. Wúwáng chénsī le yíhuìr, shuō: "Wǒ míngbái le nǐ de yìsi. Kànlái wǒ bù gāi chūbīng le." Wúwáng cóng shìcóng de zhè fàn huà shòudào le qǐfā, zhōngyú qǔxiāo le gōngdǎ Chǔguó de jìhuá

🔑 핵심 키워드

#春秋时期　#楚国　#吴国　#不自量力　#攻打　#反对　#处死　#劝阻　#藏　#后园
#弹弓　#沾湿　#蝉　#螳螂　#黄雀　#我　#面前　#食物　#潜伏　#身后　#祸患

TIP　**以卵击石** : 계란으로 바위를 치다.

谁~~, 谁~ : 누구든 ~~하는 자는 예외 없이 죄다 ~하다.

得罪 : 노여움을 사다, 기분을 상하게 하다.

吮吸 : 빨아먹다.

潜伏 : 숨겨져 있다.

새해에 '福' 자를 거꾸로 붙이게 된 사연

Dàotiē 'fú'zì de yuányóu

중국에서는 매년 춘절 때가 되면, 집집마다 민간의 전통습속에 따라, 문 위와 벽과 부뚜막 옆에 크고 작은 '福' 자를 붙이게 된다. '福' 자는 현재는 '행복' 으로 해석되지만, 과거에는 '복' 을 나타냈다. 옛날 사람들이 설날 '福' 자를 붙인 것은, 사람들의 미래에 대한 행복한 생활을 기탁하는 것으로, 어떤 사람은 아예 '福' 자를 거꾸로 붙여, '복이 이미 왔음' 을 나타내기도 한다.

Zài Zhōngguó měi féng xīnchūnjiājié, jiājiāhùhù ànzhào mínjiān chuántǒng xísú, dōu yào zài wūmén shàng' qiángbì shàng hé zàotái páng, tiē shàng dàdàxiǎoxiǎo de 'fú' zì. 'Fú' zì xiànzài de jiěshì shì 'xìngfú', ér zài guòqù zé zhǐ 'fúqi', gǔshí rénmen zài chūnjié tiē 'fú' zì, jiùshì jìtuō le rénmen duì xìngfú shēnghuó de xiàngwǎng, yěshì duì rénmen qīpàn yǒu yí gè měihǎo wèilái de zhēnchéng zhùyuàn, jiù yǒurén gāncuì bǎ 'fú' zì dàoguòlái tiē, biǎoshì 'fúqi yǐ dào'.

전하는 말에 따르면, 명나라 때 명 태조 주원장은 '福' 자를 암호로 써서 마음에 안 들었던 사람을 없애버리려 했다 한다. 당시 주원장 수하의 집들은 모두 '福' 자를 붙이도록 비밀명령을 받았다고 한다. 주원장의 아내 馬황후는 착한 사람으로, 자신의 남편이 ‘福’ 자를 붙이지 않은 가정을 전부 살해하는 것이, 너무나 미개하게 여겨져, 견딜 수가 없었다. 이 인위적인 재난을 없애기 위해, 마황후는 몰래 모든 가정으로 하여금 날이 밝기 전에 반드시 문 위에 ‘福’ 자를 붙이도록 했다. 마황후의 명령은 사람들에 의해 비밀스럽게 진행이 되었다. 그 결과 도성 안의 집집마다 문 위에 ‘福’ 자를 붙이게 되었다. 하지만 단 한 가구는 글자를 몰라, ‘福’ 자를 거꾸로 붙이고 말았다.

Chuánshuō zài Míngdài, Míng tàizǔ Zhūyuánzhāng dāngnián yòng ‘fú’ zì zuò ànjìer zhǔnbèi shādiào zìjǐ xīnzhōng bù mǎnyì de rén. Dāngshí fánshì Zhūyuánzhāng shǒuxià de rénjiā, dōu jiēdào mìmì mìnglìng tiē shàng le ‘fú’ zì. Zhūyuánzhāng de qīzi Mǎhuánghòu, shì gè shànliáng de rén, xiǎngdào zìjǐ de zhàngfu yào bǎ méiyǒu tiē ‘fú’ zì de rénjiā quánbù shādiào, juéde tài bù wénmíng, rěn bú xiàqù. Wèile xiāochú zhè chǎng rénwéi de zāihuò, Mǎhuánghòu jiù qiāoqiāode ràng quánchéng suǒyǒu de rénjiā, bìxū zài tiānliàng zhī qián zìjiā mén shàng tiēshàng yí gè ‘fú’ zì. Mǎhuánghòu de mìnglìng dédào le rénmen de qiāoqiāo zhíxíng. Yúshì jīngchéng lǐ jiājiā ménshàng dōu tiē le ‘fú’ zì. Dàn háishì yí hù rénjiā bù shízì, jìng bǎ ‘fú’ zì tiē dào le.

다음 날이 되자, 주원장은 사람을 보내 거리를 조사하게 했더니, 모든 집들이 문 위에 '福' 자를 붙여, 구별할 수가 없어, 어느 집이 없애야 할 집인지 찾아낼 수가 없었다. 다만 한 집이 '福' 자를 거꾸로 붙여, 수하들은 이 같지 않은 상황을 상부에 보고했다. 주원장은 이 말을 듣고, 마음속의 분노를 이 집에 터뜨리는 수밖에 없었다. 그는 탁자를 후려치며 화를 내기를, '福' 자를 거꾸로 단 것은 이 나라에서 사는 것이 행복하지 않기 때문이라고 말했다. 주원장은 즉시 명령하여 병사를 보내, 그 집 사람들을 모두 참수하라고 하였다. 마음씨 착한 마황후는 곁에서 자신의 남편이 무고한 사람을 죽이려는 것을 보고, 허겁지겁 주원장에게 말을 했다. "그 집 상황은 내가 압니다, 그것은 당신이 오늘 내방할 것을 알고, 복을 백성 집에 가져온다는 뜻으로, 일부러 '福' 자를 거꾸로 붙인 것인 즉, 이는 '복이 이미 왔다' 는 뜻이 아니겠습니까?" 주원장이 듣자하니, 그럴듯한지라, 마음속의 분노가 많이 수그러들었고, 게다가 죽이려 했던 사람도 이 집이 아닌지라, 명령을 내려, 이 집 사람들을 놓아주도록 하였다. 한 차례의 큰 재난이 마황후에 의해 제거된 것이다.

Dào le dì èr tiān, Zhūyuánzhāng pài rén shàngjiē chákàn, fāxiàn měi jiā de ménshàng dōu tiē shàng le 'fú' zì, méiyǒu qūbié, fēnbuchū nǎ hù shì yào shādiào de rénjiā, zhǐshì kàndào yǒu yì jiā bǎ 'fú' zì tiē dào le, shǒudǐxià de rén zhǐhǎo bǎ zhè ge bù yíyàng de qíngkuàng bàogào le shàngqù. Zhūyuánzhāng tīng le, yě zhǐhǎo bǎ xīn lǐ de nùhuǒ fā dào zhè jiā rén de tóu shàng, tā jiù pāi àn dànù, shuō bǎ 'fú' zì tiē dào guòlái shì shuō dāngcháo shēnghuó bú xìngfú. Zhūyuánzhāng lìjí xiàlìng pàibīng, yào bǎ nà jiā rén quándōu zhǎnshǒu. Shànliáng de Mǎhuánghòu zài pángbiān yí kàn zìjǐ de zhàngfu yòu yào lànshā wúgū le, liánmáng duì zhūyuánzhāng shuō: "Nà jiā rén de qíngkuàng wǒ zhīdào, nà shì zhīdào nín jīntiān yào láifǎng, jiùshì bǎ fúqi dàidào bǎixìng jiā lǐ, suǒyǐ jiù gùyì bǎ 'fú' zì tiē dào le, zhè búshì 'fú yǐjīng dào le' de yìsi ma?" Zhūyuánzhāng yì tīng yǒu dàolǐ, xīn zhōng nùqì xiāo le xǔduō, jiāzhī tā yào shā de rénjiā, yě búshì zhè yì jiā. Yúshì biàn xiàlìng fàng le zhè jiā rén, yì chǎng dàhuò bèi Mǎhuánghòu xiāochú le.

이 소식이 민간에 전해지자, 사람들은 이때부터 새봄이 올 때면 '福' 자를 거꾸로 붙여, 대길을 구함은 물론, 마음씨 착한 마황후를 기념하게 되었다.

Xiāoxi chuándào le mínjiān, rénmen cóngcǐ xīnchūn zhī jì bǎ 'fú' zì dàotiē qǐlái, yī shì qiú dàjídàlì, èr yěshì wèile jìniàn shànliáng de Mǎhuánghòu.

핵심 키워드

#每 #新春 #家家户户 #屋门 #墙壁 #灶台 #福 #寄托 #祝愿 #未来 #福气
#已到 #传说 #明代 #朱元璋 #杀掉 #暗记儿 #马皇后 #善良 #不 #文明 #查看
#第二天 #分不出 #一家 #贴 #倒 #要 #斩首 #到了 #意思 #求 #大吉大利

TIP 暗记儿 : 암호   倒贴 : 거꾸로 붙이다.   无辜 : 무고한 사람

초나라로 사신이 되어 간 晏嬰

Shǐchén YànYīng de gùshì

춘추시대 때, 제나라 대부 晏嬰은 초나라로 사신을 가게 되었다. 초나라 왕은 키가 왜소한 안영을 무시하여, 사람을 시켜 큰 성문 옆에 작은 성문을 내게 한 후, 성문을 닫아서, 안영으로 하여금 들어가게끔 하였다. 안영은 걸음을 멈추고 말했다. "개나라로 사신을 간 사람이나 개구멍으로 들어갈 수가 있다. 내가 오늘 도착한 곳은 당당한 대국 초나라로, 개구멍으로 들어갈 수는 없는 일이다." 영접을 담당한 관원이 급히 안영의 말을 한 자도 빠뜨리지 않고 초왕에게 보고했고, 그제야 초왕은 하는 수없이 성문을 열도록 하여, 안영을 맞아들였다.

Chūnqiūshíqī, Qí(齐)guó dàifū YànYīng(晏嬰) chūshǐ Chǔ(楚)guó. Chǔwáng kànbuqǐ shéncái ǎixiǎo de YànYīng, jiù ràng rén zài dà chéngmén pángbiān yòu kāi le yí gè xiǎo mén, ránhòu guānbì chéngmén, ràng YànYīng cóng xiǎomén lǐ jìnqù. YànYīng tíngzhǐ bùzǒu, shuō: "Chūshǐ gǒuguó de rén, cái cóng gǒumén jìnrù. Wǒ jīntiān dào de shì tángtáng dàguó Chǔguó, bù yīnggāi cóng gǒumén jìnqù yā!" Fùzé yíngjiē de guānyuán gǎnjǐn bǎ YànYīng de huà yízì búlòu de bàogào gěi Chǔwáng, Chǔwáng zhǐhǎo xiàlìng bǎ chéngmén dǎkāi, yíngjiē YànYīng rùgōng.

궁전에 도착하자, 안영이 초왕을 배알했다. 안영을 욕보이려던 초왕이 물었다. "제나라에 사람이 없단 말인가? 그렇지 않고서야 왜 당신처럼 이상하게 생긴 사람을 초나라에 사신으로 보낸단 말이오?" 안영이 대답했다. "제나라 수도 임치에는 7천 5백 가구가 있습니다. 사람이 많아 길을 걷노라면 어깨가 부딪치고 발뒤꿈치가 맞닿습니다. 그러한데 어찌 사람이 없다 하겠습니까!" 초왕이 다시 물었다. "그런데 왜 당신을 사신으로 파견한 것이오?" 안영이 대답했다. "제나라는 사신을 임명하는 데 원칙이 있어서, 각 사신마다 대상이 다릅니다. 만일 사신이 현자라면, 현명한 군주에게 파견하고, 만일 싹이 보이지 않는 사람이라면, 형편없는 군주에게 파견합니다. 저 안영은 싹이 보이지 않는 사람이라서, 초나라로 파견되어진 것입니다."

Dào le gōngdiàn, YànYīng bàijiàn le Chǔwáng. Xiǎng yào xiūrǔ YànYīng de Chǔwáng wèn: "Qíguó nándào méiyǒu rén le ma? Bùrán wèishénme pài xiàng nǐ zhème búxiàngyàng de rén chūshǐ Chǔguó?" YànYīng huídá shuō: "Qí dū Línzī(临淄) yǒu qī qiān wǔ bǎi hù rénjiā, rén duō de zǒu qǐ lù lái mójiānjiēzhǒng, zěnme néng shuō méi rén ne!" Chǔwáng yòu wèn: "Jìrán rúcǐ, nà wèishéme pài nǐ chūshǐ ne?" YànYīng huídá shuō: "Qíguó rènmìng shǐchén shì yǒu yuánzé de, shǐchén gè yǒu chūshǐ de duìxiàng. Rúguǒ shǐchén shì xiánrén, pài tā chūshǐ dào xiánmíng de jūnzhǔ: Rúguǒ shǐchén shì méi chūxi de rén, jiù pài tā chūshǐ èliè de jūnzhǔ. Wǒ YànYīng shì méi chūxi de rén, suǒyǐ jiù chūshǐ Chǔguó le."

그래서, 초왕은 연회를 베풀어 안영을 대접했는데, 주흥이 무르익자, 두 하급관리가 한 사람을 묶은 채로 데려왔다. 초왕이 물었다. "묶인 자는 무슨 죄를 지었는가?" 하급관리가 말하길, "제나라 사람인데, 절도죄를 저질렀습니다." 초왕은 멸시하는 눈빛으로 잠시 안영을 바라보더니 말을 했다. "제나라 사람은 타고나기를 도둑질을 좋아하나 보구려!" 안영이 자리에서 일어서더니 말을 했다. "당신은 분명히 들어본 적이 있으실 겁니다. 귤나무가 회하 이남에서 자라면, 해마다 귤을 맺지만, 회하 이북으로 이식하면 탱자만 열린다고 합니다. 이들의 잎은 비슷하지만, 과일의 맛은 완전히 달라서, 귤은 달지만, 탱자는 씁니다. 왜 이렇게 되는 것이죠? 환경이 다르기 때문입니다! 같은 사람이라도, 제나라에서 생활할 때는 훔치지 않았는데, 초나라에 와서 도둑이 된 것은 분명 초나라의 풍습이 백성으로 하여금 도둑질을 잘하게 만든 것입니다!"

Yúshì, Chǔwáng shèyàn kuǎndài YànYīng, jiǔxìng zhèng nóng, liǎng gè xiǎolì bǎng zhe yí ge rén guòlái. Chǔwáng wèn: "Bèibǔ de shì fàn le shénme zuì de?" Xiǎolì huídá shuō: "Shì Qíguórén, fàn le daòqièzuì." Chǔwáng yòng bǐshì de mùguāng kàn le kàn YànYīng, shuō: "Qíguórén tiānshēng xǐhuan tōuqiè ba!" YànYīng líxí zhànqǐlái, shuō: "Nín yídìng tīngshuō guò, yì kē júzishù shēngzhǎng zài Huáihé yǐnán, niánnián jié júzi: Rúguǒ yízhí dào Huáihé yǐběi, biàn zhǐ jié zhǐshí le. Tāmen de yèzi hěn xiāngsì, guǒzi de wèidào què wánquán bùtóng, júzi shì tián de, zhǐshí quèshì kǔ de. Wèishénme zhèyàng ne? Shì yóuyú shuǐtǔ bùtóng de guānxi le! Tóngyàng de rén, shēnghuó zài Qíguó bù tōu dōngxi, dào le Chǔguó jiù chéng le xiǎotōu, zhè yídìng shì Chǔguó de fēngsú shǐde bǎixìng shànyú tōudào ba!"

초왕은 갖은 방법을 동원해 안영을 놀리려 했으나, 오히려 안영한테 된통 조롱을
당하게 되자, 그는 더 이상 이 키 작은 제나라 대부를 무시할 수 없게 되었고, 오히
려 깊이 느낀 바가 있어 말을 했다. "성인은 농담을 해서는 안 되는 대상이구나. 원
래는 그를 웃음거리로 만들려 했지만, 지금은 오히려 스스로 재미없게 되었구나!"

Chǔwáng xiǎngfāngshèfǎ yào xìnòng YànYīng, fǎn'ér bèi YànYīng cháonòng le
yì fān, tā zài yě bùgǎn qiáobuqǐ zhè wèi shēncái ǎixiǎo de Qíguó dàifū, què shēn
yǒu gǎnchù de shuō: "Sèngrén shì bùnéng tóng tā kāiwánxiào de. Wǒ běnlái xiǎng
rǔxiào tā, xiànzài fǎn'ér zìtǎoméiqù le!"

삼손과 데릴라

Shēnsūn(参孙) yǔ Dálìlā(达丽拉)

구약성경에는 기원전 11세기 때의 사람 삼손이 나온다. 마지막 영도자인 그는 이스라엘 민족을 20년 동안 이끌었다. 그는 어려서부터 힘이 세기로 유명했다. 그는 18세 때 블레셋인의 딸과 사랑했고, 또 결혼까지 했다. 하지만 그의 장인은 그가 없는 틈을 타, 이미 삼손의 아내 처지인 딸을, 다른 사람에게 다시 결혼시켰다. 화가 머리끝까지 난 삼손은 3백 마리의 여우를 잡아, 그것들의 꼬리에 불쏘시기를 달아, 블레셋인의 보리밭에 풀어 놓았고, 그 결과 보리밭은 전부 잿더미로 변해버렸다.

Jiùyuē Shèngjīng lǐ chūxiàn jìyuán qián shí yī shìjì de rén Shēnsūn. Shēn wéi mòdài lǐngxiù de tā lǐngdǎo le yǐsèliè mínzú èr shí nián. Tā cóng xiǎo yīn lìqi hěn dà ér yǒumíng. Tā shí bā suì nà nián ài shàng le yí ge Féilìsī rén de nǚ'ér, bìng gēn tā jiéhūn le. Dànshì tā de zhàngrén chèn Shēnsūn búzài shí, bǎ yǐ shēn wéi Shēnsūn lǎopó de zìjǐ de nǚ'ér, zài jià gěi biérén. Qì de huǒmào sān zhàng de Shēnsūn dǎi le sān bǎi zhī húlǐ, zài tāmen de wěibā shàng bǎng shàng huǒbǎ, bìng fàng tāmen gǎn dào Féilìsī rén de màitián lǐ, jiéguǒ màitián quánbù shāo chéng huī le.

이 소식을 들은 이스라엘 사람들은, 블레셋 사람들로부터 지배를 받고 있던 중이라, 모두 두려워하게 되었다. 그들은 대책회의를 거쳐, 삼손을 묶어서, 블레셋 사람에게 넘기기로 했다. 힘센 삼손에게는 이것은 자그만 문제에 지나지 않았다. 그는 아주 쉽게 자신의 몸에 묶인 포승줄을 힘 한번 줌으로써 풀어버린 후, 천여 명의 블레셋 사람들을 때려죽였다. 블레셋 사람들에게 있어, 삼손은 그야말로 골칫덩어리였기 때문에, 블레셋 사람들은 기회만 있으면 삼손을 죽이려 했다.

Tīngdào zhè ge xiāoxi de yǐsèliè rén, yīnwèi zhèngzài bèi Féilìsī rén zhīpèi zhe, rénrén dōu hàipà qǐlái le. Tāmen jīngguò shāngliàng, bǎ Shēnsūn bǎng le qǐlái, jiāo gěi Féilìsī rén. Duì lìqì dà de Shēnsūn lái shuō, zhè zhǐshì ge xiǎo wèntí. Tā hěn kuài bǎ bǎng zai zìjǐ shēn shàng de shéngzi yòng yí xià lìqì ér jiěkāi yǐhòu, dǎsǐ le yì qiān duō ge Féilìsī rén. Zài Féilìsī rén yǎn lǐ, Shēnsūn shízài shì ge tóutòng de rénwù, yīncǐ Féilìsī rén yì yǒu jīhuì jiù yào shā Shēnsūn.

바로 이즈음, 삼손은 데릴라라는 여자와 사랑에 빠졌다. 블레셋 사람들은 은전 천 냥으로 데릴라를 유혹하여 말하길, 만일 그녀가 삼손의 힘이 어디서 나오는지를 알아내어, 그 비밀을 블레셋 사람에게 알려준다면, 그 은전을 주겠노라고 했다. 데릴라는 매일같이 삼손에게 아양을 떨며 삼손에게 그의 힘의 원천이 무엇인지 물었고, 삼손은 마침내 자신의 힘이 머리카락에서 나옴을 알려줌은 물론, 머리카락을 잘라내면, 자신은 힘을 쓸 수 없게 된다고 말해주었다. 데릴라는 삼손이 잠자는 틈을 타, 삼손의 머리카락을 잘라내고는 그것을 블레셋 사람에게 넘겼다. 이렇게 데릴라에게 속아 힘을 잃은 삼손은 마침내 블레셋 사람들에게 잡혀, 그 후론 또 그들에게 두 눈이 뽑혀 장님이 되었고, 끝으로 감옥 속에 갇히어, 하루 종일 방안을 돌리는 노비가 되었다.

Zhèngzài zhè ge shíhòu, Shēnsūn ài shàng le yí ge míng jiào Dálìlā de nǚren. Féilìsī rén yǐ yì qiān gè yínbì yǐnyòu Dálìlā shuō, rúguǒ tā tànqīng Shēnsūn de lìliàng cóng nǎr lái, bìng bǎ zhè ge mìmì gàosù Féilìsī rén, jiù huì dédào nà bǐ yínbì. Dálìlā měitiān xiàng Shēnsūn sājiāo wèn tā lìqì de yuánquán, Shēnsūn zhōngyú gàosù tā zìjǐ de lìqì lái zì tóufà, bìng shuō yào bǎ tóufà jiǎndiào de huà, zìjǐ de lìqì wúnéngwéilì le. Dáilìlā chèn Shēnsūn shuìzháo shí, jiǎn le Shēnsūn de tóufà, dī gěi le Féilìsī rén. Zhèyàng shàng Dáilìlā de dàng ér shǐqù lìqì de Shēnsūn zhōngyú bèi Féilìsī rén dàibǔ, érhòu yòu bèi tāmen wā chū shuāngyǎn ér chéngwéi xiāzi, zuìhòu bèi guānrù yú jiānyù, chéng le zhěngtiān tuīmó de núbēi.

날이 지남에 따라, 삼손의 머리카락은 점점 자라났고, 덩달아 힘도 천천히 회복되어져 갔다. 아무것도 모르는 블레셋 사람들은, 그들의 민족의 경축식장에, 삼손을 끌어내와 웃음거리로 삼았다. 이때, 삼손은 하느님에게 기도를 드리며 말했다. "오, 나의 하느님이시여, 저에게 다시 힘을 주시어서, 통쾌하게 복수를 하게 하여 주시옵소서!" 기도를 마치자, 삼손은 궁전을 지탱하고 있던 기둥을 힘껏 잡아당겼다. 당시 현장에는 궁전 안에 사람들이 꽉 차 있었을 뿐만 아니라, 지붕 위에도 3

천 여 명의 남녀가 함께 모여 뜨거운 열기를 구경하고 있었다. 삼손의 이번 행동은 기둥을 부러뜨렸을 뿐만 아니라, 전체 궁전도 쓰러뜨려 무너지게 하여, 궁전 안의 많은 사람들이 깔려 죽고, 삼손 자신도 그들과 함께 최후를 맞이했다.

Suí zhe rìzi jiǔ le, Shēnsūn de tóufà jiànjiàn de zhǎng qǐlái le, cóngér lìqì yě mànmàn de huīfù qǐlái le. Shénme dōu bùzhīdào de Félìisī rén, zài tāmen mínzú de qìngzhù diǎnlǐ shāng, bǎ Shēnsūn lā le chūlái dāng wánwù le. Zhèshí, Shēnsūn xiàng shàngdì qídǎo shuō: "Ǒu, wǒ de shàngdì a, qǐng zài gěi wǒ yí cì lìqì, ràng wǒ tòngkuài de fùchóu yíxià ba!" Qídǎo wánbì, Shēnsūn zhuāzhù zhīchéng gōngdiàn de zhùzi shǐjìn de lā le yíxià. Dāngshí xiànchǎng búdàn zài gōngdiàn lǐ jǐ mǎn le rénmen, érqiě zài wūdǐng shàng yě yǒu sān qiān duō ge nánnǚ jùjí zài yǐqǐ kàn zhe rènào. Shēnsūn de zhè yì jǔdòng, búdàn bǎ zhùzi zhéduàn, érqiě lián zhěnggè gōngdiàn dōu tāntā ér bēngkuì le, dāngrán zài gōngdiàn lǐ de hěn duō rén bèi yāsǐ le, yǔ cǐ tóngshí Shēnsūn yě yǔ tāmen tóng guī yú jìn le.

핵심 키워드
#齐国　#晏婴　#出使　#楚国　#矮小　#小门　#狗国　#狗门　#报告　#羞辱

#不像样　#摩肩接踵　#原则　#没出息　#恶劣　#盗窃罪　#桔子　#以南

#淮河　#桔子　#移植　#枳实　#水土　#不同　#风俗　#反而　#嘲弄

因~~而~ : ~~로(때문에) ~하다.
火冒三丈 : 화가 머리끝까지 치밀다.
趁~~时 : ~~한 틈을 타
名叫~~ : ~~라 불리다.
撒娇 : 애교를 떨다.
无能为力 : 힘쓸 수가 없다.
上~~的当 : ~~의 꼬임에 빠지다.
从而 : 그럼에 따라
同归于尽 : 함께 최후를 맞다.

[Simson en Delila, Jan Lievens 1630-1635, Rijksmuseum Amsterdam]

맹모삼천지교

Mèngmǔ sānqiān

전국시대 때의 사상가 孟軻의 어머니를 사람들은 맹모孟母라고 부른다. 맹모의 집은 묘지가 가까운 근교에 있었다. 맹자는 어릴 때, 놀이할 때면 묘지에서 행해지는 장례나 제사 등의 일을 흉내 내어, 펄쩍 뛰며 운다거나, 시체를 묻으며 묘를 다지는 등의 동작을 따라 했다. 맹모는 생각하기를, "여기는 아이를 살게 할 곳이 아니구나. 이렇게 살아간다면, 아이가 장래 무슨 희망이 있겠는가? 하루라도 일찍 이사를 가느니만 못하다." 그래서 그녀는 여기를 떠나, 시장 옆으로 가 살았다.

Zhànguó shíqī de sīxiǎngjiā MèngKē de mǔqīn, rénmen dōu chēng tā Mèngmǔ. Mèngmǔ de fángzi zài yú kàojìn féndì de chéngjiāo. Mèngzǐ xiǎo de shíhòu, wánshuǎ jiù mófǎng féndì lǐ sòngzàng´ jìsì yí lèi shì, tiào zhe jiǎo de kū, zuò zhe yǎnmái shītǐ´ pāi fén děng dòngzuò. Mèngmǔ xiǎng, "Zhèlǐ búshì wǒ kěyǐ ràng háizi zhù de dìfang. Zhèyàng guòxiàqù, háizi jiānglái hái néng yǒu shénme chūxi? Bùrú zǎo diǎnr bānjiā." Yúshì tā jiù líkāi zhèlǐ, dào jíshì biān zhùxiàlái.

여기서 맹자는 온종일 길거리를 뛰어다니며, 눈에 보이는 것이라곤 온통 각종 물건을 파는 가게들이라서, 그는 점차 상인의 모습을 배우게 되어, 늘 어린 친구들과

장사하는 놀이를 했다. 그는 어떤 때는 봇짐을 메고 음식을 파는 소매상이 되기도
하고, 어떤 때는 식당을 연 주인이 되기도 하고, 혹은 손님이 되기도 하며, 맹자는
놀이가 상인들이 물건 값을 깎는 모습을 벗어나지 못했다. 맹모는 다시 생각해보
니, 여기도 아이를 살게 할 곳이 못되는 것이었다. 그래서 또 이사를 하여, 이번에
는 학교 근처로 이사를 했다.

Zài zhèlǐ, Mèngzǐ chéngtiān zài dàjiē shàng pǎo qù, suǒ kàndào de dōu shì mài
gèzhǒng dōngxi de diànpù, yúshì tā jiànjiàn de xuéhuì le mǎimàirén de yàngzi,
jīngcháng gēn xiǎopéngyǒu wán zuò mǎimài de yóuxì. Tā yǒushíhòu zhuāngchéng
tiāo dānzi mài cài de xiǎofàn, yǒushíhòu zhuāngchéng kāi fàndiàn de lǎobǎn, huòzhě
dàng gǔkè, Mèngzǐ wán qǐlái zǒngděi bǎituōbùliǎo xué shāngrén tǎojiàhuánjià de
yàngzi. Mèngmǔ zài xiǎng: Zhèlǐ yě búshì wǒ kěyǐ ràng érzi zhù de dìfāng. Yúshì
yòu bānjiā, dào xuéxiào de fùjìn zhù xiàlái le.

이번은 맹모가 아주 만족하게 되었다. 그녀는 창가에 앉으면 교실에서 들려오는
낭랑한 책 읽는 소리를 들을 수 있게 되었고, 문 앞을 오고가는 사람들의 예의바른
모습들도 보게 되었다. 그녀는 '한 아이에게 있어서, 이곳은 이상적인 주거환경을
제공하는 곳이구나.' 라는 생각이 들어, 맹모는 마침내 이곳에 정착하게 되었다.

Zhècì, Mèngmǔ juéde hěn mǎnyi. Tā zuò zài chuāngkǒu jiù néng tīngdào cóng
xiàoshè chuánlái de lǎnglǎng de dúshūshēng, yě jīngcháng kàndào ménqián láiwǎng
de rén bīnbīnyǒulǐ. Tā xiǎng: Duìyú yí ge értóng lái shuō, zhèlǐ díquè tígōng

lǐxiǎng de jūzhù huánjìng. Yúshì, Mèngmǔ tā zhōngyú zài zhèlǐ zhù xiàlái le.

역시나, 얼마 지나지 않아, 맹자는 사람을 대하는 각종 예절을 터득했고, 또한 빠르게 자발적으로 책을 읽기 시작했다. 후세 사람들에 의해 亞聖으로 존칭되어지는 맹자의 도덕과 학문의 기초는, 의심의 여지없이 이 어린 시절의 훌륭한 환경 속에서 형성되어진 것이다.

Guǒrán, méi guò duōjiǔ, Mèngzǐ jiù xué huì le dàirén de gèzhǒng lǐjié, érqiě hěn kuài jiù kāishǐ zìdòngzìfā de dú qǐ shū lái le. Bèi hòushìrén zūnchēng wéi yàshèng de Mèngzǐ de dàodé xuéwèn de gēnjī, wúyí shì zài zhège tóngnián shídài de liánghǎo huánjìng lǐ xíngchéng qǐlái de.

맹자는 소년시절, 한번은 학교에 갔다 수업을 빼먹고 집에 돌아온 적이 있었는데, 맹모는 마침 삼베를 짜고 있었다. 맹모가 물었다. "넌 어느 정도나 배웠느냐?" 맹자가 대답하기를 "원래 그대로인 것 같아요." 맹모는 이 말을 듣자, 칼을 들어 베틀 위의 아직 짜다 만 삼베 한 필을 잘라버리며, 맹자를 보며 말했다. "이 베틀 위의 천은 한 올 한 올씩 쌓여서 된 것으로, 오랫동안의 힘든 노동의 결과물이다. 지금 내가 그것을 끊어버린 것은 공든 탑이 무너진 격으로, 헛되이 시간을 낭비한 셈이다. 네가 책을 읽고 공부를 하는 것도, 내가 천을 짜는 것과 마찬가지 이치 아니겠느냐? 네가 공부하기를 포기하는 것은, 내가 이 천을 잘라버리는 것과 같은 것이니라. 기억해 두어라. 공부란 반쯤 가다 그만두면 안 되는 것으로, 마땅히 끝까지 굳게 유지해야, 성공할 수 있는 것이니라." 맹자는 무서워하는 마음이 생겨, 온종일 근면하게 공부하여, 훗날 끝내는 대학자가 되었다.

Mèngzǐ zài shàonián shídài, yǒu yícì shàngxué yǐhòu táoxué huílái, Mèngmǔ zhèngzài zhī mábù, Mèngmǔ wèn: "Nǐ shì xué dào shénme chéngdù le?" Mèngzǐ huídá shuō: "Hái xiàng wǒ yuánlái nàyàng." Mèngmǔ tīng le, ná qǐ dāo jiù bǎ zhībùjī shàng hái méi zhī wán de yì pǐ mábù gēduàn le, jiù děngyú qián gōng jìn qì, báibái làngfèi le shíjiān. Nǐ dúshū qiúxué, yě búshì hé wǒ zhībù yí ge dàolǐ ma? Nǐ huāngfèi xuéyè, jiù xiàng wǒ gēduàn zhè pǐ mábù yíyàng. Nǐ yào jìzhù xuéxí bù néng bàntúérfèi, yīnggāi jiānchí dàodǐ, cái néng chénggōng. Mèngzǐ hàipà le. Zhěngtiān qínfèn de xuéxí, hòulái zhōngyú chéng le dàxuéwènjiā.

맹모는 아이를 교육하기 위하여, 세 번 이사를 하였는데, 이것은 아이들은 옳고 그름을 판단할 능력이 떨어지는지라, 본 대로 배우기 때문으로, 나쁜 환경에 처하면 나쁜 영향을 받기가 쉽고, 좋은 환경에 놓이면 좋은 감화를 받기 쉽기 때문이다. 옛사람이 말한 "인주를 가까이하면 빨개지고, 먹을 가까이하면 까마진다."란 말은 곧 이 이치를 말하는 것이다. 환경이 아동에게 미치는 영향은 무시할 수 없는 것이다.

Mèngmǔ wèi le jiàoyù háizi, bān le sān cì jiā. Zhè shì yīnwèi háizi biānbié shìfēi de nénglì chà, jiàn shénme jiù xué shénme, chǔ zài bùliáng de huánjìng lǐ, hěn róngyì shòudào huài de yǐngxiǎng: chǔ zài hǎo de huánjìng lǐ, jiù huì shòudào hǎo de xūntáo. Gǔrén shuō: "Jìn zhū zhě chì, jìn mò zhě hēi." shuō de jiùshì zhège dàolǐ.

핵심 키워드

#战国时期　#孟轲　#孟母　#坟地　#模仿　#送葬　#哭　#搬家　#集市　#买卖人
#讨价还价　#学校　#满意　#读书声　#彬彬有礼　#理想　#居住　#环境　#逃学
#麻布　#割断　#长期　#辛苦　#结果　#浪费　#时间　#求学　#织布　#一个　#道理
#坚持到底　#成功

TIP　玩耍 : 놀다, 장난하다.
买卖人 : 장사치
讨价还价 : 값을 흥정하다.
彬彬有礼 : 깍듯하게 예의바르다.
逃学 : 수업을 도망치다.
一丝丝地 : 한 올 한 올
等于 : ~과 같다.
白白 : 헛되이
동사 + 到底 : 끝까지 ~~하다. 负责到底 끝까지 책임지다.
熏陶 : 좋은 감화

조조에게 발이 묶인 화타

HuáTuó gùshì

華佗는 東漢시대와 삼국시대에 걸쳐 활동한 유명한 의사이다. 그는 내과, 외과, 산부인과와 침구에 정통했으며, 특히 외과에 뛰어났다. 그는 수술할 때의 통증을 없애기 위해, 일찍이 '마비산' 이라고 하는 마취약을 발명했고, 한국과 일본 등의 국가에 전해지기도 했다.

HuáTuó shì DōngHàn hé Sānguó shíqī zhī jiān huódòng de zhùmíng yīshēng. Tā jīngtōng nèikē' wàikē' fùkē hé zhēnjiǔ, yóuqí shàncháng yú wàikē. Tā wèile xiā ochú dòng shǒushù shí de téngtòng, céng fāmíng le yìzhǒng mázuìyào jiào 'Máfèi sǎn', hái chuándào le Hánguó' Rìběn děng guó.

한번은, 한 환자가 병세가 심했는데, 배가 아파서 땅 위를 구르곤 했다. 환자의 가족은 아마도 고치기 어렵겠지 하면서도, 한번 운에 맡겨보자 하는 심정으로, 그를 부축해서 화타를 찾아와 치료를 부탁했다. 화타는 아주 자세히 환자를 검사하더니 말했다. "지금 당장 손을 본다면, 아직 구할 수 있습니다." 그리고는 화타는 환자에게 '마비산' 이라는 마취약을 먹이고, 순조롭게 수술을 하여, 맹장을 제거하고, 다시 배를 봉합했다. 한 달 후, 환자는 완전하게 건강을 회복했다.

Yǒu yí cì, yí ge bìngrén bìng de hěn zhòng, tā dùzi téng de zài dì shàng dǎgǔn. Bìngrén de jiāshǔ yǐwéi kěnéng zhìbùhǎo le, dàn tāmen bào zhe pèngpèng yùnqi de xīnlǐ, fú tā lái qǐng HuáTuó zhìliáo. HuáTuó zǐzixìxì de gěi bìngrén zuò le jiǎnchá, shuō: "Xiànzài mǎshàng dòngshǒu, hái láidejí qiǎngjiù." Yúshì HuáTuó gěi bìngrén chī le yìzhǒng míngjiào 'Máfèisǎn' de mázuìyào, shùnlì de kāi le dāo, gēqù le lánwěi, ránhòu zài bǎ dùpí fénghé. Yí ge yuè hòu, bìngrén jiù wánquán huīfù le jiànkāng.

화타의 의술이 뛰어난지라, 그는 갈수록 더욱 유명해졌고, 그에게 치료받는 사람들은 늘어났다. 그가 치료한 환자 중에는 關羽와 曹操도 있었다. 《三國演義》에 따르면, 관우에게 뼈를 긁어내어 독을 치료한 의사가 화타라고 한다. 조조도 극심한 두통을 앓아, 화타를 찾아 치료를 받았고, 나중엔 화타를 자신의 군영에 머무르게 하며, 오로지 자신의 두통을 치료하는 데에만 집중하게 했다.

Yóuyú HuáTuó de yīshù gāomíng, tā yuèlái yuè yǒumíng, qiú tā zhìbìng de rén duō qǐlái le. Tā zhì guò de bìngrén zhōng hái bāokuò GuānYǔ hé CáoCāo zài nèi. Jù 《SānguóYǎnyì》, tì GuānYǔ guā gǔ yī dú de dàifu jiùshì HuáTuó. CáoCāo yě dé le hěn yánzhòng de tóuténgbìng, jiù zhǎo HuáTuó yīzhì, hòulái qǐng HuáTuó liú zài zìjǐ de jūnyíng lǐ zhuānmén wèi zìjǐ zhì tóuténg.

시간이 한참 흘러, 화타는 군영의 생활에 실증을 느끼게 되었다. 그는 원래 문인으로, 비록 자신이 생계를 위해 의사를 하고 있지만, 당시 사회적 지위가 점쟁이마냥 낮은 것이어서, 그것 때문에 고뇌하곤 했다. 그래서 그는 조조에게 휴가를 내어 집에 가보고 싶다고 했다. 조조의 윤허를 얻은 그는 집에 돌아가자, 아내가 병이 들었다는 이유로, 계속해서 휴가기간을 연장했다. 두통을 지니고 있는 조조는 조급해져서 계속해서 그에게 편지를 쓰기도 하고, 또 그곳의 지방관에게 가서 재촉하도록 하였으나, 그는 여전히 가지 않았다. 화타는 자신의 의술이 뛰어난지라, 조조라도 어찌하지 못할 것이라 여기기도 했고, 또한 생활도 이미 상당히 부유해져, 조조가 주는 두둑한 보너스도 대수롭지 않게 되어, 그는 조조의 독촉을 무시한 것이다.

Guò le yíduàn shíhòu, HuáTuó duì jūnyíng lǐ de shēnghuó guànnì le. Tā yuánlái shì wèi dúshūrén, suīrán zìjǐ wèi le móushēng ér zuò le yīshēng, dàn dāngshí yīshēng de shèhuì dìwèi gēn suànmìngrén yíyàng hěn dī, tā jīngcháng wèi zhè jiàn shì ér àonǎo. Yúshì tā duì CáoCāo shuō, xiǎng qǐngjià huíjiā qù kànkan. Dédào CáoCāo de yǔnxǔ, tā yì huídào jiāxiāng hòu, jiù yǐ qīzi bìng le wéi yóu, yícì yòu yícì de yáncháng jiàqī. Tóuténgbìng zài shēn de CáoCāo hěn zháojí, yě yícì yòu yícì de xiěxīn gěi tā, yòu ràng dāngdì de xiànguān qù cuīcù tā, tā háishì búqù. Yīnwèi HuáTuó yǐwéi zìjǐ de yīshù hěn gāochāo, CáoCāo búhuì duì tā zěnmeyàng, érqiě shēnghuó yě yǐjīng xiāngdāng fùyù, yě bú zàihu CáoCāo gěi tā de hòushǎng, suǒyǐ tā duì CáoCāo de cuīcù zhìzhībùlǐ.

조조는 정말로 화가 나서, 사람을 시켜 조사하게 하여, 만일 화타의 이유가 사실이면 양식을 상으로 내리고, 만일 거짓이면, 잡아다 죄를 묻기로 했다. 그랬더니, 화타는 자신의 아내는 결코 병에 걸린 것이 아니라고 자인하였고, 때문에 조조에 의해 '군주를 속인 죄'로 여겨지게 되었다. 전제시대에 이 죄명은 법률에 따라 사형에 처해졌다. 누군가는 조조에게 화타를 죽이지 말라고 권면하였다. 그의 의술이 너무나 뛰어난지라, 그를 살려두면 많은 목숨을 살릴 수 있으니, 그를 용서하는 게 좋다는 것이었다. 조조는 들으려하지 않았고, 화타는 끝내 조조에게 죽임을 당했다.

CáoCāo zhēnde shēngqì le, jiù mìng rén qù chá, shuō jiǎrú huátuó de lǐyóu shì zhēnde, jiù shǎnggěi tā liángshi: yàoshì jiǎde, jiù zhuā lái wènzuì. Jiéguǒ, HuáTuó chéngrèn tā de qīzi bìng méi shēngbìng, yīnér bèi CáoCāo rènwéi rútóng fàn le 'qījūnzhīzuì'. Zài zhuānzhì shídài, zhè ge zuìmíng àn lǜ dāng sǐ. Yǒurén quàn CáoCāo búyào shā HuáTuó, yīnwèi tā de yīshù nàme gāochāo, liúxià HuáTuó de mìng kěyǐ jiù hěn duō rénmìng, háishì ráo le tā hǎo. CáoCāo bùkěn. HuáTuó zhōngyú bèi CáoCāo gěi shā le.

화타가 죽은 후, 이기적인 조조는 "화타는 내 병을 고칠 수 있었으나, 일부러 고치지 않았다. 내가 그를 죽이지 않았더라도, 그는 나를 제대로 치료하지 않았을 것이다." 라고 말했다. 그 후 그의 가장 아끼던 아들 조충이 요절하고 난 후에야, 그는 후회를 했다. '醫神' 으로 불리는 화타는 그 책임이 사람의 목숨을 구하는 것으로, 좋은 사람이든 나쁜 사람이든 마땅히 살려내야 하는 것이다. 아쉽게도 화타는 이 도리를 깨우치지 못하고 있었는데, 그것이 옥의 티라고 할 수 있다.

Huátuó sǐ le yǐhòu, zìsī de CáoCāo hái shuō: "HuáTuó kěyǐ zhìhǎo wǒ de bìng, què gùyì bú zhì. wǒ jiùshì bù shā tā, tā yě bú huì gěi wǒ hǎohāor zhì." Yìzhí dào tā zuì téng'ài de érzi CáoChōng yāozhé, tā cái hòuhuì le. Bèi chēngwéi 'shényī' de HuáTuó, qí zérèn shì jiù rén, bùguǎn shì hǎorén shì huàirén, dōu yīnggāi jiù. Kěxī HuáTuó bù míngbai zhège dàolǐ, kěyǐ shuō shì báibìzhīxiá.

🔑 핵심 키워드

#华佗 #医生 #东汉 #擅长 #外科 #手术 #麻醉药 #麻沸散 #割 #阑尾 #缝合 #关羽 #曹操 #三国演义 #头疼病 #惯腻 #低 #算命人 #地位 #家乡 #为由 #假期 #延长 #置之不理 #欺君之罪 #曹冲 #疼爱 #后悔 #白璧之瑕

TIP
打滚 : 뒹굴다.
碰运气 : 운에 맞기다.
割去 : 잘라내다.
阑尾 : 맹장
惯腻 : 생활에 질리다.
假如 : 만일
夭折 : 요절하다.
白璧之瑕 : 옥에 티

마크 트웨인 일화 세 마당

Măkè·Tùwēn de gùshì

그 첫 번째, 규칙

한번은, 마크 트웨인이 이웃집으로 하릴없이 놀러 갔다가, 책장 안에서 자신한테 매우 유용한 책을 한 권 발견하고는, 그는 정중하게 입을 열어 빌려보고자 하는 뜻을 전했다. 그런데 뜻하지도 않게, 이웃이 말을 했다. "가능은 합니다. 다만 저는 규칙 하나를 정했으니, 제 도서실에서 빌린 책은 반드시 앉은 자리에서 읽어야만 하고, 가져갈 수는 없다는 겁니다."

Qí yī, guīzé

Yǒu yícì, Mǎkè·Tùwēn dào línjū jiā chuànmén, zài shūguì lǐ fāxiàn yì běn duì zìjǐ hěn yǒuyòng de shū, tā biàn hěn kèqì de kāikǒu xiàng línjū lièyuè. Búliào, línjū shuō: "Kěyǐ shì kěyǐ, zhǐshì wǒ dìng le yì tiáo guīzé, zài wǒ de túshūshì liè de shū, bìxū dāngchǎng yuèdú, bùdé ná zǒu."

마크 트웨인은 알아차렸다, 이것은 그에게 빌려주지 않겠다는 뜻임을. 일주일 후, 이 이웃은 마크 트웨인 집을 노크해 와서는, 예초기를 빌리려 했다. 마크 트웨인은 웃으며 말했다. "가능은 하지만, 저는 규칙을 하나 정한 게 있습니다. 우리 집에서 예초기를 빌리면, 제 잔디밭에서만 쓸 수 있답니다." 이웃은 생각지도 않게 마크 트웨인이 기회를 기다리고 있었음을 깨닫고, 일순 몸 둘 곳을 몰라 했다.

Măkè·Tùwēn míngbái, zhè shì jùjué jiè tā yí yuè. Yí ge xīngqī hòu, zhè wèi línjū qiāokāi Măkè·tùwēn de mén, xiàng tā jiè yìcăojī. Măkè·Tùwēn xiào zhe shuō: "Kěyǐ shì kěyǐ, búguò wǒ yě dìng le yì tiáo guīzé, zài wǒ jiā lǐ jiè yìcăojī, zhǐnéng zài wǒ de căodì shàng shǐyòng." Línjū méixiăngdào Măkè · Tùwēn zài zhèr děng zhe tā ne, dùnshí găndào méiyǒu dìfāng zhìshēn.

그 두 번째, 맨 처음 번 돈

한번은, 어떤 이가 마크 트웨인에게 물었다. "당신은 첫 번째 돈을 어떻게 벌었는지 아직 기억합니까?" 마크 트웨인은 잠시 생각하더니, 말을 했다. "나는 뚜렷이 기억합니다. 그것은 제가 초등학교에 다닐 때였습니다. 그때는 초등학생들이 모두 자신의 선생님을 존중하지 않았고, 학교의 재산을 아끼지도 않아서, 책상과 의자를 부수는 것은 아주 다반사였죠. 그래서 학교에서는 규칙을 하나 정했는데, 누구든 연필이나 칼로 책상과 의자를 손상시키면, 그는 전교생이 보는 앞에서 매를 맞거나, 벌금 5원을 무는 것이었죠."

Qí èr, dì yícì zhèng dào de qián

Yǒu yícì, yǒurén wèn Măkè·Tùwēn: "Nǐ hái jìde shì zěnyàng dì yícì zhèng dào qián de ma?" Măkè·Tùwēn xiǎng le xiǎng, ránhòu shuō: "Wǒ jìde hěn qīngchǔ, nà shì wǒ zài niàn xiǎoxué de shíhòu. Nàge shíhòu, xiǎoxuéshēng men dōu bù zūnzhòng zìjǐ de lǎoshī, érqiě bú àixī xuéxiào de cáichǎn, jīngcháng nòng huài zhuōzi hé yǐzi. Yúshì, xuéxiào jiù dìng chū yì tiáo guīzé, fǎnshì yǒu nǎ ge xuéshēng yòng qiānbǐ huò xiǎodāo nònghuài le zhuōyǐ, tā jiù jiāng zài quánxiào xuéshēng miànqián shòudào āidǎ chǔfèn, huòzhě fákuǎn wǔ yuán.

"하루는, 제가 제 책상을 훼손시켰고, 저는 아버지에게 말씀드리길, 저는 학교 규칙을 어겨서, 5원을 벌금으로 내던가, 전교학생 앞에서 매를 맞는 처분을 받아야 합니다. 아버지는 전교학생 앞에서 매를 맞는 것은 커다란 집안 망신이니, 5원을 줄 터이니, 학교에 갖다 드리라고 했다. 하지만 나한테 이 5원을 주기 전에, 나를 옥상으로 데려가 제대로 한바탕 때리시는 것이었다."

"Yì tiān, wǒ nònghuài le wǒ de shūzhuō, wǒ zhǐhǎo duì fùqīn shuō, wǒ wéifàn le xiàoguī, yàome fákuǎn wǔ yuán, yàome zài quánxiào xuéshēng miànqián shòudào āidǎ chǔfèn. Fùqīn rènwéi dāng zhe quánxiào xuéshēng de miàn āidǎ tài diū jiā chòu, tā dāyìng gěi wǒ wǔ kuài qián, ràng wǒ jiāogěi xuéxiào. Dànshì zài gěi wǒ zhè wǔ kuài qián zhī qián, tā bǎ wǒ dài dào lóushàng, hěnhěn zòu le wǒ yídùn.

사건 발생 후, 나는, 이미 한 차례 맞았으니, 한 번 더 맞는 것은 아무렇지도 않게 생각되었다. 그래서 전교학생 앞에서 다시 매를 맞은 후, 그 5원을 저축하기로 마음먹었다. 나는 실제로 그렇게 했고, 이것이 곧 내가 번 첫 번째 돈이었다.

"Shìhòu, wǒ xiǎng, wǒ jìrán yǐjīng āi guò yídùn dǎ, zài āi yícì yě méi shénme. yúshì juédìng dāng zhe quánxiào xuéshēng de miàn zài āi yídùn, yǐbiàn bǎ nà wǔ kuài qián bǎocún xiàlái. Wǒ zhēnde zhèyàng zuò le, zhè jiùshì wǒ dì yícì zhèng dào de qián."

그 세 번째, 아동용 차표

한번은, 외지에서 머물던 마크 트웨인이 수도의 한 대학의 초청에 응해 강의를 하게 되었다. 그에게 있어 시간은 그야말로 금쪽같은 것이었다, 하지만 그가 탄 기차는 늙은 소가 끄는 차처럼 느리기만 한 것이었다. 이러한 상황을 마크 트웨인은 일찌감치 예상했었고, 일찌감치 화풀이할 방법을 찾아두었다. 잠시 후, 검표원이 다가오더니, 마크 트웨인에게 물었다. "차표 가지고 있나요?" 마크 트웨인은 당황하지 않고 호주머니에서 아동 차표 한 장을 꺼내어 건넸다. 검표원은 자세하게 그를 훑어보더니 말했다. "정말 재미있는 일이군요, 난 당신이 아이로 보이지 않는데요?" 마크 트웨인은 말을 듣고 조금도 화를 냄이 없이 말했다. "지금은 제가 아이가 아니지만, 차표를 살 때는 아이였소. 당신은 이 기차가 너무 느리다는 것을 알아야 됩니다."

Qí sān, yì zhāng értóng chēpiào

Yǒu yícì, zhùzài wàidì de Mǎkè·Tùwēn yìngyāo dào shǒudū yì suǒ dàxué jiǎngkè. Shíjiān duì tā lái shuō tài bǎoguì le, kě tā juéde tā chéngzuò de huǒchē kāi de xiàng lǎoniú chē yíyàng màn. Zhè zhǒng qíngkuàng Mǎkè·Tùwēn zǎojiù yùliào dào le, tā zǎojiù xiǎng zhǎo ge fāngfǎ fāxiè yíxià. Guò le yíhuìr, yí wèi jiǎnpiàoyuán zǒu guòlái, wèn Mǎkè·Tùwēn: "Nín yǒu chēpiào ma?" Mǎkè·Tùwēn bùhuángbùmáng de cóng yīdōu lǐ tāo chū yì zhāng értóng piào dì guòqù. Jiǎnpiàoyuán zǐxì dǎliang le tā zhī hòu shuō: "Zhēn yǒu yìsi, wǒ kànbuchū nín háishì ge háizi li!" Mǎkè·Tùwēn tīng hòu yìdiǎn bù shēngqì de dádào: "Xiànzài wǒ yǐjīng bú shì háizi le, dànshì wǒ mǎi piào shí háishì háizi le. Nín yào zhīdào, zhè huǒchē kāi de tài màn le."

🔑 핵심 키워드

#马克·吐温 #书 #借阅 #拒绝 #刈草机 #第一次 #挣 #钱 #小学 #挨打处分
#罚款 #违犯 #校规 #父亲 #家丑 #给 #五块钱 #揍 #一顿 #既然 #没什么
#再 #讲课 #火车 #慢 #预料 #儿童票 #看不出 #孩子

TIP		
要么~~, 要么~ : ~~하든가, ~하든가	挨打 : 매 맞다.
丢家丑 : 집안 망신을 시키다.	在~~之前 : ~~하기 전에
狠狠 : 죽어라.	
以便 : 앞의 행위를 함으로서 뒤의 결과가 나오게 하다.	
衣兜 : 호주머니	还是 : 아직

劉邦의 오른팔 张良 일화
ZhāngLiáng shí lǚ

张良은 秦나라 말기에 劉邦의 의용군에 가입하여, 유방을 보좌하여 진나라 정권을 무너뜨리고, 項羽가 거느린 의용군을 쓰러뜨리고, 통일된 漢나라를 세웠다.

ZhāngLiáng zài Qín(秦)cháo mònián,　cānjiā le LiúBāng(刘邦) de qǐyìjūn,　fǔzuǒ LiúBāng tuīfān le Qín cháo zhèngquán,　dǎbài XiàngYǔ(项羽) lǐngdǎo de qǐyìjūn,　jiànlì le tǒngyī de Hàn(汉)cháo.

한번은, 张良이 할 일이 없어, 下邳의 다리 위에서 자유롭게 거닐고 있을 때, 거친 삼베옷을 입은 한 노인이 장량이 서 있는 곳으로 걸어오더니, 일부러 자신의 신발을 다리 밑으로 떨어뜨리고는, 다짜고짜 장량에게 말을 하는 것이엇다. "젊은이, 내려가서 내 신발을 주워오게!" 장량은 이 말을 듣자, 기분이 상해서, 그를 한 대 때려주고 싶었지만, 연배가 높은 것을 봐서, 간신히 인내하며, 다리 밑에 가서 신발을 주워왔다. 그러자 노인은 발을 뻗으며 다짜고짜 말을 했다. "그걸 나한테 신겨라!" 장량은 마음속으로 "이미 그에게 신발도 주워서 주었는데, 끝까지 좋은 일을 해보지, 그래 신발을 신겨주자." 라고 생각하고는, 땅에 무릎을 꿇고 노인에게 신발을 신겨주었다. 노인은 얼굴에 미소를 머금은 채 그곳을 떴다. 장량은 뭔지 모를 신비감을 강하게 느끼며, 노인의 멀어져가는 뒷모습을 바라봤다. 노인은 400미터쯤 걸어가다가 돌아서서 장량에게 말했다. "이봐, 젊은이는 가르쳐볼만 하겠네! 닷새 후, 날이 밝자마자 이곳으로 와서 나를 만나게나." 장량은 참으로 이상한 일이라고 느끼면서도, 자신도 모르게 무릎을 꿇고 "예!" 라고 대답했다.

Yí cì, ZhāngLiáng méi shì kě zuò, dào XiàPī(下邳) qiáo shàng zìyóuzìzài de sànbù de shíhòu, yǒu yí wèi lǎorén, chuān zhe cū máyī, zǒu dào ZhāngLiáng zhàn de dìfāng, guìyì bǎ zìjǐ de xié diào dào qiáo xià, chōng zhe ZhāngLiáng shuō: "Niánqīngrén, nǐ xiàqù bǎ wǒ de xié jiǎn shàng lái!" ZhāngLiáng tīng le, jiù bù gāoxìng, hěn xiǎng zòu tā yí dùn, dàn yīnwèi kàn tā niánlǎo, jiù miǎnqiáng rěnnài zhe, dào qiáoxià bǎ xié jiǎn le shànglái. Lǎorén shēnzhe jiǎo bùguǎn sānqīèrshíyī de shuō: "Nǐ bǎ tā gěi wǒ chuānshàng ba!" ZhāngLiáng xīnlǐ xiǎng : "Wǒ yǐjīng gěi tā jiǎn le xié, hǎorén zuò dàodǐ, jiù gěi tā chuānshàng ba." jiù guì zài dìshàng tì lǎorén chuānxié. Lǎorén dài zhe xiàoróng líkāi le, ZhāngLiáng gǎndào yǒu xiē shénmì, jiù zhùshì zhe lǎorén zǒu yuǎn de bèiyǐng. Lǎorén zǒu le yī lǐ duō lù, yòu zhuǎn huílái, duì ZhāngLiáng shuō: "Nǐ zhège niánqīngrén, hái suàn shì kěyǐ jiāodǎo de ne! Guò wǔ tiān, tiān yí liàng jiù dào zhèlǐ lái hé wǒ jiànmiàn." ZhāngLiáng juéde shìqíng zhēn yǒudiǎnr gǔguài, dàn bùyóuzìzhǔ de guì xiàlái shuō: "Shì!"

닷새 후, 날이 밝자마자 장량은 다리 위로 갔지만, 노인은 이미 다리 위에서 그를 기다리고 있었다. 노인은 화를 내며 말했다. "어른과 약속했으면서, 어찌 늦게 오는 것이야? 돌아가라! 닷새 후에 다시 오거라!" 노인은 이 말만 하고는 자리를 떴다.

Wǔ tiān hòu, tiān gāng liàng Zhāng Liáng jiù dào qiáoshàng qù, kěshì lǎorén yǐjīng zài qiáoshàng děng zhe tā le, lǎorén shēngqì de shuō: "Hé zhǎngbèi yǒu yuè, zěnme kěyǐ chídào? Huíqù! Guò wǔ tiān yǐhòu zài lái!" Lǎorén zhǐ shuō zhème yí jù huà, jiù líkāi le.

닷새가 지나고, 수탉이 울자마자 장량은 황급히 그 다리의 그곳으로 달려갔지만, 노인은 또 이미 그곳에 앉아있었다. 노인은 또 화를 내며 말했다. "어째서 또 늦은 것이야?" 이렇게 말하며 가려다가 말했다. "닷새 후에 보자."

Guò le wǔ tiān, gōngjī yí jiào ZhāngLiáng jiù jíjímángmáng de gǎndào nà zuò qiáo yuánlái de dìfāng, kěshì lǎorén yòu yǐjīng zài qiáoshàng zuò zhe ne. Lǎorén yòu shēngqì de shuō: "Nǐ zěnme yòu lái wǎn le?" Shuō zhe jiù yào zǒu, bìng gàosù ZhāngLiáng: "Zài guò wǔ tiān jiànmiàn."

또 닷새가 지나서, 장량은 야밤에 다리 위로 갔다. 얼마 안 있어 노인이 왔다. 이번에는 노인이 기뻐하며 말을 했다. "이래야지 옳지!" 이어서 그는 품속에서 책 한 권을 꺼내어 장량에게 건네주며 당부했다. "이 책을 통달하면, 너는 제왕의 스승이 될 수 있을 것이다. 십년 후에는 큰 인물이 될 것이야. 13년 후에는 산동성의 제북군으로 나를 찾아 오거라. 谷城山 밑에 누런 돌이 하나 있는데, 그것이 나이니라." 말을 마치자, 그는 별다른 말이 없이 가버렸고, 그 후로 노인은 다시는 모습을 나타내지 않았다.

Yòu guò le wǔ tiān, ZhāngLiáng bú dào bànyè jiù dào qiáo shàng qù le. Bù duō yíhuìr, lǎorén yě lái le, zhècì lǎorén gāoxìng de shuō: "Yīnggāi zhèyàng zuò cái duì ma!" Jiēzhe tā cóng huáilǐ náchū yì běn shū jiāo gěi ZhāngLiáng, zhǔfù shuō: "Bǎ zhè běn shū dútōng le, nǐ jiù néng chéngwéi dìwáng de lǎoshī, shí nián yǐhòu, jiāng dà yǒu kěwéi. Shí sān nián hòu, nǐ dào Shāndōng(山东) Jìběi jùn (济北郡) lái jiàn wǒ, Gǔchéngshān(谷城山) xià yǒu kuài huáng shí jiùshì wǒ." Shuō wán, tā jiù méi shuō bié de huà, jiù zǒu le, cóngcǐ lǎorén zài yě méi lùmiàn.

날이 밝은 후, 장량은 비로소 이 책을 뚜렷하게 볼 수 있었다. 그것은 《太公兵

法》이라 불리는 병서였다. 장량은 이 책을 매우 소중하게 여기며, 항상 공부하고 연구하여, 훗날 유방의 策士가 되어, 漢을 건설하는 과정 중에 역사에 남을 공을 세웠다.

Tiān liàng hòu, ZhāngLiáng cái kàn qīngchu zhè běn shū, yuánlái shì yì běn jiào 《Tàigōng Bīngfǎ(太公兵法)》 de bīngshū. ZhāngLiáng hěn zhēnshì zhè běn shū, jīngcháng xuéxí yánjiū, hòulái chéngwéi LiúBāng de juécè rénwù, zài jiànlì Hàn cháo de guòchéng zhōng lìxià le bùxiǔ de gōngláo.

핵심 키워드

#张良 #刘邦 #项羽 #秦朝 #汉朝 #下邳桥 #散步 #老人 #粗麻衣 #冲着
#鞋 #捡 #好人 #到底 #可以 #教导 #古怪 #迟到 #长辈 #有约 #五天
#嘱咐 #读通 #十年 #以后 #大有可为 #济北郡 #太公兵法

自由自在地 : 자유로이
冲着 : (누구를 향해)들이대며
不管三七二十一 : 다짜고짜
好人做到底 : 끝까지 선행을 하다.
一 ~~就 : ~~하자마자
不由自主地 : 자신도 모르게
怀里 : 품속
大有可为 : 크게 되다.
立下功劳 : 공을 세우다.

박쥐는 멸시의 대상인가?

Biānfú shì fǒu qīngmiè de duìxiàng?

러시아 우언 중처럼, 박쥐는 서양인의 눈에, 형세의 변화에 따라 끊임없이 자기의 입장을 바꾸는 녀석이다. 녀석은 조류와 짐승류의 전쟁 중, 조류가 이기면, 급히 달려가 조류에게 아첨하여, 자기는 조류에 속한다고 주장한다. 하지만 이후의 전쟁에서, 조류가 질 것 같아지자, 또 짐승류에게 달려가 자기는 짐승이라고 밝힌다. 최후에는 양쪽이 전쟁을 그만두게 되어, 양쪽이 모두 박쥐의 행동을 알게 되어, 아무도 그를 자기편에 두려하지 않아, 박쥐는 지금껏 어두운 밤에만 몰래 날면서 살아가게 된다. 이것이 이 우언의 대략적인 내용이다. 사실, 박쥐는 인류에게 큰 힌트를 제공했다. 어두운 밤에, 비행기가 승객을 싣고 안전하게 비행하게 된 데에는 박쥐의 공이 컸다.

Xiàng éguó yǔyán zhōng nàyàng, biānfú zài xīyángrén yǎnlǐ, shì ge suí zhe xíngshì de biànhuà, búduàn de gǎibiàn zìjǐ lìchǎng de jiāhuo. Tā zài niǎoshòu dàzhàn zhōng, kànjiàn niǎolèi zhànshèng le, jiù gǎnmáng pǎoguòqù gōngwéi niǎolèi, shēngchēng zìjǐ shǔyú niǎolèi. Kěshì zài hòulái de zhànzhēng zhōng, niǎolèi yào luòbai le, jiù yòu pǎo dào zǒushòulèi, yòu shēngchēng zìjǐ shǔyú shòulèi. Zuìhòu shuāngfāng tíngzhǐ zhànzhēng, shuāngfāng dōu zhīdào le biānfú de xíngwéi, jiéguǒ, shéi yě búyuàn shōuliú tā, yúshì biānfú zhídào xiànzài yě zhǐnéng zài hēiyè lǐ tōutōu de fēizhe móushēng. Zhè jiùshì zhè zé yùyán de dàyì. Qíshí, biānfú duì rénlèi tígōng le hěn dà de qǐshì. Zài qīhēi de yèlǐ, fēijī zàzhe rén ānquán de fēixíng, jiù yào guīgōng yú biānfú le.

박쥐는 밤에 날면서 나방과 모기를 잡아먹을 뿐 아니라, 아무리 날아도, 녀석이 다른 물건과 부딪히는 것을 본 적이 없어, 아주 가느다란 전선이라도, 녀석은 매끄럽게 피해간다. 설마 녀석의 눈이 특별히 예민해서 어두운 밤에도 모든 물건을 똑똑히 볼 수 있는 걸까?

Biānfú búdàn zài yèlǐ yìbiān fēixíng, yìbiān bǔzhuō fēi'é hé wénzi, érqiě wúlùn zěnme fēi, cónglái méi jiànguò tā gēn qítā dōngxi xiāng zhuàng, jíshǐ yì gēn jíxì de diànxiàn, tā yě néng língqiǎo de bìkāi. Nándào tā de yǎnjing tèbié mǐnrùi, néng zài qīhēi de yèlǐ kàn qīngchu suǒyǒu de dōngxī ma?

이 문제를 밝히기 위해, 백여 년 전에 과학자가 한 차례 실험을 했다. 방 안에 사방팔방으로 수많은 끈을 걸어 놓고, 끈 위에 많은 방울을 달아놓았다. 그들은 박쥐의 눈을 가린 채로 방안에서 날게 했다. 박쥐는 몇 시간을 날아도, 방울은 한 개도 울리지 않았고, 그렇게 많은 끈이 단 한 개도 부딪히지 않았던 것이다.

Wèi le bǎ zhège wèntí nòng qīngchu, yì bǎi duō nián qián, kēxuéjiā zuò le yícì shíyàn. Zài yì jiān wūzi lǐ héngqīshùbā de lā le xǔduō shéngzi, shéngzi shàng xì zhe xǔduō língdang. Tāmen bǎ biānfú de yǎnjing méngshàng, ràng tā zài wūzi lǐ fēi. Biānfú fēi le jǐ ge zhōngtóu, yí ge língdang yě méi xiǎng, nàme duō shéngzi, tā yì gēn yě méi pèngzháo.

과학자들은 그 방에서 두 번의 실험을 더 했다. 한 번은 박쥐의 귀를 막고, 한번은 박쥐의 입을 막고 방 안을 날게 했다. 그랬더니 박쥐는 마치 머리 잘린 파리처럼 여기저기 마구 부딪혔고, 끈에 달려 있던 방울도 끊임없이 소리가 났다.

Kēxuéjiā hái zài nà jiān wūzi lǐ zuò le liǎng cì shíyàn: yí cì bǎ biānfú de ěrduo sāi shàng, yí cì bǎ biānfú de zuǐ fēngzhù, ràng tā zài wūzi lǐ fēi. Biānfú jiù xiàng méi tóu de cāngying sì de dàochù luànzhuàng, guā zài shéngzi shàng de língdang bù tíng de xiǎng qǐlái le.

세 차례의 각기 다른 실험은, 박쥐가 밤에 비행을 하는 것은, 눈에 의지하는 것이 아니라 입과 귀를 함께 이용하여 길을 찾는다는 것을 증명했다.

Sān cì bùtóng de shíyàn zhèngmíng, biānfú yèlǐ fēixíng, kào de búshì yǎnjing, érshì yòng zuǐ hé ěrduo pèihé qǐlái tànlù de.

과학자들은 반복된 연구를 거쳐, 마침내 박쥐가 밤에 비행하는 비밀을 밝혀내게 되었다. 녀석은 날면서, 입을 통해 초음파라는 일종의 소리를 내뱉는 것이다. 이 소리는 사람의 귀로는 들을 수 없지만, 박쥐의 귀로는 들리는 것이다. 초음파는 파도처럼 앞으로 밀려나가며, 장애물을 만나면 반사되어 돌아와, 박쥐의 귀에 전해지게 되고, 그러면 박쥐는 곧바로 비행 방향을 바꾸는 것이다.

Kēxuéjiā jīngguò fǎnfù yánjiū, zhōngyú jiēkāi le biānfú néng zài yèlǐ fēixíng de mìmì. Tā yìbiān fēi, yìbiān cóng zuǐ lǐ fāchū yìzhǒng jiào chāoxhēngbō de shēngyīn. Zhè zhǒng shēngyīn, rén de ěrduo shì tīngbujiàn de, dàn biānfú de ěrduo què néng tīngjiàn. Chāoshēngbō xiàng bōlàng yíyàng xiàng qián tuījìn, yùdào zhàng'àiwù jiù fǎnshè huílái, chuándào biānfú de ěrduo lǐ, biānfú jiù lìkè gǎibiàn fēixíng de fāngxiàng.

과학자들은 박쥐가 길을 찾는 방법을 모방하여, 비행기에 레이더를 달았다. 레이더는 안테나를 통해 무선 전파를 쏘고, 무선 전파가 장애물을 만나면, 반사되어 돌아와 형광스크린에 나타난다. 비행사는 레이더의 형광스크린으로부터 전방에 장애물이 있는지 여부를 알게 되어, 그렇기 때문에 비행기가 밤에 비행하더라도 전혀 안전한 것이다.

Kēxuéjiā mófāng biānfú tànlù de fāngfǎ, gěi fēijī zhuāngshàng le léidá. Léidá tōngguò tiānxiàn fāchū wúxiàndiànbō, wúxiàndiànbō yùdào zhàng'àiwù jiù fǎnshè huílai, xiǎnshì zài yíngguāngpíng shàng. Jiàshǐyuán cóng léidá de yíngguāngpíng shàng, nénggòu kàn qīngchu qiánfang yǒu méiyǒu zhàng'àiwù, suǒyǐ fēijī zài yèlǐ fēixíng yě shífēn ānquán.

핵심 키워드

#俄国　#寓言　#蝙蝠　#西洋人　#改变　#立场　#不断地　#鸟类　#声称　#走兽类
#只能　#黑夜里　#谋生　#其实　#提供　#启示　#飞机　#夜里　#归功于　#避开
#蒙上　#眼睛　#铃铛　#耳朵　#塞上　#嘴　#封住　#苍蝇　#没头的　#似的　#乱撞
#揭开　#秘密　#超声波　#反射　#雷达　#无线电波　#荧光屏　#安全

TIP

恭维 : 아첨하다.　　　　　　　　声称 : 공언하다.
收留 : 받아주다.　　　　　　　谋生 : 생계를 도모하다.
归功于 : ~~의 공이다.　　　　从来没 : 여지까지 ~~한 적이 없다.
横七竖八 : 사방팔방으로　　　像~~似的 : ~~같은
不是~~, 而是~ : ~~이 아니라, ~이다.　超声波 : 초음파
波浪 : 파도　　　　　　　　　雷达 : 레이더
荧光屏 : 스크린

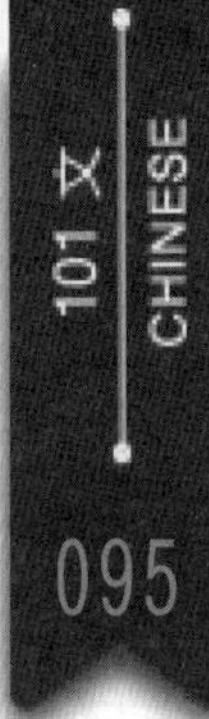

얇은 귀를 어찌하리!

RényánKěwèi

마을에 부유하게 사는 방앗간 주인이 있었는데, 사업이 그런대로 잘되는 편이어서, 어떤 때는 수요를 따라가지 못하는 때도 있었다. 설비의 부족을 메꾸기 위해, 그는 집안의 당나귀를 팔아서, 새 기계를 더 들여, 규모를 확대할 계획이었다. 그는 장날을 하루 골라, 15세 된 아들을 데리고, 당나귀를 끌어내어 출발할 준비를 했다.

Cūnzhuāng lǐ yǒu yí ge fùyù de mòfángzhǔ, shēngyi zuò de hái suàn xīngwàng, yǒushí hái huì zàochéng gōngbùyìngqíu. Wèile bǔchōng shèbèi de bùzú, tā juédìng bǎ jiāli de lǘzi màidiao, zài tiānzhì xiē xīn de qìjù, yǐ kuòdà guīmó. Tā xuǎn yí ge shìrì, dài zhe zìjǐ shí wǔ suì de érzi, bǎ lǘzi qiān chūlái zhǔnbèi chūfā le.

당나귀의 체력을 아껴, 좋은 가격으로 팔 수 있도록, 父子 두 사람은 당나귀를 다리를 묶어 메고 길을 나섰는데, 얼마 가지 않아 피곤하여 숨을 헐떡이게 되었다. 이때, 한 행인이 이 우스꽝스러운 광경을 보고, 참다못해 큰소리로 웃으며 말했다. "정말이지 무지한 커플 같으니! 당신들은 정말 꼴불견이오. 저 당나귀보다도 멍청하군!" 방앗간 주인은 꾸짖음을 듣자, 자신이 느끼기에도 당나귀를 메고 가는 행위는 부적당한지라, 급히 당나귀를 내려놓고, 포승줄을 풀었다. 방앗간 주인은 잠시 생각하더니, 아들더러 당나귀를 타게 하고, 자기는 그 뒤를 붙어 뒤따라갔다.

Wèile ràng lǘzi jiéshěng tǐlì, yǐ mài ge hǎo jiàqián, fùzǐ liǎ bǎ lǘzi de tuǐ zhā qǐlái tái zhe gǎnlù, bùyíhuìr jiù lèi de shàngqì bùjiē xiàqì le. Zhèshí, yí ge guòlùrén kànjiàn zhège huájī de yàngzi, bùjīn dàxiào qǐlái, shuō: "Zhēn shì yí duì wúzhī de báichī! Nǐmen kě zhēnshi yángxiàngbǎichū, bǐ nàge lǘzi hái yào chǔn!" Mòfángzhǔ tīngdào rénjia de màrénhuà, yě juéde zìjǐ tái lǘzi de xíngwéi bù hěn tuǒdang, gǎnjǐn bǎ lǘzi fàng le xiàlái jiěkāi shéngsuǒ. Mòfángzhǔ xiǎng le xiǎng, jiù ràng érzi qí shàng lú, zìjǐ jǐnsuí qíhòu zǒulù.

잠시 후, 앞쪽에서 세 사람이 걸어오다, 이 광경을 보고, 그중 나이가 그윽한 사람이 당나귀 위에 타고 있는 아들을 가리키며, 버럭 욕을 해댔다. "아이고, 이 젊은 녀석아! 넌 머리 벗겨진 늙은 하인을 데리고 가고 있다 생각하느냐? 어째서 냉큼 안 내려와. 노인네를 타게 하지 않는 것이야!" 방앗간 주인은 욕먹는 아들이 불쌍하게 여겨져, 어서 아들을 내리게 하고, 자신이 나귀를 탔다.

Guò le yíhuìr, qiánmiàn yǒu sān ge rén zǒu guòlái, kàndào zhè zhǒng qíngkuàng, qízhōng yí ge niánjì dà de rén zhǐzhe zuò zài lǘzi shàng de érzi, pòkǒu dàmà dào: "Āyā, nǐ zhège niánqīngrén! Nǐ yǐwéi nǐ shì dài le ge tūdǐng de lǎo púrén ma? Nǐ zěnme bú kuài xiàlái, gǎnjǐn ràng lǎorén qí shàngqù!" Mòfángzhǔ juéde áimà de érzi kělián, gǎnjǐn jiào érzi xiàlái, zìjǐ qí le shàngqù.

이렇게 한참을 갔을 때, 그들은 시시덕거리며 걸어오는 몇 명의 아가씨와 마주
쳤다. 당나귀의 뒤를 땀을 뻘뻘 흘리며 걸어가는 아이를 보자, 한 아가씨가 노인을
가리키며 놀리며 말했다. "이것은 벌을 받을 惡業을 쌓는 것이야! 두 눈으로 똑
똑히 아이가 절뚝거리며 걷는 것을 보면서, 어찌 신선처럼, 당나귀 등에 앉아 태연
하게 바람을 쐴 수 있지!" 방앗간 주인은 하는 행동마다 사람들의 욕을 들어먹었
으나, 그때마다 자신의 행동이 잘못되었다 생각했는데, 이번은 아예 아들과 함께
당나귀 등에 올라타고는, 이제는 더 이상 할 말이 없겠지 생각했다.

Zhèyàng zǒu le yíduàn lù, tāmen yòu pèngdào jǐ ge gūniang shuōshuoxiàoxiao
de zǒu le guòlái. Kàndào gēn zài lǘzi hòumiàn mào zhe hán gǎnlù de háizi, yí ge
gūniang zhǐzhe lǎorén cháoxiào qǐlái, shuō: "Zhè zhēnshì fànzuì niè a!
Yǎnzhēngzhēng de kàn zhe háizi yìquéyìguǎi de zǒu, zěnnéng xiàng shénxiān
yìbān, qí zài lǘzi bèi shàng ānránwúshì de xiǎng zhe qīngfú ne!" Mòfángzhǔ
jǐnguǎn yícìcì de bèi rén cháomà, dàn mòfángzhǔ zǒng rènwéi shì zìjǐ zuò de
qiàntuǒ, zhè yí cì tā gāncuì hé érzi yìqǐ qí dào lǘzi de bèi shàng, xīnxiǎng
zhèyàng dàjiā zài yě búhuì tí yìjiàn le ba.

그런데 생각지도 않게, 얼마 가지 않아, 꽤나 신경 써서 치장을 한 젊은이에게
발각이 되었다. 그 사람이 말했다. "이 두 사람은 미친 게 틀림없군. 이 불쌍한
당나귀를 이렇게 쓰는 걸 보니 저들이 자기 집의 나귀를 이렇게 잔인하게 대하니,
의심할 여지도 없이, 시장에 도착하면 아마 당나귀 거죽만 팔 수 있겠구면." 방앗
간 주인은 마음속으로 생각하길, 설마 이번에도 뭘 또 잘못한 거야? 그는 정말이
지 견딜 수가 없어, 또 방식을 바꿔, 둘이 모두 나귀에서 내린 후, 나귀를 앞에 걸
어가게 놔두고, 그들은 그 뒤를 따라 걸어갔다.

Méixiǎngdào, méi zǒu duōyuǎn, yòu bèi yí ge hěn jiǎngjiu dǎban de
niánqīngrén kàndào le. Nàgerén shuō: "Zhè liǎng ge rén zhǔn shì fēng le, jìng
zhèyàng shǐyòng zhè tóu kělián de lǘzi. Tāmen duì zìjiā de lǘzi jìngrán rúcǐ
cánrěn, háowúyíwèn, děng zǒudào shìchǎng kǒngpà jiù zhǐnéng mài chū yì zhāng
lǘpí le." Mòfángzhǔ xīn lǐ xiǎng, nándào zhè cì wǒ yòu zuò cuò le? Tā shízài
shòubuliǎo le, yòu gǎibiàn fāngshì, tāmen cóng lǘbèi shàng xiàlái, ràng lǘzi zài
qiánmiàn pǎo, tāmen gēn zài hòumiàn zǒu.

얼마 안 가, 맞은편에서 한 무리의 사람이 걸어왔다, 그들은 이 광경을 보자, 이내 말을 했다. "맙소사, 이 멍청이들 같으니! 당나귀가 있는데도 타지 않고, 이 뜨거운 날에 걸어서 가고 있네." 방앗간 주인은 퍼뜩 정신이 들었다. 한 사람의 행동이 모든 이들을 만족시킬 수는 없지, "남편은 자기 말이 옳다하고, 아내는 자기 말이 옳다하는" 상황이 나타날 수밖에 없는 것이야. 이런 상황에서, 나는 자신의 관점과 생각을 고집스럽게 유지하며, 대담하게 내 길을 가야 하는 거야. 그 후론, 방앗간 주인은 외부 환경에 아랑곳하지 않고 시장으로 나아갔고, 마침내 순조롭게 당나귀를 팔을 수 있었다.

Bù yíhuìr, duìmiàn yòu lái le yìqún rén, tāmen yí kàn zhège qíngjǐng, mǎshàng shuō: "Tiān na, zhè liǎng ge shǎguā! Yǒu lǘzi bù qí, què nìngkě zài dàrètiān bùxíng." Mòfángzhǔ cái huǎngrándàwù: Yí ge rén de xíngwéi bù kěnéng ràng suǒyǒu de rén mǎnyì, hěn róngyì chūxiàn "Gōng shuō gōng yǒulǐ, pó shuō pó yǒulǐ" de júmiàn. Zài zhè zhǒng qíngkuàng xià, wǒ jiùyào gǎnyú jiānchí zìjǐ de guāndiǎn hé xiǎngfǎ, dàdǎn de zǒu zìjǐ de lù. Yǐhòu, mòfángzhǔ duì wàijiè huánjìng zhìzhībùlǐ de gǎndào shìchǎng, shùnlì de bǎ lǘzi màidiào le.

#磨坊主　#生意　#兴旺　#供不应求　#补充　#设备　#卖掉　#驴子　#添置　#器具　#抬着　#赶路　#滑稽　#洋相百出　#蠢　#让　#儿子　#骑　#大骂　#破口　#老仆人　#姑娘　#嘲笑　#一瘸一拐地　#清福　#欠妥　#残忍　#驴皮　#傻瓜　#大热天

#步行　#坚持　#观点　#想法　#置之不理

供不应求 : 공급이 수요를 따라가지 못하다.
节省 : 절약하다.
上气不接下气 : 숨이 턱턱 막히다.
滑稽 : 배꼽을 잡도록 우습다.
洋相百出 : 제대로 꼴불견이다.
破口大骂 : 심하게 욕을 퍼붓다.
犯罪孽 : 죄의 근원
一瘸一拐地 : 절뚝거리며
享清福 : 유유자적함을 누리다.
受不了 : 견딜 수 없다.
宁可 : 오히려
公说公有理, 婆说婆有理 : 누구든 자기가 옳다고 여기는 바가 있다.
置之不理 : 상관하지 않고 내버려 두다.

아메리카의 지명 유래
Yàměilìjiā míngchēng de yóulái

상인 아메리고Amerigo Vespucci는 특이점이 없을 정도로 평범한 사람이었다. 그는 1454년 피렌체에서 태어났으며, 작달막한 키며, 바짝 마른 몸매는 거리를 걷는 시민과 비교할 때, 전혀 눈에 띄는 점이 없는 사람이었다. 하지만 그는 천문학과 세계 지지학이란 두 개의 특별한 취미를 가지고 있었다. 그가 처해 있던 시대는 대규모 항해가 시작되기 직전이었다. 훗날 유럽 최대의 은행가 중의 하나가 된 피렌체의 거상 메디치 가족은 그들의 상업 활동을 전 유럽으로 확대할 생각이었으며, 이와 동시에, 스페인 왕가도 해군력을 강화하여 대양을 정복하여, 큰돈을 벌 수 있는 항로 노선을 개척하려 했다. 메디치家와 스페인 왕가가 공통된 목적을 가지고 있었음을 알 수 있다. 그들이 볼 때, 당시 최첨단을 걷고 있던 세계 지지학과 천문학은 빼놓을 수 없는 두 가지의 지식이었으며, 이미 이 두 가지 지식을 갖추고 있던 아메리고는 그야말로 그들이 급히 필요로 하는 인재였던 것이다.

Shāngrén Yàměilìgē shì yí ge píngfán wúqí de rén. Tā yú 1454 nián shēng yú Fóluólúnsà, ǎiǎi de gèzi, shòushòu de shēncái, hé zǒu zài jiēshàng de shìmín xiāngbǐ, bìng méi yǒu shénme tèbéi yǐnrénzhùmù de dìfang. Búguò tā què yǒu liǎng ge tèshù de àihào jí shì tiānwényué hé shìjiè dìzhì. Tā suǒ chǔ de shídài zhèng zhí dàguīmó hánghǎi de qiānxi. Hòulái chéngwéi Ōuzhōu zuìdà de yínhángjiā zhī yī de Fóluólúnsà de jùshāng Měidìqí jiāzú dǎsuàn bǎ tāmen de shāngyè huódòng kuòzhǎn dào zhěngge Ōuzhōu, yǔ cǐ tóngshí, Xībānyā huángjiā yě xīwàng jiāqiáng hǎijūn, yǐbiàn zhèngfú dàyāng, kāipì yì tiáo néng zhuàn dà qián de xiāngliào hánglù. Kějiàn Měidìqí jiāzú hé Xībānyā huángjiā chíyǒu gòngtóng de zhìxiang. Zài tāmen kànlái, dāngshí zǒu zài zuì qiānduān de xuéwèn shìjèi dìzhì hé tiānwénxué shì bìbùkěshǎo de liǎng mén zhīshì, ér yǐjīng bèiyǒu zhè liǎng mén zhīshì de Yàměilìgē zé shì tāmen jíxū de réncái.

아메리고는 곧 메디치家Medici 商社의 일원이 되었으며, 이곳에서, 그는 평시 배
워두었던 세계 지지의 지식을 충분히 활용할 수 있게 되었을 뿐만 아니라, 2차 탐
험에서 돌아온 콜롬보Cristoforo Colombo와도 인연을 맺게 되었다. 1497년, 아메리고의
모습은 '신대륙'으로 향하는 대형 선박 위에 나타났다. 이번 탐험 중, 콜롬보를
제외하고, 아메리고의 공로는 상대할 사람이 없을 정도로 컸다.

Yàměilìgē hěn kuài jiārù Měidìqí jiāzú shánghángde chéngyuán, zai zhèlǐ tā
búdàn bǎ píngshí suǒ xuédào de shìjiè dìzhì de zhīshì chōngfēn pài shàng le
yòngchǎng, érqiě hái jiējiāo le cóng dì èr cì tànxiǎn guīguó de Gēlúnbù. 1497 nián,
Yàměilìgē de shēnyǐng chūxiàn zài qiánwǎng 'xīn dàlù' de fānchuán shàng. Zài
zhè cì tànxiǎn zhōng, chú le Gēlúnbù yǐwài, Yàměilìgē de jiàngōng wúrénkěbǐ de dà.

남미 대륙 북쪽 해안을 항해 탐험한 이 팀이 목적을 달성하고 개선장군처럼 돌아오자, 유럽 각지에서 성대한 환영을 받았다. 입담이 구수했던 아메리고의 말은, 오로지 다음번 탐험만을 생각하고 있던 콜롬보의 말보다 훨씬 흥미로웠다. 사람마다 아메리고가 직접 목격한 드넓은 아마존강에 대한 이야기 속으로 빠져들었다. 온 유럽이 들떠서 회자된 것은 이 주제와 아메리고의 이름이었다. 이때부터, '신대륙' 이란 말이 언급되면, 사람들은 그것과 아메리고를 연계지어 생각했다.

Dào nánměi dàlù běi àn hánghǎi tànxiǎn de zhè duì rénmǎ kǎixuān ér guī, zài Ōuzhōu gèdì shòudào le chéngdà de huānyíng. Jí fù kǒucái de Yàměilìgē de huà bǐ yìxīn zhǐ xiǎng jìnxíng xià yícì tànxiǎn de Gēlúnbù jiǎng de yǒuqù de duō. Rénrén dōu táozùi zài Yàměilìgē qīnyǎn jiàn guò de zhuàngkuò de Yàmǎsūn hé de gùshì lǐ. Zhěngge Ōuzhōu rèzhōng tánlùn de dōu shì zhè ge huàtí hé Yàměilìgē de míngzi. Cóng cǐ, zhǐyào yì tídào 'xīn dàlù', rénmen zǒng yào bǎ tā hé Yàměilìgē lián zài yìqǐ.

당시 '신대륙'에는 콜롬보가 명명한 약간의 섬들과 해안의 이름만 있었고, 대륙 전체를 아우르는 이름은 없었다. 한 독일인 지리학자는 1507년에 출판한 그의 지리학 저서 중에서 이 대륙을 아메리카라고 부르길 주창했고, 이 지명은 그렇게 정해졌다. 이 지명은 '아메리고'의 라틴어명 'Americus'의 語尾가 지명접미사 -a로 바뀌어 이루어진 것이다. 아메리고의 이름은 그보다 일찍 아메리카에 도착한 콜롬보를 뛰어넘어 대륙의 이름이 된 것으로, 이는 행운이라 하지 않을 수 없다.

Dāngshí 'xīng dàlù' zhǐyǒu Gēlúnbù qǐ de yìxiē dǎo míng hé hǎiàn míng, méiyǒu yí ge zǒngkuò dàlù de míngchēng. Yǒu yí wèi Déguó dìlìxuéjiā zài 1507 nián chūbǎn de tā de dìlìxué zhùzòu zhōng chàngyì chēng zhè kuài dàlù wéi Yàměilìjiā, zhè ge dìmíng jiù cǐ dìng le xiàlái. Zhège dìmíng shì jiāng Yàměilìgē de Lādīngyǔ míng 亞美利克斯 Yàměilìkèsī(Americus) de cíwěi huàn wéi dìmíng jiēwěicí −a ér chéng de. Yàměilìgē de míngzi yuè guò bǐ tā zǎo dào měizhōu dē Gēlúnbù ér chéngwéi dàlù de míngchēng, zhè bùnéng bù shuō shì yì zhǒng xìngyùn.

아메리고와 비교해, 콜롬보는 빈곤 속에서 죽음을 맞았다. 하지만 美洲에 식민지를 개척하기 시작하던 시대에 가서는, 그는 이주민들의 존숭과 사랑을 받게 되었다. 그의 이름도 콜롬비아란 나라 이름으로 바뀌어 역사에 길이 남게 되었다. 콜롬보는 그가 도착한 곳이 인도라고 착각하여, 그곳의 주민들을 '인디안'이라 불렀는데, 이는 모든 사람이 다 아는 이야기가 되었다. 콜롬보가 명명한 나라 이름에는 코스타리카와 푸에르토리코도 있다.

Yú Yàměilìgē xiāngbǐ, Gēlúnbù shì zài pínkùn zhōng sǐqù de. àn dào le zài Měizhōu kāishǐ kāituò zhímíndì de shídài, tā yòu shòudào le yímín men de zūnchōng hé àidài. Tā de míngzi yě biànchéng le Gēlúnbǐyà guómíng ér cháng cún qīngshǐ. Gēlúnbù wù rènwéi tā suǒ dàodá de dìfang shì Yìndù, gù chēng dāngdì jūmín wéi ‘Yìndiān rén(Indian)’. zhè yǐ shì rénrén jiē xiǎode de gùshì le. Gēlúnbù mìngmíng de guómíng zhōng Gēsīdàlíjiā(Costa Rica) hé Pōduōlígè(Puerto Rico) yě bāokuò zài nèi.

핵심 키워드

TIP

与此同时 : 이와 동시에
在~~看来 : ~~이 볼 때
必不可少 : 없어서는 안 된다.
派上了用场 : 좋은 용도로 사용하다.
除了~~以外 : ~~를 제외하고
凯旋而归 : 개선하여 돌아가다.
受欢迎 : 환영받다.
连在一起 : 함께 연결 짓다.
与~~相比 : ~~와 비교해
受爱戴 : 추앙을 받다.
人人皆晓得 : 누구나 다 알다.

탐정 루즈벨트

Zhēntàn Luósīfú

미국 대통령 루즈벨트Franklin Delano Roosevelt는 일찍이 사설탐정을 했었다. 겨울의 어느 날 밤, 루즈벨트는 고고학 박사 칸의 전화를 받았다. "루즈벨트 씨, 큰일 났습니다! 고대 마야문명의 황금가면이 도난당했습니다. 이미 비서를 보냈으니, 어서 연구소로 와 주세요."

Měiguó zǒngtǒng Luósīfú céng dāng guò sīrén zhēntàn. Dōngtiān de yí ge yèwǎn, Luósīfú jiēdào kǎogǔxué bóshì Kǎ'ēn dǎlái de diànhuà: "Luósīfú xiānsheng, bù hǎo le! Gǔdài mǎyǎ wénmíng de huángjīn jiǎmiàn bèi dàoqiè le. Yǐ pài mìshū qù jiē nín, qǐng nín sùlái yánjiūsuǒ."

두 시간 후, 차가 도착해, 그는 즉시 차에 탔다. 젊은 비서는 차를 운전하면서, 루즈벨트에게 사건과 관련된 상황들을 얘기해줬다. 비서의 설명을 통해, 루즈벨트는 도난당한 황금가면은 원래 멕시코에서 발굴한 것으로, 현재는 한 억만장자의 소유로 되어 있고, 칸 박사는 연구를 위해 잠시 그것을 빌려온 것이었다. 자동차는 길에서 족히 한 시간 반을 소비해서야 박사의 연구실에 도착하였다.

Liǎng ge xiǎoshí hòu, qìchē lái le, tā lìjí shàng le qìchē. Niánqīng de mìshū yìbiān kāi zhe chē, yìbiān xiàng Luósīfú jiǎngshù shìjiàn de yǒuguān qíngkuàng. Cóng mìshū de jiǎngshù, Luósīfú dézhī, bèi dào de huángjīn jiǎmiàn yuánlái shì

cóng Mòxīgē fājué chūlái, xiàn wéi yí ge yìwànfùwēng suǒyǒu, Kǎ'ēn bóshì shì
wèile yánjiū zànshí bǎ tā jiè lái de. Qìchē zài lù shàng zúzú zǒu le yí ge bàn
xiǎoshí, cái dào le bóshì de yánjiūshì.

비서는 루즈벨트에게 응접실에서 잠시 쉬라고 하며 말했다. "박사님은 2층 연구
실에 계십니다, 제가 바로 가서 모셔오겠습니다." 말을 마치자, 그는 2층으로 올
라갔다. 그가 막 자리에 앉자, 2층에서 비명소리가 들려왔다. "아악! 큰일 났어요!
박사님이 자살했어요!"

Mìshū qǐng Luósīfú zài huìkèshì shāo xiūxi, bìng shuō: "Bóshì zài èr lóu
yánjiūshì, wǒ zhè jiù qù qǐng tā huílái." shuō wán jiù shàng lóu qù le. Tā gāng
yào zuò xià, jiù tīngdào lóushàng chuánlái de jīngjiào shēng: "āiyā! Bùdéliǎo la!
Bóshì zìshā le!"

루즈벨트는 깜짝 놀라, 쏜살같이 2층으로 달려가 보니, 천장 아래의 철관 위에
끈이 하나 묶여 있고, 박사의 머리가 그 안에 들어 있고, 밟고 올라간 의자는 다리

밑에 쓰러뜨려져 있었다. "그는 아마도 황금가면이 도난당한 것 때문에 책임을 크게 느껴 자살했나 보죠?" 비서는 이렇게 말하며, 놀라서 얼굴이 창백해져 있었다.

Luósīfú dàchīyìjīng, fēikuài de bèn shàng èrlóu, zhǐ jiàn tiānhuābǎn xià de tiěguǎn shàng shuānzhe yì gēn shéngzi, bóshì de tóujǐng tào zài lǐmiàn, yònglái diànjiǎo de yǐzi shuāidǎo zài jiǎo xià. "Tā dàgài shì gǎndào huángjīn jiǎmiàn bèi dào, zérèn zhòngdà cái zìshā de ba?" Mìshū shuō zhe, liǎnsè xià de cāngbái.

루즈벨트는 죽은 자의 턱과 손을 만져본 후, 말했다. "시체가 아직 따뜻하네요." 그는 이상하게 느껴졌다, 실내가 상당히 차가운데, 어째서 죽은 자의 체온이 생전과 거의 같은 것일까? "아마도 우리가 돌아오기 전에 자살했나 봅니다."

Luósīfú mō le mō sǐzhě de miànjiá hé shǒu, shuōdào: "Shītǐ hái tǐng rè." Tā gǎndào qíguài, shìnèi xiāngdāng lěng, zěnme sǐzhě de tǐwēn yǔ shēngqián jīhū wánquán yíyàng? "Kěnéng jiù zài wǒmen huílái zhīqián zìshā de."

"이런 체온이라면, 사람이 죽은 지 1시간이 넘지 않았다는 뜻이지요." 루즈벨트는 죽은 자가 유서를 남겼는지도 모른다고 생각하여, 그는 급히 박사의 작업복 호주머니를 살펴보니, 단지 반 조각의 먹다 남은 은박지로 싼 초콜릿만 보였다. 그는 그것을 들고, 잠시 생각에 잠기더니, 갑자기 의문점들이 생겨났다. 그는 비서를 가리키며 말했다. "흥! 원래 살인범은 당신이었어, 당신은 차를 몰고 나를 데리러 오기 전에, 먼저 박사를 살해하고, 그런 후에 그를 목매달아 자살한 것처럼 위장한 것이요. 이것으로 볼 때, 황금가면을 훔친 것 또한 당신이오."

"Zhèyàng de tǐwēn, biǎomíng rén sǐ le hái méiyǒu chāoguò yí ge xiǎoshí." Luósīfú xiǎng sǐzhě kěnéng huì liúxià yízhǔ, tā liánmáng bǎ bóshì de gōngzuòfú kǒudài chá yíxià, jǐnyǒu bàn kuài wèi chī wán de xīzhǐ bāo zhe de qiǎokèlì. Tā ná zhe tā, sīcǔn zhe, dùnshí qǐ le yítuán. Tā zhǐ zhe mìshū shuō: "Hēng! Yuánlái shārénfàn jiùshì nǐ, nǐ zài kāichē lái jiē wǒ zhīqián, xiān jiāng bóshì shāsǐ, ránhòu zài ràng tā wěizhuāng shàngdiào zìshā. Yóucǐ kànlái, dàoqiè huángjīn jiǎmiàn de yě shì nǐ."

비서는 화를 내며 해명을 했다. "이건 불가능한 것이, 차를 몰고 당신을 모셔오는데, 왕복으로 길에서 3시간이 소요됩니다. 만일 내가 박사를 죽였다면, 시체는 싸늘해졌어야 합니다. 보세요, 여기는 스팀시설도 없습니다. 설마 당신은 방금 전에 제가 그를 죽였다고 생각하진 않으시겠지요?"

Mìshū qìfèn de jìnxíng shēnbiàn: "Zhè gēnběn bù kěnéng, kāichē qù jiē nín, lù shàng wǎngfǎn xūyào sān ge xiǎoshí. Rǔguǒ shì wǒ bǎ bóshì shāsǐ, nà shītǐ zǎojiù gāi liáng le. Nǐ kàn, zhèlǐ bìng méiyǒu nuǎnqì. Nándào nǐ shì huáiyí wǒ gāngcái bǎ tā shāsǐ de?"

루즈벨트는 벽의 플러그를 가리키며 말했다. "이봐요! 교활한 변명은 그만 두시오! 문제의 열쇠는 여기에 있습니다. 현장에 없었다는 것을 증명하기 위해, 당신은 고도의 수법을 동원했지만, 나를 속일 수는 없소."

Luósīfú zhǐ zhe qiángbì shàng de chātóu shuō: "Xiānsheng, nǐ búyòng jiǎobiàn le! Wèntí de guānjiàn jiù zài zhè shàngmiàn, wèile biǎomíng bú zài xiànchǎng, nǐ wánnòng le yí ge gāomíng de shǒufǎ, nǐ mán bu liǎo wǒ."

원래, 비서는 박사를 죽인 후, 자살한 것처럼 만들고 나서, 전기장판으로 매달려있는 시체를 싸매놓아, 모든 걸 마친 후에야, 루즈벨트를 맞으러 온 것이었다. 3시간 후에야 비서와 루즈벨트가 함께 연구소에 도착한 것이다. 그는 탐정으로 하여금 응접실에서 기다리게 하고, 자신은 2층으로 올라가, 신속히 전기장판을 걷어낸 것이다. 이렇게 했는지라, 죽은 지 3시간이 지났어도, 시체는 차가워질 수 없었던 것이다.

Yuánlái, mìshū shāsǐ bóshì, bìng zàochéng tā zìshā jiǎxiàng, ránhòu jiù yòng diànrètǎn jiāng diào zhe de shītǐ jǐnjǐn guǒzhe, yíqiè nòng tuō zhīhòu, cái lái jiē Luósīfú. Sān ge xiǎoshí hòu, mìshū yǔ Luósīfú yìtóng huí dào yánjiūsuǒ. Tā ràng zhēntàn zài huìkèshì děnghòu, zìjǐ zǒu shàng èr lóu, xùnsù jiāng diànrètǎn qǔ xià. Zhèyàng jíshǐ sǐqù le sān ge xiǎoshí, shītǐ yě bú huì biàn liáng.

하지만, 호주머니 속에 두었던 초콜릿 또한 신체와 함께 따뜻해져 녹아버렸던지라, 루즈벨트는 마침내 비서가 쓴 계략을 알아차릴 수 있었고, 물론 비서 또한 죄에 상응하는 처벌을 받았다.

Kěshì, yóuyú fàngzài kǒudài lǐ de qiǎokèlì yě suízhe shēntǐ yìqǐ biàn nuǎn ér rónghuà, Luósīfú zhōngyú shípò le mìshū suǒ shǐyòng de guǐjì, dāngrán mìshū yě dédào le yīngyǒu de chéngfá.

🔑 핵심 키워드

#美国 #羅斯福 #总统 #侦探 #卡恩 #玛雅文明 #得知 #墨西哥 #发掘 #所有
#亿万翁 #研究 #暂时 #借来 #天花板 #拴着 #头颈 #套 #垫 #面颊 #体温
#遗嘱 #检查 #口袋 #巧克力 #锡纸 #伪装 #暖气 #插头 #狡辩 #**关键**
#电热毯 #吊着 #取下 #凉 #不会 #融化 #识破

TIP		
得知 : 알게 되다.	不得了 : 큰일 났다.	飞快地 : 재빠르게
天花板 : 천장	头颈 : 목	面颊 : 뺨
遗嘱 : 유언, 유언장	锡纸 : 은박지	疑团 : 의심스러운 점들
申辩 : 해명하다.	插头 : 플러그	融化 : 녹다.
玩弄 : (수단을)쓰다, (수법을)부리다.	瞒不了 : 속일 수 없다.	识破 : 알아차리다.
诡计 : 계략, 계책		

중국의 으뜸가는 현모양처

Xiándé de mǎhòu

중국 역사상 세 명의 현명한 황후가 있었는데, 동한시대 明帝의 馬后, 당태종의 長孫皇后와 명나라 태조 주원장의 아내 馬后가 그들이다. 여기서 언급할 인물은 명나라의 馬后로, 비록 사람들이 어진 황후를 거론할 때, 항상 앞에서 열거한 두 분과 함께 언급하지만, 사실상 명나라 馬后의 행위들은 훨씬 더 값진 것이다. 주원장은 교육을 많이 받지 않고, 빈곤한 환경에서 자란 탓에, 의심도 많아, 그와 함께 일하는 사람은 그야말로 "임금과 함께하는 것이 호랑이와 함께하는 것 같았다." 다행이 그는 착한 아내가 있어, 그녀의 영향 아래, 그나마 가혹한 작태가 줄어들 수 있었다. 그래서 그런지 이상하게도, 주원장이 모든 사람들에게 엄격했지만, 단지 馬后한테 만큼은 특별히 믿고 따랐다.

Zhōngguó lìshǐ shàng yǒu sān wèi xiándé de huánghòu, DōngHàn Míngdì de Mǎhòu, TángTàizōng de Zhǎngsūnhuánghòu he Míngdài Tàizǔ ZhūYuánzhāng de qīzi Mǎhòu. Zhèli suǒ shuō de shì Míngdài de Mǎhòu, suīrán rénmen yì tí xiánhòu, chángcháng bǎ tā gēn qiántí de liǎng wèi xiāngtíbìnglùn, shìshíshang Míngdài Mǎhòu de suǒzuòsuǒwéi, gèngwéi nánnénngkěguì. Yīnwèi ZhūYuánzhāng shòu de jiàoyù bù duō, chūshēnpínkǔ, xìngqíng yòu duōyí, gēn tā zuò shì de rén, zhēnshi "bàn jūn rú bàn hǔ". Xìngkūi tā yǒu ge hǎo qīzi, zài tā de yǐngxiǎng xià, duōshǎo kěyǐ jiǎnshǎo yìxiē guòfèn yánlì de zuòfǎ. Yě hěn qíguài, ZhūYuánzhāng duì yì qiē de rén dōu hěn yánkē, wéiyǒu duì Mǎhòu tèbié xìnfú.

그녀는 귀한 황후의 몸이 되었지만, 여전히 손수 주원장의 음식을 살폈다. 주원장은 어떻게 해서든 馬后의 현덕에 보답하고 싶어, 그녀의 가족을 관리로 채용하여 부귀영화를 누리게 하고 싶었으나, 마후는 극력으로 반대하였다. 비록 역사를 기록하는 자들이 모두 주원장이 '각박하고 은혜를 베풀지 않는' 것으로 기록하고 있지만, 그의 조강지처에 대한 감정은 죽을 때까지 한결같았다.

Tā suīrán guì wéi huánghòu, réngrán qīnzì zhàogù ZhūYuánzhāng de yǐnshí. ZhūYuánzhāng juéde yídìng yào xiǎng diǎn bànfǎ bàodá Mǎhòu de xiándé, jiùyào qǐng tā de zúrén chūlái zuòguān, yǐbiàn xiǎngshòu rónghuáfùguì. Dànshì Mǎhòu jílì fǎnduì. Suīrán xiě lìshǐ de rén dōu pīpíng ZhūYuánzhāng 'kèbó guǎ'ēn', tā duì zāokāngzhīqī de gǎnqíng, què shǐzhōng rú yī.

한번은 송렴의 손자가 재상 호유용이 모반을 꾀한 일에 엮였는데, 그 결과 원래의 고향에 내려가 있던 송렴도 사형에 처해질 지경에 놓였다. 그녀는 일찍이 세자에게 공부를 가르쳤던 송렴을 위해 부탁하여 말했다. "여염집에서도 스승을 청하

면 끝까지 관계를 유지하거늘, 왕가의 스승은 더 말해 무엇 하겠습니까? 송렴은
내내 고향에 내려가 있었는데, 손자가 벌인 일을 그가 어찌 알겠습니까?” 주원장
은 허락하지 않았다. 그러나 그는 갑자기 황후가 고기도 먹지 않고, 술도 마시지
않는 것을 보고, 왜 그러는지를 물었다. 馬后는 송 선생님을 죽인다는 소식을 듣
고, 마음이 언짢아서, 아이의 스승님을 위해 복을 구하고 있다고 대답했다. 그래서
주원장도 어쩔 수 없이 특별히 송렴의 사형을 면해 주었다.

Yǒu yícì, xuéshì SòngLián de sūnzi, bèi qiānlián zǎixiàng HúWéiyōng zhuānquán
móufǎn de ànzi lǐ, jiéguǒ zhù zài yuánjí de SòngLián yě yào chǔsǐ. Tā jiù wèi
céngjīng jiào guò huángzǐ niànshū de SòngLián qiúqíng shuō: “Bǎixìng jiā qǐng
lǎoshī yě hǎi yào yǒushǐyǒuzhōng, hékuàng shì huángjiā de lǎoshī? SòngLián
yíxiàng zhù zài jiāxiāng, tā sūnzi zuò de shì, tā zěnme huì zhīdào?”
ZhūYuánzhāng bùxǔ。Kěshì tā hūrán fāxiàn huánghòu bù chī ròu, bù hē jiǔ, jiù wèn
tā wèishénme. Mǎhòu shuō, yīnwèi tīngshuō yào chǔsǐ Sòng xiānsheng, xīnli hěn
nánguò, suǒyǐ chī sù, wèi háizi de lǎoshī qífú. Yúshì ZhūYuánzhāng cái tèbié
miǎnchú SòngLián yì sǐ.

또 다른 선생님이 있었는데, 왕자를 보통 아이들처럼 다루었고, 너무 장난이 심
하면 보통 아이와 똑같이 체벌을 주었다. 왕자가 머리를 맞아서 혹이 생겨, 아버지

를 보자, 억울함을 울며 호소하자, 주원장은 그걸 보고 마음이 아파, 화를 내려하면, 馬后는 급히 저지하는 말을 했다. "아이가 철이 없으니, 선생님을 붙이는 겁니다. 선생님은 성인의 방식에 따라, 성인의 이치로 우리 애를 훈도하시는데, 어찌화를 낼 수 있습니까?"

Lìng yǒu yí wèi lǎoshī, bǎ xiǎowángzi dāng pǔtōng háizi yíyàng jiàodǎo, tài wánpí yě zhàoyàng tǐfá。 Xiǎowángzi de tóu shàng bèi dǎ de zhǒng qǐ le yí kuài, kànjiàn fùqīn, jiù wěiqu de kūsù。 ZhūYuánzhāng kàn le xīnténg, yào fā píqì。 Mǎhòu gǎnkuài shuō: "Háizi bùdǒng dàolǐ, cái yào lǎoshī jiào。 Lǎoshī àn shèngrén de fǎzi, ná shèngrén de dàolǐ, jiàodǎo zánmen háizi, zěnme kěyǐ shēngqì ne?"

중국인이 자주 쓰는 속담 중에 '露出了馬脚' 이란 것이 있는데, 그 의미는 '무의식중에 진상을 폭로하다' 는 뜻이다. 사실 이 속담은 명대의 馬后와 관련이 있는말이다. 馬后는 원나라 말기 군웅 중 하나인 郭子興이 기른 수양딸로, 비록 딸이라고는 해도, 하인처럼 심부름을 했다. 그렇기 때문에 漢族 여인들 사이에 纏足이 유행하던 때에, 그녀는 오히려 온전한 발을 갖고 있었다. 이것은 당시로서는 커다란금기사항이었다. 그래서 그녀는 평소 전족이 아닌 것을 부끄러워 하여, 사람들 앞에서 감히 발을 치마 밖으로 내놓지를 못했다. 하루는, 馬后가 바람이 쐬고 싶어, 가마에 타고 남경 거리에 나갔다. 거리에는 사람들이 많아, 그중에는 간 큰 사람도있기 마련이어서, 이들은 가마에 가까이 접근해 몰래 눈을 마주치기도 했는데, 마침 갑자기 바람이 크게 일어 가마의 커튼 한쪽이 말아 올라가, 馬后가 발판 위에올려놓고 있던 커다란 두 발이 마침 모습을 드러내고 말았다. 가마 안을 훔쳐보려했던 사람들은 똑똑히 본 것이다. 그리하여 馬后가 전족을 하지 않았다는 사실은

이 입 저 입으로 전해져, 남경 전체를 떠들썩하게 하였다.

Zhōngguórén xǐhuan yòng de yànyǔ zhōng yǒu ge 'lùchū le mǎjiǎo' de yànyǔ, zhè yìwèi zhe 'wúyì zhōng bàolù le zhēnxiàng'. Qíshí zhège yànyǔ gēn Míngdài de Mǎhòu yǒu guān. Mǎhòu shì Yuán mò qúnxióng zhī yī GuōZǐxīng fǔyǎng de gānnǚ'er, suīrán yě suànshì nǚ'er, què xiàng yòngrén yíyàng de tīng shǐhuan. Suǒyǐ zài Hànzú nǚzi liúxíng chánzú de shídài, tā què shì yì shuāng tiānzú. Zhè zài dāngshí shì yí dà jìhuì, suǒyǐ tā píngshí yǐ tiānzú wéi xiūrǔ, zài rén qián cóng bùgǎn bǎ jiǎo shēnchū qún wài. Yǒu yì tiān, Mǎhòu hěn xiǎng sànsànxīn, zuò zhe dàjiào láidào Jīnlíng jiētóu. Jiē shàng rén duō, zǒng yǒu dǎnzi dà de rén, zhè xiē rén kàojìn jiàozi tōutōu de kànshang liǎngyǎn, zhèngqiǎo yí zhèn dàfēng bǎ jiàolián xiānqǐ yì jiǎo, Mǎhòu gē zài tàbǎn shàng de liǎng zhī dàjiǎo qiàqià xiǎnlù chūlái. Tōukànzhě kàn de hěn qīngchu。 Yúshì mǎhòu yǒu yì shuāng tiānzú zhè yì shìshí, yīchuánshí, shíchuánbǎi, hōngdòng le zhěnge Jīnlíng chéng.

🔑 핵심 키워드

#皇后　#贤德　#东汉　#明帝　#马后　#唐　#太宗　#长孙皇后　#明代　#惟有

#信服　#亲自　#报答　#反对　#如一　#糟糠之妻　#却　#宋濂　#胡惟庸　#牵连

#谋反　#求情　#吃素　#祈福　#体罚　#露出了马脚　#谚语　#郭子兴　#干女儿

#缠足　#流行　#天足　#忌讳　#金陵　#掀起轿帘

TIP

难能可贵 : 정말 대단한 일이다.
糟糠之妻 : 조강지처
始终如一 : 시종 한결같다.
牵连 : 연루되다.
吃素 : 육식을 금하다, 채식하다.
顽皮 : 개구지다, 장난이 심하다.
干女儿 : 수양딸
听使唤 : 시키는 대로 따르다, 분부를 실행하다.
缠足 : 전족(과거 중국인 남성들은 여자의 발을 어릴 때부터 천으로 싸매 그 뒤뚱거리는 모습을 즐겼다)
忌讳 : 금기
散心 : 기분전환하다.

스스로 제 무덤을 판 商鞅

Bān qǐ shítóu zá zìjǐ jiǎo de ShāngYāng

전국시대 초기에 商鞅은 魏나라에서 하급관리를 지냈으나, 중용되지는 않았다. 후에 秦孝公은 즉위하자마자 인재를 구하도록 명을 내렸다. 상앙은 소식을 접하고, 즉시 진나라로 가, 사람을 통해 효공과 만날 수 있게 해달라고 부탁했으니, 면접시험에 응시한 셈이다. 처음 효공을 만나서, 상앙은 나라가 부강해지는 이치들을 설명했으나, 효공은 거의 잠자다시피 했다. 두 번째 효공을 만났을 때는, 효공이 그의 말에 좀 더 적극적으로 듣는 것 같았으나, 완전히 받아들이지는 않았다. 효공은 소개인에게 불만을 표시했고, 소개인도 상앙에게 불만을 표시하는 수밖에 없었다. 상앙은 결국 진상을 알아차리고, 소개인에게 말을 했다. "내가 먼저 효공에게 설파한 것은 '제왕의 도리' 였고, 두 번째에 설파한 것은 '왕도' 였지만, 모두 효공을 만족시키지 못했소. 이제 나는 그의 의도를 알겠소, 그러니 다시 그를 만날 기회를 만들어 주시오."

Zhànguó chūqī ShāngYāng zài Wèiguó zuò guò xiǎoguān, kě méiyǒu bèi zhòngyòng. Hòulái Qín Xiàogōng yì jíwèi jiù xiàlìng qiúxián. Shāng Yāng dédào xiāoxi, lìkè dào Qínguó qù, qǐng rén jièshào gēn Xiàogōng jiànmiàn, kěyǐ suàn shì yīngkǎo miànshì le. Dìyícì jiàn Xiàogōng, ShāngYāng shuō le hěn duō qiángguó zhī dào, dànshì Xiàogōng què jīhū shuìzháo le. Dì'èrcì qù jiàn Xiàogōng shí, Xiàogōng duì tā de huà hǎoxiàng tīngjìn qù yìxiē, háishì bù wánquán jiēshòu. Xiàogōng mányuàn jièshàorén, jièshàorén yě zhǐhǎo mányuàn Shāng Yāng. Shāng Yāng zhōngyú míngbái le, jiù duì jièshàorén shuō: "Wǒ xiān gēn Xiàogōng tán de shì 'dì dào', dì èr cì tán de shì 'wángdào', Xiàogōng dōu bú chèngxīn. Xiànzài wǒ míngbái tā de xīnyì le, qǐng zài gěi wǒ ānpái jīhuì jiàn tā."

이번에 상앙은 곧바로 나라를 부강하게 하는 '패도'로 효공의 마음을 움직였고, 중용을 받게 되었다. 이것은 즉 진효공이 상앙을 썼기 때문에 십년 이내에 진나라를 강국으로 만들게 되었다는 뜻이다. 상앙의 정책은, 백성들을 조직에 편입시켜 연좌제를 실시하고, 농업 증산을 장려하여 생산에 종사하지 않는 사람은 관가의 노비가 되게 하였고, 농지를 정리하였으며, 도량형을 통일시키고, 수도를 咸陽으로 천도하고, 나쁜 풍속을 혁파하는 것들이 주요내용이다. 이 모든 정책의 추진은 모두 엄격한 형법이 뒷받침하여 이루어지는 것이다. 예를 들면, 다섯 가구의 조직 안에 나쁜 사람이 있는데, 다른 사람들이 그것을 알고도 관가에 보고하지 않으면, 허리를 잘리게 된다.

Zhè yí cì Shāng Yāng yǐ mǎshàng kěyǐ shǐ guójiā fùqiáng qǐlái de 'bàdào', dǎdòng le Xiàogōng, bìng shòudào zhòngyòng. Yě jiùshì shuō yīnwèi Qín Xiàogōng yòng le Shāng Yāng, cái shǐ Qín guó zài shí nián zhī nèi chéng le qiángguó. Shāng Yāng de zhèngcè shì bǎ lǎobǎixìng nàrù zǔzhī ér shíxíng liánzuò: chàngdǎo zēngchǎn, bù cóngshì yú shēngchǎn de rén shōuwéi gōngjiā de núlì: zhěnglǐ nóngtián tǔdì: tǒngyī dùliànghéng: qiāndū Xiányáng: bìng géchú bù liáng fēngsú děngdeng. Zhè yíqiè zhèngcè de tuīxíng, dōu shì yòng yánlì xíngfǎ zuò hòudùn de. Bǐfāng shuō, zài wǔ jiā de zǔzhī zhī nèi yǒu le huàirén, qítā de rén zhīdào ér bú qù bàogào guānfǔ,   jiù yào bèi yāozhǎn.

　　새 법이 아직 실행되어지기 전에, 믿음을 세우기 위해, 상앙은 큰 현상금을 내걸고, 만일 누군가 10미터의 막대기를 남쪽 문에서 북쪽 문까지 옮겨놓으면 상금을 받게 될 것이라고 공포했다. 처음에는 모두가 이것이 사실일 리가 없다고 생각했는데, 나중에 누군가가 정말로 누구나 옮길 수 있는 대단치 않은 그 막대기를 북문으로 옮기자, 정말로 후한 상을 받는 것이었다. 이 사건으로 인해, 백성들은 상앙의 말은 꼭 지켜진다는 믿음을 갖게 되었고, 그래서 그는 명을 내려 법을 바꾸었다.

　　Zài xīnfǎ hái méiyǒu shíxíng zhī qián, wèi le jiànlì xìnyòng, Shāng Yāng céngjīng yòng zhòngjīn xuánshǎng, xuānchēng rúguǒ yǒu rén néng bǎ sān zhàng dà de yì gēn mùtóu cóng nánmén yí dào běimén, jiù kěyǐ dédào zhòngshǎng. Zuìchū dàjiā dōu bùgǎn xiāngxìn zhè shì zhēnhuà, hòulái yǒurén zhēnde bǎ nà gēn shéi dōu bāndedào de bìng bù zěnmeyàng de mùtóu bāndào běimén, guǒrán dédào le zhòngshǎng. Yóu zhè jiàn shìqíng, lǎobǎixìng dōu xiāngxìn Shāng Yāng de huà, shuō le suànshù, yúshì tā jiù xiàlìng biànfǎ.

새 법이 실행되어지고 얼마 되지 않아, 사람들은 모두 불편함을 원망했다. 이 때 태자가 법을 어겼는데, 태자는 예비 임금인지라, 처벌할 수가 없어서, 태자의 스승을 처벌했다. 이렇게 되자, 진나라의 백성 모두가 법령을 감히 준수하지 않을 수 없게 되었다. 원래 신법이 불편하다고 했던 사람들이 이제는 또 신법이 너무 좋다고 하는 사람들이 생겼는데, 상앙은 이들을 변방으로 이주시키고, 사람들이 그의 정책을 왈가왈부하는 것을 허락지 않았다.

Xīnfǎ shíxíng bù jiǔ, rénmen dōu bàoyuàn búbiàn. Zhè shíhòu tàizi fàn le fǎ, yīnwèi tàizi shì chǔjūn, bùnéng chǔfá, jiù fá tàizi de lǎoshī. Zhèyàng yì lái, Qínguó de bǎixìng dōu bùgǎn bù zūnshǒu fǎlìng le. Yuánlái mányuàn xīnfǎ búbiàn de, xiànzài yòu shuō xīnfǎ fēicháng hǎo le, ShāngYāng jiù bǎ zhè xiē rén qiāndào biāndì. Tā bùxǔ rénmen pīpíng tā de zhèngcè.

훗날 상앙은 군대를 이끌고 위나라에 승리를 거두었다. 효공은 그의 공을 치하하기 위해, 그를 商의 지역에 봉하고, 商君으로 칭했는데, 이것이 商鞅이란 이름의 유래이다. 그의 본래 이름은 公孫鞅이었다. 이때부터 사람들은 그를 商鞅이라고 칭하길 좋아했다.

Hòulái Shāng Yāng dàilǐng jūnduì zhànshèng Wèi guó. Xiàogōng wèi le jiǎngshǎng tā de gōngláo, jiù bǎ tā fēng zài Shāng dì, chēngwéi Shāng jūn, zhè jiùshì Shāng Yāng zhège míngzi de yóulái. Tā de yuánlái míngzi shì GōngsūnYāng. Cóng cǐ yǐhòu rénmen xǐhuan chēng tā wéi Shāng Yāng.

齊孝公이 죽고, 태자가 즉위하니, 곧 秦惠王이다. 누군가 진혜왕에게 商鞅이 반란을 일으키려 한다고 말을 했고, 진혜왕은 태자 시절 억울함을 겪은 생각이 나, 그의 체포를 명하였다. 그는 도망갈 수밖에 없었다. 하지만 변법이 너무 엄격해, 아무도 그를 유숙시키려 하지 않아서, 그는 정말로 반역을 도모하게 되었다. 그러다 끝내는 진혜왕이 보낸 사람에게 잡혀 죽임을 당하고 말았다. 상앙의 변법은 비록 진나라를 부강하게 하였으나, 최후에 그도 자신이 만들어 놓은 엄격한 형법 아래 죽게 될 줄은 그 누구도 상상하지 못했다.

Qín Xiàogōng sǐ hòu, tàizi jíwèi, jiùshì Qín Huìwáng。Yǒu rén gàosù Qín Huìwáng shuō, Shāng Yāng yào zàofǎn, Qín Huìwáng xiǎngqǐ yǐqián tàizi shíhòu shòudào wěiqu de shì, jiù xiàlìng dàibǔ tā. Tā zhǐhǎo táowáng. Dànshì yīnwèi biànfǎ tài yán, méiyǒu rén gǎn shòuliú tā, yúshì tā zhēn yào zàofǎn. Zuìhòu bèi Qín Huìwáng pài rén zhuāzhù chǔsǐ le. Shāng Yāng de biànfǎ suīrán shǐ Qín guó fùqiáng, dàn shéi dōu xiǎngxiàngbudào, zuìhòu tā yě sǐ zài zìjǐ suǒ dìng de yánlì xíngfǎ zhī xià.

핵심 키워드

#商鞅　#求贤　#秦国　#埋怨　#介绍人　#帝道　#王道　#称心　#霸道　#马上
#富强　#重用　#强国　#十年　#连坐　#增产　#农田　#度量衡　#信用　#建立
#重金　#悬赏　#木头　#相信　#算数　#新法　#不许　#批评　#公孙鞅　#严
#造反　#死在　#自己　#所定的

TIP

打动 : 마음을 움직이다.
用~~做后盾 : ~~를 뒷받침으로 하다.
宣称 : 공언하다.
说了算数 : 뱉은 말은 책임진다.
不敢不 : 감히 하지 않을 수 없다.
受委屈 : 억울함을 당하다.

취할 것인가, 내 놓을 것인가?
Qǔ niú háishi tuī niú

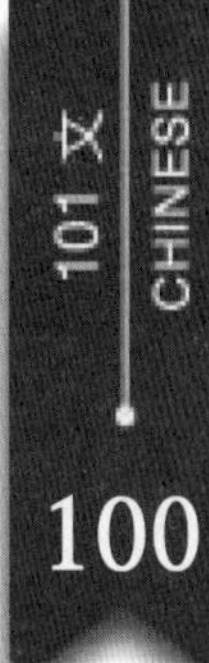

隋나라 때, 武陽縣 縣令 張元濟는 관리 노릇을 청렴히 하며, 사건처리가 신과 같아, 백성들의 추대를 받아, 심지어 이웃 현의 백성조차도 그를 찾아와 안건의 판결을 맡겼다. 하루는, 이웃 현의 한 젊은이가 찾아와 고소를 했다. 張元濟는 이 사람이 우리 현에 와서 고소를 한 것은, 사건이 분명 쉽지 않을 것을 의미한다 생각해서, 그는 젊은이에게 마음을 열고 자세히 얘기하도록 했다. 요지인즉, 그는 程福이라는 자로, 어릴 때부터 남의 집일을 해주고, 그 삯을 받아 소를 한 마리 샀고, 후에는 鄭씨네 집으로 장가를 들어 정씨 노인의 사위가 되었다는 것이었다. 일 년이 지나, 아내가 불행히 병으로 죽게 되었다. 장인은 쩨쩨한 사람으로, 그더러 고향으로 돌아가 살라고 했다. 떠나기 전, 그는 다른 재산은 모두 원치 않으며, 단지 자신의 소만을 가져가겠노라고 했다. 그런데 웬걸, 장인은 도둑놈 심보가 발동하여, 소는 자기 것이라 주장하며, 아무리 해도 程福이 소를 가져가지 못하게 하고, 또 앞으로는 程福이 자기 집에 들어오는 것을 금한다는 것이었다.

Suícháo shí, Wǔyáng xiàn Zhīxiàn Zhāng Yuánjì wéiguān qīnglián, duànàn rúshēn, shēndé bǎixìng àidài, jiù lián línxiàn de bǎixìng yě zhǎo tā duànàn. Yì tiān, línxiàn de yí ge niánqīngrén qiánlái gàozhuàng. Zhāng Yuánjì xiǎng: Zhè ge rén dào běnxiàn gàozhuàng, zhè ge ànzi yídìng yǒu nándù, yúshì, tā ràng niánqīngrén fàngkāi dǎnzi jiǎng qīngchu. Jùshuō, tā jiào Chéng Fú, cóng xiǎo bāng rén gànhuó, zǎnqían mǎi le yì tóu niú. Hòulái, 'jià' dào Zhèng jiā zuò le Zhèng lǎotóu de nǚxu. Guò le yì nián, qīzi búxìng bìnggù. Zhàngrén hěn xiǎoqì, biàn yào tā bān huí lǎojiā qù zhù. Línzǒu, tā zhǐ yàoqiú dài zǒu zìjǐ de niú, qítā de cáichǎn yígài de búyào. Shéizhī zhàngrén qǐ le dǎixīn, yìngshuō niú shì zìjǐ jiā de, wúlùn rúhé yě bú ràng Chéng Fú bǎ niú qiānzǒu, hái bùxǔ Chéng Fú yǐhòu zài jìn tā jiā de mén.

농사꾼이 소가 없으면 어떠하겠는가! 하물며 程福은 빈손으로 집에 돌아가야 하고, 집도 없는데, 소까지 없다면, 어떻게 생계를 꾸릴 수 있겠는가? 원래, 程福은 무양현령이 사건을 기막히게 처리한다는 말을 듣고, 이곳으로 와서 고소를 한 것이었다. 張元濟는 이 사건을 심사했으나, 程福과 장인이 모두 소는 자기 것이라고 주장을 굽히지 않았다.

Zhòntiánrén méiyǒu niú zěnme xíng! Hékuàng ChéngFú kōngshǒu huíjiā, lián ge wō yě méiyǒu, ruò zài méiyǒu niú, nà rìzi zěnme guò ne? Yuánlái, ChéngFú tīng rén shuō Wǔyáng xiànlìng duànàn rúshēn, yúshì, láidào zhèlǐ gào le zhuàng. ZhāngYuánjì duì cǐ àn shěn le jǐ cì, ChéngFú hé zhàngrén dōu jiānchí shuō niú shì zìjǐ de.

張元濟는 생각하기를, 이 두 사람 중 누가 사실이고 누가 거짓이든, 程福의 말이 맞든 틀리든, 두 사람 중 한 명은 분명 욕심을 부리는 것이니, 이 사건을 현장에 나가 밝혀낸 후 판단을 내려야 되겠다고 생각했다. 그래서 그는 程福에게 물었다. "이 소는 언제 산 것이냐? 원래의 소 주인은 누구인가? 얼마에 샀는가? 소의 몸에 무슨 특징이 있는가?" 程福은 "이 소는 2년 전 시장에서 산 것으로, 열 관의 가격을 치렀으며, 주인은 기억나지 않으며, 그가 어디 사는지도 모르며, 소의 몸은 황색이며, 뿔이 없고, 발굽이 흰색이다."라고 말했다. 張元濟는 말을 다 듣고, 머리를 끄덕이며, 程福에게 물러가게 했다. 그런 후, 몇 명의 심부름꾼을 시켜 장사치로 분장하게 하고, 마을에 가 정씨 노인과 程福의 품행과 그들의 평소의 사람됨이 어떤지를 알아보게 하였다.

Zhāng Yuánjì xiǎng: Wúlùn zhè liǎng ge rén shéi zhēn shéi jiǎ, yě bùguǎn Chéng Fú shuō de duì bú duì, liǎngrén zhōng yǒu yí ge shì tānxī de, dài wǒ fǎngmíng cǐ àn, zài zuò lùnduàn. Yúshì, tā wèn Chéng Fú: "Zhè tóu niú shénmeshíhòu mǎi de? Běnlái niúzhǔ shì shéi? Huā le duōshǎo qián? Niú shēnshàng yǒu shénme yìnjì?" Chéng Fú shuō: "Zhè tóu niú shì liǎngnián qián zài jíshì shàng mǎi de, huā le shí guàn qián, dàn bú rènde mǎizhǔ, yě bùzhī tā jiā zài nǎr. Niú shēn shàng shì huángsè máo, tū jījiǎo, bái tízi." Zhāng Yuánjì tīng le, diǎn le diǎntóu, ràng Chéng Fú tuìxià. Suíhòu, biàn pài le jǐ ge chàyì huāzhuāng chéng xiǎoshāngfàn, dào cūnlǐ sīfǎng Zhèng lǎotóu hé Chéng Fú de pǐnxíng yǐjí tāmen píngshí de wéirén.

다음 날, 민정을 나갔던 심부름꾼들이 돌아와, 程福은 사람이 건실하고, 일도 열심히 하여, 마을 사람들과 관계도 좋다 하였으며, 정씨 노인은 평소 조그만 것이라도 이득을 챙기길 좋아하며, 사람됨이 간교하여, 며칠 전에는 다른 사람의 채소를 몇 포기 훔쳐서, 사람이 집까지 왔었다는 것이었다. 張元濟는 보고를 듣고, 소는 程福의 것임을 단정 지었다. 하지만 이것만으로 판결을 내릴 수는 없었다. 그는 심각히 생각에 잠겨 있더니, 마침내 좋은 생각을 떠올렸다.

Dièrtiān, sīfǎng de yáyi men huílái dōu shuō Chéng Fú wéirén lǎoshi zhōnghòu, qínlǎo nénggàn, tóng lín lǐ guānxi dōu hěn hǎo: ér Zhèng lǎotóu píngsù ài zhàn xiǎo piányi, wéirén jiānhuá, qiántiān hái yīnwèi tōu le biérén jǐ kē cài, bèi rén zhuīshàng mén lái. Zhāng Yuánjì tīng le, duàndìng niú shì Chéng Fú de. Kěshì guāng píng zhè yě dìngbùliǎo àn. Tā kǔkǔsīsuǒ, zhōngyú xiǎng chū le yí ge hǎo bànfǎ.

하루는, 현의 심부름꾼 몇 명이 한 범인을 잡아 마을로 압송해 와서는, 마을사람

들을 모두 불러내서는 말을 했다. "이 자는 우리 현에서 체포한 소도둑이오. 재작
년, 그는 다른 사람과 공모해 소를 몇 마리 훔쳤는데, 그들이 나눠가진 소 가운데
황소가 있었다고 하오. 그 소는 뿔이 없고, 발굽이 흰색이라 똑똑히 기억한다 하
오. 그런데 며칠 전, 그 소가 여러분들 마을에 있다는 소식을 들었다 하오. 그래서
우리가 소도둑을 데려와 그 소를 확인하려고 하는 것이오." 둘러서 있던 사람 중
하나가 소리쳤다. "우리 마을에서는, 정씨 노인의 소만이 황소이며, 뿔이 없고,
흰 발굽을 가졌소." 포졸은 이 말을 듣자, 짐짓 기뻐하는 척하며 말했다. "그것
참 일이 잘 되어가는군요, 물어보기만 하면 알 수 있겠네요. 정씨 노인 여기에 있
나요?" 정씨 노인은 일찌감치 듣고는, 급히 대답했다. "아니오, 내 소가 아니오,
程福 그놈의 것이오, 나와 상관없소. 그 소가 어찌 오게 된 것인지는 난 알지 못하
오, 이웃사람들이 증명할 수 있소."

Yì tiān, xiàn de jǐ ge yáyi bǎngz he yí ge fànrén yādào le cūnlǐ, hái bǎ
cūnlǐrén dōu zhàojí qǐlái, shuō: "Zhè shì wǒmen xiàn dǎi zhù de tōu niú zéi.
Qiánnián, tā yǔ biérén yìqǐ tōu le jǐ tóu niú, tā fēndé de niú zhōng, yǒu yì tóu shì
huángniú. Yīnwèi nà tóu niú shì tū jījiǎo, bái tízi, suǒyǐ jì de hěn qīngchu. Qián jǐ
tiān, dǎtīng dào nà tóu niú zài nǐmen cūnlǐ. Suǒyǐ, wǒmen dàilái zhè ge tōu niú zéi
lái rèn rèn." Wéiguān de rénqún zhōng yǒu yí ge rén jiàodào: "Wǒmen cūnlǐ,
zhǐyǒu Zhèng lǎotóu jiā de nà tóu huángniú shì tū jījiǎo, bái tízi." Yáyi yì tīng,
zhuāngzuò hěn gāoxìng de yàngzi shuō: "Nà dào shì hěn shùndāng de, yí wèn jiù
zhīdào le. Qǐngwèn, Zhèng lǎotóu zài zhèr ma?" Zhèng lǎotóu zǎoyǐ tīngdào le, tā
gǎnmáng yīngdào: "Bù, bú shì wǒ de niú, shì Chéng Fú nà xiǎozi de, gēn wǒ
méiguānxi. Tā nà tóu niú shì zěnme lái de, wǒ bùzhīdào, jiēfang línjū kěyǐ
zuòzhèng."

포졸들은 또 정씨 노인에게 말했다. "당신이 한 말 정말이지요?" 정씨 노인은 강하게 수긍하며 말했다. "정말입니다, 정말입니다!" "그렇다면 좋소! 우리가 소를 데려가겠소. 당신 사위 程福은 어디 있소?" 포졸이 물었다. 이때, 程福이 사람들을 향해 걸어왔다. 정씨 노인은 눈썰미가 빠른지라, 한걸음에 달려 나가, 그를 포졸 앞으로 끌고 가서 말했다. "네 그 소는 훔쳐온 것으로, 포졸나리들이 너를 찾으신다. 난 지금 사람들 앞에서 소를 너한테 넘겼으니, 나를 끌어들이지는 마라."

Yáyimen yòu duì Zhèng lǎotóu shuō: "Nǐ shuō de kěshì zhēnhuà?" Zhèng lǎotóu kěndìng de shuō: "Shì zhēnde, shì zhēnde!" "Nà hǎo! Wǒmen bǎ niú dài zǒu. Nǐ de nǚxu Chéng Fú ne?" Yáyi wèn. Zhè shí, Chéng Fú xiàng rénqún zǒulái. Zhèng lǎotóu yǎnjiān, yíbù qiǎng guòqù, bǎ tā tuō dào yáyi miànqián shuō: "Nǐ nà niú shì tōu lái de, yámen lǎoyě lái zhǎo nǐ le. Wǒ xiànzài dāngzhòng bǎ niú huán gěi nǐ, miǎnde tuōlèi wǒ."

심부름꾼은 곧바로 程福을 데리고 정씨 노인네로 가서 소를 끌고 왔다. 정씨 노인이 씩씩거리며 줄을 程福에게 건네자, 포졸들은 크게 웃었다. "모두들 보았죠, 정씨 노인의 이 소는 程福의 것입니다, 소를 程福에게 건네니, 앞으로 함부로 고발하지 마시오! 하하! 이것은 우리 현감 영감이 마련한 계략이오! 정씨 노인, 앞으로 오늘 일을 부인하여 받을 것이 있다 하지 마시오!" 말을 마치자, 범인을 끌고 무양현으로 돌아갔다. 程福은 어찌 되었을까요? 당연히 기분 좋게 소를 끌고 고향으로 돌아갔지요.

Chāiyì mǎshàng dài zhe Chéng Fú dào Zhèng lǎotóu jiā qù qiān niú. Dāng Zhèng lǎotóu qìhūhū de bǎ jiāngshéng dì gěi Chéng Fú shí, chāiyì men hāhādàxiào: "Dàjiā dōu kànjiàn le, Zhèng lǎotóu shuō zhè tóu niú shì Chéng Fú de, bǎ niú jiāogěi le Chéng Fú, yǐhòu kě bùxǔ lài la! Hāhā! Zhè shì wǒmen lǎoyé dìng de jì! Zhèng lǎotóu, yǐhòu bié zài làizhàng la!" Shuō wán, yā zhe "fànrén" huí Wǔyángxiàn le. Chéng Fú ne? Zìrán gāogāoxìngxìng de qiān zhe niú huí lǎojiā qù le.

🔑 핵심 키워드

#隋朝　#武阳县　#张元济　#断案　#如神　#嫁　#郑老头　#妻子　#病故　#丈人
#硬说　#程福　#不许　#牛　#告　#状　#印记　#黄色毛　#秃　#品行　#为人　#私访
#便宜　#占　#村里人　#召集　#偷　#计

TIP
种田人 : 농사꾼
窝 : 둥지, 우리, 몸을 맡길 곳(처소)
犄角 : (짐승의)뿔
蹄子 : 발굽
私访 : 암행
为人 : 사람 됨됨이
拖累 : 연루되다, 누를 끼치다.
赖账 : (이미 결정지어진 것을)트집을 잡아 되돌리려하다.

배은망덕한 늑대의 최후
Zhōngshānláng de xiàchang

전국시대 때, 中山國이라는 작은 나라가 있었는데, 그곳은 늑대가 많아, 자주 뛰쳐나와 사람을 해치곤 했다. 趙簡之라는 대부가 있어, 하인을 데리고 중산국과 인접한 국경지대에서 사냥을 했다. 하루는, 趙簡之가 사냥을 하러 갔을 때, 앞에 늑대 한 마리가 사람처럼 길 위에 서서 울부짖는 것이었다. 趙簡之는 얼른 활을 당겨 화살을 쏘았고, 늑대는 부상을 당해서, 외마디 비명을 지르고는 죽어라 도망을 쳤고, 趙簡之는 말을 몰아 바짝 추격했다.

Zhàngguó shí, Yǒu ge xiǎoguó jiào Zhōngshān guó, Nàlǐ láng hěn duō, jīngcháng pǎo chūlái shānghài rén. Yǒu ge jiào Zhàojiǎnzhī de dàifu dàilǐng pūrén zài yǔ Zhōngshān guó jiēlín de guójìng shàng dǎliè. Yì tiān, ZhàoJiǎnzhī qù dǎliè de shíhou, qiánmiàn kànjiàn yì zhī láng xiàng rén yíyàng zhànlì zài dàlù shàng háojiào. ZhàoJiǎnzhī gǎnjǐn lāgōng fājiàn, láng shòu le shāng, cǎnjiào yì shēng pīnmìng de táopǎo, ZhàoJiǎnzhī páizhe mǎ jǐnzhuī láng.

이때, 東郭先生이라는 행인이 나귀를 한 마리 끌고, 한 포대의 책을 휴대한 채 급히 길을 가고 있었는데, 갑자기 늑대 한 마리가 그를 향해 달려오자, 그는 놀라서 다리 힘이 풀릴 지경이었다. 하지만 더 조급한 것은 늑대여서, 녀석은 황급히 東郭先生에게 애원했다. "노인 어르신, 뒤쪽에 한 사람이 나를 죽이려고 하옵니다, 제발 살려주세요. 어서 저를 당신의 포대 안에 숨게 해주세요, 네? 위험에서 벗어나면, 당신이 제게 베푼 은혜는 영원히 잊지 못할 것입니다."

Zhè ge shíhou, Yǒu ge jiào Dōngguō xiānsheng de guòlùrén qiān le yì tóu máolǘ, dài zhe yí dàizi de shū zhèngzài gǎnlù, hūrán kànjiàn yì zhī láng cháo tā pǎolái, tā xià de tuǐ dōu ruǎn le. Kě gèng zháojí de shì láng, tā huānghuangzhāngzhāng de duì Dōngguō xiānsheng āiqiú shuō: "Lǎo xiānsheng, hòubiān yǒurén zhuīshā wǒ, qǐng jiù jiù wǒ. Kuài ràng wǒ duǒ zài nǐ de dàizi lǐ, hǎo ma? Děng wǒ tuōlí wēixiǎn zhī hòu, Nǐ gěi wǒ de ēnhuì, wǒ yǒngyuǎn yě wàngbuliǎo de."

東郭先生은 사랑을 인간의 본질로 여기는 묵자사상의 추종자로, 평소 길을 갈 때도 개미 한 마리도 밟지 못하는 사람인데, 지금 늑대가 이처럼 말하자, 그의 자비심이 드러나게 되었다. 그는 급히 포대 안의 책을 다 쏟아내고, 늑대로 하여금 포대 안으로 숨게 하였으나, 하지만 포대가 약간 작은 편이어서, 머리가 튀어나오거나, 꼬리가 드러나거나 하여, 세 차례를 시도했어도 잘 들어가지지가 않았다. 조급한 늑대는 네 다리를 구부려서, 東郭先生에게 끈으로 단단히 묶게 하고서야, 늑대를 포대 안에 넣게 되었다. 그런 후 東郭先生은 스스로 길가에 앉아 책을 보는 척했다.

Dōngguō xiānsheng shì wèi yǐ jiānài wéi rén zhī běn de mòjiā xìntú, píngshí zǒulù lián yì zhī mǎyǐ dōu bù rěnxīn cǎisǐ, xiànzài láng zhème yì shuō, tā de

cíbēixīn jiù lù chūlái le. Tā gǎnkuài bǎ bùdài lǐ de shū quándōu dǎo le chūlái, yào
ràng láng duǒ dào bùdài lǐ qù, kěshì bùdài lüè wēixiǎo yìxiē, búshì lùchū le tóu,
jiùshì lùchū le wěiba, zhuāng le sān cì dōu méi zhuāng hǎo. Zháojí de láng bǎ sì
tiáo tuǐ suōlǒng qǐlái, jiào Dōngguō xiānsheng yòng shéngzi jǐnjǐn kǔnzhù, zhèyàng
cái néng bǎ láng zhuāng dào bùdài lǐ le. Ránhóu Dōngguō xiānsheng zìjǐ zuò zài
lùbiān jiǎzhuāng kàn shū.

얼마 안 지나, 趙簡之 일행이 뒤에 와서는, 늑대가 보이지 않자, 東郭先生에게
물었다. "늑대 한 마리가 달려 왔는데, 보셨나요?" 東郭先生이 대답했다. "못 봤
는데요. 여기엔 오솔길이 여러 개 있는데, 아마도 오솔길로 도망갔나 봅니다."
趙簡之는 이 말을 듣자, "가르쳐주어 고맙습니다." 라고 대꾸하고는 오솔길을 따라
달려갔다. 東郭先生은 이렇게 趙簡之를 거짓으로 따돌렸다.

Bù yíhuìr, ZhàoJiǎnzhī yìxíng rén zhuī shàng lái, fāxiàn láng de zōngjì bújiàn
le, jiù wèn Dōngguō xiānsheng: "Yǒu yì zhī láng pǎo guòlái le, nǐ kànjiàn le
méiyǒu?" Dōngguō xiānsheng húidá shuō: "Wǒ méi yǒu kànjiàn. Zhèr yǒu jǐ tiáo
xiǎolù, yěxǔ cóng xiǎolù táo zǒu le ba." ZhàoJiǎnzhī tīng le, huí le yì shēng
"Duō xiè zhǐdiǎn." jiù yánzhe xiǎolù gǎn xià qù. Dōngguō xiānsheng zhèyàng piàn
zǒu le ZhàoJiǎnzhī.

東郭先生은 말발굽 소리가 점점 멀어지자, 늑대를 풀어주었다. 늑대는 포대에서 나오자, 사방을 훑어보더니, 몸을 털고, 하품을 한 번 하고, 위험이 지나간 것을 보고, 東郭先生을 보고 말을 했다. "당신은 정말 좋은 사람입니다. 이럽시다, 당신 오늘 날 도와주는 김에 확실히 도와주시죠." 東郭先生은 이 말이 무슨 뜻인지 몰라, 의아한 표정으로 늑대를 바라보고 있자니, 늑대가 말을 이었다. "지금 나는가 무척 고픈 상태요, 죽지 않기 위해, 당신을 먹어야겠소." 東郭先生은 이 말을 듣자, 아주 화가 나 말을 했다. "난 네 목숨을 살려주었거늘, 날 먹겠다니, 이건 은혜를 원수로 갚는 것 아니냐?" 늑대는 이딴 것은 상관하지 않고, 모질게 東郭先生에게 달려들었다. 東郭先生은 놀라서 몸을 피하며 말했다. "넌 은혜를 원수로 갚으면 안 돼, 배은망덕하면 안 된다고." 늑대는 자꾸만 거리를 좁혀 들어왔고, 東郭先生은 한편으로는 손으로 저지하면서 당나귀를 사이에 두고 빙빙 돌았다. 까딱하면 늑대에게 잡힐 기세였다.

Dōngguō xiānsheng tīngjiàn mǎ pǎo de shēngyīn jiànjiàn de yuǎn le, jiù bǎ láng fàng le chūlái. Láng cóng kǒudài lǐ chūlái, sìxià kàn le kàn, dǒu le dǒu shēnzi, dǎ le gè hāqian, jiàn wēixiǎn yǐ guò, jiù duì zhe Dōngguō xiānsheng shuō: "Nín zhēnshì ge hǎorén, zhèyàng ba, nín jīntiān bāngmáng, jiù bāng dàodǐ ba." Dōngguō xiānsheng bù míngbai zhè jù huà shuō de shì shénme yìsi, yíhuò de kàn zhe láng. Láng jiē zhe shuō: "Xiànzài wǒ è jíle, miǎnde è sǐ, wǒ yào chī nǐ." Dōngguō xiānsheng yì tīng zhè huà, shífēn qìfèn, shuō: "wǒ yǐjīng jiù le nǐ yí mìng. Nǐ jìng hái yào chī wǒ, zhè bú shì ēnjiāngchóubào ma?" Láng bùguǎn zhè yí tào, èhěnhěn de xiàng Dōngguō xiānsheng pū le guòlái. Dōngguō xiānsheng xià de yìbiān duǒshǎn, yìbiān shuō: "Nǐ bù néng ēnjiāngchóubào, nǐ bù néng wàng'ēnfùyì." Láng bù bù jǐnbī, Dōngguō xiānsheng biān dǎng biān wéi zhe máolú zhuǎnquān. Yǎnkàn jiùyào bèi láng zhuāzhù le.

바로 이때, 앞에서 곡괭이를 맨 나이 든 농부가 이쪽으로 왔다. 東郭先生은 급히 노인을 붙들고 말했다. "어르신, 시비를 좀 가려주세요. 제가 이 늑대를 구해주었는데, 저것이 나를 먹으려 합니다, 있을 수 있는 일인가요?" 늑대가 끼어들어 말을 했다. "아닙니다, 그는 나를 구한 것이 아니라, 나의 발을 꽁꽁 묶어, 포대 안에 숨 막히게 가두어 두고, 그 위에 또 많은 책들을 올려놓았는데, 그게 어디 날 구한 건가요, 분명히 나를 가두어 죽이려 했던 것이죠."

Zhèngzài zhège shíhòu, qiánbiān lái le yí ge káng chútou de lǎo nóngfū. Dōngguō xiānsheng jímáng bǎ lǎorén lāzhù shuō: "Zhè wèi lǎo xiānsheng, qǐng píngpíng lǐ, wǒ jiù le zhè zhī láng, tā fǎn'ér yào chī wǒ, nǐ shuō yīnggāi bù yīnggāi?" Láng chā jìnlái shuō: "Bú duì, tā búshì jiù wǒ, tā bǎng zhù wǒ de jiǎo, bǎ wǒ mēn zài dài zhōng, shàngmiàn hái yā le hěn duō shū, nǎr shì jiù wǒ, míngmíng shì xiǎng mēn sǐ wǒ."

노인은 잠시 생각하더니 말을 했다. "당신들 말을 난 못 믿겠소. 이렇게 작은 포대에 늑대가 어떻게 들어갈 수 있겠소? 난 늑대가 어떻게 포대 안에 들어가는지를 직접 보지 않고는 믿을 수가 없소." 늑대가 동의하여, 또 누워서, 東郭先生에게 끈으로 네 다리를 묶게 하였다. 東郭先生은 묶은 녀석을 포대 안에 집어넣었다. 이때 노인이 東郭先生에게 말을 했다. "이제 당신은 안전하게 되었소. 멍하니 무얼 하고 있는 것이오? 배은망덕한 놈을 때려죽이지 않고, 살려두어서 뭘 하렵니까?" 東郭先生은 그제야 퍼뜩 정신이 들어, 농부의 곡괭이를 집어 들고, 이 늑대를 때려잡았다.

Lǎorén xiǎng le xiǎng shuō: "Nǐmen de huà wǒ bù xiāngxìn. Zhème xiǎo de bùdài zhuāngdexià yì zhī láng ma? Wǒ shì qīnyǎn kànkàn láng shì zěnme zhuāng jìn bùdài lǐ qù de, ránhòu cái néng xiāngxìn nǐmen de huà le." Láng tóngyì le, tā yòu tǎng xià, ràng Dōngguō xiānsheng yòng shéngzi bǎ sì tiáo tuǐ kǔn qǐlái. Dōngguō xiānsheng bǎ kǔn hǎo de tā zhuāng jìn bùdài lǐ. Zhè shíhòu lǎorén duì Dōngguō xiānsheng shuō: "Xiànzài nǐ ānquán le. Nǐ hái lèng zhe gàn shénme? Duìdài wàng'ēnfùyì de huàidàn, bú dǎsǐ tā, hái liú zhe gàn shénme?" Dōngguō xiānsheng zhè cái xǐngwù, ná qǐ nóngfū de chútou, bǎ zhè zhī láng dǎsǐ le.

핵심 키워드

#中山国　#狼　#伤害　#赵简之　#打猎　#逃跑　#紧追　#东郭先生　#赶路　#哀求
#恩惠　#捆住　#假装　#看书　#骗　#过　#危险　#帮　#到底　#免得　#死　#吃
#农夫　#装得下　#坏蛋　#忘恩负义　#打死

TIP

嚎叫 : 울부짖다.
等~~之后 : ~~하고 나면
忘不了 : 절대 잊을 수가 없다.
缩拢 : 쭈그리다.
假装 : ~인 척하다.
四下(里) : 사방으로
恩将仇报 : 은혜를 원수로 갚다.
恶狠狠地 : 난폭하게, 무자비하게 냅다.
忘恩负义 : 배은망덕하다.
转圈 : 뱅뱅 돌다.
眼看 : 이제 곧
装得下 : 담을 수 있다. 넣을 수 있다.

불친절한 해답

■ 참조 : 불친절한 해답은 본문에 제시된 병음에 따른 중국어 글쓰기의 간자체 예시글입니다. 각 단어들이 중국어
　　　 구문 순서에 맞지 않게 혼용되어 표기되어 있습니다.

001. 苍蝇的公母

甲 ：一分钟/我/苍蝇/打/了/之内/十只/死，有/五/只/公的，五/只/母的。

乙 ：别/吹牛，你/公母/苍蝇/能/的/分辨？

甲 ：那/太/简单/了。在/上/打/的/公的/死/酒杯/是，镜子/母的/在/上/打/的/是/死!

002. 上课时

有/个/学生，上课/老想/时/打球/着，眼睛/瞧/操场/不住地/往/上，老师/批评/他/说："你/呀，人/在/教室，心/在/操场，这/怎么/行/呢?" 学生/听/了/说道："老师，操场/让/去/人，在/教室/心/把/留，好吗?"

003. 不得要领

"救火! 救火!"电话/呼救声/传来了/恐慌/紧急/而/的/里。

"在/哪里?"电话员/消防队/部门/急救/的/问。

"在/我/家!"

"我/哪里/地点/是/说/的/在/失火?"

"在/厨房!"

"我/知道，可是/我们/你家/该/去/吗/怎样?!"

"你们/不是/有/救火车/吗?"

004. 告诉你秘诀

岳父母/结婚/三十年，互敬/互爱，从/不/吵架。我/岳父/结婚/请教/后/特地。

岳父/说："我/结婚/告诉/时/我/我岳父：'不要/批评/做错/怪/你太太/她/的/缺点/事/或。 要/知道，就是/因为/她/有/缺点，有时/做错/事，才/丈夫/没有/理想/更/的/找到。'你/要/记住/这/句/话。"

005. 你要先救谁?

有/年轻/男子/湖/未婚妻/未婚妻/的/一个/母亲/在/和/上/划船/带。 那/男子/未婚妻/的/母亲/一时/'触景生情'，问道："如果/一起/水里/我/和/不小心/我女儿/落到，你/打算/先/救/谁/呢?" 这/是/个/难题，可/男子/沉思/了/一下，幽默/地/

一笑，说："那/先/救/未来/的/妈妈。" 两人/笑容/听了/满意/露出/都/了/的。

００６. 报复

从前，有/个/阿拉伯/人，被/她/耳光/丈夫/一记/的/打/了。 她/告状/回/娘家/父亲/向/她/说："爸爸，我/的/丈夫/打/我/就/侮辱/了/你，你/应该/报复/才/对。"

她/的/父亲/问道："他/打的/你/哪/一边/脸?" "左边。"

她/一巴掌/脸上/父亲/便/她/右边/打了/在/的，说："现在/满意/你/了/该。 你/你/丈夫/可以/对/说/去，他/敢/打/我/女儿/侮辱/我，我/便/他/打/他/老婆/的/报复。"

００７. 帐单

有/个/男人/跛/着/脚，艰难/地/走/进/医院，对/住院处/的/护士/说："请/我/你/把/在/三等病房/安排，我/是/穷光蛋。""没/有/人/帮/您/的/忙/吗?"护士/问。

"没有! 我/只有/一个/姐姐，她/是/修女，她/也/很/穷。"

护士/听/生气/说/后/地："修女/富/得/很，因为/她/和/上帝/结婚。""好，您/就把/我/安排/在/一等/病房/吧，以后/行了/把/我姐夫/寄给/帐单/就。"

００８. 两全其美

从前/有/个/姑娘，长/得/很/漂亮，有/东/西/两家/同/去/求婚。 东家/的/儿子/长/得/很/丑，但是/富裕/家里/非常：西家/倒/相貌/堂堂/的/是/儿子，但是/家里/贫穷/十分。这/一下，父母/也/了/拿不定/亲/主意。便/商量/法子/去/跟/的/女儿/个/两全其美。

女儿/说："那/两边/都/答应/下来/吧!" 父亲/听/了/莫名其妙。 女儿/解释/道："到/东家/吃饭，西家/去/住，这/不是/两全其美/吗?"

００９. 贼

一个/富翁/请/画家/为/他/画/肖像，画/好/后，他/拒绝/5000元/支付/报酬/议定/的，理由/是："画/得/根本/不是/我。"

不久，画家/肖像/展览/把/幅/这/公开，题/名/为'贼'。 富翁/知道/后，万分/恼怒，打/电话/向/画家/抗议。

"这事/与/你/有/什么/**关**系?"画家/平静地/说，"那/幅/画/根本/不是/你!"

富翁/不得不/买下/这/幅/画，改名/为'慈善家'。

010. 妙语解除了蚊子的困扰

一次，马克·吐温/投宿/去/外地。 在/服务台/登记/房间/时，一只/过/蚊子/嗡嗡地/了/飞/来。马克·吐温/对/服务员/说："早/聪明/听说/地/的/蚊子/贵/十分，果如其然，它/竟/会/来/预先/号码/看好/我/房间/的，以便/夜晚/光临，饱餐/一顿。"一席话/将/服务员/说/得/哈哈大笑，他/这晚/也/睡得/舒舒服服：因为/服务员/他/听/了/的/话中/出/话/之，将/他/的/房间/打扫/了/再/打扫。

011. 秘诀

一户/人家/经常/吵架，看见/隔邻/的/一家/非常/和乐，十分/羡慕，便/前往/请教。邻家/的男主人/回答/说："我们/家/每个/都是/坏人，所以/不会/吵架。" 问/的/人/明/所以/不，悻悻然/离去。

一天，邻家/有/一辆/自行车/被/窃，他们/人家/的/对话/让/听到/无意间/吵架/的/那户：

"没有/好/**关**/是/我的错/大门。"

"不，我/忘/了/上锁，是/我/不/好。"

"其实/车子/院子/我/不/把/应该/放在/里。"

那/户/人/恍然大悟。

012. 外貌与智慧

有/一位/著名/舞蹈家/雨果/给/写/信/了/热情/一封/洋溢的。信中/建议：如果/让/他/俩/结婚，那/对/和/好事/优生学/后代/都是/件/将。她/着重/指出："将来，生/有/你/这样的/那样的/孩子/个/智慧/外貌/和/我，该/有/多么/美妙！" 雨果/在/中/接受/回信/表示/好意/不能/这番。 他说："那个/如果/我/外貌/智慧/和/这样的/你/孩子/那样的/只有，就/糟透/了。"

013. 可怕的染缸

墨子/经过/率领/学生/一家/工厂/从/染丝，就/站/在/那儿/参观。 工人/把/放进/白丝/青色/一束/染缸/里/的，一会儿，白丝/就/变成/青丝/了， 他/另/把/一束/染缸/放进/黄色/又/白丝/的/里，拿/出来/就/变成/黄丝/了。

墨子/虽然/嘴里/一句话/也/没/说，但/他/脸上/的/表情，却/有/很多/感想/的/样子。 忽然/他/叹/了/一口/气，自言自语/地/说："好/可怕/的/染缸/了！" 站/问/在/旁边/理由/的/一个/他/学生/他，他/就/回答/说："你/看/那些/洁白/的/丝，一/放进/染缸/里，立刻/就/变/了。 放进/染缸/青色/的/里，就/染/成/青丝：放进/黄色/染缸/里/的，就/染/成/黄丝，不容易/面目/恢复/的/了/本来。　人/也/是/这样。小孩子/天真/纯洁，像/白丝/一样，他/常/接触/好人，就/会/跟着/学好：常/接触/坏人，就/会/跟着/学坏。环境/影响/对/太/人/实在/的/大了，你们/交/朋友/应该/得/谨慎/呢!"

O14．等着下雪

很/以前/久，有个人/用功/看到/儿子/不/肯/读书，就/开导/古人/用/故事/好学/的/他。他/说："古时候/有/个/叫/孙康/的/人，家/穷/里/很，没有/灯/钱/油/买/点，就/读书/借/雪映/的/着/光，后来/成/了/大/学问家。你/应该/古人/向/学习。"儿子/后/听，头/点/了/点/说："我/记住/了。"

过/了/一些/日子，他/到/书房/来，只见/窗外/儿子/两眼/瞪着/望着。他/十分/地/问/生气/他："你/怎么/还/不/读书?"

儿子/回答/说："我/在/等/雪/着/下/呢。"

O15．望梅止渴

三国/时，找不到/水/一滴/喝/路/荒漠/过/一片/率兵/一次/曹操/打仗。士兵们/受不了/实在/了，有的/地上/躺在/就/了/干脆。曹操/一/见，心里/非常/着急，忽然/他/心/生/一计，对/士兵们/说："前面/梅林/一/大/有/片，那里/梅子/的/可/酸/了! 大家/快/走，去/吃/梅子!" 士兵们/一/听，顿时/想到/了/酸梅，嘴里/好像/吃到/梅子/一样，口水/出来/一下子/流了/就，也/马上/就/不/觉得/太/渴/了。他们/继续/急忙/振作/路/精神/赶，终于/来/到/了/有/水/的/地方。

O16．林肯趣事

1860年，林肯/总统/候选人/选/作为/共和党/的/参加/时，他/发表/竞选/的/演说/是/这样/的："有人/写/财产/信/我/有/问/多少。我/有/妻子/儿子/一位/和/一个，都/是/无价/之/宝。此外，还/租有/一个/办公室，室内/桌子/有/一张，椅子/三把，墙角/还有/书架/大/一个，书架/读/上/每人/的/书/值得/一。我/既/穷/又/瘦/本人，脸蛋/很/长，不/会/发福。我/实在/没有/什么/可/依靠/的，唯一/就是/可/的/依靠/你们。"

O17．马克·吐温的声明

马克·吐温/在/一次/酒会/上/记者/问/答/时/说："美国/国会/中/有些/议员/是/狗崽子/养/的。" 记者/将/他/的/话/公诸与众，华盛顿/的/一定/要/议员们/个/马克·

吐温/在/启事/报上/登，赔/情/道歉。马克·吐温/写/了/启事/这样/一张："以前/鄙人/在/酒席/上/发言，说/有些/国会/议员/是/狗娘子/养/的，我/再三/考虑，觉得/此/言/不/妥当，而且/不/事实/合。特/登报/申明，把/我/的/话/修改/如下：美国国会/议员/中/有些/狗娘子/不/养的/是。"

O18. 一针见血

　　美国/有/富翁/一位/百万，他/的/左眼/坏/了，花/假的/钱/装/请人/给/好多/了/一/只。这/只/假眼/装/得/真好，乍/一看，谁/不/假的/认为/会/是/也。于是，这/百万/富翁/得意/十分，常常/在/人们/面前/夸耀/自己。有/一次，他/碰到/马克·吐温，就/问道："你/猜/得/出来/吗？我/哪/眼睛/只/是/假/的？"马克·吐温/指/着/他/的/左眼/说："这/只/是/假/的。"百万/十分/富翁/惊异，说："你/怎么/知道/的？"马克·吐温/回答/说："我/看，因为/这/慈悲/眼睛/还有/只/里/一点点/你。"

O19. 现在可以种土豆了

　　"我/想/土豆/种/在/田地/里，不过/帮手/起码/要/两个/需要，我/正在/为/而/此/担心。"这/怀/孕/的/着/妻子/诉说/丈夫/给/在/信/战场/的/的/中/的/是。丈夫/马上/回/信了。"老婆，绝对/不能/翻耕/田地，因为/里面/武器/埋藏/了，知道/了/吗？"

　　过/几天/后，当局/派出/来/四个/宪兵，挖/回去/遍/了/每个/田地/的/角落/就/了/后。妻子/给/写/丈夫/了/信。"四个/家里/宪兵/不知/为何/底朝天/把/翻/的/田/地/认认真真地/了/个。" 丈夫/立即/回/了/信。"亲爱/的/老婆，你/现在/可以/种/土豆/尽情地/了。"

O20. 管他什么丘吉尔

　　英国/丘吉尔/首相/急于/下议院/开会/去/赶到，他/叫/了/一辆/汽车/出租。车子/到达/所在地/后，他/下车/对/司机/说："我/在/钟头/这里/大约/耽搁/一个，你/等/我/一下/吧。"

　　"不行，"司机/坚决/地/回绝/了，"我/就/要/回家/赶/去，好在/收听/收音机/里/丘吉尔/演说。"

　　首相/一/听/这/话，不禁/大为/惊喜，于是/照/除/付了/之外/车资，又/赏了/重重地/他/可观/小费/的/一笔。司机/望着/收入/那/笔/意外/的，很快/就/改变/地/心意/对/乘客/说："我/想/了/一下，还是/等着/在/这里/送/回去/你/吧，管/他/妈/的/什么/丘吉尔！"

021. 马虎与认真

鲁迅/在/上海/时，一天/到/理发馆/去/理发。理发师/见/普通/他/衣着，没/什么/派头，就/马马虎虎/给/他/理/了/发。鲁迅/心里/明白，但/也/不/计较，付/倒/了/工钱/他/几倍的/多，坦然/地/走/了。理发师/举动/被/的/鲁迅/这/吃惊了/一，转念/一/想：'这/个/人/大/人物/身份/一定/个/有/的/了/是!'

过/时间/了/一段，鲁迅/又/来/理发/了。这次，理发师/可/热情/了，又/是/端茶，又/是/让座，足足/完/花了/一个/小时/才/理/发/多。

鲁迅/仍/不声不语，按/规定/付/了/钱，一分钱/多/也/没/给。理发师/沉不住/气/了，双手/一探/说："先生，你/看……"

鲁迅/会意/了，他/说："学习/您，你/马虎，我/也/马虎：你/认真，我/也/认真。"
理发师/只得/听/了/哑然。

022. 怕太太的辩解

阿凡提/少妇/在/门口/漂亮/遇见/一位/的/家，跟/她/忘记/一/聊/起来/竟/了/回家。他/的/妻子/在/家/做/好/饭/不见/阿凡提/左等右等/回来，便/出来/迎候。她/发现/阿凡提/别的/正/与/女人/挤眉弄眼，便/怒火/中烧，一把/回家/把/阿凡提/拽/来，问道："那个/迷/妖精/哪/的/一点/把/住/了/你？""那个/一模一样/妖精/的/前/跟/没/化妆/你/模样/打扮，我/还/以为/是/你，原来/家/你/在/呀!"阿凡提/说道。

有/一次，阿凡提/阿凡提/的/妻子/问："我/每次/唱歌/的/时候，你/为什么/跑掉/老？你/我/不/唱/喜欢/听/歌/吗？"阿凡提/回答/说："亲爱的，一点/也/不是，我/不/让/想/误会/周围/只是/邻居/的，以为/我/打/老婆/在/呢!"

023. 郑人买鞋

古时候，郑国/准备/上/去/到/市场/有/个人/买/鞋。他/家/用/量好/了/自己/的/在/绳子/尺码/脚，可/身上/出门/时/却/把/量好/尺码/的/忘了/绳子/带/在/了。到/了/市场上，他/鞋/选/一双/自己/的/看/好/中，把/塞进/里/摸/口袋/手/一摸，可/绳子/摸/了/也/摸不着/半天。这时，他/家里/绳子/才/忘/发觉/在/了。于是/鞋/他/把/还/给/鞋商，急忙/回家/赶/去/取。等/满头大汗/绳子/地/市场/拿/跑回/的/着/他/时候，天/已经/黑/了，鞋商/也/不/在/早已/回家/而/了。

他/回家/后，把/老婆/给/这/件/事/说/听。老婆/就/不解地/问/他："你/大小/为什么/不/自己的/脚/试一试/鞋/的/呢/用/去？"他/很/认真地/回答/说："我/宁可/也不/相信/量好/的/相信/自己/绳子/的/脚。"

024．镜子

　　从前，刚/镜子/有/时候/玻璃/的，有/了/个/人/从/回/买/一面/家/镜子/市上。因为/要紧/他/另/有/事，来不及/出去/告诉/就/了/家里人。　他/妻子/进/房/以后，看到/又/光/又/亮/的/这个/东西，感到/很/奇怪。　她/拿起/一看，原来/女人/里面/一个/是，她/又/气/又/怨，也/不/细看，就/哭哭啼啼/去/告诉/婆婆，说/回来/自己/的/丈夫/讨/个/小老婆/了。　婆婆/半信半疑，走/出/一看，顿时/蹬/脚/骂/儿子/起/着/来："这/个/畜生，要/讨/也/讨/个/小老婆/年轻/一些，怎么/老太婆/讨/一个/都/白了/头发/的/呢？"　说/罢，又/去/告诉/老头子。　老头子/儿子/不/这种事/相信/会/做，但/明白/总/看/得/去/个。　他/高兴/朝/镜子/一望/得/喊/起来："媳妇/呀，你们/都/看错/啦，是/亲家/来/啦！"

025．我几时生的你

　　车厢/旅客/里/满/坐/了。只有/年轻/人/小伙子/座位/占了/两个/一个/的。一位/过去/老大娘/走，小伙子/很客气/地/对/说："你/有/这里/人/吗？请/挤/一/挤，让/坐/我/一/坐。"　年轻人/粗声大气地/说："有/人！"老大娘/没/办法，只好/过道/站在/身旁/的/上/年轻人。

　　一会儿，年轻/漂亮/的/这位/姑娘/一个/老大娘/从/车厢/朝/别的/走/过来。小伙子/一/见，立刻/站起来/笑容/可掬地/说："请/坐/吧，这儿/没/人。"　老大娘/一/听，生气/质问/地/小伙子："你/有人/刚才/说/这儿/不是/坐/吗？"　小伙子/眼珠/一转/笑嘻嘻地/回答/说："我/说的/人/就是/她/嘛！她/是/我/的/妹妹。"　老大娘/更加/气愤/了，骂/道："你/放屁，她/是/我/的/女儿，我/几时/生/的/你！"

026．说梦话

　　有/个/馋大娘，到/去/女儿/客/处/做。　婆媳/俩/就/陪/她/吃饭，还/没/吃/几/口，一阵/灯/把/吹/风/灭/了。　婆媳/俩/争着/去/厨房/点灯，结果/还是/媳妇/去/了。

　　黑暗中，馋大娘/婆婆/女儿/还是/的/去/以为/点灯，连忙/小声/说："女儿！女儿！乘/你/婆婆/点灯/不/在，快/我/挟/肉/块/给/几。"

　　婆婆/听/了，强/忍住/笑，没/吭声。　一会儿，媳妇/把/灯/端来，馋大娘/一/看，脸/臊/得/通红，连忙/不好意思地/说："瞧！上/岁数/觉/的/人/就/了/多，见/黑/就/睡，一/睡/就/说/梦话。"

　　那/心里/婆婆/笑/虽/好，嘴上/却/说："是/呀！亲家母，我/虽然/比/你/还/小/几/岁，还有/个/毛病，一/到/黑地里，两/什么/支/就/耳朵/也/听不见/了。"

027. 有头脑的驴

印度/有/一个/同时/用/一头/和/一头/农夫/母牛/驴/耕田/来。他/是/的/把/犁/母牛/和/驴/系/在/一个/上/耕田。有/一天/母牛/对/驴/说："今天/我/要/躺着/装病。这样/干活/也许/不用/就/了！""随/你/便/吧。反正/我/干活/要/去/了。"

第二天/早上，主人/不好/以为/身体/母牛，就/拿/秸秆/上等/的/给/母牛/吃，让/它/休息/在/马厩/里。那天/晚上，驴/一/回来，母牛/就/问/驴。"主人/说/了/些/什么？""没/说/什么。""那么/明天/也/要/演戏/了。"

第二天/晚上/母牛/又/问/驴。"主人/没/说/我/什么/吗？""嗯，没/跟/我/说/什么。不过，跟/的/屠夫/聊/那边/了/肉铺/半天。"

到/了/第二天，天/还/没/亮，母牛/谁/就/起来/比/都/早，准备/干活/去/了。

028. 老马识途

春秋时期，国家/之/间/连年/混战。一次，齐国/出兵/去/打/北方/的/孤竹国。孤竹国/比/齐国/弱小，兵力/没有/齐国/强大，孤竹国/领兵/设计/了/假投降，把/山谷/齐军/引诱/迷路/一步一步地/到/般的。这/地方/荒芜/人烟，怪石/林立，风/又/大，天/又/冷，齐军/在/黑夜/里/转来转去，到/天亮/时，已经/迷失/了/方向，找不着/出路。看来，齐军/一定/要/在/这里/死亡/大半。

这时，率领/齐军/的/管仲/忽然/想起：马/离开/地方/原来/的/不管/多远/住，都/能够/从/原来/的/途径/回去，于是/老马/军中/叫/人/从/挑选/几匹/出，任凭/它们/在/前面/行走，队伍/跟/在/它们/的/后边。果然/这个/措施/见效，老马/终于/把/齐军/带出/了/迷谷。

029. 去！你长胡子了

五/岁/半/的/儿子/他/妈妈/非要/不可/晚上/带着/睡觉。妈妈/告诉/他："小孩子/大/了，要/学会/自己/睡觉，好/孩子/要/听话。"谁知，儿子/一下子/恼怒/起来："爸爸/为什么/不/听话?！爸爸/都/长/得/大大/的/了，可/你/天天/还/带/他/睡觉/的。"

又/有一次，家里/来/了/几位/朋友。妈妈/小桌/把/和/的/朋友/儿子/子女/安排/一张/到/上。儿子/央求/妈妈，让/到/他/那儿/坐/大人。妈妈/说："不！儿子，你/还/小，等/你/长/胡子/了，就/可以/跟/大人/一块儿/吃喝/了。"儿子/耷拉/着/脑袋，十二分/不/情愿/地/坐到/了/小孩/桌/上。这时，家里/香味/的/小猫/过来/菜肴/被/的/引了，它/转到/了/儿子/的/脚下。儿子/一/踢："去！你/已经/长/胡子/了，给/我/到/大人/那边/去。"

030．老人的请求

在/邮局/大厅/内，一个/老太太/中年人/明信片/看见/在/一位/手拿/四处张望。过了/一会儿，老太太/走到/他/跟前，客气地/说："先生，请/帮/个/忙。 帮/地址/明信片/我/在/这/上/写上/好吗？"

"当然/可以。"中年人/保证/道，并/按/老人/说的/写/了。

"谢谢，" 老太太/感激地/说："我/不/愿意/求/人，不过/小段/您给/我/一/写/上/再/话，好吗？"

中年人/微微/一/笑，然后/把/明信片/翻/过来，照/他/的/要求/写/好/了。"还有/什么/要/帮忙/的？"

"嗯，还有/一件/小事。"老太太/看着/明信片/说："请/加/您/在/再/一句/下面：'字/写/得/很/草，请/原谅。'"

031．懂艺术的狗

一个/画家/像/给/一个/富翁/画/了/一幅。 两个人/说好/为/画像/费用/三千块/钱/事前。画/像/好/了，但是/那/富翁/却/肯/不/给/钱。他/说/主人/他/的/哈巴狗/认不出/画上的/就是/自己的/人，这 / 这/证明/幅/画/得/不像/像。

画家/很/生气，就/找/去/了/一位/律师，向/他/请教。 律师/说："我/教/你/一个/好/办法，按照/我/的/意思/办去，我/一定/保证/你/拿/钱/到。 你/对/那位/富翁/说，你/已经/把/像/修改/好/了，请/看/带/他/着/他/画室/的/狗/到/你的/去。等/到/他们/快要/到达/画室/你/的/的/时候，你/就/拿/一块/香喷喷/煎/得/的/咸猪肉，在/画像/的/脸上/擦/一下。"

画家/做/照/律师/话/去/的/着/了。 那/头/哈巴狗/来/到/画室/以后，闻/到/咸肉香，就/一跳/上前，摇/着/尾巴，不断地/去/舔/画像。 那个/富翁/看/了/很/满意，就/笑着/当即/把/交给/画家/钱/说："这/幅/像/现在/跟/我/一模一样/了。你/亲热/看/对/我的/狗/我/多么/呀!"

032．庄子故事一则

和/如果/你/成功人/名/利/身/是/成为/脱不开/的。 中国/庄子/自由人/历史上/莫非/最/称得起/的/属于/吧。 他/为什么/自由/有？ 因为/他/在乎/可以/不/名/和/利。下面/故事/介绍/告诉/我们/庄子/的/的/对/态度/是/的/怎么样/名/送上/门/来/的。

战国/时期，楚国/是/个/大国。有/河边/庄子/一天/正在/钓鱼/逍逍遥遥/呢。楚王/派/了/那里/两个/官员/去/庄子，毕恭毕敬地/说："先生，我国/国王/请/您想/做/个/宰相，您/的/意见/如何？" 楚王/希望/把/楚国/的/相位/授/给/他。

　　庄子/拿/着/鱼竿，头/也/不/回，说："我/三千年/听说/神龟/楚国/一只/死了/都/有/了，楚王/还/把/它/包上，藏在/盒子/里，放在/庙堂/之/上。你们说，这/龟/人/只/骨头/是/尊重/愿意/死了/留下/被/呢，还是/着/活/爬/拖/泥地里/着/尾巴/愿意/在/呢？" 两个/官员/说："当然/愿意/是/活着/爬/在/泥地/里/呀！"

　　庄子/说："那/好/你们/我/泥地里/请便/让/拖/尾巴/在/活/着/着/吧/吧/吧！"

033. 画龙点睛

　　南北朝/时/的/梁朝，有/个/画家/叫/张僧繇。他/画/龙/画/得/特别/好。有/一/次，他/龙/在/安乐寺/的/墙壁/画/四/条/画/画/非常/得/都/上/逼真/可/没有/眼睛/金陵。人们/都/觉得/奇怪，就/去/问/张僧繇："你/出来/为什么/不/眼睛/画/把？" 他/说："眼睛/可/不能/轻易/画！画/上/眼睛，龙/就/会/飞走/的。"大家/听/了，谁/也/不/信，都/认为/他/在/吹牛。后来，张僧繇/出来/的/经不起/人们/他/一再/请求/只好/龙/的/眼睛/画/答应/把。他/举起/笔，在/眼睛/位置/上/该/有/的/两/条/龙，一/点/上，忽然/刹那间/刮起了/破壁/大风/刚/上/眼睛/的/那/两/点/龙/飞腾上天/条。另外/没有/的/龙/却/眼睛/在/墙上/纹丝不动/点/两条。围观/的/人，个/个/看/得/目瞪口呆，对/张僧繇/更加/佩服/了。

　　成语/就是/从/中/这个/般的/有趣的/'画龙点睛'/传说/故事/来的。现在/一般/用/来/比喻/写作/或者/讲话/时，在/关键性/的/地方/上/用/一两句/精辟/的/语言/来，使/全篇/内容/更加/生动/有力。

034. 怎么能感到幸福

　　邻国/的/国王/成天/不乐/郁郁，没有/一点/笑脸。王后/国王/御医/病/找来/要/他/一定/的/把/治好。　御医/告诉/王后，只有/一个/找到/既/快乐/烦恼/永远/又/的/人/没有，才/能/把/他/的/病/治好。

　　于是，王后/召集/宫里/高手/所有/的/各路，命令/他们/找/人/来/一个/这样/的。早就/耳闻/阿凡提/大名/的/一位/大臣，千里/迢迢/来/到/阿凡提/的/家乡，找/到/他/时，他/正在/田里/用/犁/犁/地。大臣/向/他/问候/施礼/过/后/问/道："阿凡/提，听说/你/一直/快乐/都，是/真的/吗？""当然，我/神经/高度/头脑/的/每一根/里/状态/每天/都/处在/的/兴奋/中，我/没有/一天/是/不/快乐/的。"

　　听/他/这么/说，大臣/国家/阿凡提/他/恳求/他/跟/去/一趟/的，并/把/此行/的/目的/告诉/了/阿凡提。阿凡提/笑/听/大/禁不住/起来/后。"请/转告/阁下/贵国/的/国王/陛下，从前/我/也/曾/不快乐/过，但/有/一天，当/我/沮丧/鞋子/因/没有/而，而/在/人/我/看到/一位/没有/的/可怜地/向/双腿/伸手/清真寺前，从/那时/起/我/便/学会/永远/快乐/了。"

035. 機智的包拯

　　包拯/当/时/县令/扬州/天长县/的，有个/农民/向/他/告状，说/耕牛/的/被/舌头/人/割掉/了。宋代/耕牛/为/保护/严禁/农业/屠宰。"谁/割/了/耕牛/的/舌头/呢？"包拯/双眉紧缩，他/过来/农民/把/叫/那个，问道："你/到/县里/告状，别人/知道/吗？"农民/回答："不知道！"包拯/再/问："耕牛/的/舌头/被/割去/的/事，邻居/知道/吗？"农民/回答/说："我/没/嚷，就/来/县里。周围/的/人家/还/不/知道/呢！""好！"包拯/有/了/主意，悄悄/对/那个/农民/说："你/回去/一定/偷偷地/把/秘密/肉/牛/把/卖出去/要/做得/杀/了。我/自/会/找到/割/牛舌/的/人。"

　　农民/包拯/回家/后/嘱咐/按/的/做了/果然。　这时/耕牛/县里/有个人/告发/跑到/那个/农民/私宰。包拯/盯/着/告状人/说："你/舌头/人家/为什么/耕牛/的/呢/割掉？"那个人/惊呆/了。原来/他/正是/牛主/的/仇人，想/害/牛主，便/悄悄/割/了/牛/的/舌头。　他/认为/牛/不能/吃/草，牛主/只好/将/牛/杀死，就/会/犯/私宰/耕牛/的/罪。包拯/将计就计/就/这样，终于/找到/了/割/牛舌/的/人。

036. 狐假虎威

　　有一天，一只/饿/老虎/肚子/了，从/虎洞/里/出来/走，想/找/东西/些/吃。它/找/了/半天，没有/发现/其他/的/动物，狐狸/只有/找到/一只。老虎/饿/得/肚子/里/叽里咕噜地/直响，一/见到/狐狸，马上/抓住/它，要/把/它/吃掉。狐狸/虽然/心里/很/害怕，但/装出/怕/一点儿/都/不/的/样子，张大/嘴/说："你/敢/吃/我？你/知道/吗？我/我/众兽/你/是/上帝/管理/的/连/也/得/归/管/派下来。如果/你/吃/了/我，那/就/违忤/了/上帝/的/尊意。"

　　"你/在/胡说/什么？"老虎/嘴里/怀疑/这样/虽然/说/却/有些/内心。狐狸/察觉/到/老虎/在/怀疑，就/更加/大胆地/说："如果/你/不信，我们/一起/去/森林/里/一趟/走，你/野兽/我/反应/看/那些/见到/看/有/什么，就/知道/我/不/是/骗/你/了。"老虎/答应/了，于是/狐狸/在/前，老虎/在/后，向/森林/走/去。百兽/看见/它们，果然/害怕/得/不得了，都/纷纷/逃命。狐狸/很/得意/地/说："怎么样，你/现在/看见/我/的/威风/了/吧？"

　　老虎/虽然/不是/十分/肯定，也/只好/相信/狐狸/的/话/了。其实，它/哪里/知道/狐狸/老虎/野兽/是/威风/凭借/的/才/走/把/那些/吓/的。

O37. 打石头的把戏

有一天，一个/卖/的/孩子/油条/油条/篮子/回家/把/卖的钱/盛/放在/的/里/要/去。 走到/半路，他/把/篮子/放/在/一块/石头/大/上，自己/跑/去/小便。 过/了/一会儿，他/回来/一看，篮子/里/的/钱/都/不见/了。 他/就/哭着/跑/去/告诉/县官。县官/听/了/他/的/话/以后，马上/叫/人/把/石头/抬/来/审问。 可是/问/了/半天，当然/石头/也/不/可能/说话。 县官/人/石头/鞭子/没想到/就/叫/用/打。 打/了/几/下，鞭子/就/打断/了。许多/人/在/旁边/看/的/都/笑起来/热闹/了。

这/使/县官/很/生气，让/他/就/罚/他们/每人/拿/两角/钱，放到/一个/盛/满/水/的/水盆/里。 并且/他/自己/亲自/在/盆边/看/着。 出去/的/人，一个个/把/钱/扔到/水盆/里。

过/了/一会儿，县官/忽然/指着/一个人/说："你/站住! 偷/钱/的/人/就是/你。"那个人/不服气。 县官/就/解释/说："那/小孩/是/卖/油条/的。 他/的/钱/上/都/沾/着/油。 别人/的/钱/扔到/水里，没有/油/漂/上来。 不过/你/把/钱/一/扔/到/水里，很快/就/油/漂上来。 可见/他/的/钱/是/你/偷/的。" 那个人/瞒不过/只好/低头/见/认罪。

O38. 以假代真

奥地利/莫扎特/著名/的/父亲/是/老莫扎特/国家剧院/的/指挥/乐队/作曲家。一天，老莫扎特/国家剧院/院长/的/小步舞曲/女儿/创作了/一首/为，叫/莫扎特/送去。

莫扎特/接过/乐谱/便/出/了/门，不料/乐谱/半路上/手里/大风/走在/一阵/刮来/把/莫扎特/的/竟/刮跑/了。 莫扎特/一边/哭，一边/追，乐谱/风/四散/已/无法/被/刮得/分离/收拾/了。望/着/这/残缺/不全/的/乐谱，莫扎特/无可奈何。 为了/弥补/这/一/失误，莫扎特/想了/一个/绝妙/的/办法：冒名顶替。 于是/他/来到/一个/小伙伴/家里/借了/笔/和/纸，另/写了/一/首/乐谱，送到/了/院长/家里。

第二天，院长/女儿/老莫扎特/带着/拜谢/来，他/握着/老莫扎特/的/手/高兴/地/说："先生，太/妙/了，您/的/舞曲/真是/太/妙/了。"说完/一遍/便/女儿/小步舞曲/把/弹/那首/叫。

老莫扎特/一/听，便/怔/住/了，这/不是/他/写的/乐章。 他/拿/过/乐谱，问/莫扎特/是/怎么/回事。 莫扎特/只得/实说。 老莫扎特/听/了/以后，比/高兴/夸赞/人家/自己/的/还/作品。

039. 成吉思汗和鹰

成吉思汗/胜/是/常/打/仗/的/个，世界/闻名/的/蒙古族/英雄。欧洲/人/曾经/都/很/怕/他。一天，他/骑/着/马，身边/带/着/鹰，从/山里/打/过/猎/往/回/走。快/到/家/的/时候，他/部下/回去/叫/都/所有的/先/了。

他/一时/觉得/口/里/很/渴，想/找/点儿/水/喝。这时，他/石头/地方/发现/泉水/落/上边/的/上/有/从/很高的/一滴一滴地/下/下来/往。他/下/了/马，放/了/鹰。鹰/就/飞到/天空/去/了。他/水/碗/拿/接/出来/去。水满/了，他/喝/水/把/送到/就/要/嘴边。可/忽然/扑拉拉/一声，有的/他的/碗/东西/把/打翻/了。他/一/看，是/自己/的/鹰。他/又/去/接/水。水/满/了，他/又/要/喝。这次/可/给/碗/鹰/把/打翻/又/了。他/生气/了，一/手/拿着/剑，一手/举/着/碗。水/刚/接满，鹰/又/来了。他/手急/眼快，一剑/就/把/鹰/杀死/了。他/说："可狠/的/鹰，那/是/你/自己/找死/的/呀!"

他/接着/要/去/找/碗，可是/碗/不见/了。他/山上/只好/喝/爬到/去/水。他/到/了/山上/一/看，水池/里/死/了/一条/大毒蛇。他/这/才/知道/鹰/救/了/他/的/命。他/走/到/山下，拾起/鹰/来，很/悲哀地/说："我/得/了/一个/教训。生气/的/时候，千万/不可/轻易/乱动/啊!"

040. 阿基里斯腱

从/脚后跟/踝骨/腿肚子/腱子/后面/的/连接/到/的/叫/阿基里斯腱，这/部位/步行/对/来说/是/最/的/重要，如果/剧烈/奔跑/的/话，会/走路/造成/断裂/而/不能。这个/名称/阿基里斯腱/的/来源/于/希腊/神话/中/的/英雄/阿基里斯。

阿基里斯/的/身世/与众/不同，他/海神/涅柔斯/西蒂斯/的/人类/父亲/母亲/虽/是/但/他/的/却是/的/女儿。西蒂斯/生/下/阿基里斯/之后，把/他/浸泡/在/奔流/于/现世/与/阴间/之间/的/斯提克斯/江/里。这样/自己/做/是/为了/孩子/让/以后/刀枪不入/的。但，因为/西蒂斯/是/抓着/阿基里斯/的/脚后跟/将/他/泡/在/水里/而/脚后跟/没有/沾/到/水，所以/这个/部位/跟/普通人/一样/会/受伤。这个/唯一的/阿基里斯/就是/的/缺点/部位。

作为/希腊军/的/参加/在/阿基里斯/将帅/特洛伊战争/的/显得/勇猛/最/厉害/很。但是/因为/特洛伊/王子/已经/知道/了/他/的/缺点，于是/用/有毒/的/箭射/向/阿基里斯/的/脚后跟，最后/杀死/了/阿基里斯。后来/同时/代名词/人们/把/叫做/阿基里斯腱/也/以/'致命弱点'之意/的/这个/部位/脍炙/于/人口。美国/的/黑人/暴乱/和/在/日本/持续/发生/的/火山/活动/都/堪称/这/两个/国家/的/阿基里斯腱。

O41. 帕瓦罗蒂的老师

帕瓦罗蒂/世界/男高音/著名/的/在/年轻/的/时候，刚刚/开始/在/音乐界/声名/远扬，不但/而且/整个人/一直/非常/紧张/他/觉得/他/唱歌/用来/的/嗓子/不堪/重负。

有/一次，他/在/巡回/全世界/演出，非常/疲惫。 晚上/睡不着/他/一个/里/翻来覆去/在/酒店，生怕/自己/再/唱/下去，嗓子/会/支撑/不/住。这个/时候，隔壁/的/客房/里/有/个/小婴儿/在/不停/地/哭闹。 显然，这孩子/是/个/哭夜郎，一直/在/一声接一声地/哭。帕瓦罗蒂/烦恼/极了。他/越/睡/觉/不/着，就/越/烦，就/越/睡/觉/不/着。突然，帕瓦罗蒂/想到/一个/问题：这个/小婴儿/为什么/声音/洪亮/哭了/了/还/几个小时/那么？他/已经/不/想/睡/了，认真地/听，细细地/想。后来/他/终于/发现/了，由于/小婴儿/一切/都/没有/发育，他/是/不会/单独/用/嗓子/的，婴儿/的/哭声/用/的/是/丹田/之/气，所以/嗓子/不/会/嘶哑。

帕瓦罗蒂/想/明白/了： 我们/运用/成年人/可以/的/的/各个部位/独立/身体，唱歌/时/独立/运用/的/是/嗓子，唱/不/了/多长/时间/就/会/嘶哑。 如果/运气/话/我们/丹田/学会/用/的，也许/就/会/省/了/嗓子。

帕瓦罗蒂/得到/这个/启发，就/开始/学/着/练习/运用/丹田/气/唱歌，这/歌唱艺术/使得/飞跃/他/的/得到/了。 不仅/而且/这一次/巡回/演出/地位/大获成功/奠定了/他/在/舞台/上/世界歌剧/崇高/的。

O42. 凡人的属性

有/一个/人，他/朋友/的/跟/他/打赌，说："如果/今天/你/在/你/屋子/里面/挂/一个/空/鸟笼子，过些/天/之后，我/保证/你/养鸟/非/不可。"他说："不可能。挂/养/回/鸟笼子/鸟/是/两/和/事。"他/朋友/说："那/我们/打/个/赌/吧，你/挂/一个/鸟笼子/试试。"

第二天，他/真的/在/屋子里/挂/了/一个/鸟笼子。 从/他/挂上/鸟笼子/起，到/客人/他家/的/不走心经地/都要/看/鸟笼子/来/一眼，然后/就/问/他："你/的/鸟/是/死/了，还是/飞/了？你/原来/养/的/是/什么/鸟/啊？要不然/我/送给/你/一只/吧。"这个人/人/累/跟/得/有点儿/解释。

第三天，客人/又/来/了，说： "你/看看/空/鸟笼子/还/挂/在/这儿，你/一定/很/伤心/吧！你/那/鸟/死了/多长/时间/了？你/是/不/是/会/养鸟/啊？我/给/你/买/了/一/本/养鸟/的/书，看看/吧。"

第四天，有人/就/开始/捧/着/小鸟/来/了。接着，有人/拿/鸟食/来，有/人/拿/养鸟书/来，来/的/人/实在/让/这个人/不堪/其/扰。 没/过/一个/星期，他/干脆/

宣布/了，"算了，我/就/养/只/鸟/吧，这样/别人/到底/才/省得/成天/这个/怎么/问/鸟/是/回事。"结果，这个/鸟笼子/里/真地/养上/了/鸟。

043．病入膏肓

　　战国时期，晋国/和/秦国/之间/有/亲戚/关系，来往/十分/密切。有一次，晋景公/生病/了，国内/的/医生/无法/医治，只好/向/邻国/求医。 秦恒公/知道/了，就/派/最高明/治病/秦国/的/医生/给/秦缓/他。 秦缓/到达/的/前/一个/晚上，晋景公/做/了/一个/梦，梦见/谈话/身边/两个/在/小孩儿/他。 一个/小孩儿/说："秦缓/是/秦国/有名的/医生，医术/很/厉害，我们/还是/搬家/为/妙/吧!" 另/一个/小孩儿/说:"别/急，我/看/我们/不用/搬家，你/和/我/分别/居住/在/膏/的/下面/和/肓/的/上面，他/不能/咱们/再/也/把/高明/怎么样/了!"听到/这儿，晋景公/被/惊醒/了。

　　不久，秦缓/抵达/晋国，赶紧/为/晋景公/看病。 他/先/看看/摸摸/晋景公/他/的/脸色/脉相/再/的，说："大王，您/的/病/太/严重/了，病毒/处/在/两个/地方，一个/在/膏/的/下面，一个/在/肓/的/上面，这/两个/地方/针灸/汤药/药力/不管/用/还是/服/达不到/都/的。" 晋景公/一听，秦缓/的/诊断/和/自己/梦里/两个/小孩儿/的/话/相同，赞叹/道:"你/真是/一位/神医/呀!"

　　古人/指/心下/脂肪/叫/膏，心下/隔膜/叫/肓，这/两个/地方/药力/无法/达到。成语/'病入膏肓'/形容/病情/严重，无法/治疗。它/地步/事情/又/比喻/到/了/挽救/无法/的。

044．爱因斯坦趣事

　　著名/科学家/爱因斯坦/在/研究/'相对论'/期间，经常 / 各大学/演讲/进行/'相对论'/论述/去/的。一天，司机/在/途中/对/他/说:"你/的/这篇/演讲，我/早/记得/已经/三十次/滚瓜烂熟/听/了/左右/了。现在，我/通/它/讲/也/能/把/上/一/了。"

　　"好吧，我/机会/你/次/就/给/一/吧。"停/了/一会儿，爱因斯坦/接着/说:"要/去/的/下/一所/大学，人们/还/不/认识/我，到/了/那儿/之后，我/戴上/你/的/帽子，你/用/我/的/名字/作/自我/介绍，然后/你/就/讲/吧。"

　　司机/爱因斯坦/例子/解释/在/讲台上/还/用了/时/经常/用/的/讲演/来/相对论/有趣的:"如果/你/你/一个/小时/漂亮/在/一个/姑娘/身旁/坐/觉得/坐/了/的/片刻/只:反之，你/如果/坐/在/一个/一个/小时/就/热火炉/片刻/像/上。这/就是/相对/的/意义⋯⋯。" 这样，司机/非常/成功/地/演讲/了/关于/'相对论'/的/论述，当/他/正/要/离开/时，一位/教授/问题/拦住/他/他/向/提出了/数学方程/公式/的/和/充满/复杂。 这个/问题/司机/不会/回答，但/他/十分/镇静，思忖/了/一会儿，对/教授/说: "这个/答案/问题/简单/的/太/实在/了, 你/居然/向/我/提/出来, 真/使/我/感到/惊讶。 为了/简单/证实/问题/是/这个/多么, 我/你/我/可以/的/司机/来/叫/回答/问题/的。" 当然/爱因斯坦/对/这个/问题/解释/得/清清楚楚, 使/提问/那位/不敢/教授/再/了。

O45. 牛顿趣事

著名/牛顿/物理学家/人/从小/一个/迷恋/书本/不修/只知/边幅/而/就是/的。在/年轻/的/时候, 他/虽/没有/忘记/谈情/说爱, 但/却/不够/'专心致志'。

一次, 年轻/的/热情奔放地/向/一位/牛顿/求婚/姑娘。 能/得到/这样/一位/青年/科学家/的/钟情, 姑娘/自然/感到/幸运。 牛顿/轻轻地/握着/她/的/手, 含情/脉脉地/望着/这位/漂亮/的/少女。 忽然, 科学家/世界/的/思想/另一个/跑到/去/了, 满/脑子/净是/些/符号/和/公式, 完全/忘记/了/身边/的/情人。 他/的/手/情人/的/一个/抓着/手指/误为/硬往/捅/的/通条/烟斗/他/的/烟斗/里/塞, 痛/得/姑娘/大/叫/起来。 牛顿 / 才/这/从/里/跳出来/数学王国, 明白/自己/犯/了/一个/大/错误, 赶紧/向/姑娘/道歉/说: "啊, 亲爱的, 饶恕/我/吧! 我/知道, 这/是/不行/了。看来, 我/光棍/这个人/该/打/一辈子。"

还/有/一次, 牛顿/吃饭/一位朋友/约请/来, 朋友/按时/赴约, 但/牛顿/仍然/在/实验室/里/工作。 直到/饭菜/上/桌/了, 他/仍/没有/回来。 那/位/朋友/左等右等, 实在/不/耐烦/了, 就/自己/先/吃/了/起来, 吃/完/后, 把/留/盆子/在/里/然后/鸡骨头/不辞而别/了。 牛顿/做/完/了/实验, 回到/饭桌/旁/一看, 盆/里/放着/鸡骨头。他/若有/所悟, 自言自语地/说: "啊, 我/饭/还/没/吃/以为/呢, 原来/已经/吃/过/了。"

O46. 我们等着明天

庞振坤/一同/和/秀才/几个/赶考/进京, 路过/一家/饭店。 饭店/门外/的/牌子/上/写着: "明天/吃饭/不要/钱!"大家/觉得/很/新奇, 又/都/走/累/了, 就/一同/住进/饭店/歇息。 谁知/店老板/收/第二天/照样/要/饭钱。 庞振坤/问: "牌子上/写着/'明天/不要/吃饭/钱'/不是/吗?"老板/嘿嘿/一笑/说: "是呀! 写的/钱/是/今天/明天/不要/怎么/不要/呢/能?" 大家/听/了, 才/玩的/明白/店老板/是/的/把戏/骗人/过来。

秀才们/赶考/回来, 又/路过/这/家/饭店, 大家/都/不愿/再/住/了。庞振坤/却/说: "不妨/再/住/上/几天/了, 饭钱/我/全/包/了/吧!" 大家/庞振坤/主意/相信/有, 就/都/住/下来/了。老板/见/这么/多/客人/来了/便/殷勤地/格外/招待。

第二天，店老板/来/结帐，庞振坤/说："急/什么？我们/明天/还/住下去/再/要/结/吧！"过/了/一天，老板/又/来/结帐，庞振坤/还是/那句话。老板/也/不敢/逼着/要。今天/等/明天，明天/等/后天，一连/十多天，天天/如此。

饭店/老板/的/沉/终于/气/不住/了。这天，他/焦急/地/问/庞振坤："客官，你/尽头/总说/给钱/什么时候/有/明天/才/呢？"庞振坤/不紧不慢/地/说："店家/不是/着/'明天/钱/不/吃饭/要'/写/门口/吗？我们/正在/等着/这一天/呢！"

047．一举两得

战国时代，韩国/魏国/没/和/打/仗/了/一年多/而/分出/的/胜负。当时/秦惠王/很/想/去/攻打/韩、魏/两国，称霸/诸侯，但是/大臣们/有人/赞成，有人/反对，一时/决定/不/了。这时，楚国/的/使者/陈轸/来到/秦国，秦惠王/陈轸/大臣们/他/就/的/不同/告诉/并/征求/的/看法/把/意见。陈轸/给/秦惠王/讲/了/春秋/时/鲁国/大夫/卞庄子/刺虎/的/故事：

从前，有/个/叫/卞庄子/的/勇士，他/看见/一家/老虎/两只/闯进/牛栏，咬/死/了/一头/牛，他/拔剑/要/去/刺杀/老虎。有人/劝阻/他/说："这/两/只/虎/争/吃/牛，必然/会/打/起来，等/一只/被/咬死，另/一只/被/咬伤/时，你/再/动手。"果然，小的/一只/虎/被/大的/咬死，大的/一只/虎/也/被/咬伤，卞庄子/杀死/打伤/乘机/的/老虎/得到/一举/两/虎/只。

故事/讲/完/了，陈轸/对/秦惠王/说："现在/韩/魏/两国/相争/已经/一年/多/了，其/结果/必然/是/大国/受伤，小国/灭亡，到/那个/那时/秦国/大国/再/去/受伤/征伐/的，就/等于/征服/了/两国，一举两得，如同/卞庄子/刺虎/一样。"秦惠王/听/了，认为/他/说/得/很/有道理。等到/魏国/打败/了/韩国，魏国/自己/也/损失/惨重/时，秦国/不失/时机/地/出兵，征服/了/魏国。

048．驮盐的驴

有/一个/商人，每天/用/一头/驴，把/各种/东西/从/甲地/买/了/并/搬运/到/乙地，然后/把/它们/卖掉，从中/获取/利益，他/这样/赚到/了/很多/钱。有/一天，商人/赶着/驴，到/海边去/买/盐。每天/驮着/很多/东西/搬运/的/驴，这天/怎么/搞/的，驮起/一大包/的/盐，觉得/格外/笨重，走/起/路/来，实在/是/太累/了，简直/是/不想/做/活儿/了。但/它/把/搬运/东西/当作/自己/该/做/的/事，鼓起/勇气，一步一步地/向前/走。

他们/在/赶路/的/时候，要/经过/一条/小河。驴/边/走，边/想着/一些/事情，因为/路/留神/走/走/不/得，于是/踏进/河里/的/时候，踩/到/青苔，滑/了/一跤，整个/身子/都/跌进/河里/去。 等/它/爬起来/时，它/所/载/的/盐包，因为/浸到/水/而/溶化/多/了，结果/它/的/心情/它的/担子/轻松/减轻/了/也/多/了。

后来/有/一次，商人/又/把/驴/带到/海边/去，但/这次/买/的/不是/盐，而是/海绵。驴子/驮着/东西/走着/走着，又/走到/河边，它/心想："我/青苔/就/假装/踩/跌入/去/河里/吧！这/一/来/和/上次/一样，东西/一定/会/减轻/了。" 于是/驴/跌到/河里，倒/在/水里。结果，海绵/重量/增加/吸了水/它的/大大地/使/了，驴/再/也/站/不/起来，在/水中/淹死/了。

这/头/驴/究竟/犯/的/是/什么/错误/呢？它/自/以为/是/地/把/驮/盐/的/经验/搬到/驮/海绵/上/去，从而/让/自己/丢/了/性命。 有些人/也是/这样，他们/由于/自己/的/心计，在/不知不觉/之中/使/自己/陷入/了/不幸。

049.杯弓蛇影

从前，有个人/在/外地/做官，成天/忙着/办/公务，时间/很少/老朋友/有/跟/交流。有一天，从/家乡/专程/他/一位/老朋友/找/来/了。他/格外/高兴，推辞/了/一切/公务，专门/家里/在/备好/酒席/款待/一桌/老朋友。 他们/酒杯/同时/举起/喝/酒/起来/了。 那朋友/正在/嘴里/拿着/把/倾倒/酒/在/酒杯/时，忽没忽现地/看见/酒中/有/蛇。他/有/了/一阵/恶心，但/为了/散风/避免，还是/勉强/下去/把/酒/喝。回到/这位/朋友/家里/就/病倒/了。

做官/朋友/的/听到/消息/这个，探/了/个/究竟，终于/想到/家里/的/那张/角弓/墙壁/上/挂着/的/涂漆/的。 他/估计/所谓/杯中/的/蛇，一定/是/这张/角弓/的/影子。于是，官人朋友/家乡朋友/再/自己家/请/那位/到/喝酒/来。

官人/把/酒杯/放在/地方/原来/的，对/他/的/朋友/说："酒杯/里/东西/还/看见/什么/了/吗？"朋友/答道："啊！现在/一样/上次/所/看见/的/和/看见/的。"

官人/他/角弓/酒杯/蛇影/原因/指着/把/有/的/告诉/里/了。 那位/朋友/听/完/解释，再/看看/墙壁/上/挂/着/的/弓，端/酒杯/酒/蛇影/起/杯/又/看看/里/有，这/才/豁燃/开朗，原来/酒杯/蛇/肚子/他/以为/把/中/的/喝到/去/了/里，回家/后/生/了/一场/大病/的。这次/全消/疑虑，生/病/一下子/了/已/的/就/治愈好/很久/了。

这个/故事/告诉/我们，在/生活/中/无论/遇到/什么/问题，我们/不/应该/在/那儿/自我/猜测，自我/假设，给/自己/增添/莫须有/一些/的/心理/负担，而/应该/多/问/几个/为什么，要/的/调查/弄清/通过/研究/去/事实/真相。

050. 棋手的妙策

明朝/嘉靖/年间，赋税/繁重，民/不/聊生，连/也/中小/地主/叫/苦/连天，老百姓/怨声/载道。嘉靖/皇帝/迷信/道教，不理/朝政，又/极度/讨厌/进谏，所以/孤陋/寡闻。 朝中/大臣/大多/明哲/保身，不敢/向/皇帝/进谏。 但/海瑞/皇帝/为官清正的/却/时机/耿耿于怀/寻找/劝谏/为此。

一天，嘉靖皇帝/自己/海瑞/陪/命/下棋。 由于/海瑞/心里/装满/着/民间/疾苦，无心/下棋，没/走/几步，就/处于/劣势。

"将军！"嘉靖/皇帝/得意地/喊道。海瑞/这/才/从/沉思/中/惊醒，力挽/被动，很快/转/劣势/为/优势。轮到/海瑞/"将军！"，他/灵机一动/叫做："将军！天下/钱粮/减/三分。" 说/完，他/抬头/看着/皇帝。嘉靖/皇帝/只/注意/自己/的/棋，不/明白/海瑞/的/用意。 过/了/一会儿，海瑞/又/找到/了/"将军"的/机会。 他/想，这个/机会/决/不能/放过，于是，他/一字一板地/唱/道："将军！ 天下/钱粮/减/三分。"这/一次，皇帝/听/清楚/了，但/海瑞/仍然/用意/没意识到/的/这句话，只是/觉得/有趣。待/轮到/他/"将军"时，也/随口/高声/叫道："将军！天下/钱粮/减/三分。"

嘉靖/皇帝/的/话音/未/落，海瑞/连忙/弃/棋/离/位，趴在/地上/说："微臣/领/圣旨！"

嘉靖皇帝/海瑞/举动/糊涂/被/这/闹/了/一，忙/问/海瑞/是/怎么/回事？ 海瑞/回答/说："万岁/不是/说'天下/钱粮/减/三分'吗？ 臣/一定/照办！"嘉靖皇帝/无可奈何，因为/他/的/话/就是/圣旨，一旦/出口/就/得/照办，最后/全国/赋税/只好/减轻/下令/的。海瑞/为/民/解/了/疾苦。

O51. 扁鵲論醫

大家/都/知道/扁鹊/的/名字，是/中国/古代/著名/的/医生，成为/中国/名医/的/代称。

扁鹊/去/见/魏王。 魏王/说："我/兄弟/你们家/医术/听说/都/三个/人/擅长，你/跟/我/说，你们/三个/人/中，谁/的/医术/最/高明/啊？" 扁鹊/老老实实地/回答："我/大哥/的/医术/最/高，我/二哥/其次，我/的/医术/最/差。"

魏王/惊讶地/问/道："那/为什么/你/天下/闻名，而/他们/两个人/却/默默/无闻/呢？"

扁鹊/说："因为/人/我大哥/给/治病/做到/总/防患于/能够/未然。这个人/得病，但/还/没有/显出/征兆，他/的/手/把/病根/给/消除/了。 这个病人/所有的人/得病/就像/没/一样/所以/都/不知道，他/别人/是/在/给/去除/病根/还没/呈现/的/出来。

我/二哥/治病，是/在/病兆/初起/之/时，他/一/用药/就/把/病/给/除去/了。大家/小病/他/总/能治/的/认为/是，不/知道/这个/病/如果/发展/下去，那/就是/要命/的/大病/啊。

我/的/技术/最/差，因为/我/人/只能/治病/在/已经/生命/出手/垂危/才/的/时候，往往/能够/起死回生，所以/我/的/名声/就/传遍/天下。

行医/治病，防患/于/未然/者/最/高，但/天下/无名： 病/初起/而/手到/病除/次之，但/被人/认为/是/治/小病，只能/名传/乡里： 病人/垂死/时/才/挽救，保住/了/生命，但/早已/元气/大伤，还/会/留有/后遗症，这个人/已经/受损/了，但是/我/却/能/名传/天下。"

这个/故事/告诉/我们/什么？ 世俗/的/评判/标准，未必/真的/能/评价/一个人/的/真正/质量。只有/回答/我们/做出/内心/的/能/准确/的。

O52. 塞壬

特洛伊战争/中/取得/胜利/的/奥德修斯/的/船，回来/暴风/希腊/掉队/的/因/遇到/而/途中。 历尽/千辛万苦，终于/到了/地中海/沿岸，当时/怪物/那个地方/各种各样的/盘踞着/被。 尤其/塞壬/怪物/是/有/叫/一种/的/由/组成/三个姐妹/的/的/人首鸟身。 她们/后果/的/给/严重/人们/行动/造成/的，如果/有/船只/经过/那/附近/的/话，她们/会/唱/好听/的/歌/蛊惑/船员。一旦/听/她们/的/歌声，无论/是/谁，不禁地/失神/而/把/自己/的/船只/开向/海里/触礁/而/沉，船员/最后/成为/她们/的/腹中餐。

幸亏/奥德修斯/知道/她们/居住/的/地区。 所以/自己/的/船/靠近/她们/的/巢穴/时，让/蜡/船员/堵住/用/他们/耳朵/的，还/让/他们/把/自己/的/身体/紧紧地/绑在/位置/于/船/中央/的/桅杆/上。然后/严令/他们/说："不管/怎么/怎么/我挣/扎喊/我/叫/解开/你们/绝对/不能。你们/只顾/尽力/而/划桨/就/行/了。"

不久/听起/塞壬/的/歌声/来，奥德修斯/他们/她们/船/不停地/疯狂地/叫喊/塞壬/挣扎着/要/解除/束缚/并/让/把/开向/那儿。 但/因为/船员们/都/堵住/着/耳朵，所以/谁/都/听不见/任何/声音，看/他/的/模样，只能/显露/出/一副/不可/理解/的/表情。船/这样/越过/了/塞壬/她们/那儿，终于/平平安安地/度过/了/危机。眼前/放跑/猎物/的/塞壬/气/得/忍耐不住/而/自杀/了。

马路上/我们/魔女/忽悠闲忽急促的/经常/急救车/的/塞壬/听到的/是/一个/古代希腊/这样/神话/中/的/而来的/由。

O53. 能使人避免僵局的委婉的说法

羅斯福/在/任职/海军部/时，有/一次/有一位/他/记者/当/老朋友/的/向/打听/新建/的/美国/潜艇基地/资料。羅斯福/不想/泄密，又/不想/得罪/朋友，便/委婉地/问："你/能/保密/吗？" 记者/连忙/答道："能。" 羅斯福/紧接/他/的/话/说/道："我/也/能。" 羅斯福/认为，军队/秘密/出去/的/是/能/讲/不/的，但/他/没有/直接/拒绝/表示，朋友/太/的/会/生硬/伤害/言辞，让/人/难堪，而是/出其不意地/让/朋友/先/作出/'能保密'/的/许诺，他/顺势/赞许/对方/'能保密'/的/精神，从而/表示/自己/能/跟/对方/一样/'能保密'，包含/学习/有/意思/你的/这层/精神/向，结论/是/双方/心照不宣，不致于/反感，这/就是/委婉语/的/妙用。

委婉/对方/的/避免/表达/可以/刺激。宋朝/吴地/人/孙山，有/一年/动身/到/省城/去/赶考，同乡的人/托/一块/他/自己/参加/把/的/儿子/带/去/考试。孙山/就/答应/了，两个人/一同/去/参加/考试。考试/完毕，发/了/榜，结果/一名/孙山/以/最后/被/考取了，可是/同乡人/的/儿子/却/没有/考中。孙山/先/回到/家乡，同乡人/自己的儿子/他/向/没有/打听/考中，孙山/回答/说："解名/尽处/是/孙山，贤郎/更/在/孙山/外。" 意思/是/说，考取/孙山/您/儿子/孙山/名单/最后一名/是/我的/名字/还/在/我的/的/后面。言外之意/是/您/的/儿子/没/考中。孙山/用/婉转曲折/的/言辞/回答/显得/有礼貌，如果/直言/"您/的/儿子/落榜/了"，就/太/刺激/对方。"名落孙山"现在/已经/成为/"落榜"/的/代用语，今天/用/"名落孙山"/这个/成语，就/算不上/婉言法/了。

054. 曾参杀人

曾参/既是/的/学生/孔子，又是/出名/的/孝子，平时/说话/和/做事/都/很/谨慎，他/的/母亲/很/信任/他。

有一天，曾参/家里/的/母亲/织布/往常/正在/一样，一位/邻居/匆匆忙忙/地/跑到/她/家，告诉/她/说："听/人家/说，曾参/杀人/了！"她/听/了/后，一眼/也/不/使，仍然/低头/工作，若无其事地/说："你/一定/听错/了。我家/杀人/曾参/是/不/的/会。" 那位/邻居/看到/曾参/母亲/从容安详/的/态度，只好/默默地/走开/了。

过/了/一会儿，又/有/一个人/跑到/曾家，报告/她/曾参/杀人/的/消息。这个/人/社会上/很/有/地位，他/说/的/话/大概/都/靠得住。但是/信心/自己/曾参/母亲/儿子/对于/的/很有/的，仍然/不/相信，还是/继续/织布。

过/了/一会儿，又/有/人/来/这样/讲，曾参/的/母亲/逃跑/脸色/信以为真/发白/吓得/都/抛下/的/梭子/织布/过墙/而/了。她/刚/跑/没/多远，路上/碰到/曾参，她/问/曾参/怎么/一/回事，曾参/就/解释/说："我/刚刚/放学，在/路上/听/人/说，那个/杀人犯/和/我/同名同姓。旁人/还/以为/我/把/人/杀/了。"曾参/的/母亲/说："妈妈/大家/妈妈/你/知道/杀人/的/但是/都/那么/连/也/说/不会/相信/了。谣言/真/是/太/可怕/了！"

这个/故事/力量/寓意/说明/谣言/的/在于/在/一定的/下/确实/条件/颇有。正/因为/如此，所以/历代/一些/坏人/好人/或/忠臣/手法/奸臣/往往/陷害/采用/这种/来/或。我们/应该/从/这个/故事/中/吸取/教益，对于/自己/所/相信/的/人/和/事，在/没有/确凿/的/事实/证明/以前，决/不要/因/某些人/的/诬陷/造谣/而/改变/态度。

055. 龟兔赛跑

兔子/乌龟/最/逗笑/喜欢。每/兔子/遇见/一次/乌龟，它/总是/逗/乌龟/说："你/走路/该/快/一点儿，人家/看/你/样子/慢吞吞的/简直/要/急死/的/呀!"乌龟/听见/它/的/话，当然/心里/不/很/开心。

有一天，当/许多/动物/在场/的/时候，兔子/又/取笑/乌龟/了。乌龟/心里/虽然/没有/把握，为了/吐气，敢/向/兔子/挑战："你/我/动/动/逗笑/就/不/慢。俗语/说'尺有所短，寸有所长'，我们/干脆/进行/一场/赛跑/比赛/吧!"兔子/很/不在乎/地/说："笑话! 我/你/环绕/是/着/跑/输不了/也/的。"动物们/热闹/在/场/愿意/的/看，就/撺掇/兔子，兔子/只好/勉强/地/答应/了。

它们/先/狐狸/然后/裁判/定/选/当/赛程。一会儿，只/听/狐狸/的/一声/"开始!"，乌龟/和/兔子/的/赛跑/开始/了。比赛/一/开始，兔子/很快/遥遥/领先，而/乌龟/那/沉重/的/脚步/一步一步地/踏上/比赛/的/路。

过/了/一段/时间，兔子/领先/了/好远，就/停/下来/等/乌龟，但/影子/等了/看不见/好久/乌龟/也/的。兔子/等/了/久/了，就/困/了/起来/了，一边/打/哈欠，一边/自言自语/说："人家/影子/都不见，我/先/到/那/棵/树/下/睡/一点儿，充沛/体力，再/跑完/剩下/的/路程/吧。"

兔子/躺/闭/睡/草地/树下/的/上/上/眼睛/呼呼地/在/起来/了。就/在/兔子/四脚朝天地/睡着/的/时候，乌龟/举着/沉重/的/脚步/赶到/了，它/还/超过/了/正在/熟睡/的/兔子，并且/达到/了/终点。

兔子/一/觉醒/来，就/开始/赶路，但/起来/得/太/晚，已经/路程/时间/无法/这一觉/挽救/耽误/的/所/和。兔子/气喘吁吁地/跑到/终点/时，只/能/听到/所有的/动物/为/乌龟/发出来/的/欢呼声。从/这/则/寓言/中，我们/应该/要/学习/乌龟/持之以恒/的/精神。

056. 拿破仑和用兵

在/拿破仑/的/军队/里，有/一个/瑞典人，他/一句/不/也/听/懂/法语，只是/因为/他/非常/钦佩/拿破仑，才/加入/了/拿破仑/的/部队。他/在/战斗/中/英勇/顽强，战友们/也/很/尊敬/他。

一次，士兵们/听说/拿破仑/来/检阅/他们/的/队伍，为了/能/让/这/位/拿破仑/的/崇拜者/有/机会/同/句/拿破仑/说/几/上/话，战友们/可/费/了/不少/心思，他们/告诉/那个/瑞典/战友，说："拿破仑/总是/按/同样/的/顺序/问/三个/问题。第/一个/问题/是：'你多/大/了？'第二个/问题/是：'你/在/我/的/部队/多久/了？'第三/个/问题/是：'你/我/是否/大战/参加/过/两次/中/一个/的？'"并/告诉/瑞典/战友/说，你/提问/听不懂/关系/这些/也/没有，只要/答案/按/背下/顺序/了/这/问题/三/个/的："二十三岁，先生。""三年了，先生。""都是的，先生。"就行了。

　　检阅/那天，拿破仑/走到/士兵们/的/身旁，用/满意/的/目光/望着/士兵们。微笑/着/一会儿/看看/这儿，一会儿/对/那/几/位/士兵/说/句/话。那个/瑞典人/一动不动地/站着，只有/嘴唇/在/轻轻地/动着。拿破仑/一眼/看见/了/他，并/走到/他/面前，问/他："你/在/我/的/部队/多久/了？""二十三/岁，先生。"瑞典人/回答/得/又/好/又/清楚。拿破仑/吃惊地/问/道："那/你/今年/多/大/了？""三年了，先生。"瑞典人/回答。拿破仑/既/吃惊/又/生气地/说/道："是/你/疯了，还是/我/疯了？""都/是/的，先生。"瑞典人/自豪地/答道。

　　真/令/人/遗憾/的/是，由于/拿破仑/顺序/提问/的/变了/那个/战友/全/瑞典/答错/了，出/了/个/笑话。

O57. 借光

　　'助长'/一词/来自/于/成语/'拔苗助长'/一样，'借光'/这/条/俗语/也/来自/于/'凿壁借光'/这/条/成语，而/这/条/成语/则/来源于/古人/的/一个/故事。这个/故事/说的/是/汉代人/匡衡。匡衡/希望/幻想/好学上进/穷人家/是/一个/孩子/但/却是/一个/对/充满了/对/生活/未来/充满了/而且/的/人/的。家里/没/钱/买/书，匡衡/就/到/一家/藏书/很/丰富/的/人家/打工，声明/不要/一分钱/工钱，唯一/的/条件/就是/借/主人家/的/书/来/看。

　　主人/是/一个/有/同情心/的/人，他/匡衡/感动/那种/的/被/热情/所/爱书，借/了/不少/书/给/匡衡/读。书/的/问题/倒是/解决/了，但/解决/问题/重要的/还/更/没/了。那/就是/光源/的/问题。因为/匡衡/白天/要/工作，所以/晚上/时间/看书/只有/才/有，可是/家里/很/穷，晚上/没/有/蜡烛/照明。

　　聪明/的/匡衡/想/了/种种/办法，先/是/借/着/月光/看书，但/月光/毕竟/很/微弱，而且/云层/常常/在/中/躲/几天/也/一下/露/不肯/面。有时/他/看书/跑/到/邻居家/中/去，但/毕竟/不是/自己/的/家，人家/老是/办法/打扰/不是/也。匡衡/左思右想，终于/解决/了/供给/光源/的/问题。他/墙壁/小洞/偷偷地/起眼/在/上/凿/了/一个/不/的，每天/夜里/就/借/着/邻居家/透/过来/的/一孔之光/不解地/读书。这样，他/一天比一天/增长/了/知识，终于/成/了/一位/饱学/之/士，在/汉/元帝/时/当上/了/宰相。

　　后人/从中/提炼出/了/'借光'/这/一/俗语，再/后来，这/一/俗语/请求/提供/就

/成了/别人/为/方便/自己/的/意思。　如果/你/坐/人们/挤满/的/公共汽车/或者/地铁，也许/'借光'/会/听到/话音/有人/这样的/发出，那/就是/这/条/俗语/了。

058. 扁鹊说病

　　有/一天，战国/时期/的/名医/扁鹊/去/拜见/蔡桓公。扁鹊/在/蔡桓公/旁边/站/了/一会儿，说："大王，您/已经/有/病/了，这/病/在/皮肤/里，要是/不治，恐怕/会/严重/起来。"蔡桓公/说："我/的/身体/一向/很好，什么/病/也/没有。"扁鹊/走/后，蔡桓公/对/左右/的/人/说："这些/做/显示/没有/医生的/总/喜欢/给/的/病/人/治病/以来/自己/此/高名/的!"

　　过/了/十来/天，扁鹊/又/来/拜见/蔡桓公，说/道："您/的/病/已经/发展/到/肌肉/里/了，如果/不/抓紧/医治，将/会/更加/严重。"蔡桓公/听/了/很/不/高兴，没有/理睬/他。扁鹊/又/只能/回去/了。

　　十来/天/后，扁鹊/再/一次/来/拜见，对/蔡桓公/说："您/的/病/已经/发展/到/肠胃/里/来/了，再/不治/会/更加/严重。"蔡桓公/又/不/理睬，但/更加/高兴/心里/上次/比/不/了。

　　又/过/了/十天，扁鹊/老远/望见/蔡桓公，只/看/了/几/眼，一句话/也/没/说，就/转身/跑/了。蔡桓公/觉得/奇怪，派/问/缘故/人/去/他/是/什么/这，扁鹊/回答/说："病/在/皮肤/里，用/热水/敷烫/就/能够/治好；病/在/肌肉/里，用/扎针/的/方法/可以/治好；即使/病/发展/到/肠胃/里，服/几/剂/汤药/也/还/能/治好；一旦/病/深入/骨髓，那/是/管/生死/的/神/所/管理/的/事情，医生/是/无能为力/的/了。现在/大王/的/病/已经/深入/骨髓，所以/我/不/再/请求/给/他/医治!"

　　过/了/五天，蔡桓公/全身/痛/起来/了，便/派/人/去/寻找/扁鹊/为/他/治病。扁鹊/早已/知道/蔡桓公/要/来/请/他，几天/前/就/跑/到/秦国/去/了。不久，蔡桓公/病/死/了。

059. 数学家的头脑不只用于数学

　　法国/坐牢/天才/格洛阿/数学家/因/激进/思想/而。出狱/后，他/去/找/老朋友/鲁柏/借宿。女/看门人/告诉/他，鲁柏/在/两周/前/已/被/人/刺死，家里/汇来/的/巨款/也/被/洗劫/一空。悲痛/之余，格洛阿/凶手/女看门人/抓到/没有/了/向/了解？现场/有/没有/留下/什么/线索？女看门人/告诉/他，警察/勘察/现场/时，罪犯/什么/痕迹/也/没/留下，只/看到/苹果/鲁柏/拿着/手里/没有/的/一块/吃/完/馅饼。馅饼/是/她/送给/鲁柏/品尝/的。

　　她/作案人/公寓/认为/可能/就/在/本/内/很，因为/案发/前后/她/在/值班室，没/发现/有人/进/公寓/来。　这/是/一座/四层/楼房/公寓，每/层/十五/间，住/有/一百/多/人。格洛阿/思索/着，并/请/女看门人/带/他/到/三楼。格洛阿/在/314号/房门/前/停下/问：“这/房间/谁/住过？”“是/米塞尔。”“这个人/怎么样？”“他/爱/赌钱，好/喝酒，昨天/已经/搬走/了。”“真/可惜，这个人/就是/杀人/凶手！”格洛阿/肯定/地/说。

“有/什么/根据？”女/看门人/惊愕地/问道。格洛阿/分析/说：“鲁柏/线索/手里/的/就是/馅饼/一条。馅饼，英语/叫‘Pie’，而/希腊语/‘Pie’/则是/‘π’，即/通常/所说/的/圆周率。人们/在/计算/时，一般/取/3.14/的/值。鲁柏/是/一位/喜欢/数学，善于/思考/的/人，临死/前/他/凶手/馅饼/房间/终于/了/利用/来/想到/暗示/所/住/的。所以/他/才/死死/捏着/那/块/馅饼/不放……”

根据/格洛阿/分析/的/线索，警方/立即/搜查、抓住/了/米塞尔。果然，米塞尔/因/赌输/了/钱，又/看到/鲁柏/家/中/汇来/巨款，顿起/杀人/之/心。罪犯/警方/数学家/案子/万万/没/能/连/都/没想到/破/的/却/被/识破/一眼。

O6O．以己及人的说服力

齐国/的/大臣/邹忌，认为/国家/言路/强盛/广开/必须，听取/各方面/的/意见。但是，君王/从来/是/至高/无上，习惯/于/独断/专行，闭目/塞听/而/不/以为然。要/君王/让/陈说/接受/劝谏/直接/获得/从/正面/是/很难/成效/的。邹忌/采用/了/以己及人/的/方法，不/先/说/国事，不/说/齐王，而是/就/自己/听/好/话/受/蒙蔽/的/事情/加以/自责，他/说：

“我/妻子/整理/早晨/起来/好/衣冠/问/之后：‘我/和/城北/徐公/哪个/美？’妻子/说/我/比/徐公/美/得/多。再/去/问/妾，妾/也/说/徐公/哪里/赶得上/我/呢。第二天，一个/客人/来访，我/问/这位/客人：‘我/和/徐公/哪个/美？’客人/回答：‘徐公/虽然/是/美男子，但是/跟/你/比/起来，还/差/得/远/呢。’

有一天，徐公/到/我/家里/来/了，我/仔细/地/端详/徐公，觉得/他/具有/一种/高雅/的/气质，自己/实在/比不上，再/照/照/镜子/看，不但/比不上，简直/差/远/了。晚上/我/睡/在/床上，翻来覆去/地/思考/究竟，悟/出/了/一个/道理：妻子/说/我/美，是/因为/偏私/于/我；妾/说/我/美，是/因为/怕/我；客人/说/我/美，是/因为/他/有/事情/请求/我/帮忙。”

邹忌/陈述/就/这个/向/齐王/以/的/态度/自责/教训，然后/才/说到/重要/君王/国家/广开/治理/言路/的：“齐国/地/多/人/广，宫廷/里/的/女人，莫不/自私/而/偏爱/君王；朝廷/之/臣，莫不/畏/王；四境/之内，处处/没有/求/于/王/的，因而/君王/很/容易/受到/蒙蔽。”

齐王/听/了/邹忌/的/这/番/话，很/乐于/听从，于是/下令/赏赐/进谏/的/人。

邹忌/进谏/所以/获得/极大/成功，与/他/善于/用/以己及人/的/方法/有/关系/的。不/是/教训/或者/指责/对方，而是/先/作/自我/反省，以己及人，这样，听/的/人/不/致/反感，而是/乐于/听取/和/接受。

061. 难题

　　一天，从/邻国/来/了/三位/商人。这/三位/商人/每人/给/国王/提出/了/一个/难题，可/国王/和/王宫/里/的/所有人/都/未能/答/上来。有人/提议/让/阿凡提/来/回答，国王/立即/召来/了/阿凡提。阿凡提/骑/着/驴/径直/来到/国王/面前，抚/胸/施礼/道："尊敬/的/国王/陛下，敝人/前来/拜见，有/何/贵干/请/吩咐。"

　　"阿凡提，请/问题/你/回答/这三位/提出/赶快/贵客/的。"国王/对/阿凡提/说。阿凡提/望/了/望/这/三位/商人，说道："敝人/洗耳恭听，请/贵客/提问。"第/一位/商人/问道："阿凡提。地球/的/中心/在/哪儿？"阿凡提/拐杖/毛驴/右前腿/不慌不忙地/手里的/指着/他/那/的/说/用："就/在/我/那/毛驴/的/右/前/腿/下！""你/有/什么/证据？"那/位/商人/又/问。"先/请/您/量/一下，如果/多/一尺/或/少一尺，由/我/来/负责！"阿凡提/说道。那位/商人/听/了/无言以对。

　　"那么/天上/有/多少/颗/星星？"第/二个/商人/问道。"我/多少/这头/驴/有/根/毛/身上，天上/星星/颗/就/有/多少。如果/不/相信，就/请/您/数/一/数，您/我/多了/少了/请/或是/找。"阿凡提/回答/说。

　　第/二个/商人/听/了/阿凡提/的/话/也/只好/沉默/不/语。阿凡提/向/第三位/商人/暗示/请/提/问题。第/三个/商人/问道："我的/这/把/胡子/有/多少/根？请/你/回答！""我/这/头/驴/的/尾巴/有/多少/根/毛，您/的/胡子/就/有/多少/根。""何以/见得？"第/三位/商人/听/了/发怒/道。"如果/不/相信，请/您/把/胡子/一根一根地/拨/下来，我/也/把/毛驴/的/尾巴/一根一根地/拨/下来，咱们/一起/来/数/一/数，现在，先/请/您/把/您/的/胡子/拨/下来/吧。"阿凡提/回答/说。第/三位/商人/听/了，摸/一/摸/胡须，哑口/无言。

062. 懒猫

　　从前/一天到晚/三餐饭/有/个/家里/懒汉/躺/动口/懒/干/在/什么事/也/不想/连/也/得，后来/终于/饿/死/了。阎王/看/他/这么/懒，便/把/他/变/猫/去/捉/鼠。懒汉/无奈，只好/从命，不过/他/向/阎王/提出/个/条件，说："变猫/毛/鼻子/倒/的/没什么/身上/全/要/要/不过/黑色/白色。如能/这样，就/感恩不尽/了。"阎王/大惑不解，问/他/是/什么/缘故，懒汉/回答/说："我/老鼠/猫/变做/躲/暗处/糕/见到/白鼻子/以为/在/是/想/偷/来/吃，当它/嘴边/靠近/咬住/我/的/时/我/一口/省/力气/我/岂不。"

O63. 戴高帽

俗话/把/喜欢/别人/当面/奉承，叫'戴高帽'，有/派出/去/辞行/个/被/外任/临行/向/京官/老师。老师/说："出外/做官/很/不/容易，应当/小心/谨慎/才/是。"那人/说："我/高帽子/他/僵局/备有/一百顶/逢人/就/送/发生/弄成/一顶/这样/就/不至于/顶撞/了。"老师/生气/地/说："我们/这些人/应当/用/诚实/正直/的/态度/待人，何必/要/给/人/戴/高帽子/呢?"那人/马上/接口/说："天下/高帽子/老师/几个/不喜欢/的/像/这样/的/人/如今/戴/正直/还有/呢?"老师/听后/笑眯眯，点头/说："你/道理/说话/的/也/不是/没有/完全。"那人/告辞/出来/对/人/说："我/的/一百顶/高帽子，现在/只/剩下/九十九/顶/了。"

O64. 活活烧死的父亲

让/半憨/的/儿子/看家，爸爸/去/旅行/了。"我/不在/的/时候/会/来/客人，你/爸爸/应该/旅行/说/去/了，明白/了/吗?"

"没/问题。"儿子/一边/回答，一边/为了/不能/忘记，先/在/纸上/写了/"爸爸/去/旅行/了。"，然后/把/它/放在/口袋/里/保管，看/起/家/来/了。过/了/一天，又/过了/一天，一个/客人/都/没/来。儿子/那张纸/不耐烦了/从/等得/里/把/掏出来/口袋/就/烧掉/了。巧好，把/那/张/纸/烧掉/的/第二天，就/客人/来/了。

"你爸爸在家吗?"

客人/儿子/心里/一/就/发/进来/了/慌。他/该/回答，但是/没有/纸。没有纸，不能读。他/只好/照实/回敬/说："昨晚丢了。"

客人/吓/了/一跳/说："太/遗憾/了! 上次/见面/的/时候，他/这个样子/还是/挺有/的/怎么/精神/会/弄成?"

儿子/更加/发了慌，说："把/它/烧火/了。""怎么? 已经/火化/了?"

O65. 大象的体重

曹冲/曹操/儿子/是/三国时期/人物/的/著名。他/小时候/聪明/过人，五六岁/的/时/智慧/就/像/成年人/聪明/那样/表现出来。当时/孙权/曾/送来/一头/大象。曹操/文武官员/好主意/想/知道/大象/的/询问/重量/手下/有/什么/众多。不过/武将/不管/文官/这件事/办法/和/对/都/想不出/谁/来。这时候，才六岁的曹冲出来说："我有办法。先把/船舷/水面/大象/记号/牵到/船上/在/挨着/的/划/地方/一个，然后/其他/把/赶上/大象/岸/再/秤出/的/重量/东西/装到/一批批/船上，直到/船舷/记号/地方/水面/大船/下沉/吻合/到/做/的/和/为止，而后/计算/东西/的/重量，大象/的/重量/就/知道/了。"曹操/听了/曹冲/的/办法/特别/高兴，就/按照/他的/办法/去/做/了。

066. 还是看不见

从前/有/一个/老太婆。 她/的/眼睛/瞎/了，就/请/了/一个/医生/来/给/她/治/眼睛。 老太婆/和/医生/治好/眼睛/约好/了/老太婆/愿意/把/财产/自己/的/分给/一半/医生。

医生/知道/老太婆/是/个/瞎子，看不见/东西，就/顺手/把/老太婆/家里/的/东西/拿/走/几/件。 这样/过/了/个把月，老太婆/的/眼睛/治/好/了，可是/医生/她/家里/东西/叫/拿光/的/也/了。 但/这/医生/还/不/满意，跟/老太婆/要/一半/的/财产。可是/老太婆/不肯/给/他。结果/老太婆/医生/把/法院/告到/去/了。

开庭/的/时候，法官/问/老太婆/说："你/他/财产/约定/为什么/不/照/的/给/一半的/原来/呢？"

老太婆/回答/说："我/的/眼睛/没/有/治好。 因为/他/给/我/治/眼睛/之前，我/我家里/看不见/是/的/东西/的； 他说/他/已经/我/我/给/治好/眼睛/的，可是/看不见/家里/我/还是/我/的/东西/现在/呀！"

067. 值得敬佩的作者精神

法国/作家/莫泊桑/新/构思/的/一部/作品/中，有/一个/细节/一个人/是/要/细腻地/被踢/的/以后/感觉/描写，可他/体验/自己/切身/没有/这种，怎么/也/写/不/出/来。 于是，他/决定/亲自/感受/一下。

这天，他/来/到/街上，东张西望/地/打量/着/过往的/行人，希望/有/什么人/能/踢/他/一下。想来想去，他/乞丐/认为/合适/找/最。恰/在/这时，有/一个/衣衫/褴褛/的/要饭人/朝/他/走来。 他/眼睛/一亮，快步/迎/上去，把/自己/的/意图/给/要饭人/讲/了。

乞丐/听说/要/他/踢/人，十分/惊讶，说/什么/也/不肯。莫泊桑/见/他/踌躇，以为/他/舍不得/花/力气，就/慷慨/地/说："我/给/你/钱！"并/马上/掏/出/了/一把/零钱。

乞丐/一/见/钱，马上/相信/了。他/先/抓/过/钱，然后/狠狠地/踢了/莫泊桑/几/脚。 莫泊桑/的/愿望/实现/了，他/忍着/痛，赶忙/跑/回家，将/感受/刚刚/下来/自己/得到的/记录/了。

068. 太太有真本事

这几天/生气/老是/张先生/很，因为/邻居/的/那位/太太，既/懒惰，又/不讲理。她/养鸡/的/笼子，已经/坏/了/好/些/日子/了，可是/他/老是/不肯/修理。 每天/母鸡/张先生/有很多/跑到/乱七八糟/这边/来/把/花园/张先生/的/搞得。 张先生/那位太太/鸡笼子/再三地/请/快/央求/把/修好。可是/那位/太太/总是/不理。张先生/没有/办法/也/一点/都。

　　有一天，张先生/下班/回家，突然/那位太太/发现/鸡笼子/邻居的/修好/已经/把/完全。他觉得非常奇怪，就问他的太太："你/忽然/知道/戈壁/鸡笼子/的/怎么/修好/给/了/呢？"他的太太说："是/我/用了/一个/妙计，她/就/马上/把/鸡笼子/修好/了。今天/起来/早晨/亮/天/没/还/我/就/了。然后/鸡蛋/草地/我/把/四个/故意/放在/上。等/她/屋里/从/出来/我/面前/当着/拾/这些/她/的/把/鸡蛋/起来。她/看见/以后，就/马上/去/修理/笼子/了。"

069．请交治疗费

　　一个/一家/妇人/医院/医生/胖得/的/到/难看/去/找。"医生，我/得/病/好像/发胖/了/什么/的。不知/越来越/搞/怎么/的/最近/胖。请/给/我/写/张/药方。"医生/她/脚/从/头/到/打量/以后，拿了药方纸，写了/这样/几/个/字'半/个/月/后/会/死'，然后/把/她/它/给/递。

　　接到/妇人/药方/看了/药方/的/之后，吃惊/回家/虚汗/路上/一直/得/出/的/了。她/一/回家，马上/就/躺在/床上/了。从/那/一天/起，她/一/整天/只愁着眉，什么/都/不做，甚至/她/连/一口/水、一块/面包/也/不动/了。这样/过了/半个月。原来/猪/明太鱼/胖得/像/那样/一样/的/她/瘦削/变得/像/了。

　　那个/妇人/找/医生/来/大叫大嚷地/骂/他/说："你/这/混蛋，你/敢/骗/我！半个月/前，你/不是/说/过，过/了/半个月，我/准会/死/的/吗？照/你，我/早已/死去/才/对，可/怎么/我/能/来/到/你/活着/面前/了？""你/先/别/胡闹！"医生/翻着脸/对/她/说："我/成功/的/让/你/处方/减肥/了。你现在/该/交/治疗费/了！"

070．冯妇的死

　　古代/东瓯/的/人/砖瓦/这个地方/不烧，他们/房子/茅草屋/的/大部分/是，所以/经常/发生/火灾。老百姓/火灾/都/为/伤/脑筋/透/了。晋国/的/冯妇/很/有/力气，专/能/治虎。他/老虎/他/家乡/的/治没/都/让/了。冯妇/东瓯地区/善于/的/消息/治虎/传到。

　　东瓯/的/人/说话/时/'火'、'虎'/语音/相同，就是/说，只靠/语音，这/两个/词/的/意义/不能/区别/起来，有时/或/有人/会/理解/为/'火'，有时/或/有人/会/理解/为/'虎'。他们/冯妇/他/东瓯/以为/就/把/治火/请/到/来/治火。冯妇/东瓯人/自己/向/介绍/治'虎'/怎样，可/东瓯/人/想/的/是/怎样/治'火'。

　　有/一天/东瓯/又/起/了/一场/大火。人们/让/冯妇/赶快/去/救火。冯妇/以为/

老虎/到/了，赶到/现场/一看/，只有/火焰/和/浓烟。 东瓯/人/冯妇/看见/愣/动/得/都/不动，就/把/他/推到/火里。 冯妇/就/这样/胡里胡涂地/烧死/了。

071．国王和术士

在/某/一/国王/执政/期间，有一位/术士/国王/宠臣/著名的/预言了/死期/不幸/地/的/一个/的。 这个/预言/真的/应验/了，国王/宠臣/的/术士/碰巧/就/在/所/的/那天/预言/死了。国王/非常/生气，他/把/宠臣/的/死/完全/归咎/于/术士/的/预言，就/派/人/把/术士/抓来/了。

国王/说：“你/能/预言/我/爱卿/的/死，你/也/能/预言/你/自己/的/死期/吗?”可怜/术士/的/这话/听了/害怕/非常，因为/他/明白/国王/打算/处死/他。 他/沉默/了/一会儿，没有/立即/回答。因为/考虑/他/正在/怎样/才能/自己/挽救。后来/他/终于/想出/了/一个/主意。

他/鞠着/躬/说:“陛下，我/预言/不能/我/准确/死亡/的/日期，但/我/能/预言，我/陛下/一定/一天/会/死/驾崩/的/在/前。”这次/轮到/国王/害怕/了。他/说，必须/护卫/由/最高名/武士/的/和/最强悍/医生/的/着/术士/这位，要/尽/最大/努力，使/他/活得/越久/越好。

072．在洗涤物中捞取的名曲

被称为/歌唱家/妻子/'圆舞曲之王'的/当时/作曲家/奥地利/约翰·施特劳斯/的/杰蒂·德雷芙兹/是/颇受/欢迎/人们/的。 施特劳斯/杰蒂/三十七岁时/结为/和/相爱/的/伉俪/多年。多年来，施特劳斯/谱写/的/美妙/乐曲，一直/由/她/演唱。有一天，杰蒂/施特劳斯/发现/满/衬衣/五线谱/衣袖/换下来/的/的/上/写/了。 她/低吟/着/这个/曲调，觉得/它/异常/美妙/动人。她/马上/想到/这/是/丈夫/心灵/的/再现，心血/的/结晶，便/将/这件/衬衣/放在/一边，想/乐谱/出去/抄录/办完/事后/再/将/这首/下来。可/她/出去/几/分钟/后，回来/一看，这件/衬衣/忽然/失踪/了。她/到处/寻找，几乎/陷于/绝望。一位/好心/的/邻居/告诉/她，在/她/出去/的/时候，一位/她/洗衣妇/拿走/衣服/了/家/的/脏。她/听/了/以后，急忙/赶到/洗衣妇/家里，洗衣妇/洗衣盆/正要/把/衬衣/这件/丢入/肥皂水/盛满/的/里。 她/抢/过/那件/衬衣，救出/这/首/乐谱，这/就是/音乐史/上/不朽的/杰作《蓝色的多瑙河》圆舞曲。

073．过多的诊疗费也能付

有/一个/犹太人，他/住在/农村，他/的/妻子/得了/大病。于是/大城市/医生/那犹太人/住在/的/一位/著名的/向/致电，问：“我/要/付/给/您/多少/诊疗费，您/

可以/给/我/老婆/看/病吗？"

那位/著名/的/医生/到/了/犹太人/住/的/村落，犹太人/丧服/医生/穿着/迎接/前来。他/哭着/一/医生/就/诉说/看见："医生/您/辛苦/来访，我/老婆/没有/福气，没/见到/您/就/去世/了，不过/您/好不容易/来，我/不能/让/您/白/费力气，所以/在/乡村/会馆/里/召集/了/很多/病人。如果/您/我/您/能/的话/看病/一定/给/约定/诊疗费/的。"

医生觉得，远道/办法/而来/没做/就/回去/什么/也/个/不是，就照/请求/那犹太人/的/为/里/的/病人/乡村会馆/看/病/了。

第二天，那/犹太人/去/为/回/城市/去/的/医生/送行，火车/出发/之/前/说："医生/先生，我/不瞒/您/说，我/老婆/没死，她/昨天/接受/您/诊断/了。我/拿不出/那么/的/诊疗费/所以/用了/只好/这种/多/一个人/方法。请多谅解！"

074．纪晓岚的饶有区别的祝贺

纪晓岚/是/清朝/的/一个/大官。他/很/喜欢/开玩笑，说起/话/来，写/出/文字/来，很/有/意思，很/有/趣味。

有/有/一位/四个/老太太/儿子，他们/都/做/大官。一天，老太太/八十岁/庆寿，纪晓岚/也/去了。他/跟/主人/说："我/老太太/想/四句话/奉送，就/在/寿堂/里/写，可以/吗？"主人说："当然/可以，多谢/多谢！"主人/一/说/完，马上/一大块/就/叫/拿了/红绸子/放在/人/桌子上。纪晓岚/拿/笔/就/写，第/一句/写的/是："老娘/八十/不是/人。"这时候/亲友们/很/多，大家/看了/都/很/吃惊。第二句/写的/是："天上/王母/下/凡尘。"大家/一看，都/说："真好，真好！"他/第三句/写的/是："四个/儿子/都/做/贼。"他/放下/笔，往/四周围/看/了/看，看到/四个/儿子，脸/都/气白了。他/笑/了/笑，拿/笔/又/写/第四句，写的/是："偷/了/仙桃/孝/母亲。"大家/看/完，连声/叫好，并且/鼓掌。

075．救爷爷的甘罗

甘茂/是/秦国/的/大臣。一天，秦王/故意/难为/他，要/他/在/三天/以内，找/三个/公鸡/生/的/蛋/来。甘茂/回/到/家里，实在/办法/想/出/不/来。甘茂/愁/得/饭/也/不吃，水/也/不喝，觉/也/不睡。这个时候，他/的/十二/岁/的/孙子/甘罗，看到/祖父/发愁，就/问/祖父："爷爷！您/为什么/发愁？我/虽然/人/小，但/我/愿意/替/爷爷/分忧。"甘茂/听/他/这么/说，就/把/秦王/吩咐/的/事情/说给/他/了。甘罗/马上/对/祖父/说："明天/我/去/见/国王。"甘茂/说："这/不是/好玩/的/呀，如果/祸/闯下/来/不起/祖父/担当。"甘罗说："请/爷爷/放心/好/了。"甘茂/只好/答应/了他。　第二天，甘罗/一个人/去/见/秦王。　秦王/问/他/是/谁？　他/说：
"我/是/甘茂/的/孙子/甘罗。"秦王/又/问/他："你/祖父/怎么/不/来？"甘罗/跪下/
说："祖父/在/家/生/孩子/了。"　秦王/听/了/很/生气/就/说："男人/会/生/怎么/孩
子？"甘罗/不慌不忙地/回答/说："男人/不/会/生/孩子，难道/会/公鸡/生蛋/吗？"
秦王/听了，知道/甘罗/聪明/过人，后来/宰相/就/封/做/他。

O76. 该谢的挨打

　　有/一年/冬天，一个/农夫/挑/着/一担/豆子，走/过/一个/山沟儿。那天/非常/
冷，他/在/口袋/里/带着/一瓶/酒，他/就/一边/走，一边/喝/酒，这样/一点儿/觉
得/才/可以/暖和。　他/正/这样/向前/走/的/时候，看见/一个/单薄/穿得/衣衫/人/
的/坐/路旁/在/冻得/发抖/一直/眼看/快要/似乎/死/样子/的。这个/农夫/想'我/要
/把/这个人/一定/要/救/了。'　他/把/担子/放下，把/扁担/拿/下来，走/过去/向/那
个人/招呼。　那个人/勉强/抬头/看了看。　农夫/给/他/喝/了/一口/酒，又/扶/他/站
起来。　等/起来/他/站/一，农夫/扁担/就/屁股上/用/向/他/用力/两下/打了/转身/跑
/就。　那个人/无缘无故/挨打，心里/很/生气，就/向/农夫/追去。　这样/跑了/一阵
/之后，农夫/忽然/停住/了，等/他/农夫/追到/的/那个人/满头大汗/了/已经/时候。
这时/农夫/才/笑嘻嘻地/对/他/说："如果/我/不/这样/打/你/两下，你/可能/已经/
冻死/了。"　那个人/听/了，才/恍然大悟，向/农夫/谢了/又/谢。

O77. 方言趣事

　　我/长大/从小/广州/在，父母/1956年/调到/北京/工作，当时/因为/我/很/
小，仍/留/在/广州/的/奶奶/家。　1960年，我/该/上学/了，爸爸/接/才/我/从/把/
到/广州/北京。　9月1号，妈妈/我/送/去/报名/学校。老师/问/我："你/叫/什么/名
字？"我/想到/了/北京/应该/说/普通话。就/回答："我/叫/徐ròu(玉)敏。"　因为/有
/一次/我/跟/妈妈/去/买/肉，妈妈/告诉/我，北京人/管/肉(jug)/叫'ròu'，广州话/
里/的/肉/和/玉/是/同音字，所以/我/想，北京人/管/玉(jug)/一定/也/叫'ròu'/了。
没想到，我/刚/说/完，老师/看着/户口簿/上/的/我/的/名字，哈哈地/笑/了/起
来，我/被/他/笑/得/红/了/脸。后来/北京人/我/才/读成/知道/把'玉'/'yù'。

　　又/一次，我/去/文具店/买/本。我/对/售货员/说："我/要/买lù(六)/个/方格本。"
售货员/说："没有/绿/方格本。"　我/指着/柜台/里/的/方格本/说："那里/有/那么/
多，你/怎么/说/没有/呢？"　售货员/说："这/也/不是/绿/的/呀？"　气/得/我/哭着/
回家/了。妈妈/告诉/我："你/不应该/说'lù'/个/本，应当/说'liù'/个/本/才/对/了。
广州话/里/的/绿、六/都/读'lug'，但/在/北京话/里'绿'/读'lù'，'六'/读'liù'/才/

对/呢。"

　　还有/一次，一个/同学/玩儿/约/去/我/他家，我/刚/进/他/家/的/院门，一只/大/黄狗/朝着/我/汪汪地/直叫，它/进屋/不/我/让/好像/还/我/要/来/咬/把我/起来/吓得/大声/叫："小芳，你/快来，jiǔ(狗)要/咬/我，jiǔ(狗)要/咬/我。"小芳/听到/我/的/叫声，马上/出来/把/狗/轰/到/一边，笑着/说："看/把/你/吓/的，都/把/狗/说/成/九/了。"　其实/害怕/我/并/说成/不/是/把/因为/才/狗/九/的，那/是/因为/广州/话/里/的/'九、狗'/都/读/'gǒu'，　而/'九(gǒu)'/在/普通话/里/读/'jiǔ'，所以/我/想/狗(gǒu)/也/就/读/'jiǔ'/了。

078. 成为一流画家的秘诀

　　宋代/著名/画家/米芾，小时候/在/私塾/里/学/写字，学/了/三年，也/没/学成。一天，一位/秀才/进京/赶考/路过/米芾/家乡。米芾/听说/他/写/一笔/好字，便/前/去/求教。

　　秀才/先/要/拿来/米芾/写/的/字，看/了/又/看/后，若有/所思地/说："如果/要/跟/我/学/写字，得/买/我/的/纸。五两/纹银/一张，有点儿/贵。"

　　米芾/一/听，吓了/一/跳，心/想，哪/有/这么/贵/的/纸，这/不/成心/难为/人/吗？　但/他/学字心/切，还是/回去/借了/五两/银子，买了/一张/纸。"回去/好好/写/吧，三天/后/拿/给/我/看。"　秀才/说。

　　米芾/回到/家里，双手/捧着/这/张/纸，不舍得/用。　他/把/纸/放在/一边，回/到/桌旁/翻开/字帖，蘸/墨汁/的/笔/在/桌子/上/划/来/划/去。　一连/三天，他/都/是/这样，反复/琢磨，反复/划，却/连/一笔/也/没/在/纸上/写。

　　第四天，秀才/来/了，发现/米芾/手/握笔/望着/字帖/出神，却/一个/字/都/没有/写，就/故作/惊讶地/问："你/怎么/一个/字/也/没/写/了/呢?"米芾/听到/说话声，抬头/一看/秀才/来了，才/意识/到/期限/已到，忙/争辩/说："我/怕/写/不/好，废/了/纸。"

　　秀才/笑/着/说："好/了，琢磨了/三天，现在/写/个/字/给/我/看看/吧。"　米芾/提笔/写了/一个/'永'/字。

　　秀才/一/看，字/漂亮/极了。　于是/问："为什么/三年/学不会，而/这三天/就/能/写好/呢?""因为/纸/贵，我/不舍得/写。这/三天，我/就/反复/琢磨/字帖，把/字/琢磨/透了。"

　　"这/就/对/了，学字/不单/是/动笔，而是/动心，不但/要/观/其/形，还要/悟/其/神，心/领/神/会，才/能/写/好。　你/已经/领会了/写字/的/窍门，我/得/走了。"说完，他/提笔/在/'永'字/后/添/了/七/个/大字："(永)志/不/忘，纹/银/五两。"然/后/怀里/银子/他/米芾/从/掏出/五两/还给，便/上路/赶考/去/了。

　　米芾/牢记/秀才/的/教导，用心/练字，终于/成为/书法家/和/画家。

079. 高枕无忧

　　战国/时，齐国/有/个/大贵族/叫/孟尝君，家里/有/个/门客/叫/冯谖。有/一次/孟尝君/叫/他/到自己的/封地/薛地(位在今山东省)去/讨债，临走/的/时候，冯谖/问/孟尝君："收/完/了/债，要/买/些/什么/来/吗?"孟尝君/说："你/瞧着办/吧，咱们/家/缺/些/什么，你/买/些/什么/来/吧。"冯谖/到/了/薛地，召集/债户/向/他们/宣布："孟尝君/知道/大家/生活/困难，因此/不要/大家/还债/啦!"并/当场/烧掉/债据，债户/们/感激/不尽。冯谖/回去/向/孟尝君/汇报："我/家里/也/看/咱们/不缺/什么，只有/一个/少/'义'字，所以/就/把/'义'字/给/您/买/来。"并/把/债据/他/当众/烧掉/事/说/的/给/听/了。孟尝君/气/得/要命，可/也/没/办法/了，但/从此/对/冯谖/冷淡/了一些。

　　后来/孟尝君//被/齐王/解除/相国/的/职位，只好/回到/薛地/去，当地/老百姓/都/出来/欢迎/他。孟尝君/很/受/感动，对/冯谖/说："你/给/我/买/的/'义'字，我/今天/才/看见，我/总算/有/薛地/可/安身!"冯谖/说："狡兔有三窟，只能免除一死。现在/你/才/有/一窟，还/不能/把/枕头/垫/得/高高地/睡觉，我/要/为/您/凿/两窟。"于是/他/去/劝说/梁惠王，说是/若/请到/孟尝君/治理/国事，一定/能/国富/兵强，梁惠王/给/说动/了，重金/去/请/孟尝君，连/请/了/三次，冯谖/都/叫/他/不要/去。这件事/给/齐王/知道/了，怕/孟尝君/为/梁国/所/用，急忙/用/更/隆重的/礼节/再/请/回/孟尝君/做/相国。冯谖/孟尝君/齐王/先王/又/向/劝/请求/传下的/赐给/祭器，放在/薛地，建立/宗庙，以/保证/薛地/的/安全。当/宗庙/建成，使/地位/齐国/孟尝君/在/的/又/得/稳固/动摇/不可/了，他/才/对/孟尝君/说："现在/三个/窟/已经/建成，你/可以/高枕无忧/了。"

080. 赛跑认贼

　　东晋/时候，河北省/冀县/发生/过/一条/抢案。有/老太婆/个/的/在/年老体弱/黄昏/回家/时，路上/被人/抢劫，眼看/着/贼/抢/了/她/的/包袱/跑了，却/没/力气/追赶，只好/使劲/大声/呼喊："抓/贼/呀，抓/贼/呀，贼/抢/东西/啦!"碰巧，那时/过路人/有/听到/个/了，便/拼命/追/上去。这位/过路人/追上/逃跑/的/小偷/后，双方/扭打/成/一团，老太婆/的/包袱/也/掉落/在/地上。等/士兵/巡逻/赶来/的/时/双方/对方/自己/都/指/是/抢贼/过路人/是/抓贼/的。而由于/下来/发生/天/抢劫/已/时/黑/了，老太婆/眼神/不好，情急/之中/又/没/认清/谁/是/贼，她/也/不敢/妄断/谁/是/坏人。士兵们/没/办法，只好/一起/把/带回/两人/去/衙门，交给/上司/处理。

　　当时/的/冀州牧/是/苻融，也/就是/前秦王/苻坚/最小/的/弟弟。他/接到/这个

/案子/后，笑着/说："谁/是/贼人，谁/是/路人，很/容易/分辨/出来。 你们/听着！
现在/风阳门/这里/你们/从/跑到/去，比赛/谁/先/跑到/风阳门。 谁/先/到，谁/就/
不是/贼。"

一场/比赛/定/的/特殊/清白/拉开了。 当/那/两个人/一前一后/气喘吁吁地/跑到
/风阳门口/时，早已/等候/在/那里/的/符融/厉声/指着/落后/的/那个人/说："你/就
是/贼！ 为什么/呢？ 昨天/晚上/后/人家/你/抢了/东西/虽然/老远/已经/跑出/但/还
是/人家/追上/了/这/被/说明/人家/你/没有/跑得快，不然/的/话，你/早就/溜之/
大吉/了，还/会/被/扭/送到/这里/来/吗？ 还/不/快快/认罪！"

那个人/一看/抵赖/不过，"扑通"/一声/地/跪在/了/地上，像/似的/捣蒜/叩头
不住地/求饶。 符融/依照/法律/处置/了/抢贼，把/老太婆/包袱/了/还给，并/过路
人/对/奖赏/那位/的/给予/见义勇为/了。

081. 屠夫的见识

齐国/有/个/杀/牛/的/屠夫，开/了/一家/小/肉店，生意/还算/不错。 他/小人物
/虽然/但是/是/一个/的/生性/平凡/达观，对于/工作/自己/的/生活/觉得/和/都/心/
意/满/足，从来/没有/做/过/非分/的/梦想。

有一天，国王/说亲/官员/派/屠夫/一位/到/家里。 那位/官员/对/他/说："国王
/有意/把/公主/许配/给/你，如果/你/答应/这/门/亲事，你/不但/而且/可以/得到/
嫁妆/金钱/豐厚的/和/大量的/还/官/可以/做。 这/机会/真/一个/是/千载/的/难逢/
好，我/想/你/不会/推辞/吧？"

屠夫/回答/说："我/很/感谢/国王/的/好意，但是/因为/所以/我/染患/病症/了/
一种/治好/无法/的/疑难/不能/我/接受。 请/国王/你/代/我/道歉/并且/转达/的/谢
意/向/我。"

那/位/官员/走/了/以后，他/的/邻居/和/亲友/都/责怪/他/说："你/下/了事/决
心/死在/这/的/宰坊里/腥臭/吗？ 为什么/亲事/要/谢绝/求之不得/这门/的/呢？"

屠夫/向/他们/解释/说："你们/机会/以为/这/一个/是/好，我/却/不/那么/想。
天下/那么/没有/事/便宜/的。 英俊/有为/的/青年，齐国/多/得/很，国王/别人/不/
女儿/偏偏/家给/看中/了/把/我，一定/是/公主/长得/很/丑。 我/虽然/是/一个/屠
夫，也/金钱/不能/为了/地位/而/娶/女人/喜欢/一个/自己/所/不/的。"

大家/虽然/可是/觉得/他的话/完全/有些/不敢/道理/相信。 他/的/一个/朋友/
还是/觉得/莫名其妙，就问："我/还是/不/明白，你/怎么/会/有/这种/想法/呢？"

屠夫/说："我/是/凭/宰/经验/牛/这么/卖肉/的/就/说/的。 我/是/个/屠夫，别
的/事情/我/不懂，可/卖/肉/我/是/内行。 我/顾客/的/牛肉/数量/如果/很新鲜/嫌/
按/买去/还/少/了；要是/我/的/牛肉/过期/而/发臭，即使/还是/价钱/便宜/另外/顾

客/再/别的/添加/附件/给/卖不出手。　现在/国王/准备/豐厚/的/嫁妆，把/嫁给/自己的/屠夫/女儿/要/我/一个/这样/极其平凡的，正是/由于/他/的/女儿/丑的/缘故/啊。"

　　他/的/一个/千金/朋友/国王/后来/有/亲眼/看到/了/的/机会/那位，果然/丑/得/地步/连/都/不想/看/的/再/了/看。

O82. 能使王听话的说话技巧

　　《晏子春秋》记载/了/一个/故事，说/烛邹不/慎，让/景公/的/一只/猎鹰/逃走/了，爱/齐景公/烛邹/打猎/的/便/推出去/下令/把/斩首。晏子/拜见/齐景公，晏子/说："烛邹/有/三大/罪状，哪/能/这么/轻易/杀/了/他/呢？请/让/他/我/一条条/之后/也/再/杀/不晚/数出来，臣/能/不/能/讲/下去？"景公/说："可以。"于是/晏子/指着/烛邹/的/鼻子/说/道："烛邹！你/为/大王/养鸟，却/让/鸟/逃走，这/是/你/第一/条/罪状：你/使得/大王/为了/而/一只/人/杀/鸟，这/是/第二条/罪状：把/你/杀/了，天下/责怪/大王/诸侯/都/会/重/轻/人/鸟，这/是/第三条/罪状。"景公/听/了/这/番/话，领会/了/晏子/的/意图，就/放/了/烛邹。

　　晏子/齐景公/烛邹/的/这番话/是/说/实际上/表面上/是/说/给/听，是/批评/景公/的/一种/巧妙/的/方式。　这/种/方式/用/在/这个/场合，收到/了/肯定/的/效果，当然，这/是/为人/开明/因为/齐景公/比较/而/能/收到/效果/如此/的/的。

　　《晏子春秋》/记载/了/另一个/故事，还是/晏子/和/齐景公/当/主角。

　　齐景公/酷爱/饮酒，七日七夜/不止。齐大夫/弦章/进谏/说："君王/连续/饮酒/七日七夜，我/不要/请求/君王/这样/下去/饮/了！不然，您/就/赐给/我/死/吧。"

　　没/等/多久，趁/晏子/入宫/见/齐景公，景公/说："弦章/劝/我/不要/饮酒，不然，就/让/我/赐给/他/死。　如果/等于/这样/接纳/他的/那/不/是/大臣/君主/进谏/制约/了/吗？不/接纳/他/的/意见/吧，我/又/怜惜/他/的/死。"晏子/说："幸运/啊！弦章/遇上/了/您/这样/的/君主/了！假若/夏桀/商纣/君主/弦章/遇上/了/或/这样/的，他/早就/死/了。"齐景公/听/了/晏子/的/话，就/不再/酗酒/了。

　　虽然/两个人/都/为/禁止/酗酒/而/进谏，却/晏子/的/进谏/才/被/景公/接受/了/呢？这是/关系/因为/两个人/采取/的/不一样/的/方式。　弦章/采取/的/是/直言/法，这/高兴/容易/人/不/使，而/晏子/采取/的/是/婉言法，它/具有/令人/委婉/愉快/而/的/特点，所以/齐景公/晏子/的/刺激/进谏/被/毫无/地/接受/了。

O83. 摸钟辩盗

　　陈襄/是/宋代/的/一位/县令，一次，他/利用/钟/查出/了/盗贼。当时，有/一户

/富裕人家/因/夜里/财物/失窃/告到/县衙，陈襄/接到/案子/后，立刻/派出/捕役/四处/寻找/线索，结果/嫌疑/在/县城内/盗贼/捕捉/一些/为/的人，便/把/他们/全部/带回/县衙。陈襄/一个一个地/审问/嫌疑犯，他们/都/把/头/摇得/像/拨浪鼓/似的，都/说/自己/有/证人，可以/东西/证明/晚上/自己/那天/根本/偷/没/过。

这/下/可/怎么办/呢？陈襄/沉思/了/片刻，很/有/把握地/说："县衙/附近/有/座/庙，庙里/的/钟/很/神气，有/灵性，能/分辨出/谁/是/偷/东西/的人。偷/声音/东西/的/人/一/钟/摸/会/钟/就/发出，摸/不了/钟/发出/不/是/声音/的/就/贼。你们/当中/谁/是/小偷，到/那里/一/摸/便/分辨/出来。"接着，陈襄/人/这些/押着/嫌疑犯/庙里/一同/派/到/去。

到/庙里，陈襄/先/领着/下属/向/钟/烧香/祈祷，装出/恭恭敬敬、十分/虔诚的/样子。然后，他/人/叫/用/钟/帐子/把/严严实实地/厚厚的/围住，不漏/一丝/光线/入内，并/悄悄/派/人/在/钟/上/涂/了/墨汁，这/才/让/嫌疑犯/进去/摸/钟。等/他们/一个个/从/帐子/里/出来/后，大家/也/没/听见/钟响，都/认为/大人/不灵/不是/说的/钟/了，就是/小偷/这些人/根本/中间/没有。

谁知/陈襄/突然/大声/说道："把/大家/手掌/你们/的/摊开/让/看看！"嫌疑犯们/都/伸出手/来，大家/探头/一看，竟有/一个人/双手/干干净净，一点/墨迹/也/没有。陈襄/这个人/立即/把/抓/下令/起来。被/抓/的/人/还/想/抵赖："你/贼/我/有/证据/认定/是/什么？大人/可/不能/冤枉/我/呀！"陈襄/笑/了/笑，说："你/的/手/就是/最好/的/证据。你/做贼/心虚，害怕/它/一/钟/摸/钟/就/响/会/不敢/摸/去，所以/墨迹/你/沾上/手上/才/没。"

原来，陈襄/胆怯/早就/精明/料到/再/盗贼/的/也/会，就/故意/设下/了/圈套，使/贼/只得/低头/认罪。

O84. 孔融趣事

孔融/大臣/是/后汉/一位/时期/很/的/有名，从小/就/聪明/过人，说话/做事，都/有条有理。孔融/十岁/的/时候，他/一趟/父亲/京城/有/要/到/洛阳/事/去。他/孔融/世面/想/也/让/见/该/见，就/带着/他/一块儿/去/了。

孔融/虽然/年纪/很/小，见闻/已经/相当/广博/了。他/早就/听说/洛阳的/李元礼/先生，道德/学问/都/很/高。当时/李元礼/的/都/以/知识分子/认识/为/荣，孔融/也/很/想/去/看看/他，希望/能/得到/李先生/的/教诲。但是/他/到底/还是/个/小孩子，即使/冒冒失失地/跑到/李元礼/府上，恐怕/也/见不到/主人。他/把/这个/问题/仔细/考虑/一番/之后，终于/的/鼓起/李家/勇气/去/敲/门。

李家/的/用人/一看/是/个/小孩子/站/在/门口，有点儿/莫名其妙，正/想/开口/问，孔融/已经/先/说话/了："我们/家/跟/李先生/是/世交，麻烦/您/通报一下，就说一个世交晚辈特别来拜访他。"用人一听说是世交，赶紧进去报告主人。不一会儿，孔融已经由李家用人领着走进客厅，在很多客人面前向李元礼问安。李元礼左看右看，就是/儿子/想不起/是/哪家/这个/老朋友/的/孩子，最后不得不问他："你说你们家跟我们家是世交，我们/以前/来往/两家/都/有/什么/过？"

孔融很镇定地回答说："我们的祖先孔夫子仲尼，曾经/李耳/向/府上/的/请教/老子/过/的。所以/世交/说/府上/跟/家/实在/我们/可以/了/算是。"大家/孔融/看到/应对/小小的/得/入情入理，都很喜欢上他，都要留他作客，并/打发/他/小孩子/没有/把/当作/走。

不一会儿，李元礼/陈韪/的/另一位/进来/朋友/了，有人/客人/他/就/把/孔融/怎么/的/经过/成为/告诉/了。没想到陈韪并不怎么欣赏，他还冷冷地说了一句："一个人/聪明/小的时候/长大了/可/成材/不一定/就/能。"孔融听了，立刻驳回说："这么说，我看陈先生小的时候，一定是聪明过人的了。"孔融/陈韪/这么/耳赤/一说/羞得/面红。李元礼听了，哈哈大笑，指着孔融说："这孩子将来一定成大器，我们等着瞧吧！"从此孔融就成了李家的常客。

O85. 左撇子

像孟子所说过的"心之官则思"那样，以前的中国人/当作/心理活动/误将/器官/心、肝、胆、脾等/支配/的，所以这种错误认识在汉语中留下了痕迹。如心思、心情、**关**心、心肠好、心地善良、胆量、动肝火，脾气等等。这种/过来/错误/到/观念/英国医生和解剖学家威利斯(Thomas Willis)/神经/通向/发现/大脑/的/以后/才/逐渐/开始/纠正。

大家就知道左脑控制右手的活动，右脑控制左手的活动。所以左撇子右脑发达，右撇子左脑发达。左脑从事思考、推理等理性活动，是语言中枢所在；右脑则从事直觉、感觉等感性活动，擅长视觉空间的认知，所以许多艺术家都是左撇子，如画家拉斐尔、达文西、米开朗基罗、毕卡索，音乐家莫扎特、贝多芬、诗人歌德、海涅等等，都是/左手/杰作/用/创造/他们/的/出/来//的/无数。

在中国，也有许多画家是左撇子，宋朝时的人物鞍马画家赵广就是个左撇子，陆游《老学魔笔记》一书上说：赵广/李公麟/是/合肥/安徽/人/年轻时/在/童仆/家/当。李公麟是誉满天下的人物鞍马画大师，传说他曾在皇宫马棚写生，对着一匹名驹'满川花'作画，他把马画好了，一放下笔，就'满川花'倒地而死了，这是/魂魄/因为/马/已经/上/被/摄入/的/李公麟/画纸/了。

李公麟作画时，赵广常在一旁侍候，久而久之，赵广也会画了，他/李公麟/马/画/画/的/几乎/和/的/一模一样，可以乱真。南宋高宗初年，将军傅苗和御营副将刘正彦造反，逼高宗逊位，并杀了许多大臣。贼将听说赵广画画画得挺好，把他抓来，逼他/画/妇女/他们/纪念/所/的/美丽/掠来/的/以/做。

赵广不肯画，就以/为理由/画/拒绝/要求/不会/了/贼人/的。贼将/赵广/拔出/来/刀子/威胁，赵广还是不画。贼将一怒之下，就把/他/赵广/的/砍断/大拇指/了/右手/这/才/放/走。其实赵广是个左撇子，经常用左手作画。傅苗之乱平定以后，赵广依旧靠作画维持生活，但是/他/只/观音菩萨像/画/以/保佑/感谢/观音/历劫逢生/他，其他的一概不画了。

086. 螳螂捕蝉

春秋时期，中国南方有楚、吴、越三国。其中，楚国的国力最强盛。与楚国相比，吴国弱小，可是吴王不自量力，决定出兵攻打楚国，实现自己称霸的梦想。朝廷/大臣们/反对/里/的/知道/后/都/表示，很多人就这么说："以/失败/我国/的/兵力/目前/攻打/犹如/楚国/以/石/击/卵/只会。"

吴王知道群臣反对，但/他/也/不想/听/意见/怎么/他们的，反而对大臣们说："谁要/谁就/提出/意见/反对/会/处死/被！"大臣们不敢得罪吴王。王宫里有一个年轻的侍从很想劝阻，却不敢直说，就想出了一个主意。他/藏/后园/着/去/弹弓/游/接连/早上/三个/在/里/转来转去/后园，让露水把衣服都沾湿了。吴王见了，说："你/为什么/这个样子/衣服/把/湿/弄/成？"侍从向吴王讲述了自己在后园里亲眼看到的情形说："大王，我在这里要打鸟，看见了一件有趣的事。后园里有棵高大的树，树上/露水/有/只/蝉/停/在/高高的/上/舒舒服服地/树枝/吮吸着。可它一点儿也没想到，就在这时候，它的后面有只螳螂呢。那螳螂静静地躬着身子，两眼紧盯着蝉，扬起带有利齿的前肢，准备捕蝉。可是奇怪的事还在后头呢，这/螳螂/知道/黄雀/蝉/专心/捕/的/却/不/自己/正/蹲着/身旁/一只。那黄雀已伸长脖子，尖尖的嘴对准螳螂，正准备吃掉它呢。那黄雀/知道/我/它/也是/一心一意/只顾/眼前的/螳螂/哪里/在/拉开/树下/了/弹弓/正/着/瞄/准/呢。大王，您看这不是很有趣吗？蝉、螳螂、黄雀它们三个都一心一意只看见自己面前的食物，想到的只是眼前的利益，而全都/察觉/到/潜伏/不/在/身后的/它们/祸患/呢！"

侍从说到这里，看见/吴王/变成/样子/脸上/神色/好奇的/渐渐/若有所思/的，就停住口。吴王沉思了一会儿，说："我明白了你的意思。看来我不该出兵了。"吴王/侍从/启发/从/这番话/的/受到/了，终于取消了攻打楚国的计划。

087. 倒贴'福'字的缘由

在中国每逢新春佳节，家家户户按照民间传统习俗，都要在屋门上、墙壁上和灶台旁，贴上大大小小的'福'字。'福'字现在的解释是'幸福'，而在过去则指'福气'。

古时人们在春节贴'福'字，就是寄托了人们对幸福生活的向往，也是/祝愿/对/期盼/人们/有一个/未来/的/美好/真诚，就有人干脆把'福'字倒过来贴，表示'福气已到'。

传说在明代，明/朱元璋/太祖/当年/用'福'字/做/准备/杀掉/人/暗记儿/自己/心中/不满意的。当时凡是朱元璋手下的人家，都接到秘密命令贴上了'福'字。朱元璋的妻子马皇后，是个善良的人，想到自己的丈夫要把没有贴'福'字的人家全部杀掉，觉得太不文明，忍不下去。为了/的/消除/灾祸/人为/这场，马皇后就悄悄地让全城所有的人家，必须/在/自家/天亮之前/门上/一个'福'字/贴上。马皇后的命令得到了人们的悄悄执行。于是京城里家家门上都贴了'福'字。但/还是/识/一户/字/人家/不，竟把'福'字贴倒了。

到了第二天，朱元璋派人上街查看，发现每家的门上都贴上了'福'字，没有区别，分不出哪户是要杀掉的人家。只是看到有一家把'福'字贴倒了，手底下/上去/的/人/只好/把/这个/的/情况/报告/了/不一样。朱元璋听了，也只好把心里的怒火发到这家人的头上，他就拍案大怒，说把'福'字贴倒过来是说当朝生活不幸福。朱元璋立即下令派兵，要把那家人全都斩首。马皇后/一看/丈夫/滥杀/在旁边/自己的/又/善良的/要/无辜了，连忙对朱元璋说："那家人的情况我知道，那是知道您今天要来访，就是把福气带到百姓家里，所以就故意把'福'字贴倒了，这不是'福已经到了'的意思吗？"朱元璋一听有道理，心中怒气消了许多，加之他要杀的人家，也不是这一家。于是便下令放了这家人，一场大祸被马皇后消除了。

消息传到了民间，人们/起来/从此/之际/把/新春/'福'字/贴/倒，一是求大吉大利，二也是为了纪念善良的马皇后。

O88. 使臣晏婴的故事

春秋时期，齐国大夫晏婴出使楚国。楚王/看/晏婴/身材/的/不起/矮小，就让人在大城门旁边又开了一个小门，然后关闭城门，让晏婴从小门里进去。晏婴停止步走，说："出使狗国的人，才从狗门进入。我今天到的是堂堂大国楚国，不应该从狗门进去呀！"负责/官员/迎接/的/晏婴/赶紧/把/话/的/一字不漏地/给/楚王/报告，楚王只好下令把城门打开，迎接晏婴入宫。

到了宫殿，晏婴拜见了楚王。想要羞辱晏婴的楚王问："齐国难道没有人了吗？不然/为什么/出使/楚国/派/像/你/不像样/这么/的/人？"晏婴回答说："齐都临淄有七千五百户人家，人多得走起路来摩肩接踵，怎么能说没人呢！"楚王又问："既然如此，那为什么派你出使呢？"晏婴回答说："齐国任命使臣是有原则的，使臣各有出使的对象。如果/使臣/出使/君主/是/贤人/派/他/到/贤明的：如果/人/是/没出息/的/就/派/出使/他/君主/恶劣的。我/是/晏婴/的/人/没出息/所以/楚国/就/出使/了。"

于是，楚王设宴款待晏婴，酒兴正浓，两个小吏绑着一个人过来。楚王问："被捕的是犯了什么罪的?" 小吏回答说: "是齐国人, 犯了盗窃罪。" 楚王/了/用/目光/鄙视的/看/晏婴/看, 说: "齐国人天生喜欢偷窃吧!" 晏婴离席站起来, 说: "您一定听说过, 一棵/桔子树/年年/生长/以南/在/淮河/结桔子: 如果/移植/以北/到/枳实/淮河/便/只/结/了。 它们的叶子很相似, 果子的味道却完全不同, 桔子是甜的, 枳实却是苦的。为什么能这样呢? 是由于水土不同的关系了! 同样的人/齐国/生活/在/东西/不偷, 到了楚国就成了小偷, 这/一定/百姓/偷盗/是/楚国/风俗/的/使得/善于/吧!"

楚王/晏婴/想方设法/要/晏婴/戏弄/反而/被/一番/嘲弄/了, 他/不敢/再也/瞧不起/这位/的/齐国/矮小/身材/大夫, 却深有感触地说: "圣人是不能同他开玩笑的。我本来想辱笑他, 现在反而自/趣/没/讨/了!"

O89. 参孙与达丽拉

旧约圣经里出现纪元前十一世纪的人参孙。身为末代领袖的他领导了以色列民族二十年。 他/有名/从小/因/很大/而/力气。 他十八岁那年爱上了一个腓力斯人的女儿, 并跟她结婚了。 但是他的丈人/把/自己的女儿/再嫁给/别人/已/趁/不在/参孙/时/身为/参孙/老婆的。 气得火冒三丈的参孙逮了三百只狐狸, 在它们的尾巴上绑上火把, 并/它们/麦田/赶到/放/腓力斯人/的/里, 结果/全部/麦田/烧/灰/成/了。

听到这个消息的以色列人, 因为正在被腓力斯人支配着, 人人都害怕起来了。他们经过商量, 把参孙绑了起来, 交给腓力斯人。对力气大的参孙来说, 这只是个小问题。 他/解开/绳子/很快/绑在/把/自己/的/身上/用一下/而/以后/力气, 打死了一千多个腓力斯人。 在腓力斯人眼里, 参孙实在是个头痛的人物, 因此/腓力斯人/参孙/一/就/有/要/机会/杀。

正在这个时候, 参孙/爱/女人/名叫/上/了/一个/达丽拉/的。 腓力斯人以一千个银币引诱达丽拉说, 如果她探清参孙的力量从哪儿来, 并把这个秘密告诉腓力斯人, 就会得到那笔银币。达丽拉/参孙/每天/力气/向/撒娇/源泉/问/他/的, 参孙/她/终于/力气/头发/告诉/自己/的/来自, 并说要把头发剪掉的话, 自己的力气无能为力了。 达丽拉趁参孙睡着时, 剪了参孙的头发, 递给了腓力斯人。 这样/逮捕/上/当/的/达丽拉/而/失去/的/力气/孙参/被/终于/腓力斯人, 而后/又/瞎子/被/他们/双眼/而/挖出/成为, 最后被关入于监狱, 成了整天推磨的奴卑。

随着/渐渐地/慢慢地/日子/了/参孙/的/头发/久/长/恢复/了/从而/力气/起来/也/起来了。 什么都不知道的腓力斯人, 在他们民族的庆祝典礼上, 把参孙拉了出来当玩物了。 这时, 参孙向上帝祈祷说: "呕, 我的上帝啊, 请再给我一次力气, 让我痛快地复仇一下吧!" 祈祷完毕, 参孙/抓住/柱子/支撑/拉/使劲地/宫殿/的/了/一下。 当时现场不但在宫殿里挤满了人们, 而且/在/热闹/屋顶上/也有/男女/三千多个/聚集/在一起/看着。 参孙的这一举动, 不但/而且/连/而/都/把/柱子/整个/宫殿/折断/坍塌/崩溃/了，当然在宫殿里的很多人被压死了，与此同时，参孙也与他们同归于尽了。

090. 孟母三迁之教

　　战国时期的思想家孟轲的母亲，人们都称她孟母。　孟母的房子在于靠近坟地的城郊。　孟子小的时候，玩耍就模仿坟地里送葬、祭祀一类事，跳着脚地哭，做着掩埋尸体、拍坟等动作。　孟母想，"这里/地方/不是/让/我/孩子/可以/住的。　这样过下去，孩子将来还能有什么出息？不如早点儿搬家。"于是她就离开这里，到集市边住下来。在这里，孟子成天在大街上跑来跑去，所看到的都是卖各种东西的店铺，于是/样子/他/渐渐地/学/了/买卖人/会/的，经常跟小朋友玩做买卖的游戏。　他有时候装成挑担子卖菜的小贩，有时候装成开饭店的老板，或者当顾客，孟子/总得/玩起来/摆脱不了/样子/学/讨价还价的/商人。孟母再想：这里也不是我可以让儿子住的地方。于是又搬家，到/下来/学校/附近/的/住/了。这次，孟母觉得很满意。她坐在窗口就能听到从校舍传来的朗朗的读书声，也经常看到门前来往的人彬彬有礼。　她想：　对于/说/一个/来/儿童，这里的确提供理想的居住环境。于是，孟母她终于在这里住下来了。

　　果然，没过多久，孟子就学会了待人的各种礼节，而且/就/很快/自动自发地/读/书/起/来/开始/了。　被/根基/孟子/后世人/亚圣/尊称为/的/的/道德学问/的，无疑/起来/是/在/这个/童年时代/的/环境/良好/里/形成/的。

　　孟子在少年时代，有一次上学以后逃学回来，孟母正在织麻布，孟母问："你是学到什么程度了？"孟子回答说："还像我原来那样。"孟母听了，拿起/织完/刀/就/麻布/把/割断/织布机/上/还/没/的/一匹/了，就对孟子说："这/织布机/累积/的/布/上/是/一丝丝地/成/的，是长期辛苦劳动的结果，现在我把它剪断了，就等于前功尽弃，白白浪费了时间。你读书求学，也不是和我织布一个道理吗？你荒废学业，就像我割断这匹麻布一样。　你要记住，学习/坚持到底/不能/半途而废/能/应该/才/成功。"孟子害怕了，整天勤奋地学习，后来终于成了大学问家。

　　孟母为了教育孩子，搬了三次家。这是/能力/因为/孩子/是非/的/辨别/差，见什么就学什么，处在不良的环境里，很容易受到坏的影响：处在好的环境里，就会受到好的熏陶。古人说："近朱者赤，近墨者黑"，说的就是这个道理。环境/忽视/对/的/影响/是/不容/儿童/的。

091. 华佗故事

　　华佗/医生/是/东汉/和/三国时期/活动/的/之间/著名。　他精通内科、外科、妇科和针灸，尤其擅长于外科。他/手术/疼痛/发明/麻醉药/为/叫/了/消除/动/时/的/

曾/了/一种'麻沸散'，还传到了韩国、日本等国。

　　有一次，一个病人病得很重，他/疼/肚子/得/打滚/在/地上。 病人/以为/的/家属/可能/好/治/不/了，但/他们/他/抱着/心理/碰/碰运气/华佗/的/扶/来/请/治疗。华佗/检查/病人/仔仔细细地/给/做/了，说： "现在/动手/马上/还/抢救/来得及。"于是华佗给病人吃了一种名叫'麻沸散'的麻醉药，顺利/再/地/开/刀/了/割/阑尾/去/肚皮/了/然后/把/缝合。一个月后，病人/完全/健康/就/恢复/了。

　　由于/高明/华佗/的/医术/有名/他/越来/病/起来/越/求/他/治/的/人/多/了。他/关羽/曹操/治过/的/病人/中/还/在/包括/和/内。据《三国演义》，替/华佗/关羽/刮骨/的/医毒/就是/大夫。曹操/华佗/头疼病/也/得了/很/医治/严重的/就/找，后来/华佗/自己/请/留在/军营里/自己的/专门/为/治/头疼。

　　过了/生活/一段/华佗/军营里/的/惯腻/时候/对/了。 他原来是位读书人，虽然/但/很低/自己/为了/谋/医生/生/而/做了/当时/社会/医生/算命人/的/地位/跟/一样，他经常为这件事而懊恼。 于是/他/曹操/对/说/想/回家/请假/去/看看。 得到曹操的允许，他一回到家乡后，就/以/为由/妻子/假期/病了/一次又一次地/延长。 头疼病/身/在/着急/的/曹操/很，也一次又一次地写信给他，又/让/县官/当地的/去/催促/还是/不/他/他/去。因为华佗以为自己的医术很高超，曹操不会对他怎么样，而且/曹操/已经/生活/也/相当/富裕/也/不在乎/厚赏/给/他的，所以他对曹操的催促置之不理。

　　曹操真的生气了，就命人去查，说/假如/赏给/华佗/的/是/真的/理由/就/他/粮食：要是假的，就抓来问罪。结果，华佗/生病/承认/妻子/他的/并/没，因而/'欺君之罪'/被/认为/曹操/如同/犯了。 在专制时代，这个罪名按律当死。 有人/曹操/华佗/他/华佗/人命/他/劝/杀/不要/因为/那么/的/医术/高超/留下/的/命/可以/救/很多/还是/饶了/好。曹操不肯。华佗/被/曹操/给/终于/杀/了。

　　华佗死了以后，自私的曹操还说： "华佗/我的病/可以/故意/治/好/却/不治。我/就是/不/我/他/他/也/不会/给/好好儿/杀/治。"一直/曹冲/儿子/到/他/最疼爱的/夭折/他/后悔/才/了。 被称为'神医'的华佗，其责任是救人，不管是好人是坏人，都应该救。可惜这个/白璧之瑕/华佗/不明白/可以/道理/说/是。

092. 马克·吐温的故事

其一。规则

　　有一次，马克·吐温到邻居家串门，在书柜里发现一本对自己很有用的书，他便很客气地开口向邻居借阅。 不料，邻居说： "可以是可以，只是我定了一条规则，在我的图书室借的书，必须当场阅读，不得拿走。"

　　马克·吐温明白，这是拒绝借他一阅。

　　一个星期后，这位邻居敲开马克·吐温的门，向他借刈草机。马克·吐温笑着说："可以/可以/是/不过/规则/我/也/定了/一条/刈草机/在/我家里/借/只能/在/草地上/我的/使用。"

　　邻居没想到马克·吐温在这儿等着他呢，顿时感到没有地方置身。

其二。第一次挣到的钱

　　有一次，有人问马克·吐温："你/一次/怎样/还/是/记得/第/挣/钱/到/的/吗？"马克·吐温想了想，然后说："我记得很清楚，那/念/是/时候/我/在/小学/的。那个时候，小学生们都不尊重自己的老师，而且不爱惜学校的财产，经常弄坏桌子和椅子。于是，学校就订出一条规则，凡是/有/哪个/铅笔/小刀/桌椅/挨打处分/五元/学生/他/用/或/弄坏/了/就/将/在/面前/全校/学生/受到/或者/罚款。

　　"一天，我弄坏了我的书桌，我只好对父亲说，我违犯了校规，要么/要么/全校/罚款/在/五元/学生/面前/挨打/受到/处分。父亲/认为/挨打/当着/学生/的/面/全校/家丑/太丢，他答应给我五块钱，让我交给学校。但是在给我这五块钱之前，他把我带到楼上，狠狠揍了我一顿。

　　"事后，我想，我/已经/既然/挨/一顿/过/打/没什么/再/也/挨一次。于是/决定/全校/学生/的/面/再/挨/当着/一顿/以便/把/下来/那/保存/五块钱。我真的这样做了，这就是我第一次挣到的钱。"

其三。一张儿童车票

　　有一次，住在/首都/讲课/外地/的/应邀/到/一所/马克·吐温/大学。时间/宝贵/对/他/太/来/说/了/可/他/火车/老牛车/觉得/慢/他/的/乘坐/开得/像/一样。这种情况马克·吐温早就预料到了，他/早就/想/发泄/方法/找/个/一下。过了一会儿，一位检票员走过来，问马克·吐温："您有车票吗？"

　　马克·吐温/儿童票/不慌不忙地/从/里/掏出/衣兜/一张/过去/递。检票员仔细打量了他之后说："真有意思，我看不出您还是个孩子哩！"马克·吐温听后一点不生气地答道："现在/时/孩子/我/已经/我/孩子/了/但是/买票/不是/还是/个。您要知道，这火车开得太慢了。"

O93．张良拾履

　　张良/刘邦/项羽/参加/辅佐/推翻/了/建立/打败/在/秦朝/末年/了/刘邦的起义军/起义军/秦朝/政权/领导的/了/统一的汉朝。

　　一次，张良没事可做，到下邳桥上自由自在地散步的时候，有一位老人，穿着粗麻衣，走到张良站的地方，故意/张良/把/鞋/自己的/掉到/冲着/桥下/说："年轻人，你/我的鞋/下去/上来/把/捡！"张良听了，就不高兴，很想揍他一顿，但因为看他年老，就勉强忍耐着，到桥下把鞋捡了上来。 老人伸着脚不管三七二十一地说：
"你/上/把/我/给/穿/它/吧!" 张良心里想 ："我/已经/鞋/捡/给/他/了/好人/到底/做/就/上/给/他/穿/吧。" 就跪在地上替老人穿鞋。老人带着笑容离开了。 张良/老人/感到/有些/背影/神秘/就/注视/走远/着/的。 老人走了一里多路，又转回来，对张良说："你/可以/这个/还算/年轻人/是/教导/呢/的! 过/一亮/五天/天/就/来/到/这里/和/见面/我。"张良/古怪/觉得/真/有点儿/事情，但不由自主地跪下来说："是!"

　　五天后， 天/亮/刚/张良/老人/就/到/桥上/桥上/去/可是/已经/他/在/等着/了，老人生气地说："和/迟到/长辈/怎么/有约/可以? 回去! 过五天以后再来!"老人只说这么一句话，就离开了。

　　过了五天， 公鸡/急急忙忙地/一/就/叫/张良/赶到/原来的/那座/桥/地方， 可是老人又已经在桥上坐着呢。老人又生气地说："你怎么又来晚了?" 说着就要走，并告诉张良："再过五天见面。"

　　又过了五天， 张良不到半夜就到桥上去了。不多一会儿， 老人也来了， 这次老人高兴地说："应该这样做才对嘛!" 接着/张良/他/从/拿出/一本书/怀里/交给，嘱咐说："把这本书读通了，你就能成为帝王的老师，十年以后，将大有可为。 十三年后，你到山东济北郡来见我，谷城山下有块黄石就是我。" 说完，他就没说别的话，就走了，从此/露面/再也/老人/没。

　　天亮后， 张良才看清楚这本书，原来是《太公兵法》。 张良/刘邦/这本书/学习/很珍视/人物/经常/研究/后来/成为/的/决策，在/建立/功劳/汉朝/的/立下/过程/中/了/不朽的。

０９４．蝙蝠是否轻蔑的对象

　　像俄国寓言中那样， 蝙蝠/家伙/西洋人/在/是/个/眼里/随着/变化/改变/立场/形势/的/不断地/自己/的。它/鸟兽大战/中/在/看见/战胜/了/过去就/赶忙/跑/恭维/自己/鸟类/鸟类/鸟类/声称/属于。可是在后来的战争中，鸟类要落败了，就又跑到走兽类，又/属于/自己/声称/兽类。最后/蝙蝠/战争/双方/停止/都/知道/了/双方/的/行为， 结果， 谁/也/不愿/它/于是/收留/现在/蝙蝠/直到/也/只能/在/偷偷地/黑夜里/谋生/飞着。这就是这则寓言的大意。其实，蝙蝠对人类提供了很大的启示。飞机/飞行/在/蝙蝠/漆黑/的/夜里/载着/人/就要/归功于/安全地/了。

　　蝙蝠不但在夜里一边飞行，一边捕捉飞蛾和蚊子，而且/无论/见过/飞/怎么/从来/没/东西/它/跟/其他/相撞/即使/电线/也能/一根/它/灵巧地/极细的/避开。 难道/东西/他的/眼睛/特别/敏锐/能/在/夜里/漆黑的/看/所有的/清楚/吗?

　　为了/清楚/把/问题/这个/弄，一百多年前，科学家做了一次试验。 在/一/屋子/许多/里/间/横七竖八地/许多/拉了/绳子/绳子上/铃铛/系着。 他们/把/它/蝙蝠/蒙上/的/眼睛/让/在/里/飞/屋子。 蝙蝠/没响/飞了/钟头/一个/几个/铃铛/也，那么多绳子，它/碰着/一根/没/也。

　　科学家还在那间屋子里做了两次试验： 一次把蝙蝠的耳朵塞上，一次把蝙蝠的嘴封住，让它在屋子里飞。蝙蝠/铃铛/苍蝇/就/像/没头的/起来/似的/乱撞/挂在/到处/绳子上/的/不停地/响/了。

　　三次/蝙蝠/不同的/证明/实验/夜里/靠的/飞行/不是/而是/眼睛/用/嘴/耳朵/和/配合/探路/起来/的。

　　科学家/揭开/秘密/经过/研究/反复/终于/了/夜里/蝙蝠/飞行/能/在/的。 它一边飞，一边/从/发出/嘴里/声音/一种/超声波/叫/的。 这种声音，人的耳朵是听不见的，但蝙蝠的耳朵却能听见。超声波/遇到/障碍物/像/一样/波浪/向前/回来/推进/就/反射/传到/蝙蝠的/耳朵里/蝙蝠/改变/方向/就/立刻/飞行/的。

　　科学家/雷达/模仿/方法/蝙蝠/探路的/给/装上/飞机/了。 雷达/天线/无线电波/通过/发出/无线电波/障碍物/遇到/就/回来/反射/显示/荧光屏/在/上。 驾驶员/从/荧光屏上/看/清楚/雷达/的/能够/前方/有/障碍物/没有/所以/在/夜里/飞机/飞行/也/安全/十分。

095. 人言可畏

　　村庄里/有/磨坊主/一个/富裕/的/做/生意/兴旺/得/供不应求/还算/还/会/有时/造成。 为了/补充/不足/设备/的/他/决定/卖掉/驴子/添置/器具/扩大/把/家里的/再/些/新的/以/规模。他选一个市日，带着自己15岁的儿子，把驴子牵出来准备出发了。

　　为了/好价钱/让/驴子/体力/以/节省/卖/个，父子俩把驴子的腿扎起来抬着赶路，不/就/上气/累得/下气/不接/了/一会儿。 这时，一个过路人看见这个滑稽的样子，不禁大笑起来，说："真是一对无知的白痴！ 你们/洋相百出/可/真是，比/驴子/那个/还/蠢/要！"磨坊主/觉得/妥当/听到/骂人话/人家/的/也/自己/行为/抬/驴子/的/不很/赶紧/把/下来/驴子/绳索/放了/解开。磨坊主想了想，就让儿子骑上驴，自己紧随其后走路。

　　过了一会儿，前面有三个人走过来，看到这种情况，其中/一个/人/指着/儿子/大骂/大/年纪/的/坐在/上的/驴子/破口/道："啊呀，你这个年轻人！你/你/是/以为/带/老仆人/了/个/的/秃顶/吗？ 你/老人/怎么/不快/上去/下来/赶紧/让/骑！" 磨坊主/觉得/可怜/下来/上去/儿子/挨骂的/赶紧/儿子/叫/自己/骑/了。

　　这样走了一段路，他们/又/碰到/姑娘/过来/几个/说说笑笑地/走/了。看到/孩子/跟在/后面/冒着/汗/驴子/赶路/的，一个姑娘指着老人嘲笑起来，说："这真是犯罪孽啊！ 眼睁睁地/走/孩子/看/着/一瘸一拐地/怎能/像/一般/神仙/骑在/背上/驴子/安然无事地/享着/呢/清福！" 磨坊主尽管一次次地被人嘲骂，但/磨坊主/总/认为欠妥/是/做得/自己，这一次他干脆和儿子一起骑到驴背上，心想/不会/意见/这样/大家/再也/提/了/吧。

没想到，没走多远，又/被/年轻人/看到/一个/很/打扮/讲究的/了。 那个人说："这两个人准是疯了，竟这样使用这头可怜的驴子。他们/驴子/残忍/对/竟然/自家的/如此，毫无疑问，等/走到/市场/只能/恐怕/就/卖出/驴皮/一张/了。" 磨坊主心里想，难道这次我又做错了？ 他实在受不了了，又改变方式，他们/下来/从/驴背上/让/前面/驴子/在/跑/他们/后面/跟在/走。

不一会儿，对面又来了一群人，他们一看这个情景，马上说： "天哪，这两个傻瓜！ 有驴子不骑，却宁可在大热天步行。" 磨坊主才恍然大悟： 行为/一个人/的/不可能/满意/让/的/所有人，很容易出现"公/公/说/婆/婆/有理/有理/说"的局面。在这种情况下，我就要敢于坚持自己的观点和想法，大胆地走自己的路。 以后，磨坊主/市场/对/置之不理地/外界/环境/赶到，顺利地把驴子卖掉了。

O96. 亚美利加名称的由来

商人亚美利哥是一个平凡无奇的人。 他于1451年生于佛罗伦萨，矮矮的个子，瘦瘦的身材，和/相比/走在/的/市民/街上/引人注目/并没有/特别/的/什么/地方。不过他却有两个特殊的爱好即是天文学和世界地志。他/前夕/所处的/正值/时代/大规模航海/的。后来/美第奇(Medici)家族/打算/扩展/到/成为/最大的/欧洲/银行家之一的佛罗伦萨的巨商/把/活动/商业/他们的/整个/欧洲，与此同时，西班牙皇家也希望加强海军，以便征服大洋，开辟/航路/一条/能/赚/钱/大/的/香料。 可见/志向/共同/美第奇家族/和/西班牙皇家/持有/的。 在他们看来，当时/知识/走在/最前端/的/世界地志/和/是/必不可少/天文学/的/两门/学问，而/备有/这两门/已经/知识/的/亚美利哥/则是/他/人才/们/急需/的。

亚美利哥很快加入美第奇家族商行的成员，在这里，他/不但/世界地志/把/知识/平时/学到/所/的/的/充分/用场/派上了，而且/结交/还/了/哥伦布/从/第二次/归国/探险/的。 1497年，亚美利哥的身影出现在前往'新大陆'的帆船上。 在这次探险中，除了/以外/哥伦布/建功/大/亚美利哥/的/无人可比地。

到南美大陆北岸航海探险的这队人马凯旋而归，在/欧洲/欢迎/盛大/各地/受到了/的。 亚美利哥的话/比/哥伦布/有趣/极富口才的/一心/只想/下一次/探险/进行/的/讲/多/得/得。 人人/陶醉在/都/亚马孙河的故事/里/亚美利哥/亲眼/壮阔的/见过的。 欧洲/整个/热衷/亚美利哥/谈论的/都是/名字/和/这个话题/的。 从此，只要一提到'新大陆'，人们/把/它/亚美利哥/和/总要/连在/一起。

当时'新大陆'只有哥伦布起的一些岛名和海岸名，没有/名称/一个/大陆/总括/的。 有/德国地理学家/倡议/这块大陆/亚美利加/称/为/一位/在1507年出版的他的地理学著作中，这个地名就此定了下来。这个地名是将亚美利哥的拉丁语名亚美利克斯(Americus)的词尾换为地名接尾词-a而成的。亚美利哥的名字/越过/哥伦布/比/他早到/美洲/大陆/的/而/成为/的/名称，这不能不说是一种幸运。

　　与亚美利哥相比，哥伦布是在贫困中死去的。但到了在美洲开始开拓殖民地的时代，他又受到了移民们的尊崇和爱戴。他/名字/的/哥伦比亚/也/变成了/国名/而/青史/长存。哥伦布/他/印度/误认为/地方/所到达的/是，故'印第安人(Indian)'称/居民/为/当地。这/晓得/故事/已是/人人/皆/的/了。哥伦布命名的国名中哥斯达黎加(Costa Rica)和波多黎各(Puerto Rico)也包括在内。

097. 侦探羅斯福

　　美国/羅斯福/总统/曾/侦探/当/私人/过。冬天的一个夜晚，羅斯福/接到/电话/考古学/卡恩/博士/打/的/来："羅斯福先生，不好了！古代玛雅文明的黄金假面被盗窃了。已派秘书去接您，请您速来研究所。"

　　两个小时后，汽车来了，他立即上了汽车。年轻的秘书/一边/一边/开/车/着/向/羅斯福/讲述/情况/有关/事件/的。从秘书的讲述，羅斯福得知，黄金假面/是/墨西哥/发掘/被盗的/原来/从/出来，现/所有/为/亿万富翁/一个，卡恩博士/研究/是/为了/暂时/借来/它/把/的。汽车/走/了/在路上/足足/一个/小时/半/才/到/研究室/了/博士/的。

　　秘书请羅斯福在会客室稍休息，并说："博士在二楼研究室，我这就去请他回来。"说完就上樓去了。他/坐下/刚/要/就/听到/惊叫声/传来/樓上/的："哎呀!不得了啦!博士自杀了!"

　　羅斯福大吃一惊，飞快地奔上二樓，只见天花板下的铁管上拴着一根绳子，博士的头颈套在里面，用来垫脚的椅子摔倒在脚下。

　　"他大概是感到黄金假面被盗，责任重大才自杀的吧？"秘书说着，脸色吓得苍白。

　　羅斯福摸了摸死者的面颊和手，说道："尸体还挺热。"他感到奇怪，室内相当冷，怎么/的/体温/与/生前/一样/几乎/死者/完全？

　　"可能就在我们回来之前自杀的。"

　　"体温/表明/超过/人/死了/这样的/没有/一个小时/还。"羅斯福/会/遗嘱/想/死者/留下/可能，他/把/博士的/检查/工作服/口袋/连忙/一下，仅/有/巧克力/半块/包着/未/的/锡纸/吃完的。他拿着它，思忖着，顿时起了疑团。他指着秘书说："哼!原来杀人犯就是你，你/开车/在/接/我/来/之前/先/再/杀死/将/博士/然后/让/他/上吊/伪装/自杀。由此看来，盗窃黄金假面的也是你。"

　　秘书气愤地进行申辩："这根本不可能，开车去接您，路上往返需要三个小时。

如果/我/杀死/博士/是/把/那尸体/凉/早就/了/该。 你看，这里并没有暖气。 难道/怀疑/我/杀死/你/是/刚才/把/他/的？"

　　羅斯福指着墙壁上的插头说："先生，你不用狡辩了！问题/表明/现场/的/**关键**/手法/就/在/这上面/为了/不在/你/玩弄/了/高明/一个/的，你瞒不了我。"

　　原来，秘书杀死博士，并/造成/电热毯/羅斯福/假象/尸体/他/自杀/然后/就/用/吊着/的/将/紧紧/一切/裹着/弄妥/才/来/之后/接。 三个小时后，秘书与羅斯福一同回到研究所。　他/会客室/等候/让/电热毯/侦探/在/自己/走上/迅速/二樓/将/取下。这样/即使/也/小时/死去/了/变/三个/尸体/凉/不会。

　　可是，由于/巧克力/一起/融化/放在/的/也/口袋里/随着/变暖/身体/而，羅斯福/识破/诡计/了/秘书/终于/所/的/使用，当然秘书也得到了应有的惩罚。

O98. 贤德的马后

　　历史上/中国/有/皇后/三位/贤德的，东汉明帝的马后、唐太宗的长孙皇后和明代太祖朱元璋的妻子马后。这里所说的是明代的马后，虽然人们一提贤后，常常/她/把/跟/的/相提/前提/两位/并论，事实上/难能/明代/所为/马后的/所作/更为/可贵。因为朱元璋受的教育不多，出身贫苦，性情又多疑，跟他做事的人，真是'伴君如伴虎'。　幸亏他有个好妻子，在/影响下/她的/多少/减少/作法/一些/严厉/过分/的/可以。也很奇怪，朱元璋对一切的人都很严苛，惟有/信服/马后/对/特别。

　　她虽然贵为皇后，仍然亲自照顾朱元璋的饮食。朱元璋/觉得/要/一定/想/办法/点/报答/贤德/马后的，就要/请/她的/出来/族人/享受/富贵/荣华/做官/以便。但是马后极力反对。 虽然写历史的人都批评朱元璋'刻薄寡恩'，他/始终/如一/对/感情/糟糠之妻/的/却。

　　有一次，学士/宰相/宋濂/胡惟庸/的/孙子/案子/被/牵连/在/专权/谋反/的/里，结果住在原籍的宋濂也要处死。她/求情/就/为/曾经/念书/教/皇子/过/的/宋濂/说："百姓家请老师也还要有始有终，何况是皇家的老师？宋濂/他孙子/他/一向/家乡/住在/做的/事/怎么/知道/会？"朱元璋不许。可是他忽然发现皇后不吃肉，不喝酒，就问她为什么。 马后说，因为/宋先生/听说/吃素/要/处死/心里/很难过/孩子的/老师/所以/为/祈福。于是朱元璋才特别免除宋濂一死。

　　另有一位老师，把/教导/小王子/当/孩子/普通/一样，太顽皮也照样体罚。小王子的头上被打得肿起了一块，看见父亲，就委屈地哭诉。朱元璋看了心疼，要发脾气。 马后赶快说："孩子不懂道理，才要老师教。 老师/按/圣人的法子/道理/拿/圣人的/咱们/教导/孩子，怎么可以生气呢？"

　　中国人喜欢用的谚语中有个"露出了马脚"的谚语，这意味着"无意中暴露了真相"。 其实，这个谚语跟明代的马后有**关**。 马后/是/群雄之一/元末/郭子兴/干女儿/

抚养的，虽然也算是女儿，却像用人一样地听使唤。所以/在/时代/汉族/缠足/女子/流行/的，她/一双/却是/天足。这在当时是一大忌讳，所以/她/天足/羞辱/平时/以/为，在人前从不敢把脚伸出裙外。有一天，马后很想散散心，坐着大轿来到金陵街头。街上人多，总有胆子大的人，这些人靠近轿子偷偷地看上两眼，正巧/大风/把/掀起/轿帘/一阵/一角/马后/搁在/出来/踏板上的/两只/恰恰/大脚/显露。偷看者看得很清楚。于是马后有一双天足这一事实，一传十，十传百，轰动了整个金陵城。

O99. 搬起石头砸自己脚的商鞅

战国初期/小官/商鞅/魏国/在/做/过，可没有被重用。后来秦孝公一即位就下令求贤。商鞅/消息/得到/立刻/到/去/秦国，请/人/跟/介绍/见面/孝公，可以/面试/算是/应考/了。第一次见孝公，商鞅说了很多强国之道，但是孝公却几乎睡着了。第二次去见孝公时，孝公/对/好像/听进去/一些/他的话/还是/接受/不/完全。孝公/埋怨/埋怨/介绍人/介绍人/也/商鞅/只好。商鞅终于明白了，就对介绍人说："我先跟孝公谈的是'帝道'，第二次谈的是'王道'，孝公都不称心。现在/心意/我/他的/明白/了/请/再/安排/给我/见/机会/他。"

这一次，商鞅/以/'霸道'/打动了/孝公/可以/使/国家/马上/富强/的/起来，并受到重用。也就是说/因为/商鞅/秦孝公/用/了，才/使/秦国/强国/在十年之内/成了。商鞅的政策是：把老百姓纳入组织而实行连坐：倡导增产，不/奴隶/从事于/收为/生产/的/人/公家的：整理农田土地：统一度量衡：迁都咸阳：并革除不良风俗等等。这一切政策的推行，都是用严厉刑法做后盾的。比方说，在/组织之内/五家的/坏人/有了/知道/其他的人/而/报告/官府/不去，就要被腰斩。

在新法/实行之前/还没有/为了/信用/建立/商鞅/曾经/重金/用/悬赏/如果/能/把/木头/三丈大的/一根/从/有人/南门/北门/移到/宣称，就可以得到重赏。最初大家都不敢相信这是真话，后来/有人/真的/把/那根/木头/搬到/北门/谁/都/的/搬得到/怎么样/并不/的，果然得到了重赏。由/商鞅的话/这件事情/老百姓/都/说了/相信/算数，于是他就下令变法。

新法实行不久，人们都抱怨不便。这时候太子犯了法，因为太子是储君，不能处罚，就罚太子的老师。这样一来，秦国的/法令/百姓/不敢/都/不/遵守/了。原来埋怨新法不便的，现在又说新法非常好了，商鞅就把这些人迁到边地，他/他的/政策/不许/批评/人们。

后来商鞅带领军队战胜魏国。孝公为了奖赏他的功劳，就把他封在商地，称为商君，这就是商鞅这个名字的由来。他的原来名字是公孙鞅，从此以后，人们/商鞅/喜欢/他/称/为。

秦孝公死后，太子即位，就是秦惠王。有人告诉秦惠王说，商鞅要造反，秦惠王/他/想起/委屈/以前/太子时候/受到/的/事/就/逮捕/下令。他只好逃亡。但是因为变法太严，没有人敢收留他，于是他真要造反。最后被秦惠王派人抓住处死了。商鞅的变法虽然使秦国富强，但/谁/到/想象/都/不/最后/他/也/死在/之下/自己/严厉/所定的/刑法。

100．取牛还是推牛？

隋朝时，武阳县知县张元济为官清廉，断案如神，深得百姓爱戴，就连邻县的百姓也找他断案。一天，邻县的一个年轻人前来告状。张元济想：这个人到本县告状，这个案子一定有难度，于是，他/清楚/让/胆子/年轻人/放开/讲。据说，他/叫/干活/买/程福/帮人/攒钱/了/从小/一头/牛。后来，'嫁'到郑家做了郑老头的女婿。过了一年，妻子不幸病故。丈人很小气，便/住/要/他/老家/回/搬/去。临走，他/财产/牛/只/一概地/要求/带走/自己的/其他的/不要。谁知丈人起了歹心，硬说牛是自己家的，无论/牛/走/如何/不让/也/程福把/牵，还/他/程福/以后/不许/再/进/门/家/的。

种田人没有牛怎么行！何况/回家/空手/程福，连/没有/个/窝/也，若/牛/再/没有，那/怎么/过/日子/呢？原来，程福/武阳县令/听/说/人/如神/断案，于是，来到这里告了状。张元济对此案审了几次，程福/牛/丈人/自己/和/都/说/坚持/是/的。

张元济想：无论/两个人/这/谁/谁/真/假/也/不管/不对/程福/说得/对/两人/中/有/贪心/的/一个/是，待我访明此案，再做论断。于是，他问程福："这/牛/买/头/什么时候/的？本来牛主是谁？花了多少钱？牛身上有什么印记？"程福说："这/牛/头/集市/是/前/两年/在/上/买的，花了十贯钱，但不认得买主，也不知他家在哪儿。牛身上是黄色毛，秃犄角，白蹄子。"张元济听了，点了点头，让程福退下。随后，便/派了/化装/几个/小商贩/差役/成，到/他们/村里/品行/为人/私访/郑老头/程福/和/的/以及/平时的。

第二天，私访/为人/的/衙役们/程福/回来/都/忠厚/说/老实，勤劳能干，同邻里关系都很好：而/郑老头/平素/便宜/爱/小/占，为人奸猾，前天/偷/菜/还/因为/了/别人/几/被/棵/人/门/追/上/来。张元济听了，断定牛是程福的。可是，光凭/这/定/案/也/不/了。他苦苦思索，终于想出了一个好办法。

一天，县的/村里/几个/一个/衙役/犯人/绑着/押到/了，还把村里人都召集起来，说："这/是/我们/贼/县/偷/逮住/的/牛。前年，他/别人/牛/与/一起/偷/几/了/头，他分得的牛中，有一头是黄牛。因为/那/牛/犄角/头/是/秃/白/蹄子/所以/清楚/记得/很。前几天，打听/你们/到/那/牛/在/头/村/里。所以，我们带来这个偷牛贼来认认。"围观的人群中有一个人叫道："我们村里，只有郑老头家的那头黄牛是秃犄角，白蹄子。"衙役一听，装做/样子/很/的/高兴/说："那倒是很顺当的，一问就知道了。请问，郑老头在这儿吗？"郑老头早已听到了，他赶忙应道："不，不是我的牛，是程福那小子的，跟我没关系。他那头牛是怎么来的，我不知道，街坊邻居可以作证。"

衙役们又对郑老头说："你说的可是真话？"郑老头肯定地说："是真的，是真的！""那好！我们把牛带走。你的女婿程福呢？"衙役问。这时，程福向人群走来。郑老头/他/衙役/抢/眼尖/一步/过去/把/拖到/面前/说："你那牛是偷来的，衙门老爷来找你了。我/你/我/现在/拖累/当众/把/还给/牛/免得。"

差役/程福/郑老头/马上/牵牛/带着/到/家/去。当/时/郑老头/程福/缰绳/气呼呼地/把/递给，差役们哈哈大笑："大家都看见了，郑老头/程福/说/这/牛/头/是/的，把牛交给了程福，以后可不许赖啦！哈哈！这是我们老爷定的计！郑老头，以后别再赖账啦！"说完，押着"犯人"回武阳县了。程福呢？自然/老家/高高兴兴地/牵着/回/牛/去/了。

101. 中山狼的下场

战国时，有个小国叫中山国，那里狼很多，经常跑出来伤害人。有/赵简之/中山国/国境/大夫/扑人/打猎/个/叫/的/带领/接邻/在/与/的/上。一天，赵简之去打猎的时候，前面/狼/人/站立/看见/大路/一只/像/一样/嚎叫/在/上。赵简之赶紧拉弓发箭，狼/受/伤/惨叫/逃跑/一声/拼命地/了，赵简之拍着马紧追狼。

这个时候，有/东郭先生/过路人/毛驴/书/赶路/个/叫/的/一袋子/牵了/一头/带着/的/正在，忽然/跑来/狼/他/他/看见/腿/一只/朝/吓得/都/软了。可更着急的是狼，它慌慌张张地对东郭先生哀求说："老先生，后边/我/有人/我/请/追杀/救救。快/袋子/让/你/我/在/躲/的/里，好吗？等/之后/我/危险/脱离，你给我的恩惠，我/忘不了/永远/的/也。"

东郭先生/墨家信徒/蚂蚁/是/位/以/兼爱/忍心/人之本/为/的/平时/连/一只/都/不/走路/踩/死，现在/他/狼/慈悲心/这么/说/出来/的/就/一/露了。他/书/狼/布袋/布袋/赶快/把/里/出来/的/全都/倒/了/要/让/躲到/里/去，可是布袋略微小一些，不是/就是/露/出/头/了/了/露/出/尾巴，装了三次都没装好，着急/东郭先生/狼/狼/绳子/布袋/腿/的/把/四条/缩拢/叫/用/紧紧/起来/捆住/这样/能/把/装/才/到/里/了。然后东郭先生自己坐在路边假装看书。

不一会儿，赵简之/发现/狼/不见/一行/追上来/的/踪迹/人/了，就问东郭先生："有一只狼跑过来了，你看见了没有？"东郭先生回答说："我没有看见。这儿/小路/小路/有/几条/从/也许/逃走/了/吧。"赵简之听了，回了一声"多谢指点。"就沿着小路赶下去。东郭先生/赵简之/走/这样/骗/了。

东郭先生/狼/马/声音/听见/跑/的/渐渐地/了/就/把/放/了/远/出来。狼/出来/

看/抖/身子/打/哈欠/从/口袋里/四下/看/了/抖/了/了/过/个/见/危险/已，就对着东郭先生说：“您真是个好人，这样吧，您今天帮忙，就帮到底吧。”东郭先生/狼/话/意思/不明白/看着/这句/说/的/什么/是/疑惑地。狼接着说：“现在我饿极了，免得饿死，我要吃你。”东郭先生一听这话，十分气愤，说：“我已经救了你一命。你竟还要吃我，这/是/不/恩仇/将/报/吗？。”狼/恶狠狠地/东郭先生/不管/过来/这/一套/向/扑/了。东郭先生吓得一边躲闪，一边说：“你不能/恩/仇/将/报，你不能/忘/恩/义/负。”狼步步紧逼，东郭先生/毛驴/边/边/挡/围着/转圈。眼看/狼/就要/抓住/被/了。

正在这个时候，前边来了一个扛锄头的年老农夫。东郭先生急忙把老人拉住说：“这/老先生/位/请/评/我/狼/评理/救/了/这/它/反而/只/要/吃/说/我/应该/你/不应该？”狼插进来说：“不对，他/我/他/我/我/书/我/我/脚/袋中/上面/不是/明明/救/绑/住/的/把/闷在/还/压/了/很多/哪儿/是/救/是/想/闷死。”

老人想了想说：“你们的话我不相信。布袋/这么/狼/装得下/小/的/一只/吗？我/你们/狼/布袋/里/是/亲眼/看/看/是/怎么/然后/装进/去/的/才/相信/能/话/的/了。”狼同意了，它又躺下，让/绳子/腿/起来/东郭先生/用/把/四条/捆。东郭先生/布袋/把/它/捆好/装进/的/里。这时候老人对东郭先生说：“现在你安全了。你还愣着干什么？对待/坏蛋/忘/恩/负/义/的/它/打/不/死/还/留着/什么/干？”东郭先生这才醒悟，拿起农夫的锄头，把这只狼打死了。

■참고문헌

趣味話語修辭故事, 湖北敎育出版社, 1993

俗語故事, 四川少年兒童出版社, 2005

中國歷史故事, 正中書局, 1986

中國寓言, 正中書局, 1984

中國的風俗習慣, 正中書局, 1986

趣味漢語閱讀, 北京大學出版社, 1994

古今妙計 100, 北方文藝出版社, 1990

中國古代寓言故事選譯, 貴州人民出版社, 1979

幽黙說笑101法, 中國經濟出版社, 1995

國名由來的故事, 知識出版社, 1985

城墻怪畵――中國古代智惠故事選, 復旦大學出版社, 1992

圖說中國諺語故事, 浙江少年兒童出版社, 1995

圖說中國俗語故事, 浙江少年兒童出版社, 1995

智慧幽黙故事300篇, 福建少年兒童出版社, 2002

普通話第一集, 香港建義利有限公司

阿凡提故事大全, 新疆青少年出版社, 2007

笑談古今, 殷登國著 大地出版社, 2000

中國民間故事精講, 安徽文藝出版社, 2006

名人趣聞365, 國際文化出版公司, 1993

影響小學生一生的100個寓言, 中國書店, 2007

于丹〈莊子〉心得, 中國民主法制出版社, 2011

중국어 三百字故事, 한국외국어회화사, 1999